関西学院大学研究叢書　第270編

企業内福利厚生をめぐる労働法上の課題

日独比較法研究

Arbeitsrechtliche Fragen um betriebliche Sozialleistungen
Japanisch-Deutsche rechtsvergleichende Forschung

柳屋　孝安
Takayasu YANAGIYA

関西学院大学出版会

企業内福利厚生をめぐる労働法上の課題

日独比較法研究

はしがき

　雇用関係において，企業内福利厚生は，優秀な労働者の確保，労働者のモチベーションの向上や生活保障等，労働者の労働環境の整備を目的とする制度とされてきた。わが国の企業内福利厚生にはその手厚さに特徴がある。一般に「三種の神器」と呼ばれ日本型雇用の特徴とされてきた「終身雇用（長期雇用）」，「年功（序列型）賃金」，「企業別労働組合」に，企業内福利厚生を加える海外の研究者による分析すらある。わが国においては，企業内福利厚生の具体的内容自体は法的に規制されておらず，使用者の裁量に委ねられて多種多様で広がりがある。とはいえ，その具体的内容は，国の経済状況を含む社会情勢や，公的年金制度等を含む法規制の状況にも影響を受けて変化してきた。

　労働法の視点からこれをみると，企業内福利厚生は，労働に対する直接の対価である賃金や出張経費等の実費弁償と並んで，使用者が労働者に給付する金銭・利益の一類型と捉えられてきた。また，労働契約関係からみると，「労働条件およびその他の待遇」のひとつに挙げられている。

　こうしたわが国の企業内福利厚生に関して，経営学や人的資源管理論等の分野では，その実態や制度を全体として俯瞰しつつ，経営や人的管理の視点から，その展開状況やあるべき方向等の分析・研究が活発になされてきた。また，労働統計上も，厚生労働省（旧労働省時代も含む。）や経団連等の経済団体，連合等の労働団体，あるいは民間のシンクタンク等によって企業内福利厚生を独立した指標のひとつに位置づけた長期スパンの調査結果も公表されている。

　他方で，企業内福利厚生に関する労働法分野の研究についてみると，寮・社宅制度や社員留学・研修補助制度のような特定の待遇につき生じた労使紛争について，判例が提示した処理基準の是非が学説上で議論される程度に留まってきた。企業内福利厚生と同様に，使用者が給付する賃金が，労働時間と並ぶ重要な労働条件とされて，学説において様々な観点から活発に議論され，多くの判例が蓄積されてきたのとは対照的である。企業内福利厚生全体を通観した労働法

分野の先行研究は，賃金，労働時間等の重要な労働条件と比較して少ない。企業内福利厚生は，上記のとおり，日本型雇用の特徴を示す慣行のひとつに加える論者もあるとおり，わが国労働者の労働生活にとり重要で特徴的な機能を果たしてきた。それ故に，集団的労働関係上の労使紛争の原因ともなってきた。このことを考えると，労働法の視点からみると残された研究課題のひとつということができる。

ところで，わが国労働法は，第二次世界大戦直後に占領軍の下で制定された新たな憲法下で，戦前の法体系に大きな変革が加えられて再出発し，今日に至っている。その点で，不当労働行為救済制度等にみられるように，法制度上の整備についてはアメリカの労働法制の強い影響を受けている。しかし他方で，「従属労働論」をはじめ基礎的な労働法理論については，ドイツによる戦前からの影響が戦後も色濃く残ってきた。そのため，ドイツにある経営協議会や事業所従業員会の制度がわが国にはない等，具体的な労働法制上の差異はあるものの，労働法理論上の考え方に共通性がみられる。企業内福利厚生に関する労働法上の分析・検討が不十分な状況にあるわが国にとっては，企業内福利厚生の法的性質や労働条件としての位置づけ，さらには具体的な問題の法的処理のあり方について，ドイツ労働法から有益な示唆を得られる点が多い。

本書は，わが国とドイツの企業内福利厚生に関し共通性の高い個別テーマを取り上げ分析した成果としてこれまで公表してきた9本の論考を，日本とドイツとで第Ⅰ編と第Ⅱ編の2編に分けて再整理した。そして，日独それぞれにつき得られた知見を比較分析して新たに第Ⅲ編としてまとめた。この第Ⅲ編から読み始めていただいてもよい。ただし，【初出一覧】で示しているとおり，各論考の公表時期が過去20年にわたっており，最新の情報を十分に反映できていない部分がある。わが国については，第Ⅰ編の第1章において近時の状況に補足的に言及することでこの点に対応した。他方，ドイツについては，そうした情報の更新を行えていない。それでも，わが国の企業内福利厚生をめぐり生じている類似の課題について，どのようなアプローチでどういう解決が可能かを検討するにあたり，ドイツの知見は有益な示唆を与えてくれている。

本書は，かつて筆者が「労働者概念」をテーマに刊行した『現代労働法と労働者概念』（信山社，2005）に続いて，「企業内福利厚生」という個別テーマを取り上げまとめたものである。『現代労働法と労働者概念』に含めた論考は，1980年代

後半に公表した論考が含まれており，その時から数えると35年近くが経過している。ようやくここ10年で「労働者概念」の問題に関して労働法研究の分野での議論が活発化し，立法政策においても重要な動きがみられるようになってきた。本書が扱う「企業内福利厚生」についても，本書が先行研究となって，労働法研究の分野において議論が活発化し，立法政策上の動きも出てくることを願っている。

　最後に，これまで変わらず筆者の研究生活を支え続けてくれた妻の則子に本書を捧げることとしたい。

　本書は，関西学院大学の研究叢書出版助成制度による助成を得て刊行している。本書の刊行にあたり種々ご支援いただいた，関西学院大学出版会の戸坂美果さん，辻戸みゆきさんには心より感謝申し上げる。

　2024年12月

柳屋　孝安

目 次

はしがき　i
初出一覧　xi

第Ⅰ編　わが国における企業内福利厚生と労働法上の課題

第1章　企業内福利厚生の展開と労働法上の近時の課題 ——— 3
一　はじめに　3
二　企業内福利厚生の展開　5
　1　企業内福利厚生の概念とその目的・機能　5
　2　企業内福利厚生の量的・質的変化　9
三　企業内福利厚生に対する労働法規整の現状と課題　26
　1　企業内福利厚生に対する労働法規整の現状　26
　2　企業内福利厚生に対する労働法規整の課題　32
四　企業内福利厚生をめぐる労働法上の近時の課題　34
　1　均等・均衡待遇原則の法制度化と企業内福利厚生　35
　2　就業規則の不利益変更と企業内福利厚生　42
五　小活　44

第2章　労働基準法上の賃金と企業内福利厚生の概念 ——— 47
一　はじめに　47
二　行政解釈による賃金の概念形成と企業内福利厚生　48
　1　賃金性の一般的解釈基準と基本的考え方　48
　2　賃金と企業内福利厚生の区別をめぐる一般的解釈基準　53
三　賃金と企業内福利厚生の概念把握をめぐる学説の展開　59
　1　昭和30年代の学説による議論　59
　2　昭和40年代以降の学説の動向　65
四　賃金と企業内福利厚生の概念把握をめぐる判例の展開　66

五　賃金と企業内福利厚生の概念把握の再検討　70
　　　1　労基法上の賃金の範囲画定と企業内福利厚生　70
　　　2　「4分類」「22年通達」「区別基準」についての評価　70
　　六　小活　77

第3章　社宅・寮等の使用関係と労働契約の終了 ──────── 79
　　一　はじめに　79
　　二　社宅等の意義と使用実態　80
　　　1　社宅等の意義　80
　　　2　社宅等の使用実態　81
　　三　社宅等の使用関係の法的性質　87
　　　1　「業務社宅」と「通常の社宅」の区別　88
　　　2　有償性と特殊性の判断　88
　　　3　旧借家法の適用　93
　　四　検討　95
　　　1　「業務社宅」と「通常の社宅」の区別　95
　　　2　有償性と特殊性の判断　95
　　　3　労働契約の終了と借地借家法の適用　99
　　五　小活　101

第4章　企業内福利厚生と労働法上の諸問題 ──────── 103
　　一　はじめに　103
　　二　企業内福利厚生一般と労働法上の諸問題　104
　　　1　企業内福利厚生の法的意義　104
　　　2　立法規制のレベルからみた企業内福利厚生　105
　　　3　就業規則・労働協約のレベルからみた企業内福利厚生　109
　　　4　労働契約のレベルからみた企業内福利厚生　110
　　　5　任意的恩恵的給付のレベルからみた企業内福利厚生　111
　　三　個別の企業内福利厚生と労働法上の諸問題　111
　　　1　社宅・寮の使用関係をめぐる問題　111
　　　2　団体定期保険をめぐる問題　117
　　　3　留学・研修補助をめぐる問題　121
　　四　小活　125

第5章　カフェテリアプランと労働法上の諸問題 ─── 127

- 一　はじめに　127
- 二　カフェテリアプランの概念と導入の経緯　129
  - 1　カフェテリアプランの概念と特徴　129
  - 2　カフェテリアプラン導入の経緯　130
  - 3　企業内福利厚生の諸原則とカフェテリアプラン　132
- 三　わが国におけるカフェテリアプランの実態　135
  - 1　導入状況　135
  - 2　制度の概要　138
- 四　カフェテリアプランのメリット・デメリット　141
  - 1　カフェテリアプランのメリット　141
  - 2　カフェテリアプランのデメリット・問題点　142
- 五　カフェテリアプランをめぐる労働法上の諸問題　142
  - 1　カフェテリアプランの導入・改定をめぐる諸問題　142
  - 2　カフェテリアプランの具体的運用をめぐる問題　153
- 六　小活　154

第Ⅱ編　ドイツにおける企業内福利厚生と労働法上の課題

第1章　企業内福利厚生の法的類型と実態 ─── 159

- 一　はじめに　159
- 二　企業内福利厚生の概念と目的　160
  - 1　企業内福利厚生の概念　160
  - 2　企業内福利厚生の目的・機能　164
- 三　企業内福利厚生の法的根拠　165
  - 1　法律上の福利厚生　166
  - 2　労働協約上の企業内福利厚生　167
  - 3　事業所協定ないし個別労働契約上の企業内福利厚生　168
  - 4　労使慣行による企業内福利厚生　171
  - 5　その他の法的根拠による企業内福利厚生　171
- 四　企業内福利厚生の実態と展開　175
  - 1　企業内福利厚生の実態　175
  - 2　企業内福利厚生の展開　193
- 五　小活　199

第2章　ドイツにおける賃金規制と企業内福利厚生 ──── 203

- 一　はじめに　203
- 二　賃金の概念と企業内福利厚生　204
  - 1　狭義・広義の賃金と企業内福利厚生　205
  - 2　狭義の賃金と広義の賃金を区別する基準　209
  - 3　賃金の概念と支給目的　222
- 三　賃金に対する立法規制と企業内福利厚生　223
  - 1　賃金の額、支払方法等に対する立法規制　224
  - 2　賃金の支払保障に関する立法規制　230
  - 3　賃金の支払確保に関する立法規制　232
  - 4　企業内福利厚生の賃金性と立法規制　240
- 四　小活　241

第3章　ドイツにおける企業内福利厚生と労働契約法上の諸問題 ── 243

- 一　はじめに　243
- 二　労働契約における双務関係の法的取扱いと企業内福利厚生　244
- 三　約款規制の展開と約款規制の3ルール　246
  - 1　約款規制（BGB 305条～310条）の展開　247
  - 2　約款規制の3ルール　250
- 四　労働契約に含まれる賃金支給条件と企業内福利厚生　254
  - 1　労働者の勤続確保のための支給条件　255
  - 2　賃金調整のための支給条件（労働契約の一方的変更の手法）　273
- 五　小活　295

第4章　ドイツにおけるカフェテリアプランと労働法上の諸問題 ── 297

- 一　はじめに　297
- 二　カフェテリアプランの概念とその制度的特徴　299
  - 1　カフェテリアプランの概念　299
  - 2　カフェテリアプランの制度的特徴　301
  - 3　カフェテリアプランの制度的態様　302
- 三　カフェテリアプランの導入契機とその功罪　304
  - 1　カフェテリアプランの導入契機　304
  - 2　カフェテリアプランの功罪　305

四	カフェテリアプランの実態　307
1	カフェテリアプラン導入企業と適用対象　307
2	選択メニューの種類と規模　308

五	カフェテリアプランに対する労働法規整　309
1	賃金性と労働立法規整　310
2	請求根拠としての労働法規範　312
3	集団的労働法規範と制限的規整　313
4	平等取扱原則による規整　318
5	情報提供・周知義務による規整　321

六	カフェテリアプラン制度の導入・改定等をめぐる労働法上の諸問題　322
1	カフェテリアプラン制度の導入，改定をめぐる問題　323
2	個別の選択メニューをめぐる問題　325

　　七　　小活　329

第Ⅲ編　企業内福利厚生に関する日独労働法の比較分析

　　一　　企業内福利厚生の意義・目的と実態(第Ⅰ編第1章，第Ⅱ編第1章)　333
　　　　1　企業内福利厚生の意義・目的　333
　　　　2　企業内福利厚生の実態　335

　　二　　企業内福利厚生の労働法上の概念と法的規整の態様　337
　　　　1　企業内福利厚生の労働法上の概念(第Ⅰ編第2章，第Ⅱ編第2章)　337
　　　　2　企業内福利厚生に対する労働法規整の態様
　　　　　　(第Ⅰ編第1章・第4章，第Ⅱ編第2章)　342

　　三　　企業内福利厚生の個別問題への対応
　　　　　(第Ⅰ編第1章・第3章・第4章，第Ⅱ編第3章)　346

　　四　　カフェテリアプランの実態と労働法上の諸問題
　　　　　(第Ⅰ編第5章，第Ⅱ編第4章)　349
　　　　1　カフェテリアプランの導入時期と実態　350
　　　　2　カフェテリアプランの労働法上の諸問題　352

　　五　　総括　353

事項索引　355

初 出 一 覧

第Ⅰ編　わが国における企業内福利厚生と労働法上の課題

第1章　企業内福利厚生の展開と労働法上の近時の課題
「企業内福利厚生の展開と労働法上の課題序説」
法と政治（関西学院大学法政学会）75巻1号（2024年5月）21-73頁

第2章　労働基準法上の賃金と企業内福利厚生の概念
「労働基準法上の賃金と福利厚生の概念の再検討」法学新報（中央大学法学会）
129巻8・9号（唐津博先生退職記念論文集）（2023年3月）403-442頁

第3章　社宅・寮等の使用関係と労働契約の終了
「社宅・寮等福利厚生施設の使用関係と労働契約の終了」
季刊労働法165号「特集・労働契約の終了と解雇」（1992年12月）32-45頁

第4章　企業内福利厚生と労働法上の諸問題
「福利厚生と労働法上の諸問題」日本労働研究雑誌564号
「特集・近年の福利厚生の変化」（2007年7月）32-44頁

第5章　カフェテリアプランの実態と労働法上の諸問題
「わが国におけるカフェテリアプランの実態と労働法上の諸問題」
法と政治（関西学院大学法政学会）61巻4号（2011年1月）67-101頁

第Ⅱ編　ドイツにおける企業内福利厚生と労働法上の課題

第1章　ドイツにおける企業内福利厚生の法的類型と実態
「ドイツにおける企業内福利厚生の法的類型と実態」
法と政治（関西学院大学法政学会）59巻3号（2008年10月）1-51頁

第2章　ドイツにおける賃金規制と企業内福利厚生の概念
「ドイツにおける賃金規制と企業内福利厚生（上）」
法と政治（関西学院大学法政学会）64巻4号（2014年2月）1-47頁

第3章　ドイツにおける企業内福利厚生と労働契約法上の諸問題
「ドイツにおける賃金規制と企業内福利厚生（下）」
法と政治（関西学院大学法政学会）65巻4号（2015年2月）39-105頁

第4章　ドイツにおけるカフェテリアプランの実態と労働法上の諸問題
「ドイツの企業内福利厚生におけるカフェテリアプランと労働法上の諸問題」
修道法学（広島修道大学法学会）34巻1号（故竹中康之教授追悼号）（2011年9月）29-66頁

第 I 編

わが国における
企業内福利厚生と労働法上の課題

第1章

企業内福利厚生の展開と
労働法上の近時の課題

一　はじめに

　雇用関係において，企業内福利厚生（本章で「福利厚生」，「福利厚生施設」ないし「法定外福利費[1]」という場合も含む。）は，優秀な労働者の確保，労働者のモチベーションの向上や生活保障等，労働者の労働環境の整備を目的とする制度とされてきた。わが国の企業内福利厚生にはその手厚さに特徴がある。一般に「三種の神器」と呼ばれ日本型雇用の特徴とされてきた「終身雇用（長期雇用）」，「年功（序列型）賃金」，「企業別労働組合」に企業内福利厚生を加える海外の分析すらある[2]。わが国においては，企業内福利厚生の具体的内容自体は法的に規制されておらず，企業の裁量に委ねられて多種多様で広がりがある。とはいえ，その具体的内容は，国の経済状況を含む社会情勢や，公的年金制度等を含む法規制の状況にも影響を受けて変化してきた。

　労働法の視点からこれをみると，企業内福利厚生は，労働に対する直接の対

---

1)　企業内福利厚生は，企業が従業員の福利厚生のために支出する経費に着目して企業会計・税務上で区分される「法定福利費」「法定外福利費」のうち，「法定外福利費」があてられる事項である。「法定福利費」は，健康保険，厚生年金保険等の社会保険や労災保険，雇用保険等の被用者保険の保険料のように，法律で企業に負担が義務づけられている保険料に関する費用である。「法定外福利費」は，法律上の義務ではなく，各企業が独自に設けた福利厚生の費用を指す。

2)　J. C. Abegglen, The Japanese Factory：Aspects of its Social Organization, 1958（pp. 47-70）. 本書は外国人研究者による日本的経営論の嚆矢と評されている。邦訳として，占部都美監訳『日本の経営』（ダイヤモンド社，1958）（特に 66-97 頁）がある。

価である賃金や出張経費等の実費弁償と並んで，使用者が労働者に給付する金銭・利益の一類型と捉えられてきた。また，労働契約関係からみると，「労働条件およびその他の待遇」のひとつに加えられてきた。

　こうしたわが国の企業内福利厚生に関して，経営学や人的資源管理論等の分野では，その実態や制度を全体として俯瞰しつつ，人的管理の視点から，その展開状況やあるべき方向等の分析・研究が活発になされてきた。また，労働統計上も指標のひとつに位置づけた調査結果も公表されている。他方で，企業内福利厚生に関する労働法上の研究においては，寮・社宅制度のような特定の待遇につき生じた紛争について判例が提示した処理基準の是非が，学説上で議論される程度に留まってきた。企業内福利厚生と同様に使用者が給付する賃金が，労働時間と並ぶ重要な労働条件とされて学説において様々な観点から活発に議論され，多くの判例が蓄積されてきたのとは対照的である。企業内福利厚生全体を通観した先行研究は，賃金，労働時間等の重要な労働条件と比較して少ない[3]。企業内福利厚生は，上記のとおり，日本型雇用の特徴を示す慣行のひとつに挙げる論者もあるとおり，わが国労働者の労働生活に特徴的で重要な機能を果たしてきたし，労使紛争の対象ともなってきたことを考えると，労働法の視点からは残された研究課題のひとつといえる。

　企業内福利厚生に関する労働法の視点からの研究においては，経営学等による俯瞰的分析をはじめとする先行研究を適切に踏まえつつ，労働法上の個別論点を可能な限り掘り起こし，その背景にある経済情勢や法的規整の状況を踏まえた法解釈を導く必要があると考える。

　本章は，そうした試みの前段として，まず，(1) 経営学等による先行研究をもとに，わが国における企業内福利厚生の量的・質的変化を整理し，その時々において個別論点をめぐり発生した労働法上の紛争とその法的処理につき概観する（二）。そして，既述のとおり，企業内福利厚生が公的年金制度等を含む法規制の状況にも影響されてきたことを踏まえて，(2) 労働立法による規整がどこまで企業内福利厚生に及んでいるのかの現況を分析し，その立法上の課題を検討す

---

[3]　例えば，西井龍生「福利厚生」石井照久・有泉亨・金沢良雄編『給与・福祉』（経営法学全集17）（ダイヤモンド社，1965），201頁以下，島田信義『給付住宅・福祉・共済』（労働法実務大系20）（総合労働研究所，1972），大山博「第五章 雇用慣行の変化と企業福祉」秋田成就編著『日本の雇用慣行の変化と法』（法政大学出版局，1993）129頁以下他。隣接法分野である社会保障法では，藤田至考・塩野谷祐一『企業内福祉と社会保障』（東京大学出版会，1997）他がある。

る(三)。最後に, (3)企業内福利厚生につき議論となり得る労働法上の近時の解釈論上の課題について検討を加える(四)。

二 企業内福利厚生の展開

そこで, まず, 企業内福利厚生に関する経営学等の先行研究[4]によりつつ, ①企業内福利厚生の概念とその目的・機能, ②企業内福利厚生の実態の変化について概観的に整理しておこう。

1 企業内福利厚生の概念とその目的・機能

(1) 企業内福利厚生の概念

経営学等の分野において企業内福利厚生の概念は, どのように捉えられてきたのか。簡単にいえば, 企業内福利厚生とは, 使用者が整備し労働者に提供する便宜(任意的恩恵的給付)といえる。しかし, その具体的内容は企業の裁量に委ねられていて多種多様であり, これらを包摂する, もう少し踏み込んだ定義づけは容易でない。企業内福利厚生に関し活発な研究がなされているこの分野においても, 定義を試みる論者は多くない。

その試みの中では, 「企業が主体となり, 従業員およびその家族の経済的生活の安定, 心身の健康の維持・増進等のために, 中核的労働条件である賃金・労働

---

[4] 本章二の記述は, 主に以下の文献によっている(以下の文献の引用に際しては, 頭書きの①〜⑫の番号による。)。①西久保浩二「企業内福利厚生の変質, その背景と方向性」週刊社会保障 2813 号(2015) 46 頁以下, ②園田洋一「企業内福祉共済制度のゆくえ」週刊社会保障 2866 号(2016) 48 頁以下, ③西久保浩二「強まる社会保障負担下の企業内福利厚生」週刊社会保障 2870 号(2016) 50 頁以下, ④西久保浩二「働き方改革と企業内福利厚生の新たな役割」週刊社会保障 2978 号(2018) 44 頁以下, ⑤「福利厚生のトレンド」Business Labor Trend 2018. No.8・9, 2 頁以下, ⑥西久保浩二「JILPT 調査から見える福利厚生の現状・課題・方向性」Business Labor Trend 2018. No. 8・9, 12 頁以下, ⑦谷田部光一「日本企業における福利厚生の範囲と目的, 機能」労働と経済 1640 号(2019) 24 頁以下, ⑧谷田部光一「日本企業における法定外福利厚生のこれからのあり方」労働と経済 1643 号(2019) 14 頁以下, ⑨藤原宇基・羽間弘善・平井裕人「諸手当・福利厚生に関する制度・規程見直しの実務」労政時報 3978 号(2019) 34 頁以下, ⑩可児俊信「新しい! 日本の福利厚生」(労務研究所, 2019), ⑪可児俊信「どのように福利厚生を見直すべきか」人事実務 11 月号(2021) 8 頁以下, ⑫西久保浩二「After コロナ時代の福利厚生」人事実務 11 月号(2021) 47 頁以下。なお, ドイツにおける福利厚生の実態については, 本書第Ⅱ編第 1 章を参照のこと。

時間以外の金銭, 現物, サービスを給付する施策の総称」[5]との定義づけが最も詳細なものといえる。あるいは, 賃金との対比で,「賃金は労務の提供に対する直接の対価, 報酬であるが, 企業内福利厚生は従業員としての地位に基づく報酬という性格がある。……付加的労働条件の一つであり, 英語でいうフリンジベネフィット (Fringe Benefits＝付加的給付) に近い概念」[6]としたり,「報酬のうち, 賃金・賞与・退職金の制度以外のもの」[7]とするもの, さらには「賃金や労働時間等の『中核的労働条件』に対して, 企業内福利厚生は報奨制度等とともに副次的労働条件 (付加的労働条件) の位置づけであり, 広義の労働条件の一部を構成する」と説明するもの[8]もある。

他方, 定義を試みない論者や多くの調査においては, 企業内福利厚生を構成する具体的項目への言及に留めるものが多い。ただし, どの項目を企業内福利厚生に含めるかについて, 実施企業はもちろん, 研究者や調査によって広狭の差がみられる。例えば,「退職金・企業年金」「家族手当・住宅手当・食事手当」(生活関連手当) 等は賃金と並ぶ「中核的労働条件」に含めるのが一般的であるが, これらを企業内福利厚生に含める企業もある。

企業内福利厚生の具体的項目については, 日本経済団体連合会 (経団連) が1962年を除き1955年度より毎年度調査を行い, その結果を公表してきた「福利厚生費調査結果報告」[9] (以下,「経団連調査報告」と呼ぶ。) が有用である[10]。経団連

---

5) 前掲⑦論文 (注4) 24頁。
6) 前掲⑦論文 (注4) 25頁。
7) 前掲⑪論文 (注4) 6頁。
8) 前掲⑦論文 (注4) 25頁。
9) 経団連が毎年度実施・公表してきた「福利厚生費調査結果報告」は, 第1回 (1955年度) から第64回 (2019年度) に及ぶが, 第64回をもって調査を終了している (終了の理由は明示されていないが, 1955年度時点の調査項目が, 本文で言及のとおり, 質的変化により新たに追加すべき調査項目が増えて, 調査の継続性を維持しつつ, 調査の有用性を確保することが難しくなったこともあると解される。)。2019年度実施分については, それまでの調査対象従業員数を変更したとしており, 従業員1人1か月あたりの額につき継続性がないことが表明されている。本文では, ひとまず2018年度までの数値を取り上げている。また, 福利厚生に関する経年変化が検証できる統計資料としては, 厚生労働省による「就労条件総合調査」がある (後掲 (注11) を参照のこと。)。民間によるものとして,『福利厚生事情』(労政時報別冊) (昭和63年度版～2008年度版) も参考になる。単発の調査には,『福利厚生実態調査 (2007年2月現在調査)』(政経研究所, 2007) や, 近時では, JILPT「企業における福利厚生施策の実態に関する調査——ヒアリング結果」(2018年調査) 資料シリーズ No. 210 (2019), 同「企業における福利厚生施策の実態に関する調査」(2017年調査) 調査シリーズ No. 203 (2020), 同「わが国の福利厚生の導入と利用の実態とその諸要因, そして有効性の検証」(2017年調査の二次分析) 資料シリーズ No. 247 (2022) 等が挙げられる。
10) その他, 福利厚生の詳細な内訳を示す論考に, 前掲⑦論文 (注4) 26頁図表2, 前掲⑨論文 (注4) 36頁図表3。

図表1-1　法定外福利厚生費の内訳

費目	内訳
住宅関連費用	住宅,持家補助
医療・健康費用	医療・保健衛生施設運営,ヘルスケアサポート
ライフサポート費用	給食,購買・ショッピング,被服,保険,介護,育児関連,ファミリーサポート,財産形成,通勤バス・駐車場,その他のライフサポート費用
慶弔関係費用	慶弔金,法定超付加給付
文化・体育・レクリエーション費用	施設・運営,活動への補助
共済会費用	
福利厚生管理・運営費用	福利厚生代行サービス費,カフェテリアプラン消化ポイント費用総額
その他	

出所：2019年度経団連調査報告2-3頁をもとに筆者作成

調査報告を含め，本書で取り上げる企業内福利厚生は，その経費としての性質に着目して「法定外福利費」と呼ばれ，「法定福利費」と併せて「福利厚生費」と呼ばれてきた。

経団連調査報告によると，「法定福利費」は，「健康保険・介護保険,厚生年金保険（日雇を除く），労災保険,子ども・子育て拠出金等のうち企業が負担する費用」とされている。他方，「法定外福利費」は，「企業が任意で実施する従業員等向けの福祉施策の費用」と説明されている。「法定外福利費」が本書の中心テーマである企業内福利厚生に要する費用である。その内訳は**図表1-1**のとおりで，経団連調査報告書においては経年比較が可能なように，調査項目は基本的に維持されている。

企業内福利厚生に関する公的調査には，厚労省による「就労条件総合調査」[11]（平成13年～令和4年）（以下「厚労省調査」という。）がある。「経団連調査報告」とほぼ同じ項目を調査している。他方，単発の調査では，調査の趣旨に合わせて調査

---

11) 厚労省によるこの調査は，経団連調査報告が企業規模500人以上の企業がそれ未満の企業より多く対象となっているのと異なり，小規模企業の区分（30～99人・100～299人・300～999人・1000人以上）がより細分化されている。福利厚生に関しては，同省（旧労働省）による「企業直営福利施設調査」（昭和24年・昭和32年），「企業福祉施設調査」（昭和39年），「労働者福祉施設等調査」（昭和47年～昭和58年），「賃金労働時間制度等総合調査」（昭和59年～平成11年）の一連の調査の調査対象に含められ，これらを引き継ぐ形で続いている。

項目が追加されたりしている。例えば、後述する 2017 年に始まる「働き方改革」によって「非正規労働者の処遇の改善」のために「同一労働同一賃金」の実現等の施策が策定され、これを契機に行われた調査では、正社員と非正規労働者の待遇格差が指摘されている「休暇制度」や「自己啓発」等の新たな調査項目が追加されている[12]。

(2) 企業内福利厚生の目的・機能

上記のとおり、定義づけや分類が試みられてきた企業内福利厚生は使用者がどのような目的で給付し、どのような機能を果たしているのか。

図表1-2　福利厚生の目的

① 従業員の経済的生活の安定と向上
② 心身の健康を維持・増進する(労働力の維持・培養)
③ 労働能力の向上
④ 職場の人間関係やコミュニケーションを良好にし、一体感を醸成する
⑤ 企業に対する信頼感や安心感の醸成
⑥ 企業帰属意識、企業に対する一体感の醸成
⑦ 人材の定着率の高まり
⑧ モチベーションやモラール(士気)の向上
⑨ 生産性と企業業績の向上
⑩ 企業イメージ向上による人材の採用・確保における優位性
⑪ 労使関係の安定

出所：注3掲記の論文

図表1-3　福利厚生の機能(役割)

① 社会保障や社会福祉の補充機能
② 中核的労働条件の補完機能
③ 生活安定・向上機能
④ 労働能力の維持・向上機能
⑤ 人材確保・定着機能
⑥ 労使関係安定機能
⑦ 生産性向上機能

出所：注3掲記の論文

---

[12] JILPT による前掲 2017 年調査（注9）「まえがき」を参照のこと。同旨、前掲⑨論文（注4）36 頁掲記の図表3。

その目的と機能については多くの論者が言及し，**図表1-2と図表1-3**のように整理する見解[13]が最も詳細である。この整理は，使用者が主として経営の視点から企業内福利厚生を整備する目的を「福利厚生の目的」として集約し，企業内福利厚生の果たす社会的機能の視点から「福利厚生の機能（役割）」としてまとめている。これらを総括して，企業戦略，人材戦略に貢献する経営的効果を生むことを企業内福利厚生の存在意義の本質であると説明する見解[14]もある。

企業内福利厚生については，既述のとおり，日本型雇用の特徴とされる終身雇用・年功賃金・企業別労働組合と並び第4の特徴に挙げる評価[15]があることは述べた。企業内福利厚生がわが国の労働市場で果たしてきた多様な社会的機能の点でも，そうした評価があてはまるといえよう。

2　企業内福利厚生の量的・質的変化

わが国の企業内福利厚生の実態は，第二次世界大戦後[16]，量的にも質的にも変化して現在に至っていると分析されている[17]。

企業内福利厚生の量的変化に影響する要因をみると，総人件費管理の考え方が一般化して企業内福利厚生が経済状況（景気）との連動性を強めてきたこと，人口動態の影響を含む労働力の需給の点から，人手不足の深刻化が法定外福利費の増加を生んだことが挙げられる[18]。労使協議等による決定を指摘する見解[19]もある。

他方，企業内福利厚生の質的変化の要因については，上記のような量的な点からの影響と共通の事情もあるが，経済・経営環境，社会保障制度の仕組み・整備

---

13)　前掲⑦論文（注4）26-27頁。
14)　前掲⑫論文（注4）48頁。
15)　前掲（注2）を参照のこと。
16)　第二次世界大戦前のわが国における福利厚生制度の実態については，例えば，森田慎二郎『日本産業社会の形成——福利厚生と社会法の先駆者たち』（労務研究書，2014）。この労作では，戦前の福利厚生について「丁稚奉公」といわれるような，江戸時代の商家の労務管理にみられる「経営家族主義」の延長とみる見解が有力としつつ，この見解に対して，産業革命期にはすでに現在と共通する目的（労働力の確保・維持，労働能率の向上，従業員の生活安定，労使関係の円滑化等）を有していたとの批判的見解を提示している。福利厚生の歴史分析については，他に，前掲⑩論文（注4）10-19頁。
17)　福利厚生の変化について言及した論考には，その他に，例えば，1990年代までの状況については，労務研究所編『新福利厚生ハンドブック』（労務研究所，2004）33-50頁が参考になる。
18)　前掲①論文（注4）46-48頁。
19)　前掲③論文（注4）50頁。

状況、労働者の選好、あるいは労働の多様性といった点が挙げられている[20]。企業内福利厚生の量的および質的な変化について、経団連調査報告の他に、厚労省調査「就労条件総合調査」等も参考にしつつ、もう少し立ち入って整理しておこう。

(1) 企業内福利厚生の量的変化

まず、企業内福利厚生の量的変化についてはどうか。この点については、経団連調査報告をもとに作成した図表1-4からいくつかのことがわかる。

まず、図表1-4の項目①～③によれば、1955年以降、給与や賞与等からなる現金給与総額が増加し、福利厚生費全体の割合も逓増しているのに対し、法定外福利費の割合が逓減している。この点は、項目④が示すとおり、法定福利費の割合の増加によっていることがわかる。また、項目④から、1970年に法定福利費と法定外福利費の割合が逆転し、その差が拡大して現在に至っていることも示している。これらの変化は、賃金給与総額が大幅に増加する中で、社会保障制度の充実に対応するための法定福利費の増加を受けて法定外福利費が削減され[21]、福利厚生費全体における比重が縮小してきたと説明できる。

図表1-4 法定外福利費の経年変化

年度（年）	①1人1か月あたりの現金給与総額（円）	②現金給与総額に対する福利厚生費の割合(%)	③現金給与総額に対する法定外福利費の割合(%)	④福利厚生費に占める法定外福利費の割合(%)
1955	23,967	13.5	7.3	55
1965	49,273	12.6	6.7	53
1970	96,417	12.4	5.8	50
1975	218,877	12.4	5.6	45
1985	398,630	14.2	5.1	36
1995	545,651	16.8	5.6	33
2005	583,386	17.8	4.8	27
2015	570,739	19.4	4.5	23
2019	547,386	19.8	4.4	22

出所：2019年度経団連調査報告19頁をもとに筆者作成

---

20) 前掲⑧論文（注4）15頁。
21) こうした状況は、「税・社会保険料のくさび（tax wedge）」と呼ばれている。前掲①論文（注4）48頁を参照のこと。

(2) 企業内福利厚生の質的変化

では、わが国の企業内福利厚生の質的変化はどうか。質的変化についての先行研究による分析を整理すると、1955年以降これまでの企業内福利厚生の実態は、概ね①生活保障（バブル期頃まで）、②生活リスクの予防・回避支援（バブル崩壊後）、③安心・安全な労働環境の整備と労働生産性の向上（「働き方改革」とコロナ感染拡大）の3つの時期に区分することが可能である。**図表1-5**からは、法定外福利費を構成する主な項目の割合の経年変化は総じて顕著ではないものの、額と併せてみると質的変化の傾向を読み取ることができる。以下では、福利厚生の質的変化を3つの時期に区分し、それぞれの時期の企業内福利厚生の特徴的実態を整理するとともに、それぞれの時期の実態に呼応するように発生した労働法上の紛争と判例による処理基準についても併せて概観しよう。

図表1-5　法定外福利費の項目別変遷

年度（年）	住宅関連費 （円／％）	医療・健康 （円／％）	ライフサポート （円／％）	慶弔 （円／％）	文化・体育・ レクリエーション （円／％）
1955	691／39.2	354／20.1	459／26	91／5.2	159／9.0
1965	1,519／46.0	417／12.6	775／23.5	69／2.1	338／10.2
1975	6,250／51.2	1,323／10.8	2,617／21.5	357／2.9	1,078／8.8
1985	10,119／49.7	1,857／9.0	4,947／24.3	529／2.6	2,089／10.2
1995	15,826／53.7	1,940／6.6	6,988／23.7	864／2.9	2,507／8.5
2005	13,962／49.4	3,127／11.1	6,088／21.5	891／3.1	2,224／7.9
2015	12,509／49.1	2,922／11.5	6,139／24.1	632／2.5	1,941／7.6
2019	11,639／48.2	3,187／13.2	5,505／22.8	514／2.1	2,069／8.6

出所：2019年度経団連調査報告21頁をもとに、ほぼ10年単位で筆者作成

ア　生活保障～低賃金の補完（終戦から経済成長期・バブル期頃まで）
（ア）企業内福利厚生の実態

第二次世界大戦直後から、戦前に整備が進んでいた企業内福利厚生制度が復活する。この時期の企業内福利厚生の目的は、労働に対する直接の対価である賃金や賞与が低額に押さえられていたことに対応した、労働者の生活を補完す

る生活保障の点にあったとされる。戦前の企業内福利厚生制度は，労働者の生活保障から人材確保に主たる目的が移っていたとされる。企業内福利厚生の当初の目的に戻ったことになる[22]。

この時期の企業内福利厚生は，終身雇用をはじめとする日本型雇用と結びついて，「衣食住」への支援が労働者にとっては魅力的雇用条件となった。特に若年期の低賃金の補完機能が指摘されている[23]。「衣・食・住・遊の生活の豊かさ」を実現するために施設付帯型の支援が重視されたのである[24]。具体的には，社宅・寮，給食施設，保養施設・運動施設・医療施設等が挙げられる。特に，住宅難を反映して住宅関連費用が従業員家計を圧迫したことから，法定外福利費が住宅支援に偏重していたことが指摘されている[25]。

(イ) 労働法上の紛争～社宅・寮の使用関係

ところで，労働法の視点からみると，企業内福利厚生による労働者の生活保障重視の傾向を反映して，この時期に訴訟に発展する等で最も労使紛争が多かったのは，社宅・寮の使用関係をめぐる問題である。解雇等による労働契約関係の解消を理由として，使用者によりなされた労働者に対する社宅・寮の明け渡し請求の可否をめぐる紛争である。1992年時点までと2007年時点までの判例の判断状況については，本書第Ⅰ編第3章と第4章において検討している。

具体的には，判例においては，借家の明け渡しに関する借家人の保護を定める民法上の法理が，社宅・寮の使用関係にどこまで適用になるかが争点となった。結論的には，判例においては，最高裁判例も含めて，労働者が負担する賃料の多寡に着目し，相場の賃料を支払うことで賃貸借契約関係があるとみなされない限りは，社宅・寮の利用関係は，使用貸借ないし特殊な契約関係であり，その利用の根拠となっている労働契約関係の終了に伴って，労働者の使用権は消滅するとの判断傾向がみられた。住宅難を反映して社宅・寮利用者の利益保護のための法律構成が模索された時期である。

図表1-6は，1981年から2019年までの住宅関連費（住宅・持家補助）の経年変化を示している。これによると，住宅関連費の縮小傾向がみてとれる。物価上

---

[22] 第二次世界大戦前の福利厚生制度の詳細については，森田・前掲書（注16）。その他，前掲書⑩（注4）10-19頁。
[23] 前掲③論文（注4）50-51頁。
[24] 前掲①論文（注4）48-49頁。
[25] 前掲⑤資料（注4）12頁。

図表1-6　住宅関連費用の推移

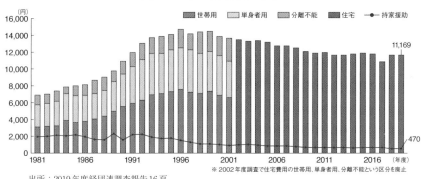

出所：2019年度経団連調査報告16頁

昇による賃料上昇等を考慮すると，縮小幅はかなり大きいとみられる。労働者のニーズの低下に対応して，社宅・寮利用者の利益保護の要請は低下していったといえる。その変化を反映してか，同様の紛争に関する2008年以降の20件弱の下級審判例[26]では，社宅・寮の使用関係の法的性格が賃貸借か使用貸借その他かを検討する事例は減っている[27]。労働契約関係の解消を当然に社宅・寮の明

---

[26] 以下の判例の引用に際しては，①〜⑲の頭書きの番号による。また，掲載誌がない判例については，LEX/DBインターネットTKC法律情報データベースの登載番号を挙げる。①損保ジャパン調査サービス事件・東京地判平20.10.21労経速2029号11頁，②笹野マックス事件・東京地判平23.11.22 LEX/DB25473583，③霞アカウンティング事件・東京地判平24.3.27労判1053号64頁，④ヒタチ事件・東京地判平25.3.6労経速2186号11頁，⑤反訴請求事件・東京地判平27.6.26労経速2254号15頁，⑥BGCキャピタルマーケッツジャパンLLCほか事件・東京地判平28.9.26 LEX/DB25543877，⑦エリクソン・ジャパン事件・東京地判平28.12.22 LEX/DB25544807，⑧日経大阪中央販売事件・大阪地判平29.7.7 LEX/DB25546706，⑨甲社事件・東京地立川支部事件平30.3.28労経速2363号9頁，⑩建物明渡等請求事件・東京地判平30.9.19 LEX/DB25561860，⑪マイラン製薬事件・東京地判平30.10.31労経速2373号24頁，⑫建物明渡等請求控訴事件・東京地判令1.6.12 LEX/DB25564071，⑬関電工事件・東京地判令1.7.11 LEX/DB25564035，⑭建物明渡請求事件・東京地判令1.10.4 LEX/DB25582150，⑮⑪事件控訴審・東京高判令1.12.18労経速2413号27頁，⑯みずほ銀行事件・東京地判令2.1.29労判1254号62頁，⑰モロカワ事件・東京地判令2.6.3 LEX/DB25566493，⑱⑰事件控訴審・東京高判令3.2.10 LEX/DB25591251，⑲多摩労務管理事務所ほか2社事件・東京地立川支判令5.3.29 LEX/DB25595250。

[27] 社宅・寮の利用の法的性質につき賃貸借関係であることに言及するのは，②⑧くらいで，多くは，使用貸借関係を前提に判断している。他方，⑫〜⑭のように社宅・寮が福利厚生であることを明示するものが散見され，賃金や労働時間のように労働者に不利益であることの一事をもって原則的に無効とならないといった判断を示すものがある。さらに踏み込んで，⑭では，就業規則に社宅・寮利用の定めがあっても，労働者の利用請求権を否定している。

け渡し請求の正当な事由とする判断傾向に変化している[28]。

イ　生活リスクの予防・回避支援～「ハコもの」重視からの脱却（バブル崩壊後）
（ア）企業内福利厚生の実態

　企業内福利厚生の機能は，終戦直後から1990年代に入り変質する。それまでの低賃金に対する補完機能，すなわち生活保障の目的で用意された社宅・寮その他について徐々に見直しが行われていく[29]。生活保障機能よりも，生活リスクの予防・回避支援の機能を重視する質的変化が指摘されている[30]。

　この時期の質的変化の要因については，まず，賃金水準の上昇や住宅事情の改善が挙げられる。さらに，少子高齢化・グローバル化も指摘されている[31]。これによれば，少子高齢化が年金や医療等の財政悪化を生むことによる保険料引き上げやその算定基礎となる賃金の上昇が事業者負担増となった。このことで，1997年を境に法定と法定外福利費がともに増加する相乗関係は終わり，使用者の法定福利費負担の上昇が法定外福利費の削減に結びつく相反関係となった。そこで，企業内福利厚生の質的変化として，高度経済成長期の企業成長を推進した「衣・食・住・遊・教」といった多様な生活支援からリスク対応へと重点の移行がみられるとされる。具体的には，「健康支援」[32]や，仕事と家庭の「両立支援」（2003年7月制定施行の次世代育成支援対策推進法への対応）等の重視が挙げられる。

　このように，企業内福利厚生が年金制度，健康保険制度等の社会保障制度の変化，次世代育成支援対策推進法や労働安全衛生法等の公的諸施策・社会政策

---

28) ただし，⑭のように，明渡請求権が認められても，信義則上行使できない場合のあることを前提に検討する事例はみられる。
29) その要因として指摘されている点は，社宅・寮を含む「住宅関連費」経費の固定コスト化，従業員ニーズの多様化による利用減，利用者と非利用者の不公平感，後述するカフェテリアプランとの整合性が悪いこと等が指摘されている。前掲①論文（注4）48-49頁。
30) 賃金の上昇による生活水準の向上や国民皆保険の実現等による社会保障制度等の整備によって，生活保障のためのパターナリズムに基づく福利厚生制度の役割に代えて，福利厚生を賃金化し，労働者自身で選択させるべきであるとか，賃金決定が能力・業績の重視で個別化するなかで，労働者の地位に基づく平等な給付のあり方も問題となるとする見解すらみられたのは，この時期である。前掲⑤論文（注4）14頁以下を参照のこと。
31) 前掲③論文（注4）51頁以下。
32) 例えば，2008年の日本政策投資銀行による「DBJ健康経営格付」や2014年の政府による「日本再興戦略」に基づく経産省等による「健康経営銘柄」の選定・公表が例示されている。前掲③論文（注4）53頁。

への対応の性質を強めていることを捉えて、企業内福利厚生の「社会化」「社会諸政策との相互補完の高まり」と評する見解[33]もある。

さらに質的変化の要因として、雇用・就業形態の多様化により、職場が正社員中心から非正規社員の比重の高まりも挙げられている[34]。正社員という単一属性を前提の企業内福利厚生に見直しが必要となったのである。例えば、社宅制度の世帯主要件の修正が必要となったり、社員が世帯主である場合以外では社宅ニーズが低いといった変化が指摘されている。こうした変化が、「ハコもの」重視に代えて、多様なニーズに対応できるサブスクリプション（定額課金型）サービスパッケージや後述するカフェテリアプランの誕生に結びつくのもこの時期である。

企業内福利厚生の質的変化は、経団連調査報告が挙げる1981年度から2019年度までの配分額の経年変化を示す以下の図表1-7～1-10でも裏づけられる。

例えば、生活保障の意味を持つ「給食」の縮小を示す図表1-8や、図表1-10の「施設・運営」のハコモノ関連の企業内福利厚生は、軒並み逓減している。他方で、「健康支援」を示す図表1-7の「ヘルスケアサポート」の他、「両立支援」である図表1-9の「育児関連」や図表1-10の「活動への補助」等の増加が目立つ。

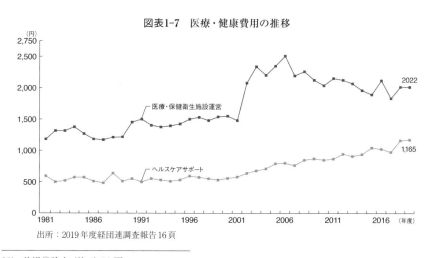

図表1-7　医療・健康費用の推移

出所：2019年度経団連調査報告16頁

---

33) 前掲①論文（注4）50頁。
34) 前掲⑪論文（注4）8-9頁。

第Ⅰ編　わが国における企業内福利厚生と労働法上の課題

図表1-8　ライフサポート費用の推移１

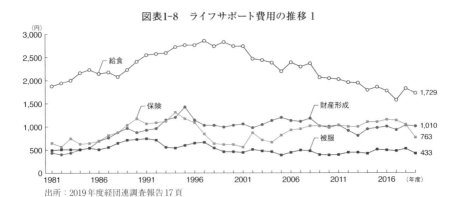

出所：2019年度経団連調査報告17頁

図表1-9　ライフサポート費用の推移２

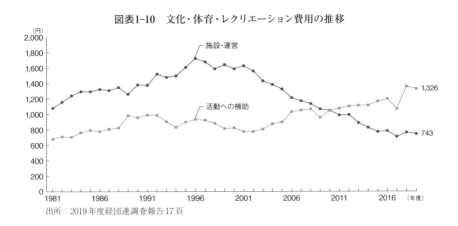

出所：2019年度経団連調査報告17頁

図表1-10　文化・体育・レクリエーション費用の推移

こうした傾向は，経団連調査報告に比して，より小規模な企業を含む厚労省調査の結果においてもみられる。ここでは挙げないが，同調査でも，費目ごとにみると企業規模で費用の多寡に差があるものの，経年変化では，企業規模に差異はなく，経団連調査報告と同様の増減傾向を示している。

(イ) カフェテリアプランの活用

ところで，既述のとおり，1990年代に入り企業内福利厚生に対する労働者のニーズが多様化するにつれて，2つの動きが加速する。すなわち，①従業員の企業内福利厚生への多様なニーズに対応できる選択メニューの提供と，そうした，②選択メニューの提供を外注するアウトソーシングである。これらの動きに対応して導入され始めた制度がカフェテリアプランである。カフェテリアプ

図表1-11　カフェテリアプランの導入企業が回答企業に占める割合 (2002～2019年度)

年度 (年)	回答企業数 (社)	導入企業数 (社)	割合 (%)
2002	700	30	4.3
2003	714	46	6.4
2004	661	52	7.9
2005	645	65	10.1
2006	637	68	10.7
2007	668	74	11.1
2008	680	81	11.9
2009	701	85	12.1
2010	710	87	12.3
2011	688	93	13.5
2012	679	97	14.3
2013	674	95	14.1
2014	645	96	14.9
2015	667	104	15.6
2016	676	103	15.2
2017	658	97	14.7
2018	625	104	16.6
2019	608	104	17.1

出所：2018年度と2019年度の経団連調査報告をもとに筆者作成

第Ⅰ編　わが国における企業内福利厚生と労働法上の課題

図表1-12　従業員1人あたりのカフェテリアプランの費用内訳（2002〜2019年度）

項目	2008年度 月額平均（円）	2008年度 構成比（%）	2019年度 月額平均（円）	2019年度 構成比（%）
法定外福利費平均値	37,042	−	33,270	−
カフェテリアメニュー費用総額	4,524	100.0	4,660	100.0
○住宅メニュー	280	6.2	552	11.8
寮・社宅, 賃貸物件入居補助	92	2.0	302	6.5
持家援助	188	4.2	250	5.4
○医療・健康メニュー	68	1.5	182	3.9
○ライフサポートメニュー	2,847	62.9	2,520	54.1
食事手当・給食補助	733	16.2	408	8.8
購買・ショッピング費用	357	7.9	356	7.6
被服	10	0.2	10	0.2
保険	338	7.5	518	11.1
介護	84	1.9	49	1.1
育児関連	254	5.6	341	7.3
ファミリーサポート	56	1.2	38	0.8
財産形成	981	21.7	690	14.8
通勤費用補助	1	0.0	28	0.6
その他	34	0.8	820	17.6
○文化・体育・レクリエーション	1,232	27.2	1,305	28.0
活動	1,155	25.5	1,141	24.5
自己啓発	77	1.7	164	3.5
○その他のメニュー	97	2.1	101	2.2

出所：2008年度と2019年度の経団連調査報告をもとに筆者作成

ランは，労働者個々にクレジットまたはポイントの形式で配分される企業内福利厚生額の枠内で，多様な企業内福利厚生を含むカフェテリアメニューの中から，労働者個々が自由に選択して利用できる制度である。

　この制度については本書第Ⅰ編第5章において，2002年頃から2008年までの経団連調査報告や厚労省調査を分析してカフェテリアプランの実態を明らかに

し，労働法上の問題について検討を行った[35]。その後のカフェテリアプランの利用状況については，当時に比して利用可能な調査が減っていてその実態を十分明らかにできないが，経団連調査報告が参考になる。この調査報告によると，カフェテリアプランの導入企業数は，図表1-11のとおり逓増している。

また，2018年度と2019年度を比較した図表1-12によれば，カフェテリアプランの導入企業についてみると，従業員1人あたりの費用総額は，2008年度当時と比較して逓増している（2008年度：4524円，2019年度：4660円）。より具体的には，2019年度の経団連調査報告では，従業員1人1か月あたりの月額平均は，1000円未満から5000円以上までの開きがみられるが，5000円以上が最も多くなっている。法定外福利費中の割合は平均で14％（2008年度は12％）であり，10％未満が導入企業104社中で41社と最も多い状況である。

さらに，カフェテリアプランが提供するカフェテリアメニューとこれに配分される費用の分布については図表1-12のとおりである。メニューは企業内福利厚生の広範な項目にわたっていることがわかる。両年度での同一メニューに割り当てられる費用の額の比較から，企業内福利厚生の質的変化が多少とも読み取れる。

（ウ）労働法上の紛争〜団体定期保険の保険金帰属先と留学・研修補助の返還請求

ところで，労働法の視点からみると，この時期の企業内福利厚生のこうした質的変化の中で，訴訟に発展する等の労使紛争が生じた企業内福利厚生には，①図表1-8の保険関係に含まれる団体定期保険の保険金帰属先が使用者か労働者・遺族かの紛争と，②図表1-10の「活動への補助」の中に「自己啓発」として含まれる可能性のある留学・研修補助の返還請求をめぐる紛争の2種類が挙げられる。いずれも2007年頃までの学説・判例の状況について本書第Ⅰ編第3章において取り上げている。2007年以降，近時に至るこれらの問題の状況について補足的に説明しておこう。

（1）まず，団体定期保険の問題である。団体定期保険は，使用者が従業員全員ないし一部を被保険者として契約する生命保険である。従業員の死亡や高度障害に対応して死亡退職金や弔慰金あるいは障害給付金等を保険金として給付する。労働者本人や遺族の生活保障のための財源にあてられることを付保目的と

---

[35] ドイツにおけるカフェテリアプランについては，本書第Ⅱ編第4章において論じている。

している。この保険のうち，保険料の負担も保険金受取人も使用者となるタイプの保険について，死亡保険金の帰属が使用者か遺族かが主たる紛争となった。訴訟が1990年半ばより2000年にかけて頻発した。

下級審判決では，生活保障という企業内福利厚生の意義を生かせる法律構成を模索して遺族に死亡保険金の帰属を認めるものが多く出された。しかし，最高裁[36]は，使用者に保険金を帰属させる旨の労働者の同意さえあれば，保険金額に見合う額が遺族に帰属するよう要求していない現在の立法政策の下では，企業内福利厚生としての趣旨を逸脱するとしても，保険金は使用者にすべて帰属するとしても公序良俗に反しないと結論づけた。

この最高裁判断には，すでに1996年に制度化されていた総合福祉団体定期保険制度であれば対応可能であった。この制度は，保険金の帰属先を使用者と遺族に明確に分けることで帰属先の不明確性が解消される等で団体定期保険の問題点の改善が図られていた。ただし，この制度への加入率が低いことや，個人保険タイプの事業保険には同様の対策がされていないこと等で，紛争防止が十分でないこと等が指摘されていた。それでも，保険金の帰属先が使用者か遺族かの紛争が訴訟に発展する事例は2007年以降みられない。その後は，総合福祉団体定期保険に関し，死亡保険金の帰属先となる遺族の範囲[37]や，過労死関連で使用者に対して遺族に認められた損害賠償額と保険金との調整[38]等が問題となっている程度である。

(2) これとは対照的に，留学・研修補助の問題については，近時まで紛争が断続的に発生している。留学・研修補助は，使用者が，留学や研修等の費用を補助金形式で負担することで，教育訓練・自己啓発に関する労働者の金銭的負担を軽減する趣旨の企業内福利厚生である。就業規則等で制度化される例が多い。具体的には，留学・研修等の費用を使用者が負担する条件として一定期間の勤務を求め，留学・研修終了後に企業に復帰しなかったり，補助金の返還義務が免除される所定の勤務年限満了前に退職した労働者には，使用者が留学・研修費用の全額ないし一部の返還を請求できる返還規定が多くの場合定められる。こ

---

36) 住友金属工業（団体定期保険第1）・最三小判平18.4.11 労判915号26頁，住友金属工業（団体定期保険第2）・最三小判平18.4.11 労判915号51頁。
37) 保険金請求事件・東京地判平29.1.25 LEX/DB25538577。
38) 肥後銀行事件・熊本地判平26.10.17 労判1108号5頁。

の返還規定が，労基法16条の違約金・損害賠償の予定の禁止や同法14条の労働契約期間の上限規制に違反しないかどうかや，労働者の職業選択の自由を侵害しないかが問題となった。1990年後半から2000年代にかけて訴訟で多く争われた。

この問題について，本書第Ⅰ編第3章において，2007年頃までの下級審レベルの複数の判例を分析し，補助金の性質について，留学や研修が業務の一環で，本来，使用者が負担すべき実費弁償に相当するのか，労使間の金銭消費貸借契約に基づく貸金関係（一定期間の勤務による貸金返還免除という福利厚生）かで返還規定の有効性を区別する判断が示され，一応の決着がつけられたことを明らかにしている。

しかし，下級審が示したこの判断の当否を判断する最高裁判決がまだないこともあり，紛争は沈静化せず，その後も16件の下級審判例が出されている。基本的には上記の下級審レベルの判断基準による処理が図られている[39]。16件を含め，この問題に関するこれまでの判例の判断傾向は以下のとおり整理できる。

① 雇用関係に入る前後の貸付の区別[40]

雇用関係に入った後の補助金の事案であれば，労基法14条ないし16条が適用されるが，雇用関係に入る前の事案については，それら規定の適用がないこ

---

39) 事案は，(1)留学費用，(2)研修費用，(3)修学費用，(4)その他に分類できる（以下の判例の引用に際しては，①～⑮の頭書き番号による。）。各費用別にみると，

(1)の留学費用関連では，返還規定の違法性を肯定した判例に①独立行政法人製品評価技術基盤機構事件・東京地判令 3.12.2 労経速 2487 号 3 頁。その違法性を否定した判例に，②みずほ証券事件・東京地判令 3.2.10 労判 1246 号 82 頁，③留学費用返還請求事件・東京地判令 4.3.10 LEX/DB25605063，④大成建設事件・東京地判令 4.4.20 労判 1295 号 73 頁，⑤双日事件・東京地判令 4.8.30 LEX/DB25594420 がある。

(2)の研修費用関連では，返還規定の違法性を肯定した判例に，⑥貸金等請求事件（タクシー2種免許取得費用）・名古屋簡裁判平 16.5.13 LEX/DB28092233，⑦ダイレックス事件（セミナー受講料）・長崎地判令 3.2.26 労判 1241 号 16 頁。その違法性を否定した判例に，⑧コンドル馬込交通事件・東京地判（控訴審）平 20.6.4 労判 973 号 67 頁，⑨貸金等請求事件（エステ資格取得費用）・東京地判平 26.10.14 LEX/DB25521977 がある。

(3)の修学費用関連では，返還規定の違法性を肯定した判例に，⑩医療法人杏祐会事件（看護学校修学費用）・山口地萩支判平 29.3.24 労判 1202 号 169 頁，⑪⑩の控訴審・広島高判平 29.9.6 労判 1202 号 163 頁。その違法性を否定した判例に，⑫魚沼市事件（医学部修学費用）・新潟地長岡支判平 27.6.18 LEX/DB25540664 がある。

(4)その他では，返還請求の違法性を肯定した判例に，⑬貸金請求事件（採用時の貸付）・東京地判平 26.8.14 判時 2252 号 66 頁，⑭グレースウイット事件（交通費の貸付）・東京地判平 29.8.25 労判 1210 号 76 頁。その違法性を否定した判例に，⑮東京エムケイ控訴事件（入社支度金）・東京地判（控訴審）平 26.1.20 LEX/DB25502919 がある。

40) ①～⑮のうち，⑩⑪⑫が雇用関係に入る前の貸付（就学資金）が問題となった事例である。

とから，労基法16条の「法意」「実質」に反するかどうかとか，公序良俗・信義則違反の有無として処理されている。

② 返済を含む貸付条件についての合意の有無[41]

補助金の性質が企業内福利厚生の場合だけでなく，使用者が本来は負担すべき経費（実費弁償）であっても，労使間で貸付の合意がなされ得ることを前提に，返済合意があれば返済義務のある金銭消費貸借契約があったものとされ，合意がなければ返済義務のない単なる贈与契約として処理される。

③ 労基法16条違反の考慮事情

留学・研修補助が金銭消費貸借契約に基づいている場合，返済規定の違法性は，労働者に対する「経済的足止め」の実質があるかどうかで判断される。その場合に考慮すべき事情として，ⅰ）貸付事由が業務上のもので本来，使用者が負担すべき経費か，ⅱ）返還条件付の留学・研修への参加につき労働者の選択の自由があったか，ⅲ）返済免除の要件とされる在職期間の長さ，ⅳ）返済額の多寡，ⅴ）返還免除される在職年限のうち実際に勤務した年限，ⅵ）返済方法（返済猶予や勤務年数に対応した減額措置）等が挙げられ，これらの事情を総合判断して結論が導かれている。

ウ　安心・安全な労働環境の充実と労働生産性の向上 〜「働き方改革」とコロナ対応

（ア）企業内福利厚生の実態

わが国の企業内福利厚生は，2000年代に入り，生活保障や「ハコもの重視」から生活リスクの予防・回避支援へと質的変化が徐々に進行する。2017年から安倍内閣で進められた「働き方改革」や2020年からの新型コロナ感染症拡大は，企業内福利厚生のこうした質的変化を加速させる要因となることが指摘されている[42]。

a 「働き方改革」[43]

まず，加速の要因として安倍内閣による「働き方改革」が挙げられる。そこでは，少子高齢化の下での労働力確保のために，多様な労働力にとって安心して働ける条件の整備を進めることが標榜される。そして，労働生産性の向上へと

---

41) ①〜⑮のうち，⑨については，そもそも研修費用の返還合意の存在を否定している。
42) 前掲④論文（注4）44頁。
43) 「働き方改革」と福利厚生の関係については，前掲④論文（注4）を参照のこと。

つなげ、「成長と分配の好循環」を構築するというシナリオが描かれている。それまでの行政指導だけではなく、法律で明文化した強制力（罰則や義務づけ）を通じて、それまでの企業文化や風土も含めて労働の実態を改善しようとした点に特徴がある。

具体的には、「働き方改革」は、2017年3月に「働き方改革実行計画」として策定された。計画では、「働き方改革」の実現に向けて、働く人の視点に立った3つの課題を柱に据えて、その下に9の検討テーマと19の対応策が設定された。

企業内福利厚生がどのような質的変化を求められることになるのかを明らかにするために、計画が示す対応策について少し詳しくみておこう。

「働き方改革」で示された3つの課題のうちの課題1は「処遇の改善（賃金など）」である。「仕事ぶりや能力の評価に納得して、意欲を持って働きたい」という「働く人」の希望の実現である。この課題の下で求められる対応の重要なひとつが、①非正規雇用の処遇改善に向けた「同一労働同一賃金」の実現である（検討テーマ1）。これによれば、正社員と非正規社員との間の企業内福利厚生格差についても、基本給等の「中核的労働条件」の格差と同様に、不合理な格差の解消が求められることとなる。

さらに、②非正規社員の正規社員化等のキャリアアップの要請も挙げられる（検討テーマ1）。不本意に非正規に置かれる労働者の正社員化の実現も労働の多様化に必要とされる。この要請への対応は正社員増につながり、企業内福利厚生経費増が予想されることから、これに対応するための企業内福利厚生の見直しが必要となるとされている。

これら①②の点を明文化した短時間有期雇用労働法（8〜14条）や判例の判断傾向については、本章四において検討する。

次に、課題2は、「制約の克服（時間・場所など）」である。①「ワークライフバランスを確保して健康に柔軟に働きたい」、②「病気治療、子育て・介護などと仕事を無理なく両立したい」という「働く人」の希望の実現である。とりわけ②については、「生活リスクの予防・回避支援」の視点からの企業内福利厚生の充実が重要な課題となる。

①②への対応策として、例えば、「長時間労働の是正」（検討テーマ3）のために、余暇活動や健康増進活動の拡充や、自己啓発のための企業内福利厚生の整備が求められる。さらに、「柔軟な働き方がしやすい環境整備」（検討テーマ4）では、

テレワークや兼業・副業の推進が挙げられ,「病気の治療,子育て・介護等の仕事の両立,障害者就労の推進」(検討テーマ5)とともに,就労環境の整備に資する福利厚生面での対応のあり方を検討する必要が出てくる。

さらに,課題3は,「キャリアの構築」である。①「ライフスタイルやライフステージの変化に合わせて多様な仕事を選択したい」,②「家庭の経済事情に関わらず希望する教育を受けたい」という「働く人」の希望の実現である。具体的には,「女性・若者が活躍しやすい環境整備」(検討テーマ7),「雇用吸収力の高い産業への転職・再就職支援,人材育成,格差を固定化させない教育の充実」(検討テーマ8)や「高齢者の就業促進」(検討テーマ9)といった点が挙げられている。これらの検討テーマにおいては,例えば,「人材確保」の視点や「自己研鑽」支援による生産性の向上といった視点で企業内福利厚生の目的(前掲図表1-2の③⑦⑩)に合致し,その充実が求められることになる。

b コロナ対応[44]

企業内福利厚生の質的変化加速の2つ目の要因として,コロナ対応がある。2020年に入ってからの新型コロナ感染症拡大への対応として,在宅勤務の活用が進んだ。この急激な変化は一時的な現象となる可能性も否定できないが,職場のデジタル化の進行等により,今後,在宅勤務やリモートワークといった働き方への変化が徐々に進む可能性が高い。在宅勤務は,コロナ前に策定された「働き方改革実行計画」でも「柔軟な働き方の環境整備」(検討テーマ4)として挙げられている。

在宅勤務やリモートワークの増加によって,職場での労働と密接に関連してきた企業内福利厚生の利用価値の逓減が指摘されている。例えば,社員食堂,社宅・寮,転勤関連の助成,休憩室・更衣室・託児施設等が挙げられる。他方,在宅勤務に必要な企業内福利厚生として,腰痛防止の椅子,WiFi環境整備の補助金,テレワーク宅配給食,交通手当に代わる在宅勤務手当といった「緊急対策的福利厚生」として実施されたものが常態化していくことが予想される。

(イ) 労働法上の紛争

以上のとおり,「働き方改革」や新型コロナ感染症拡大が企業内福利厚生に与える影響は,今後も継続することが予想される。労働法の視点からみると,企業

---

44) 前掲⑪論文(注4)13頁以下,前掲⑫論文(注4)47頁以下を参照のこと。

内福利厚生のこうした質的変化を受けて，企業内福利厚生に関して労使紛争に発展する問題として，①同一労働同一賃金と，②就業規則の不利益変更の問題を挙げることができる。これらの問題は，本章四において取り上げる。

(4) 企業内福利厚生の展望～戦略的福利厚生の時代へ[45]

企業内福利厚生の今後はどのように見通されているのであろうか。2点を挙げておこう。

まず1点目として，法定福利費の増額に伴って，今後は法定外福利費の増額が望めないとの視点から，企業内福利厚生制度の組み換えや再配分の加速が指摘されている[46]。

これまでの企業内福利厚生のうち，存続・拡充すべき項目として，①使用者の責任の観点から，健康維持増進策，母性健康管理，業務・通勤災害・(法定外)上積補償，私傷病補償，キャリアカウンセリング等が挙げられている。また，②経営戦略の観点から，疾病予防，メンタルヘルス対策等の医療健康確保，育児・介護等の両立支援，自己啓発援助，資格取得援助等の能力向上等が考えられるとされる。これらの中でも，労働者の自助努力に委ねる自立支援型福利厚生の拡充を強調する見解もある[47]。

また，「家族・家庭」と密接するニーズが顕在化し，例えば，持ち家取得，老後に備えた資産形成，自己啓発，家事負担，子育て，養育費，介護といった項目や，コミュニケーション支援のためのチーム単位のレクリエーションが重要となるとの指摘もある。さらに，非正規・女性・外国人対象の企業内福利厚生の再構築を指摘する見解もある[48]。

他方で，縮小・廃止すべき企業内福利厚生制度として，これまで繰り返し指摘してきた社有社宅・独身寮，体育・娯楽施設，直営保養所，社員旅行，社内運動会，永年勤続表彰等が挙げられる。

2点目は，「戦略的福利厚生」の重視が指摘されることである[49]。この指摘によ

---

45) 前掲⑤資料 (注4) 12頁以下，前掲⑧論文 (注4) 17頁以下，前掲⑪論文 (注4) 12頁以下，前掲⑫論文 (注4) 47頁以下を参照のこと。
46) 前掲⑤資料 (注4) 13頁。
47) 前掲⑧論文 (注4) 16頁。
48) 前掲⑤資料 (注4) 13-14頁。
49) 前掲⑫論文 (注4) 48頁。

れば,「福祉・恩恵・配分」の企業内福利厚生よりも,企業戦略・人材戦略に貢献できる経営的効果を狙った投資としての企業内福利厚生を重視すべきとしている。具体的には,企業内福利厚生の目的の中でも労働者確保といった経営戦略の視点から,疾病予防,メンタルヘルス,心身の健康相談・指導等の医療・健康施策(「健康経営」[50]の展開)が挙げられる。また,これまで企業内福利厚生の意義とされてきた「社会保障を補完する福祉」という側面よりも,「二次的労働条件・報酬」の側面を強く認識すべきとする見解[51]も,企業経営との連動性を説く見解と解される。

三　企業内福利厚生に対する労働法規整の現状と課題

　本章二では,企業内福利厚生の量的・質的変化について,労働法的視点も絡めつつ,経営学等による先行研究の整理を試みた。企業内福利厚生の変化においては,社会保障制度改革や「働き方改革」等に伴ってなされた法改正の影響もみてとれた。ここでは,労働法の領域にある法令が,そもそも企業内福利厚生をどの程度,どのように規整しているのか,その現況を概観し,企業内福利厚生の変化に即した規整となっているかを検討しておこう。

1　企業内福利厚生に対する労働法規整の現状

　企業内福利厚生に対する労働法規整の領域においては,第二次世界大戦後1980年代に入るまでは,労基法をはじめとする主要な労働法規において,その用語の使用も定義規定もない状況が続いた。企業内福利厚生は,法解釈上で「労働条件その他の労働者の待遇」(労組法16条)に含まれると解されたり,労基法11条で定義される賃金と区別される給付と観念されるに留まっていた。企業内福利厚生と賃金の区別に関する学説・判例,行政解釈については,すでに本書第Ⅰ

---

50)「健康経営」については,前掲書⑩(注4)16-18頁の他,「特集・健康経営」日本労働研究雑誌762号(2024)4頁以下を参照のこと。
51)　前掲⑧論文(注4)17頁。

編第2章において詳述した[52]。

とはいえ，1980年代に入り，企業内福利厚生（ないし福利厚生施設）を明示に規整の対象に加える労働法令が徐々に増加していく。近時は，厚生労働省所管のそうした法律，命令，指針等は70を超えている[53]。しかし，企業内福利厚生について，賃金に関する労基法11条のような具体的な定義を定める例はこれまでのところ見当たらない。企業内福利厚生（ないし福利厚生施設）の語のみを規定する例が大半である。労働法領域の法律・規則レベルの法令で主なものとして，以下を挙げることができる。

---

① 男女雇用機会均等法6条2号
② 船員に関する雇用の分野における均等法の施行規則1条（船員への適用のための①の読み替え規定）
③ 短時間有期雇用労働法12条
④ 労働者派遣法40条3項
⑤ 障害者雇用促進法35条
⑥ 介護労働者の雇用管理の改善等に関する法律3条，8条
⑦ 労働者の職務に応じた待遇の確保等のための施策の推進に関する法律5条・6条
⑧ 出入国管理認定法2条の5第2項（特定技能雇用契約等）
⑨ 中小企業労働力確保法4条

これらのうち，⑥⑦については，「福利厚生」（ないし「福利厚生施設」）の語のみ用いるに留まる。それ以外は，法律，命令，指針のいずれかのレベルで，(1)企業内福利厚生の定義的内容を定めたり，企業内福利厚生の具体的内容を，(2)限定列挙，または(3)例示列挙したり，あるいはこれらを併用する規整の態様が以下のとおりみられる。

(1) 企業内福利厚生の定義的内容を有する規定を定める例

労基法11条のような賃金の定義規定の形式ではないが，禁止規定や義務規定の対象とする企業内福利厚生につき，その範囲を限定するために定義的内容を明示に定める手法がみられる。例えば，男女雇用機会均等法では，1985年の制

---

52) なお，ドイツにおける賃金と福利厚生の概念については，本書第Ⅱ編第2章，第3章を参照のこと。
53) 厚生労働省のHPから利用可能な「厚生労働省法令等データベースサービス」によるデータである。

定時すでに企業内福利厚生の措置につき男女の差別禁止規定（10条）を置いていた。これをそのまま引き継ぐ現行6条2号が，性別による差別的取扱い禁止の対象となる「福利厚生の措置」を「<u>住宅資金の貸付けその他これに準ずる福利厚生の措置であって厚生労働省令で定めるもの</u>」と定義的内容を定めている。

あるいは，短時間労働者法に2007年改正で新設された11条を2018年に引き継いだ短時間有期雇用労法12条は，短時間有期雇用労働者と「通常の労働者」との利用機会の格差の解消を事業主に義務づける「福利厚生施設」について，「<u>健康の保持又は業務の円滑な遂行に資するものとして厚生労働省令で定めるもの</u>」と定義的内容を規定する。これと類似の義務規定である労働者派遣法40条3項が，「福利厚生施設」につき「<u>業務の円滑な遂行に資するものとして厚生労働省令で定めるもの</u>」と定めている。

いずれも定義規定とまでいえるものではないが，禁止規定や義務規定の適用を前提に企業内福利厚生の範囲を限定する意義を持つ点で，定義的な意義を有していると解される。この規定を受けて，後述（2）のとおり，厚生労働省令において「福利厚生施設」や「福利厚生の措置」の具体的内容を限定列挙して示す方式が採用されている。

また，通達レベルで定義的内容を定めるものがある。例えば，障害者雇用促進法35条が差別を禁止する待遇として賃金や教育訓練とともに「福利厚生施設」を例示しているが，これを受けて定めることとされている指針[54]（同法36条）がある。この指針の第3の7において「福利厚生の措置」とは，「<u>労働者の福祉の増進のために定期的に行われる金銭の給付，住宅の貸与その他の労働者の福利厚生を目的とした措置をいう。</u>」としている。ただし，その具体的内容までの定めはない。

また，禁止・義務規定ではないが，中小企業労働力確保法4条が，事業協同組合等または中小企業が労働力確保に向けて改善すべき雇用管理の例として「福利厚生の充実」を挙げ，その指針[55]で，中小企業者は，「<u>労働者の生活の安定と福祉の増進のため</u>，福利厚生施設の設置又は整備，福利厚生制度の充実により，

---

54)「障害者に対する差別の禁止に関する規定に定める事項に関し，事業主が適切に対処するための指針」（平成27.3.25厚生労働省告示116号）。
55)「中小企業における労働力の確保及び良好な雇用の機会の創出のための雇用管理の改善に係る措置に関する基本的な指針」（平成10.12.25通産省・労働省告示2号）。

ハード・ソフト面の整備」が必要と定める。後述（3）のとおり，さらにその整備のための具体的措置が例示されている。

(2) 企業内福利厚生を限定列挙する例

次に，企業内福利厚生の具体例を限定列挙する手法を取る例がある。この限定列挙は，既述のとおり，企業内福利厚生を禁止や義務づけといった法規制の対象とする場合に，その内容・範囲を明確化する趣旨といえる。

例えば，男女雇用均等法施行規則1条は，（1）で挙げた男女雇用機会均等法6条2号の委任を受けて，「住宅資金の貸付けその他これに準ずる福利厚生の措置」として，以下1～4号を限定列挙している（上記法令②は，「労働者」を「船員」に読み替えて同一内容の定めを置いている。）。

<u>一　生活資金，教育資金その他労働者の福祉の増進のために行われる資金の貸付け</u>
<u>二　労働者の福祉の増進のために定期的に行われる金銭の給付</u>
<u>三　労働者の資産形成のために行われる金銭の給付</u>
<u>四　住宅の貸与</u>

通達[56]は，これらを「<u>供与の条件が明確で，かつ経済的価値の高いもの</u>」と説明している。

また，(1)で挙げた短時間有期雇用労働法12条の委任を受けて，12条に定める「健康の保持又は業務の円滑な遂行に資するものとして厚生労働省令で定める」「福利厚生施設」として，同法施行規則5条が，「<u>一　給食施設，二　休憩室，三　更衣室</u>」を限定列挙している。通達[57]には，「職務の遂行に関連性の深いもの」に限定した旨の説明がある。同一内容の限定列挙は，（1）で挙げた労働者派遣法40条3項の委任を受けた同法施行規則32条の3においてもみられる[58]。

---

56) 労働省婦人局監修『男女雇用機会均等法他解釈便覧』（（財）21世紀職業財団，1997）14頁を参照のこと。
57) 平成19.10.1基発1001016号の第三6を参照のこと。その他の福利厚生についても，短時間労働者の就業の実態，通常の労働者の均衡等を考慮した取扱いをするよう努めることとしている（同通達10(5)イ(ハ)）。
58) 労働者派遣法40条3項が，派遣先の労働者に利用機会が付与されており，派遣労働者にも利用機会を与えなければならない「福利厚生施設」として，「業務の円滑な遂行に資するものとして厚生労働省令で定めるもの」とし，労働者派遣法施行規則32条の3において同じ3施設に限定して定められている。

(3) 企業内福利厚生を例示列挙する例

さらに，企業内福利厚生を例示列挙する手法を取る例がある。

例えば，労働者派遣法40条4項は，診療所等の施設と例示して，派遣先の労働者が通常利用しているもので，同法40条3項に関し「福利厚生施設」として限定列挙された3施設以外の利用に関する便宜の付与等必要な措置を講ずる派遣先の配慮義務を定める。ただし，これと同様の取扱いは，3施設につき定める短時間有期雇用労働法には定めがない。

さらに，例示列挙の手法を取る例は，行政指導の基準となる通達（指針）のレベルで複数存在する。禁止や義務づけの対象となる企業内福利厚生ではないが，その導入が望ましい企業内福利厚生を例示する趣旨と解される。

例えば，短時間有期雇用労働法8条が定める均衡待遇の原則について策定された「短時間・有期雇用労働者及び派遣労働者に対する不合理な待遇の禁止等に関する指針」[59]が挙げられる。指針では，「通常の労働者」と同一の取り扱いをすべき企業内福利厚生の例示として，<u>転勤者用社宅，慶弔休暇・健康診断に伴う勤務免除・給与の保障，病気休職，法定外有給休暇その他の法定外休暇</u>を挙げ，これらについての不合理性の有無についての判断例が示されている。

また，「分割会社及び承継会社等が講ずべき当該分割会社が締結している労働契約及び労働協約の承継に関する措置の適切な実施を図るための指針」[60]の定めを挙げることができる。指針では，企業内福利厚生の法的規整の態様を，<u>①労働協約や就業規則で制度化されて労使の権利義務の内容となっている福利厚生，②恩恵的性格を有する福利厚生，③法律により要件が定められている福利厚生</u>の3つに分類している。それぞれにつき具体例を例示して，会社分割における労働契約等の承継における取扱いでのあるべき違いを示している。企業内福利厚生そのものの性質によって対象を限定する手法だけでなく，上記①～③の企業内福利厚生の法的規整態様の違いに着目して取扱いの違いを示している点で示唆的である。

あるいは，(1)で挙げた中小企業労働力確保法の指針では，以下を「福利厚生

---

59) 平成30.12.28厚労省告示430号。
60) 平成12.12.27労働省告示127号。同指針は「会社分割に伴う労働契約の承継等に関する法律」8条に基づき策定されている。

として例示している。
　ア　社宅・独身寮，食堂，保健施設，託児施設，研修施設，スポーツ施設，教養文化施設等の福利厚生施設の設置又は整備
　イ　スポーツ施設，保養所等の福利厚生施設の利用やスポーツ，教養等のクラブ活動に対する補助
　ウ　人間ドックの費用補助等健康管理制度の充実
　エ　企業内貯蓄制度，持家援助制度等の資産形成援助制度の充実
　オ　退職金制度の整備
　さらに，労働施策総合推進法8条に基づき定められた「外国人労働者の雇用管理の改善等に関して事業主が適切に対処するための指針[61]」において，「外国人労働者について適切な宿泊の施設を確保するよう努めるとともに，給食，医療，教養，文化，体育，レクリエーション等の施設の利用について，外国人労働者にも十分な機会が保障されるように努めること」（同指針第四の五5）と福利厚生給付を例示している。
　以上のとおり，企業内福利厚生への労働法規整は，企業内福利厚生を抽象的に定義づけするか，その具体例を限定列挙または例示列挙する手法が取られている。主要な労働法令等において企業内福利厚生が定められるようになったのは，1985年制定の男女雇用機会均等法を除けば，2000年以降のことである。現状においても，企業内福利厚生の範囲確定に有益な一般的定義や一般的基準を明示するものはない。その理由として考えられる点は，①企業内福利厚生があくまで使用者の裁量で設定される待遇で，多種多様で広がりがあり，定義には困難が伴うことや，②各法令による法規整の趣旨によってその対象範囲が異なり得ること，さらには，③定義によって企業内福利厚生の発展・展開を縛るべきではないと考えられること等を挙げることができよう。こうしたことから，法令ごとに限定列挙ないし例示の手法で今のところは十分であるとの立法政策上の判断があると解される。

61）平成19.8.3厚労省告示276号。

2　企業内福利厚生に対する労働法規整の課題

　以上のとおり，労働法規整の対象となっている企業内福利厚生は，それぞれの法令の趣旨に照らし，禁止・義務，努力義務といった規整の有する強制力のレベルに合わせてその内容がやや限定的に定められてきたといえよう。そうした立法政策上の判断は肯定できるとしても，本章二において整理したとおり，企業内福利厚生は，その量的・質的変化を通じて，その時々で重視される内容が異なってきている。求められる企業内福利厚生の内容が変化し，さらに多様化している。多様化への対応策として，カフェテリアプランのような，労働者にとり選択可能な制度を導入する企業もまだ少数ながら漸増している。こうした変化に合わせて，列挙にしろ例示にしろ，現行の定義的内容や挙げられている企業内福利厚生の種類の妥当性については吟味が必要であるといえよう。特に，本章二で整理した「ハコもの」重視から「生活リスクの回避」や「安全・安心な労働環境の充実」重視への質的変化に対応させて，どのような企業内福利厚生を各法令による労働法規整の対象に挙げるべきかの検討を要しよう。

(1) 定義的内容の妥当性

　例えば，先に挙げた定義的内容を定める規定では，男女雇用機会均等法6条2号が定める「住宅資金の貸付けその他これに準ずる福利厚生の措置であって厚生労働省令で定めるもの」にいう「住宅資金の貸付けその他これに準ずる福利厚生」はそのままで良いか。あるいは，障害者雇用促進法35条が定める「福利厚生施設」についてその指針で「労働者の福祉の増進のために定期的に行われる金銭の給付，住宅の貸与その他の労働者の福利厚生を目的とした措置をいう。」としているが，「定期的に行われる金銭の給付や住宅の貸与」といった例示のままでよいか。これらについて，企業内福利厚生の量的・質的変化に対応できる見直しを要するといえよう。

(2) 限定列挙，例示列挙の対象の妥当性

　また，男女の差別が禁止される「福利厚生の措置」として男女雇用機会均等法施行規則1条が「供与の条件が明確で，かつ経済的価値の高いもの」として挙げる企業内福利厚生が，1985年の制定時に定められた資金の貸付，金銭の給付や

住宅の貸与といった生活保障目的の企業内福利厚生の類型のままでよいのか。近時においてより重要性が高い企業内福利厚生の追加を検討する必要がある。

あるいは，短時間労働者，有期雇用労働者，派遣労働者について，「通常の労働者」と同様に利用が義務づけられる「福利厚生施設」について，短時間有期雇用労働規則5条や労働者派遣法施行規則32条の3が，「一 給食施設，二 休憩室，三 更衣室」に限定列挙していることの妥当性も検討を要しよう。労働者派遣法40条4項が，これらの「福利厚生施設」以外に，診療所等の施設の利用に関する便宜の供与等必要な措置を講じる使用者の配慮義務を定めるが，その義務化も検討を要しよう。また，「福利厚生施設」について，短時間有期雇用労働法12条は「健康の保持又は業務の円滑な遂行に資する」施設を対象とする旨を定めているが，労働者派遣法40条3項は，これと異なり「業務の円滑な遂行に資する」施設として同じ施設を定め，両規定の定義的規定に差異がみられる。行政解釈では，「福利厚生施設」を上記3施設に限定列挙した趣旨を「業務の遂行に関連性の深いもの」と説明している[62]。「健康の保持」の視点から重要と考えられる企業内福利厚生の追加を検討する必要があろう。「健康の保持」の観点から重要とみられる各種休暇制度[63]を列挙対象に加えることを検討すべきではないか。

さらに，指針等で例示されている企業内福利厚生（福利厚生施設）には，「ハコもの」や生活保障的なものを中心に挙げられているが，企業内福利厚生の質的変化に合わせて「生活リスクの回避」や「安全・安心な労働環境の充実」重視の企業内福利厚生を追加する必要があるのではないだろうか。

(3) 多様な雇用形態に対応した企業内福利厚生の整備

ところで，短時間有期雇用労働法は，短時間労働者や有期雇用労働者について，その8条や9条において「通常の労働者」との均等・均衡処遇を定めつつ，12条で「通常の労働者」に利用の機会が与えられる「福利厚生施設」の利用機会の付与を義務づけている。

8条や9条で均等・均衡待遇の対象となる待遇には，企業内福利厚生も当然に

---

62) 「短時間労働者及び有期雇用労働者の雇用管理の改善等に関する法律の施行について」（平成31.1.30基発0130第1号）第3の7。また，この点については，旧短時間労働者法についても，すでに同様の説明がみられた。髙﨑真一『コンメンタール・パートタイム労働法』（労働調査会，2008）246-247頁参照。
63) 各種休暇制度について不合理な格差が認められない福利厚生として例示するものに，「短時間・有期雇用労働者及び派遣労働者に対する不合理な待遇の禁止等に関する指針」（平成30.12.28労告430号）。

含まれると解される[64]。8条や9条によって「福利厚生施設」を含む福利厚生をめぐる格差は是正されることとなる。そのため，8条や9条との関係で，12条の存在意義をどう解釈すべきか問題となる。本章四で後述するとおり，8条や9条に違反する格差を定める就業規則等の規定については，これを無効と解しつつも，格差のない状況を形成する補充的効力までは当然にはなく，格差のない状況を作るよう請求することはできないと解されている[65]。この点につき，12条により，3施設については，使用者が格差解消の義務を負うとの理解が可能ではないか。

12条により積極的な意義を与える意味では，「通常の労働者」との比較ではなく，短時間労働者や有期雇用労働者にとって必要な企業内福利厚生は何か，「通常の労働者」と同じでよいか，という視点から，これらの労働者独自に必要な企業内福利厚生を定めることを検討すべきであろう。教育訓練に関する11条2項の努力義務規定と同様の規定を設けることが想定される。

四　企業内福利厚生をめぐる労働法上の近時の課題

本章二で述べたとおり，企業内福利厚生の量的・質的な変化に伴って，企業内福利厚生をめぐる紛争も変化してきた。近時においてはどうか。企業内福利厚生をめぐる労働法上の課題として，次の2点を挙げることができる。①同一労働同一賃金原則を含む均等・均衡待遇の原則の適用と，②就業規則の不利益変更をめぐる問題である。学説上は，企業内福利厚生のみを取り出してこれらの課題につき論じた論考は少なく，検討を試みよう。

---

64) このことを前提としている指針として，前掲指針（注63）。
65) 本文で例示した男女雇用機会均等法が定める福利厚生についての義務への違反の法的効力については，その違反が強行的効力や不法行為責任まで根拠づけると解されている。他方，短時間・有期雇用労働法上の義務については，その違反は行政指導の対象に留まるとの学説があり議論がある。この点については，ひとまず，菅野和夫『労働法 第12版』（弘文堂，2019）274頁，352頁，371頁を参照のこと。

1　均等・均衡待遇原則の法制度化と企業内福利厚生

(1) 均等・均衡待遇原則の法制度化

　まず，均等・均衡待遇原則の適用をめぐる問題とは，非正規雇用と正規雇用の間の労働条件その他の待遇における格差をめぐる問題である。この問題に対応する労働法規整の概略は以下のとおりである。

　非正規労働者の一類型である短時間労働者（パートタイム労働者）については，2007年に短時間労働者法が改正され，8条で「通常の労働者」（正社員）との「均等待遇」を定め，その対象となる待遇として，賃金の決定の他，教育訓練の実施及び福利厚生施設の利用が明示に例示された。さらに2014年の改正で，短時間労働者と通常の労働者の不合理な労働条件格差を禁止し，「均衡待遇」を義務づける規定が新8条として新設される。そして，8条に定められていた「均等待遇」が9条に移行され，均等・均衡待遇原則が明文化された（ただし，対象となる待遇の例示から「福利厚生施設の利用」は削除され，その他の待遇に含める改定がなされている。）。

　他方，非正規労働者に分類される有期雇用労働者についても，2012年に労働契約法20条が新設される。20条は，有期雇用労働者について，無期雇用労働者との比較で労働条件・待遇の格差が不合理であってはならないとして「均衡待遇」の原則を定めた。20条では，格差が不合理かどうかの考慮要素として，(1)労働者の業務の内容及び当該業務に伴う責任の程度（職務の内容），(2)当該職務の内容及び配置の変更の範囲，(3)その他の事情の3点が明示に定められた。

　その後2018年に，20条は，働き方改革関連法により短時間労働者法に統合されて短時間有期雇用労働者法8条となることで廃止された。この新たな8条は「均等待遇」を定める9条とともに，短時間労働者と有期雇用労働者に共通する均等・均衡待遇原則を定めた（この改正により廃止された労働契約法（労契法）20条を，以下「旧20条」という。）。

　この改正では，旧20条や短時間労働者法8条の規定内容に追加がなされている。先に挙げた(1)〜(3)の考慮要素をどのように考慮するかについて，リーディングケースとなった，後述の2件の最高裁判例を受けて，新たに「当該待遇の性質及び当該待遇を行う目的に照らして適切と認められるものを考慮して」

を追加した点が重要である。具体的な待遇に関する判断例を定めた指針[66]が参考になる。

また，2007年の改正短時間労働者法11条において通常の労働者が利用できる福利厚生施設について，短時間労働者に利用の機会を与える使用者の配慮義務を定めていた。短時間有期雇用労働法は，12条を新たに設け，通常の労働者と同様の利用機会の付与を配慮義務から義務に強化した。本章三で述べたとおり，同法施行規則でその対象を給食施設・休憩室・更衣室に限定して定めた点も引き継いだ。

さらに，短時間労働者や有期雇用労働者と並んで非正規雇用の重要な類型である派遣労働者についても，労働者派遣法の2012年改正で「均衡待遇」が派遣先の配慮義務とされていた。その後，同法の2018年改正により均等・均衡待遇原則が盛り込まれ，義務化された（30条の3）。これによって非正規雇用の大部分を均等・均衡待遇原則がカバーすることとなっている。また，短時間労働者や有期雇用労働者と同様に，派遣労働者についても，労働者派遣法40条3項とその委任を受けた同規則32条の3が，福利厚生施設の利用機会について，3施設を列挙する同様の定めを置いている点等もすでに指摘した。

均等・均衡待遇原則については，短時間労働者や派遣労働者をめぐる紛争は多くない。他方で，有期雇用労働者に関する旧20条の適用をめぐる紛争が「働き方改革」を契機に多発した。裁判例はこれまで60件を超え，最高裁判決も13件に及んでいる。その理由としては，有期雇用労働者（契約社員や嘱託と呼ばれる場合が多い）には，正社員に準じた働き方をしていたり，正社員として定年退職した後も正社員時代に近い働き方をしている事例が多いことによると推測される。

この問題のリーディングケースとなったのが，長澤運輸事件とハマキョウレックス事件に関する2018年6月30日の最高裁判決[67]である。これらの事件も正社員として定年退職した後も正社員時代に近い働き方をしていた嘱託社員の

[66) 前掲指針（注63）。この指針で挙げられている具体的な福利厚生については，本章本文三1(3)で挙げているとおり，福利厚生施設，転勤者用社宅，慶弔休暇，健康診断，病気休職，法定外の休暇である。ただし，本文後述の住宅手当や家族手当については判断例を示さない旨が述べられている。本文後述のとおり，使用者ごとにそれら手当の趣旨が多様であり得る点が考慮されたものと推測される。

67) 長澤運輸事件・最二小判平30.6.1労判1179号34頁，ハマキョウレックス事件・最二小判平30.6.1労判1179号20頁。

事例である。この2件の最高裁判決は，それまでの下級審判例の判断を取り入れつつ，旧20条の不合理性の有無につき一定の判断基準を示した。それでも，個別事例ごとの判断が必要なこともあり，その後も45件を超える判例が，最高裁判決も含め出されている。これらの判例も，2件の最高裁判決が示した不合理性の判断基準に概ね従って結論を導いていると解される。

2件の最高裁判決が示した主な判断基準として，以下の3点を挙げておこう。
① 労働条件の不合理な格差は無効になるが，比較の対象となった労働者の労働条件と同じ内容で無効部分を補充する効力はない（不法行為を理由とする損害賠償請求は可能である。）。
② 労働契約法旧20条が定める(1)～(3)の考慮要素のうち(3)の要素についても十分な考慮が必要である。
③ 賃金の格差は，その総額の比較だけでなく，各賃金項目の趣旨により個別に不合理性を判断する。この点は，この判決の直後に成立した短時間有期雇用労働者法8条の文言に反映されていることは述べた。

これらの判断基準により，職務の経験を広く積み重ねて管理業務に進む正社員と，職務内容が狭い非正規労働者とでは，職務内容に重複があっても，基本部分（基本給，賞与等）の格差は不合理とされにくい。他方，手当その他の処遇はそれぞれの支給の趣旨に照らすことで不合理性を認めやすくなったとの評価がなされている[68]。企業内福利厚生は，手当その他の処遇に含まれることになる。

(2) 企業内福利厚生格差と不合理性判断

こうした判断傾向に照らすと，企業内福利厚生に分類される多種多様な待遇については，その格差に不合理性が認められやすく，均等ないし均衡な待遇が求められやすいと解される。短時間有期雇用労働法12条は，「福利厚生施設」について短時間有期雇用労働者に「通常の労働者」と同様の利用機会の付与を使用者に義務づけるが，同法施行規則5条では，今のところ，その対象は3つの「福利厚生施設」に限定されている。同法8条の不合理性判断によって，法解釈上で格差解消が求められる企業内福利厚生の範囲が広がることになると解される。判例では，企業内福利厚生にあたると解される各種休暇制度の格差が問題となっ

---

68) 菅野・前掲書（注65）359-360頁。

た事例を挙げることができるが，不合理性を肯定するものが多い[69]。

　ところで，旧20条の適用をめぐる訴訟では，基本部分の格差や，各種手当，特に企業内福利厚生の性質・趣旨（目的）を有すると考えられる手当の格差も多く争点となっている。こうした企業内福利厚生の趣旨を有する手当における格差の不合理性判断についても検討しよう。

　手当格差の不合理性判断も，基本部分の格差と同様に，最高裁が示した③の基準にいう「支給の趣旨」（「その性質及び支給目的」[70]）に照らして判断されることになる。これによれば，企業内福利厚生の趣旨を有する手当については，企業内福利厚生という趣旨が格差の不合理性の判断において考慮されることになることを示している。

　わが国においての手当は，使用者の裁量により多様な趣旨で設けられ得る。これまで設けられてきた手当は，概略，熟練や経験のある有為な人材の確保，職務の生産性・エンゲージメントの向上，企業内福利厚生や生活保障といった目的ないしこれらの趣旨，さらにはこれらの趣旨を複合的に持つことが指摘されている[71]。それぞれの趣旨にあてはまる手当としてどのような手当があるかについては，次のような分類の試み[72]が参考になる。

　この分類によるとき，目的別に分類された手当につき，格差の不合理性判断にどのような相違が生じるかである。

---

69) 例えば，その目的が福利厚生であるとは明示していないが，私傷病に対する有給の病気休暇制度について，生活保障を図り療養に専念させることを通じてその継続的な勤務を確保する目的を持つと性格づけ，この制度の設定は使用者の経営判断として尊重し得るとしつつも，考慮要素(1)(2)での相違を重視せず，「継続的な勤務」が見込まれる非正規労働者に対する格差を不合理とした後掲最高裁判決⑭（注74）がある。また，夏期冬期休暇，病気休暇が問題となった後掲⑲（注74）およびその控訴審である後掲㉑（注74）においても，住宅手当や家族手当の格差判断に類似した判断枠組みにより不合理と判断している。その他，「褒賞制度（退職時の感謝状と記念品贈呈）」の格差を不合理とした後掲㉓（注74）等が挙げられる。後掲最高裁判決⑭（注74）が病気休暇制度の趣旨を継続的な勤務の確保にあるとした点に批判的な見解に，緒方桂子「旧労契法20条をめぐる2020年最高裁判決を考える」法セ794号（2021）47頁ほか。

70) 長澤運輸事件最高裁判決の後，基本部分について，「その性質及び支給目的」を踏まえつつ諸事情を考慮して不合理性を判断すべきと判示する最高裁判決に，退職金格差についてメトロコマース事件・最三小判令2.10.13労判1229号90頁，基本給・賞与格差について名古屋自動車学校事件・最一小判令5.7.20労判1292号5頁。なお，後者の判決は，正社員の基本給の60％を下回る部分（60％を基礎に算定される賞与を下回る部分も含む。）は不合理とした原審判断を，「その性質や支給目的」等につき審理不十分として破棄差戻している。

71) 藤原・羽間・平井・前掲⑨論文（注4）35頁。

72) 藤原・羽間・平井・前掲⑨論文（注4）35頁。

図表1-13　手当の目的と種類

手当の目的	手当の種類
職務関連手当	業績手当,役付手当,特殊作業手当,特殊勤務手当,技能・技術手当など
人事管理手当	通勤手当,皆勤手当,出勤手当など
生活補助手当	家族手当,扶養手当,育児支援手当,住宅手当,単身赴任手当,別居手当,寒冷地手当,食事手当など
その他	調整手当など

出所：注72掲記の論文

　まず,「職務関連手当」は,職務内容に関連し基本給を補完する目的の手当である。格差の不合理性判断の考慮要素として先に挙げた(1)〜(3)のうち,(1)(2)により強く関連しており,正社員と有期雇用労働者との間のそれらに違いがあれば,格差に不合理性は認められにくいといえよう。他方,「人事管理手当」は,人事管理目的で職務遂行の状況に照らして支給される手当であり,(1)や(2)の要素に直接の関わりが少なく,格差に不合理性が認められやすいと考えられる。さらに,「生活補助手当」は,生活保障の目的で支給されるもので,(1)(2)の要素への関連性が低く,(1)や(2)に違いがあっても格差に不合理性が認められやすいと解される。

　この生活補助手当は,生活の保障とともに企業内福利厚生の趣旨も併せ持つとされており,企業内福利厚生の趣旨が考慮されると,格差の不合理性判断にどう影響するかの検討を要する。

　「生活補助手当」では,判例上,食事手当[73]の他,家族手当(扶養手当)や住宅手

---

73) 食事代の補助を趣旨とする給食手当について,福利厚生と位置づける会社側の主張を肯定する判示をするものに,ハマキョウレックス事件・大阪高判(差戻控訴審)平28.7.26労判1143号5頁。

当が多く問題となっている[74]。家族手当や住宅手当は，労基法37条5項および労基則21条のように「賃金」として明定されているが，もともとは企業内福利厚生の性質を持つ手当とされてきた[75]。例えば，長澤運輸事件最高裁判決も，家族手当と住宅手当について「従業員に対する企業内福利厚生及び生活保障の趣旨で支給される」と判示している。これらの手当が，本来は企業内福利厚生の性質を持ちながらも賃金を補う生活保障の意義を持つ点で，賃金としての性質も併せ持つに至っている点を適切に指摘している。その後の判例も「生活補助手当」については，こうした評価を維持する傾向にある[76]。

家族手当等の「生活補助手当」の格差については，先の2件の最高裁判決が示した判断基準のうち③の判断基準がより強くあてはまると解される。個々の手当の趣旨に照らして格差の不合理性が判断されるということである。これまでの判例においては，格差の不合理性判断において以下の(a)〜(d)のような一定の特徴がみてとれる。

(a)「生活補助手当」は，労働者の提供する労働を金銭的に評価して支給する趣

---

[74] 家族手当や住宅手当が問題となった事例は以下のとおりである（以下の判例の引用に際しては，①〜㉔の頭書きの番号による。）。家族手当，住宅手当の両手当とも問題となった事例には，①ハマキョウレックス事件・大津地判平27.5.29 労経速2292号26頁，②メトロコマース事件・東京地判平29.3.23 労判1154号5頁，③日本郵便（大阪）事件・大阪地判平30.2.21 労判1180号26頁，④井関松山製造所事件・松山地判平30.4.24 労判1182号20頁，⑤長澤運輸事件・前掲最判（注67），⑥③事件控訴審・大阪高判平31.1.24 労判1197号5頁，⑦学校法人中央学院事件・東京地判令1.5.30 労判1211号59頁，⑧④事件控訴審・高松高判令1.7.8 労判1208号25頁（④事件上告審・最三小決（令3.1.11 LEX/DB25568642）により追認），⑨中央学院事件・東京高判令2.6.24 労経速2429号17頁，⑩科学飼料研究所事件・神戸地姫路支部判令3.3.22 労判1242号5頁，⑪学校法人桜美林学園事件・東京地判令4.12.2 労経速2512号3頁。

家族手当のみ問題となった事例に，⑫③事件上告審・最一小判令2.10.15 労判1229号67頁，⑬名古屋自動車学校事件・名古屋地判令2.10.28 労経速2434号3頁，⑭⑬事件控訴審・名古屋高判令4.3.25 労判1292号23頁（⑬事件上告審・最一小判（令5.7.20 労判1292号5頁）は家族手当の点は却下），⑮社会福祉法人紫雲会事件・宇都宮地判令5.2.8 労判1298号5頁，⑯日東電工事件・津地判令5.3.16 労経速2519号3頁。

住宅手当のみが問題となった事例に，⑰①事件控訴審判決・大阪高判平27.7.31 労経速2292号25頁，⑱メトロコマース事件・東京地判平29.3.23 労判1154号5頁，⑲日本郵便（東京）事件・東京地判平29.9.14 労判1164号5頁，⑳①事件上告審・前掲最二小判（注67），㉑日本郵便（東京）事件・東京地判平30.12.13 労判1198号45頁，㉒北日本放送事件・富山地判平30.12.19 労経速2374号18頁，㉓⑱事件控訴審判決・東京高判平31.2.20 労判1198号5頁，㉔独立行政法人日本スポーツ振興センター事件・東京地判令3.1.21 労判1249号57頁。

[75] 労基法は，これらの手当について，労基法の割増賃金の算定基礎に算入すべき賃金から除くと定める（労基法37条5項，労基則21条）。その経緯については，本書第Ⅰ編第2章において詳述している。

[76] 前掲判例⑦⑪⑫⑬⑭⑯⑳㉑（注74）。

旨ではなく，従業員に対する「福利厚生及び生活保障」の趣旨で支給される。
(b) 具体的には，これらの手当は，企業内福利厚生の観点からは「有為な人材獲得・定着を図る」ことや「継続的雇用の確保」の目的があるとされ，生活保障の点からは，労働者が負担する経費に対する補助の目的が挙げられている。いずれの目的も経営判断ないし人事政策上の合理性があるとされている。また，こうした目的の下で，どのような条件・内容の手当を支給するかは，使用者に広い裁量があるとする判例[77]もある。
(c) 支給額の基準が，住宅手当では持家の実際の費用に対応しているとか，家族手当では家族数によっている場合には，そうした事情に関わりのない一律支給の場合に比して手当の生活保障性が高まり，主としてこの趣旨に照らして格差の不合理性が検討される。
(d) 「福利厚生及び生活保障」の趣旨から支給格差の不合理性を判断する場合，手当の趣旨とは別に，労働者の生活に関わる諸事情を考慮して判断されている。旧20条の不合理性判断の考慮要素のうちでは，多くは(3)の要素として考慮されている。具体的には，家族手当や住宅手当については，他に収入源がある場合（非正規労働者に老齢年金や調整手当の支給があったり，正社員と異なり非正規労働者には兼業が認められていること等。）は，生活保障の点から，格差の不合理性が否定されている。また，正社員と同様に非正規労働者も長期の雇用が前提とされている場合には，企業内福利厚生の点から「有為な人材獲得・定着を図る」目的を持つとされ，手当格差は不合理とされている。

　それでも，食事手当格差について業務の合間に食事を取る必要のある勤務実態かどうかという，考慮要素(1)の「職務の内容」を決め手とする事例[78]がある。住宅手当についても，既述のとおり，支給の趣旨に転勤等による負担の軽減を含んでいるという，考慮要素(2)の「配置の変更の範囲」の評価を加味して不合理性が否定されている。いずれも考慮要素(1)ないし(2)が考慮されている事例[79]である。

---

77) 前掲判例③（注74）。
78) 前掲判例⑰⑱（注74）。ただし，昼食手当を基本給の補完の趣旨と捉えつつ，不合理性の考慮要素(1)(2)を吟味して不合理性を否定した前掲判例⑩（注74）もある。
79) 前掲判例⑱⑳㉒（注74）。

以上の(a)〜(d)は，基本給や「職務関連手当」のような「労働を金銭的に評価して支給される」待遇の格差についての不合理性判断とは異なるといえよう。企業内福利厚生の性格を持つ手当については，手当を設けた趣旨から支給の必要性が判断され，正社員と非正規社員の主要な相違点である(1)や(2)の違いで結論が異なりにくいといえる。

　使用者は，均等・均衡待遇原則の法制度化を受けて非正規労働者と「通常の労働者」の待遇格差の是正が求められるところとなった。特に，これまで多種多様に存在してきた手当制度や企業内福利厚生への対応が急務となる。そのため，使用者においては，特に，企業内福利厚生や生活保障の趣旨で設けられた「生活補助手当」や企業内福利厚生の格差については不合理と判断されやすいことから，基本給に吸収する等で廃止する等の動きが生まれている[80]。

2　就業規則の不利益変更と企業内福利厚生

　こうした動きは，就業規則の改定によって行われる場合が多い[81]。就業規則の不利益変更の効力の問題を生むことになる。不利益変更の対象が企業内福利厚生の趣旨を持つ手当や企業内福利厚生の場合，賃金や退職金の不利益変更における判断基準とどのように異なるのかが問題となる。

　就業規則の不利益変更の問題は，1950年代からすでに学説上で活発な議論がなされた問題である。これまでの学説上の議論の詳細は省くが，この問題については，学説が予想しなかった合理性基準による処理方法を示した。1968年の秋北バス事件最高裁判決以降，この判決をリーディングケースとして踏襲する判例が積み重ねられ，2007年制定の労働契約法10条に明文化された。

　合理性を考慮する事情として，労働契約法10条は，①労働者の受ける不利益の程度，②労働条件の変更の必要性，③変更後の就業規則の内容の相当性，④労働組合等との交渉の状況，⑤その他の就業規則の変更に係る事情を定める。こ

---

80)　前掲⑨論文（注4）36頁以下を参照のこと。
81)　例えば，短時間有期雇用労働法8条に対応するために，扶養手当と住宅手当につき支給目的を公平・平等の観点から納得性のある形で明確化するために，正社員のこれら手当を減額した就業規則の不利益変更について，これら手当を賃金としつつ，変更の高度の必要性も含めて変更の合理性判断の基準をあてはめて検討し，変更の合理性を認めた最近の判例に，社会福祉法人恩賜財団済生会事件・山口地判令5.5.24労判1293号5頁。

れらの事情のうち，①③と②の比較衡量を基本としつつ，④⑤を加味して総合評価して変更の合理性判断を行うものと理解されている[82]。

ただし，10条では，不利益変更の対象の違いでその効力の判断基準が異なるかについての定めまではない。判例上は，この点に言及する判例が，最高裁判例をはじめとして複数みられる。

合理性判断の基本事情となる①と②の関係について，第四銀行事件最高裁判決[83]は，「賃金，退職金など労働者にとって重要な権利，労働条件に関し実質的な不利益を及ぼす就業規則の作成又は変更については，当該条項が，そのような不利益を労働者に法的に受忍させることを許容することができるだけの高度の必要性に基づいた合理的内容である場合において，その効力を生ずる」と判示した(以下「重要な権利，労働条件」変更基準という。)。「重要な権利，労働条件」変更基準は，この判決より先に出された下級審判例[84]の判示を追認するものであったが，その後の判例において，明示・黙示に継承されている[85]。

この「重要な権利，労働条件」変更基準を明示に適用する判例を分析すると，変更対象の多くは，賃金，退職金，賞与の減額・廃止や定年年齢の引下げの事例である。手当の廃止も，この基準の適用による判例が多い。とりわけ，先に挙げた「生活関連手当」とみられる住宅手当，別居手当や家族手当等にもこの基準が適用されている[86]。

その理由は，既述のとおり，これらの手当には，企業内福利厚生だけでなく，賃金を補完する生活保障としての性質があり，その賃金性が肯定されていることによると考えられる(なお，就業規則や労働協約，労働契約に定められれば，使用者による任意的恩恵的給付であっても常に賃金性を認めるこれまでの取扱いの妥当性については，本書第Ⅰ編第2章で論じている。)。

他方，企業内福利厚生については，「重要な権利，労働条件」性が否定されて，

---

82) 菅野・前掲書(注65)212-214頁を参照のこと。
83) 第二小法廷判決平9.2.28労判710号12頁。
84) みちのく銀行事件・青森地判平5.3.30労判631号49頁，アーク証券事件・東京地判平8.12.11労判711号57頁。
85) この判断は，みちのく銀行事件・最一小判(平12.9.7労判787号6頁)によって追認され，近時では，学校法人上野学園事件・東京地判令3.8.5労判1271号76頁。
86) 単身赴任関連の別居手当や住居費等につき，アルプス電気事件・仙台高判平21.6.25労判992号70頁，家族手当では，栗田運輸事件・東京高判令3.7.7労判1270号54頁。いずれも変更の合理性が否定されている。

就業規則の不利益変更に高度の必要性までは求められないと解される。

ところで,企業内福利厚生については,その法的根拠の違いが不利益変更の有効性判断に影響すると解される点には注意を要しよう。例えば,本章三(3)で触れたように,「分割会社及び承継会社等が講ずべき当該分割会社が締結している労働契約及び労働協約の承継に関する措置の適切な実施を図るための指針」では,「福利厚生」を,①労働協約や就業規則で制度化されたり,個別の労働契約に基づいて労使の権利義務の内容となっている福利厚生,②慣行レベルの恩恵的性格を有するに留まる福利厚生,③法律により要件が定められている福利厚生の3つに分類し,会社分割における労働契約等の承継の際のあるべき取り扱いを区別している。この区別は,企業内福利厚生そのものの性質によって規整の対象を限定する手法だけでなく,企業内福利厚生の法的根拠の違いに着目して取扱いの違いがあり得ることを示している。このことは,企業内福利厚生の法的規整のあり方を検討するうえで大いに示唆的である。「福利厚生」は,法定外福利費の対象となる企業内福利厚生として①ないし②に分類される福利厚生と,③の社会保険制度等と関連する法定福利厚生費の対象となる福利厚生とに区別される。本章が扱う①と②のタイプの企業内福利厚生の不利益変更の効力については,①には合理性判断が適用になる等で制約が課されるが,②には使用者の裁量がより広く認められることになると考えられる。

五　小括

本章は,企業内福利厚生の展開と労働法上の課題について総論的な検討を行った。検討により得られた知見は,以下のとおりまとめることができる。

(1) 日本型雇用の重要な特徴のひとつとされる,多様で充実した企業内福利厚生は,経営学等の先行研究を整理すれば,①第二次世界大戦後において量的・質的変化を経てきたこと,②具体的には,労働者の生活保障の視点から社宅・寮のような「ハコもの」重視から,生活リスクの予防・回避,安全・安心な労働環境の充実へと多様化を遂げていること,③今後は,企業経営との連動性を重視した「戦略的福利厚生」への展開が予測されること。

(2) これまで労働法の領域で問題となった企業内福利厚生は，社宅・寮の使用関係と退去請求の可否，団体定期保険の保険金の帰属先，留学・研修補助の返還請求の可否といった個別の事例に限られてきたこと。
(3) 企業内福利厚生に対する立法上の労働法規整の現状は，①その定義を目的とした規定は存在せず，適用対象を限定するための性格づけと，適用対象となる企業内福利厚生の限定列挙・例示列挙の方式が取られていること，②各立法においては，企業内福利厚生の展開に合わせた，適用対象の見直し等が必要と考えられること。
(4) 企業内福利厚生に関して今後，労働法の領域で2つの課題が注目されると考えられること。①2018年に正規労働者と非正規労働者の間で待遇格差のない「同一労働同一賃金」を実現する均等・均衡待遇原則の法制化が完結し，企業内福利厚生や企業内福利厚生の性格を持つ手当の格差についても，その趣旨に照らして不合理性が判断されることとなったと解されること，②不合理とされる企業内福利厚生格差是正の手法として，企業内福利厚生自体を廃止したり，企業内福利厚生の性質を有する手当を基本給に吸収するために，就業規則の不利益変更が使用者によって選択される事例の増加が予測されている。「重要な労働条件」にあたらないとされている企業内福利厚生の削減等が，比較的容易に行われると考えられること。

　企業内福利厚生は，非正規労働者と正規労働者の待遇格差に適用される均等・均衡待遇原則の法制化に対応して，今後，給付の趣旨から不合理な格差と判断されやすい「生活補助手当」とともに，「福祉・恩恵・配分」の企業内福利厚生について，基本給に含められる等により縮減される可能性が高い。それでも，企業内福利厚生は，企業戦略・人材戦略との連動性の高い「戦略的福利厚生」として質的変化を強めつつ，引き続きわが国の労働関係において重要な役割を果たしていくものと考えられる。

第2章

労働基準法上の賃金と企業内福利厚生の概念

一　はじめに

　使用者が労働者に支給する金銭や物・利益が，労働基準法（労基法）11条に定義される賃金に該当し，労働基準法（労基法）等の労働保護法による法的保護の対象となるかどうかについて，昭和20年代に示された行政解釈が長らく学説・判例多数の支持を得て定着してきた。具体的には，使用者が労働者に支給する金銭ないし物・利益（以下「物・利益の支給を『実物給与』」という。）を，賃金とそれ以外の企業内福利厚生（労働法分野では「福利厚生」や「福利厚生給付」の語が用いられるが，本書での用語を統一するために「企業内福利厚生」の語を用いる。），任意的恩恵的給付，実費弁償に分類し，本来は労働の対償ではない任意的恩恵的給付であっても，労働協約や就業規則等において支給条件が明確に規定され使用者に給付義務が生じる場合には，賃金とみなす等の解釈がこれにあたる。

　しかし，これらの解釈が労働者保護の視点からみて妥当な結論を導くことができるとしても，企業内福利厚生の概念との関係も含めて理論的にどう説明できるのかについて，学説・判例において必ずしも十分な検討がなされてきたとはいえない。賃金は，労使にとって労働時間と並ぶ最重要の労働条件であり，この点の理論的な明確化は，課題として残されているというべきである。

　本章においては，企業内福利厚生の視点も含め，上記の理論的課題についての検討を試みることとする。

二　行政解釈による賃金の概念形成と企業内福利厚生

1　賃金性の一般的解釈基準と基本的考え方

　企業内福利厚生一般について，これまで概念や範囲の確定の必要性が認識されたのは，労基法による規制の対象とされる賃金の概念やその範囲の確定との関係においてである。労基法は，その違反には刑事罰や民事上の強行的効力の適用を前提としており，規制対象とする賃金についても，使用者のそうした民刑事上の責任との関係でその概念や範囲いかんが重要な意味を持っている。他方，賃金とは異なり企業内福利厚生については，労基法に規整対象とする規定はなく[1]，賃金の範囲を画するにあたり，使用者が支給する点で共通する企業内福利厚生との区別が問題とされてきた。また，労基法上の賃金は，最低賃金法等[2]に定める賃金と同義とされ，企業内福利厚生は，これら労働保護法関係の法令が定める賃金との関係でも問題とされ得る。

　労基法等により規制の対象となる賃金の[3]範囲は，同法11条の賃金の定義（「……名称の如何を問わず，労働の対償として使用者が労働者に支払うすべてのものをいう」）によって決まる[4]。この定義では，特に「労働の対償」性が賃金の範囲を画するうえで最も問題となってきた。使用者が労働者に支給するもののうち，

---

[1]　なお，労基法以外の労働法分野の法令や指針等において福利厚生を規整の対象に含む例は70を超えている。これを含む，企業内福利厚生に対する労働法分野の規整の現状と課題については本書第Ⅰ編第1章三を参照のこと。

[2]　最低賃金法2条3号や賃金の支払いの確保等に関する法律2条1項が，それぞれが規定する賃金の定義を労基法11条に規定する賃金としたり，賃金や報酬等の定義に「労働の対償」の語を用いる家内労働法2条2項や健康保険法3条5・6・9項，雇用保険法4条4項，労働保険の保険料の徴収に関する法律2条2項，厚生年金法3条3・4号等が挙げられる。「勤労の対償」の語を用いる勤労者財産形成促進法2条2号もある。労働保護法に属する多くの立法で定められた賃金の概念は労基法11条の賃金の定義に基本的によると解される。ただし，本文後述のとおり，労働契約法2条，6条における賃金が労基法11条の賃金と同義かについては，学説に議論があり得る。菅野和夫『労働法 第12版』（弘文堂，2019）421頁。

[3]　賃金を規制対象とする労基法の規定は多く，主なものだけでも，均等待遇原則（3条），男女同一賃金の原則（4条），労働者の定義（9条），平均賃金（12条），労働条件の明示（15条），前借金相殺の禁止（17条），解雇の予告（20条），賃金の支払（24条），時間外・休日・深夜の割増賃金（37条），年次有給休暇（39条），就業規則の作成・届出義務（89条），制裁規定の制限（91条），時効（115条）等が挙げられる。

[4]　本条による賃金の抽象的定義の由来や趣旨についてはひとまず労コメ，後掲（注9）（令和3年版）168-169頁。

第 2 章　労働基準法上の賃金と企業内福利厚生の概念

任意的恩恵的給付や実費弁償とともに企業内福利厚生を除いたものが「労働の対償」としての賃金となるとの行政解釈が，後述のとおり，個別事例の解釈の集積を通じて労基法制定後の早い時期に示された。この行政解釈をめぐっては，学説において，主として昭和30年代に議論がなされ，判例にもこの議論の影響を受けたとみられるものがあった。しかし，その後は，行政解釈による個別事例の処理結果に問題が少ないこともあり，学説・判例の多数がこれを支持してきたところである。

しかしながら，福利厚生給付がどうして賃金と区別されるのか，また，どのような基準によるべきかについて，学説において理論的に十分に検討がなされてきたとはいえない。

これらの点の検討を行うに際しては，これまで学説・判例においてどのような議論があったのかについて整理しておく必要があるが，これまで学説・判例を先導してきた行政解釈についてまずみておこう。

労基法の制定からしばらく経過する中で，労基法11条の賃金性が最も問題となり学説・判例上の論点となったのは，本来は任意的恩恵的給付と解される退職金についてである[5]。行政解釈においては，使用者が支給する金銭等が賃金かどうかについて，退職金をはじめ個別事例ごとの解釈を蓄積する手法を基本としてきた[6]。それでも，昭和22年9月の労基法施行時に，企業内福利厚生との区別も含めて，使用者が支給する金銭等が「労働の対償」としての賃金に該当するのかどうかにつき，以下のとおり一般的な解釈基準が示されている[7]（昭和22.9.13発基17号）（以下「22年通達」という。）。

この解釈基準は，その後，若干の手直しがなされるが，その内容に実質的な変

---

[5] 退職金の賃金性をめぐる昭和20～30年代における学説の議論については，例えば，津曲蔵之丞「賃金」（日本労働法学会編・労働法講座第5巻『労働基準法』）（有斐閣，1958）1161-1167頁，有泉亨『労働基準法』（有斐閣，1963）239-241頁，青木宗也「退職金」（労働法体系第5巻）（有斐閣，1963）149-150頁，石井照久『詳解　労働基準法Ⅰ』（勁草書房，1964）171-172頁他。判例については，後藤清「退職金」（総合判例研究叢書・労働法(6)）（有斐閣，1959）42-45頁。賃金性の問題は，労基法が使用者に支払いを義務づけている手当等も問題となる。例えば，解雇予告手当，休業手当や年次有給休暇中の賃金，割増賃金等である。本章ではこれらの点については取り上げない。
[6] 例えば，退職金の賃金性については，昭和25.12.28基収2025号（廃止），昭和26.12.27基発841号（廃止），賞与については，スト妥結一時金につき昭和28.3.20基発137号。
[7] 労基法は，昭和22年4月に制定公布され，その一部は同年11月1日施行となったが，11条を含む大部分は9月1日に施行され，労働基準局長名の通達が多い中で，この通達は施行直後に次官名で実務上の基幹となる通達として発出されている。

更はなく現在に至っている[8]。

> （一）労働者に支給される物又は利益にして，次の各号の一に該当するものは，賃金とみなすこと。
> 　（1）所定貨幣賃金の代りに支給するもの，即ちその支給により貨幣賃金減額を伴うもの。
> 　（2）労働契約において，予め貨幣賃金の外にその支給が約束されているもの。
> （二）右に掲げるものであっても，次の各号の一に該当するものは，賃金とみなさないこと。
> 　（1）代金を徴収するもの，但しその代金が甚だしく低額なものはこの限りでない。
> 　（2）労働者の厚生福利施設とみなされるもの。
> （三）退職金，結婚祝金，死亡弔慰金，災害見舞金等の恩恵的給付は原則として賃金とみなさないこと。但し退職金，結婚手当等であって労働協約，就業規則，労働契約等によって予め支給条件の明確なものはこの限りでないこと。

　以上の「22年通達」について，その策定に関わった当時の担当者からは，「内容的には極めて大雑把なもので，賃金であるものを肯定的に書くことなく，賃金ではないものを否定的に示して，漠然たる対象の輪郭を創り出したに過ぎない態のもの」との認識が示されている[9]。

---

[8]　昭和62年9月の退職金に関する労基法24条，89条等の規定改正に併せて，㈢の「退職金」が削除されて㈣となり，新たに㈢として，「労働協約，就業規則，労働契約等によって予め支給条件が明確である場合の退職手当は法第11条の賃金であり，法第24条第2項の「臨時の賃金等」に当たる。」が追加されている。改訂によっても，退職金の賃金性を含め「22年通達」の解釈に変更はないと解される。

[9]　宮島久義『労働基準法上の賃金』（労働法令協会，1954）36頁。他方，「22年通達」について，「現象面から捉えているが，ある意味で要領を得ている」と評価する学説がある。有泉・前掲書（注5）238頁注㈠。ところで，宮島は，上記著書執筆当時，労働省給与課長であり，労基法，特に賃金関係条文の立案とその後の行政解釈の策定および運営方針の決定等に中心的役割を果たした関係者である（本文では，宮島を「当時の担当者」と表現している）。本書は，「労働基準法に関する一つの専門分野からする好個の資料」（本書発刊当時の亀井光労働基準局長による本書序文）と評されるとおり，通達をはじめ，制定の趣旨や意味内容等の説明が必ずしも十分でない一般的傾向がみられる行政解釈やその運用の理解において大いに参考となる労作である。本章における行政解釈に関する記述は，とりわけ本書「第1部総論」（31-53頁）の記述に多くよっている。ただし，本書は「内容的にはまだ当局の正式な見解が示されていない事項について，著者の私見として述べている箇所もある」（同序文）とされており，宮島の私見と理解できる部分は，本章三で検討する学説のひとつとして取り上げている。その他，行政解釈については，労働省労働基準局編著『労働基準法 上巻』（労務行政研究所，1953）（以下，「労基法 上巻（昭和28年版）」と略記する。）の他，厚生労働省（労働省）労働基準局編『労働基準法 上』（労働法コンメンタール3）（昭和33年版～令和3年版（2022））（労務行政研究所（平成23年版以降，労務行政））（以下の引用においては「労コメ」という略称と出版年のみを示す。）も参照した。

それでも，その内容を具体的にみると，(一)(1)については，支給予定の通貨に代えて実物給与による賃金支給を意味し，(二)(1)については，実物給与の支給が，労働の対償ではなく代金支払いの対償(対価)として行われることを意味しており，実物給与の賃金性につきいずれも法解釈上問題なく導かれる結論が示されている。

　さらに，①(一)(2)および(三)では，使用者による金銭によらない実物給与や本来は「労働の対償」にあたらない任意的恩恵的な金銭は，労働協約等により支給条件が明確に定められ，労使間でその支給が約束されていれば賃金とみなすこと，②(二)(2)では，使用者が法律上の給付義務を負う実物給与であっても，これが「厚生福利施設」[10]に該当する場合は賃金とみなさないこと，の2点が明らかにされている。

　これら①と②の解釈は法解釈上当然に導かれる結論ではなく，そこには一定の政策的判断が含まれていると解される。そして，「労働の対償」性に関する①と②の政策的判断については，その前提となる判断として「現在の社会経済状態のもとにおいて，社会通念上賃金として保護すべきか否かという目的論的な判断も加味すべきものであって，この限りにおいては，賃金の範囲についての解釈も今後の社会経済状態に応じて若干の変動があることは当然である」との「基本的考え方」が別に示されている[11]。これら①と②の政策的判断とその前提にある「基本的考え方」は，現行の行政解釈においてもそのまま引き継がれている[12]。

---

10)「厚生福利施設」については，別の行政解釈では「福利厚生施設」と表現され，これらは単なる物理的な施設に留まらない金銭や，物・利益も含む「福利厚生給付」と同義で用いられていると解される。本章では，福利厚生給付の表現を用いつつ，特定の行政解釈や学説の引用や言及の際に，これと異なる表現をカッコ書きで用いる。

11) 労コメ(注9)(昭和33年版)107頁。当時の担当者は，労基法でいえば賃金なるものができるだけ多くできるだけ確実に支払われることを労働者保護のために確保する必要があるとしつつ，賃金の概念は社会事情経済事情に応じて大きく変動するので，時宜に適した取扱いができるように，労働大臣の裁量に委ねることもあり得るとし，その解釈には目的論的なものの介入する余地が極めて多いとの認識を示している。そして，賃金概念の変化の例として，例えば，高温作業場に置かれていた塩すら，塩が不足していた時期には「労働の対償」と考えられ得たことや(多量の発汗を伴う作業場で塩および飲料水の備え付けを定める労働安全衛生規則208条(現行617条)に関連して，塩分喪失補填等を指摘している。)，近頃は交通従業員の制服や工員の作業衣等「業務上必要な衣服は福利厚生施設とみて賃金より除外」(昭和23.3.20基発297号)することも別段不都合ではないとしている。宮島・前掲書(注9)31-32頁。

12) 同旨，労コメ(注9)(令和3年版)171頁。

より具体的には、①の解釈では、本来「労働の対償」としての性質を持たない任意的恩恵的給付であっても労働協約等により予め支給条件が明確であれば、使用者はその給付義務があり、労働者に権利として保障されており、賃金として保護することが相当との政策的判断に基づいている[13]。また、使用者に法律上の給付義務が生じる場合として、「22年通達」が例示した「労働協約、就業規則、労働契約等」には、「前例もしくは慣習として労働者に期待され又は労働契約の内容になる」場合も含まれるとされている[14]。この解釈によって使用者に義務の履行を強制しその支払いを確保できる点で、労基法の趣旨に照らして目的論的に妥当との説明がなされている[15]。

他方、②の解釈では、実物給与である「厚生福利施設」について、労働協約等で支給条件が明確にされ使用者が給付義務を負う場合であっても、賃金とはみなさないとされている。しかし、本来、実物給与の「厚生福利施設」も広い意味では任意的恩恵的給付に含まれると解される。それにも拘わらず、他の任意的恩恵的給付とは異なり、労働協約等により使用者に支給の法的義務が生じる場合でも賃金に含めない理由はどこにあるのか。その理由について、例えば、実物給与の企業内福利厚生は多種多様で、浴場施設や運動施設等のように個人的な利益に直接に帰属しない等で、社会通念上およそ賃金とは考えにくい事例が少なくない実態があること[16]や、賃金概念の中に使用者に給付義務の生じる企業内福利厚生すべてを含めて広く捉えることによる弊害[17]を排除する必要性があること等を挙げることが可能かもしれない。この点につき当時の担当者は、「福利厚生施設の発達を希望する意味からも賃金からは区別しよう」という政策的

---

13) 労コメ（注9）（昭和33年版）108頁、（令和3年版）171頁。ただし、賃金を広く解釈することが常に労働者の保護に資する訳ではない。物や利益を賃金とすることで、使用者が基本給を低額に据え置く原因となり、そのことにより労働者が不利益を被ることがあることも想定しておく必要がある。この点を示しつつ、物や利益による実物給与の多い「福利厚生施設」の範囲をなるべく広く解釈する行政解釈（昭和22.12.9基発452号）がある。その他、例えば、平均賃金の算定には、給付額が多いほど労働者の保護になるが、最賃法では、金銭以外の物・利益を賃金に算入することで法定の最低賃金額をクリアしてしまう不利益等も考えられる。
14) 労コメ（注9）（昭和33年版）109頁、昭和22.12.9基発452号を参照のこと。
15) 宮島・前掲書（注9）37頁。ただし、退職金については、予め支給条件が明確でなくとも、裁判所がその内容を判定できる場合には、その権利性を認め賃金とすべきとして本来の労働の対償に近い解釈を示す学説もある。有泉・前掲書（注5）241頁注㈠。
16) 亀井光『改正労働基準法解説』（労働法令協会、1952）171頁、労コメ（注9）（令和3年版）172頁。
17) 前掲（注13）を参照のこと。

判断があったと説明している[18]。

後述のとおり，現在の学説・判例の多数は，使用者が支給する金銭等を賃金とそれ以外の任意的恩恵的給付[19]，企業内福利厚生，実費弁償[20]に分類[21]（以下，「4分類」という。）する行政解釈を前提に，「22年通達」を支持していると解される。ただし，学説による支持は，「22年通達」のうち上記の①の解釈を重視してのことであり，②の解釈について，企業内福利厚生の概念の明確化も含めて必ずしも十分に検討されてきたとはいえない。

2 賃金と企業内福利厚生の区別をめぐる一般的解釈基準

ところで，「福利厚生施設」の概念について，行政解釈は，労基法にその定義はないものの，②の解釈を前提としつつ，「賃金周辺にあるこれらのものを便宜的に用い」て賃金の概念を明確化する概念と位置づけてきた。また，上述のとおり，他の任意的恩恵的給付とは異なる解釈がなされる概念でもある。これらの解釈において，そもそも企業内福利厚生がどのような概念で，企業内福利厚生と，賃金さらには他の任意的恩恵的給付とを区別する基準が何かを明らかにする必要が生じてくる[22]。

そしてその際，行政解釈は，実物給与としての「福利厚生施設の範囲は，なる

---

[18] 「当時考えられていたことの中で，通達としてはっきり打ち出せるものとしては，……所謂福利厚生施設と見られるものは，その発達を希望する意味からも，賃金からは区別しようということ」であったと回顧している。宮島・前掲書（注9）37頁。

[19] 労働協約等に規定されていないこと等を理由に，増資記念品料を任意的恩恵的給付とする行政解釈があった（昭和25.10.10基収3308号（廃止））。

[20] 労コメ（注9）（昭和33年版）111-112頁。行政解釈は，実費弁償について，企業が経営体として労働者から労働を受領するため，当然具備しておかねばならない有形，無形の全ての設備をいうと定義づけている。そして，賃金ではなく実費弁償にあたるとした事例として行政解釈は，交通従業員の制服，工具の作業衣等（昭和23.2.20基発297号），労働者所有の器具の損料として支給の手当（昭和23.8.22基収3815号（廃止）），旅費（昭和25.1.13基発89号（廃止）），社用の役職員交際費（昭和26.12.27基収6126号），坑内作業用品（昭和27.5.10基収2162号），社用提供の私有自動車の維持費・税金・ガソリン代（昭和28.2.10基収6212号・昭和63.3.14基発150号），労働者所有のチェーンソーの損料として支給するもの（昭和55.12.10基発683号）他を挙げてきた。

[21] より厳密には，この4分類以外に，解雇予告手当や休業手当等，労基法により使用者に支給が義務づけられている金銭の分類があり，その賃金性も問題となる。

[22] 当時の担当者は，「福利厚生施設なるものを賃金から除外することとして出発したことは，それ自体問題の解釈に資するところ少なくして，むしろ必然的に問題を，『それでは何が福利厚生であるか』という形に変えることにしか過ぎなかった。」と指摘している。宮島・前掲書（注9）43頁。

べくこれを広く解釈すること」(昭和22・12・9基発452号[23])が労使双方にとり便利なことが多いとしつつも、その解釈があまりに広いときは、かえって労働者の保護に欠けることとなるとして、目的論的な考慮も加えて賃金か企業内福利厚生かを判断すべきであるとの認識を示してきた[24]。そしてここでいう「目的論的な考慮」とは、行政解釈の「基本的考え方」として先に挙げた「現在の社会経済のもとにおいて、社会通念上賃金として保護すべきか否かという目的論的な判断」を意味していると解される。行政解釈は、以上の理解を前提に、昭和20年代末に、実物給与に関して企業内福利厚生か賃金かを判断する一般的基準を別に提示した[25]。その後、基準の入れ替え等で若干の修正を経るが、基本的にはこの基準が現行の行政解釈として維持されている。以下が現行の4基準である(以下「区別基準」という。)[26]。この「区別基準」は、やはり賃金該当性に関する個別事例

---

(1) 実物給与に関する基準――福利厚生施設の範囲はなるべくこれを広く解すること
(2) 利益の帰属先の基準――労働者の個人的利益に帰属するか否か
(3) 給付内容の明確性の基準――使用者の支出が個々の労働者について分明であるか否か
(4) 必然的支出補充の基準――労働者の必然的な支出を補うために支給されるものであるか否か

---

23) この通達は、この点以外に、①労基法24条の実物給与規制の趣旨、②労働協約に拠らない実物給与の賃金性、③臨時支給の実物給与の賃金性基準、④労基法施行規則2条3項が定める賃金算入時の実物給与の評価額の基準、⑤代金徴収の場合の実物給与の賃金性に関する解釈を定めている。
24) 労コメ(注9)(昭和33年版)110頁、(令和3年版)172頁。
25) 労コメ(注9)(昭和33年版)109-111頁。
26) この一般的基準が初めて示されたのは、「労基法 上巻」(昭和28年版)(注9)154-156頁である。その際には、本文に挙げた4基準のうち第1基準は基準として挙げられていない。昭和63年版で削除された1基準を加えた4基準が挙げられていた。その後、昭和33年版では、本章本文の第1基準が追加されて5基準とされている。労コメ(注9)(昭和33年版)110頁以下。昭和63年版で削除された基準は、「利益の帰属が現時点においてであるか否か」の基準である。将来の不確定時に労働者ないしその家族に帰属する利益に関する使用者による利益供与については賃金性が否定され「福利厚生施設」となるとする基準である。この基準により賃金性が否定される例として、例えば、労働協約等で予め支給条件が定められている場合でも、労働者の死亡または脱退時に保険給付がされる脱退給付金付団体定期保険の保険料の一部ないし全部の会社負担(昭和26.6.15基収2542号)や生命保険料補助金(昭和27.8.23基発3604号)が挙げられていた。労コメ(注9)(昭和33年版)111頁。この解釈に対しては、保険料の支払いそのものによって直ちに労働者は保険による保証を得るのであり、労働者に対する利益供与であり、死亡または脱退したときに利益が帰属するという考え方は、保険契約の性質を誤解するもので妥当でないとの批判があった。石井・前掲書(注5)177頁。ただし、ストック・オプション制度につき、権利行使の時期や株式売却時期(この制度による利益発生の時期と額)が労働者の判断に委ねられており、賃金にあたらないとする現行の行政解釈(平成9.6.1基発412号)は、削除された基準によっているとも解される。

の解釈の集積の中から抽出されたものである[27]。

　これら4基準のうち，区別基準(1)は，「福利厚生施設の範囲はなるべく広く解釈する」との考え方を実物給与の「福利厚生施設」について述べた基準である。賃金概念の拡大がかえって労働者保護に反する場合のあることや，実物給与の「福利厚生施設」には賃金とは言いにくい事例が多いことに対応する基準である。

　そして，この基準の下で，実物給与の中で賃金性が問題となったのが，ア 住宅の貸与と，イ 食事の供与であり，これらについて個別具体的な解釈基準が例示されている。

ア　住宅の貸与

　まず社宅や寮といった住宅貸与の賃金性について，行政解釈は，住宅貸与を原則として「福利厚生施設」として広く解しながらも，住宅貸与との均衡上，住宅非貸与労働者に住宅手当（均衡手当）等が一律に支給されていれば，住宅貸与の利益が住宅手当として明確に評価されており，住居の利益を賃金に含ませたものとみられるとし，住宅手当の額の限度で住宅の貸与を賃金とみなすとしている[28]。

イ　食事の供与

　次に，食事の供与の賃金性について，行政解釈は，食事供与に対する代金の徴収の有無に関わりなく，先に挙げた「22年通達」によりつつ，次の3点をともに充たせば原則として「福利厚生施設」として扱うとされる。①食事供与につき賃金の減額が伴わないこと，②食事供与が就業規則や労働協約等で定められて明確な労働条件の内容となっていないこと，③食事供与の利益の客観的な評価額

---

[27] この「区別基準」(1)には，実物給与の取扱いに関する行政解釈（昭和22.12.9基発452号）前掲（注23）が部分的に取り込まれている。

[28] すでに廃止されているが，炭鉱住宅に関してこの解釈を示す行政解釈に昭和28.10.16基収2386号。この解釈について，当時の住宅不足下では「社宅貸与の利益はそれが極めて大であることからしても，基準法上の賃金として保護すべきであるが，評価が至難なため，行政上の取扱いとしては，労使が具体的に評価額を弾き出している場合にのみ貸与の利益を賃金とする」とし，社宅の貸与を受けない労働者に対して支給する均衡給与の額を住宅貸与の評価額とする理論であるとされている。宮島・前掲書（注9）40頁。現行の行政解釈も同旨。労コメ（注9）（令和3年版）172頁。

が社会通念上,僅少であることである[29]。

　行政解釈は,ア,イに示した解釈に加えて,さらに,いずれの実物供与の場合も,労働者から代金を徴収すれば原則として企業内福利厚生であるが,徴収費用が実際費用の3分の1以下なら,実際費用の3分の1と徴収費用との差額の限度で賃金とみなすとしている[30]。

　次に,基準(2)は,会社の浴場施設,運動施設等を「福利厚生施設」とする基準である。通貨による賃金支払いにみられるとおり,使用者により支給されるものが労働者に処分の自由ないし労働者の個人的利益に帰属することが,賃金の

---

[29] 昭和30.10.10基発644号。この通達が出される以前の通達で賃金性を肯定したものには,旅館従業員等につき,無償または低廉な価格での食事の給与を受けまたは当該旅館等に宿泊を許される等の実物給与・利益を賃金とした通達(昭和23.2.3基収164号),あるいは昼食補助(1日50円),早出や居残り用の弁当料(1日50〜70円)として所定額を支給している事例につき,これらを賃金とした通達(昭和26.12.27基収6126号)がある。また,特定作業従事の労働者に,稼働日数に応じて一定額の範囲内で支給される栄養食品または保健薬品を賃金とみなす通達(昭和27.5.9基収1589号)が,いずれも現行通達としてある。

[30] 昭和22.12.9基発452号。また,住宅手当につき,昭和30.10.10基発644号。寄宿舎において食費が寄宿費の3分の1を超える場合を福利厚生とするものに,昭和23.2.20基発297号。本文でいう「実際費用」とは,賃金が使用者の負担で賄われることから,その「負担」の観点から,使用者において物または利益を供与することに要した費用とされている。例えば,終戦直後で砂糖が手に入りにくい時期に,ズルチン,サッカリン等の人工甘味料を製造する事業場でこれらを賃金として支給する場合の「実際費用」は,卸売公定価格であるとされる(労働者がこれを高額で転売しても,「実際費用」はあくまで使用者が負担した費用とされる。)。また農家の作男に対する自家製主食の実物給与等も同様とされている。宮島・前掲書(注9)144-145頁。なお,徴収費用との差額が問題となる費用を,実際費用ではなく均衡手当とする行政解釈(昭和33.2.13基発90号)も示されていたが,その後,この解釈部分は削除されている。

　さらに,徴収費用が実際費用の3分の1以下の場合のみ,両者の差額を「賃金とみなす」とされる点はどうか。こうした解釈の理由について,実物給与が「労働者が受ける効用において通貨賃金に劣る」一方,使用者からみると「自己の事業の製品等を通貨に代えて支給することの便益は可成りに大なるものがある」として,評価を実際費用の3分の1に切り下げることで労使の利害を調整し,「実質的に通貨払いの原則に換算される」と説明されている(労基法12条5項は,通貨以外のものによる賃金支払いにつき,賃金の総額に算入すべきものの範囲,評価を別に定めるとし,労基則2条が評価額については労働協約,都道府県労働局長によると定める。)。

　また,換算の基礎を「3分の1以下」とした点については,「必ずしも明確な根拠があるわけではなく,謂わば腰だめ的なもの」との説明がある。宮島・前掲書(注9)147頁。この点について,賃料が実際費用の3分の1を超えれば有償とみなされて,住宅貸与の賃金性が否定されると説明する学説がある。有泉・前掲書(注5)239頁。なお,税法上は,適正家賃の2分の1を超えない賃料しか徴収しない場合は,住宅貸与は現物給付として所得税の対象となるとされてきた(古くは,国税庁長官通達昭和26.10.22,直行2-109/所得税基本通達36-47)。なお,食事の供与については,その性質上,徴収額の多寡に関係なく常に福利厚生施設とすべきと異論を述べる学説もあった。吾妻光俊『新コンメンタール・労働基準法』(日本評論社,1964)55頁。

具有すべき1つの大きな経済的効用と説明される[31]。

基準(3)は,一見,個人的利益に帰属するものであっても,使用者の支出が個々の労働者について分明でない事例は労働の対償ではないことを示す基準である。例えば,鉄道会社の従業員に支給される無料乗車証や入浴料は,一人単位で徴収されるものであるから労働者個人に帰属する利益の限度は明らかであるが,そのために使用者が支出する経費は一人いくらと割り出せないから「福利厚生施設」となるとされる。その他,場内図書館,娯楽室,野球場,テニスコート等の大多数がこれにあたるとされる[32]。

最後に,基準(4)は,所得税,社会保険料の本人負担部分を使用者が労働者に代わって負担する,戦後に多くみられた事例について,労働者が法律上当然に生じるこれらの義務を免れる利益を得ることで賃金支払いの実質を持つことから,事業主が労働者に代わって負担する部分を賃金とみなす基準である[33]。この基準に基づくと,任意加入の生命保険に対する生命保険料補助[34],脱退給付金付団体生命保険[35],労働者が行う財産形成貯蓄,財産形成年金貯蓄または財産形成住宅貯蓄に対する一定額の奨励金は,労働者に出費の必然性がなく賃金と認められないとされる[36]。

ところで,「22年通達」や「区別基準」について注意を要する点は,これらが実物給与の「福利厚生施設」に限定して賃金との区別につき定めていることである。「福利厚生施設」にあたる金銭(手当)がこれに含められていないのはなぜであろうか。これらが,例えば,本来は企業内福利厚生に属するとされる家族手当

---

[31] 宮島・前掲書(注9)38頁。
[32] 宮島・前掲書(注9)38-39頁。
[33] 昭和63.3.14基発150号。同旨の通達として,すでに廃止されたが失業保険の保険料につき昭和24.6.10基収1833号があった。また,育児休業中の社会保険料の労働者負担分の補助を賃金とするものに平成3.12.20基発712号。
[34] 昭和63.3.14基発150号・婦発47号。すでに廃止されているが,同旨の通達として,すでに生命保険料補助につき昭和27.8.23基収3604号があった。
[35] 昭和26.6.15基収2542号(廃止)。この通達は,補助が労働者の月々の実収に影響がないこと,労働者の福利厚生のために使用者が負担するものである点を理由として挙げている。
[36] ただし,これらについて保険契約締結の有無等に関わりなく支給される場合は賃金とされ,住宅積立金制度について同様の判断を示す判例(日本ソフトウエア事件・東京地判昭48.9.26)が挙げられている。労コメ(注9)(令和3年版)173-174頁。基準(4)の「出費の必然性」につき「賃金の実質」を持つかどうかを量る基準との説明がされるが,その理由として,「基準法のように最低線を確保することを目的とし,それ以上の向上は専ら労使の誠実な努力に俟とうとする立場から云うならば,必然性の度合は労働者……に共通な,しかも絶対的なものということで押さえるべきであろう。」とされている。宮島・前掲書(注9)48頁。

や住宅手当を含む「福利厚生施設」一般についての解釈とされないのはどうしてか。

　周知のとおり，労基法37条5項および労働基準法施行規則（労基則）21条は，割増賃金の算定基礎から除外する「賃金」として，家族手当，別居手当，子女教育手当，住宅手当[37]等を挙げている[38]。これらは，性質上は労働と直接的な関係が薄く，個人的事情に基づいて支給されることで割増賃金の額に不均衡が生じることを理由に，割増賃金算定の基礎から除外されると説明されている[39]。割増賃金の算定基礎から除外されるとはいえ，本来は企業内福利厚生であるこれら手当を「賃金」と規定した理由はどこにあるのか。この点について，これらがもともと低額な基本給の増額に代えて設けられた手当で賃金としての意義を持つものとして導入された経緯があると説明されている[40]。これら手当を「賃金」とする規定は，先に述べた「現在の社会経済のもとにおいて，社会通念上賃金として保護すべきか否かという目的論的な判断も加味」するとの行政解釈の「基本的考え方」に基づいていると解される[41]。ただし，「福利厚生施設」は本来，任意的恩恵的給付であり，これらの手当も労働協約等により支給が確約されて初めて賃金とされることになると解される。

---

37) これらの手当のうち住宅手当は，平成11年の労基則21条の改正によって新たに追加された手当である。ただし，住宅手当はそれまでは，家族手当の一形態として判断されており（例えば，昭和27.4.21基収1947号），この追加以前においても賃金性が認められる場合があるとされていた。
38) ただし，手当が個人的事情に関わりなく一律に支給されたり，基本給の額に応じて支払われる場合は，除外対象としない扱いとなっている。昭和22.11.5基発231号，昭和22.12.26基発572号，平成11.3.31基発170号を参照のこと。
39) 労コメ（注9）（令和3年版）544頁，宮島・前掲書（注9）458頁。
40) 宮島・前掲書（注9）458-459頁。
41) 当時の学説にも，家族手当等について，本来の性質からすると賃金とすべきかにつき疑問があり得るが，現在のように労働者一般の生活が窮迫すると，扶養家族のために給与を受けることも，労働のために欠くべからざる費用と考えられるから賃金とするのが至当とする学説がある。末弘厳太郎・法律時報20巻3月号（1948）12頁。あるいは，福利厚生施設が労働者の受ける利益の主要部分をなす場合については，これを賃金とみなすべき場合も生じるとして，旅館の女中の例（昭和23.2.3基発164号）を挙げる学説もある。吾妻光俊『新訂 労働法概論』（青林書院新社，1964）412-413頁。家族手当・住宅手当について，福利厚生的意味合いを持っていても，賃金規程等で制度化されている限り賃金にあたるとする近時の見解も，そのような理解を前提とする限り行政解釈と異なるところはないと解される。菅野・前掲書（注2）276頁，422頁。

三　賃金と企業内福利厚生の概念把握をめぐる学説の展開

　行政解釈によって昭和20年代に提示された，労基法11条の賃金概念に関する「22年通達」と，実物給与が賃金か企業内福利厚生かに関する「区別基準」という2つの一般的解釈基準，さらにそれらの前提となる給付の「4分類」（賃金，任意的恩恵的給付，企業内福利厚生，実費弁償）の理論的当否については，主として昭和30年代に学説による議論がなされている。しかし，昭和40年代以降の学説の多くは行政解釈による具体的事例に関する解釈を引用するに留まり，「22年通達」や「区別基準」をめぐる理論上の議論もないようである。昭和30年代の学説による議論の内容を確認しつつ，40年代以降，現在に至る学説の状況を併せて分析しておこう。

1　昭和30年代の学説による議論

　この時期の学説においても，「22年通達」，「区別基準」のうち，「22年通達」を支持する見解がすでに多数となっていたと解される[42]。ただし，この時期には，「22年通達」が示した解釈が概ね妥当な結論を導くとしつつも，理論的な批判を試みる学説があった[43]。また，「区別基準」や個別事例における企業内福利厚生か賃金かの行政解釈についても，その当否につき学説において議論がみられた。すなわち，個別事案の解釈に疑義を呈したり[44]，「区別基準」とは異なる一般的解

---

[42]　吾妻光俊『労働基準法』（日本評論社，1964）56-57頁，石井・前掲書（注5）170-172頁。この行政解釈がだいたいわが国の通説となっているとする見解に，津曲・前掲書（注5）1158頁注1。また，現象面から捉えているが，ある意味で要領を得ているとする見解に，有泉亨・前掲書（注5）238頁注㈠。

[43]　例えば，任意的恩恵的給付につき支給条件が明確なら賃金とみなす理論的根拠が不明確であるとか，福利厚生の意義が明らかでないとしてその不完全性を指摘する批判があった。松岡三郎『条解労働基準法・上』（新版）（弘文堂・1958）140-142頁，昭和40年代にも，本多淳亮『賃金・退職金・年金』（労働法実務体系13）（総合労働研究所，1971）30頁。

[44]　例えば，本文で言及する見解の他に，退職金をそもそも恩恵的給付とみる点は賛成できないとする見解（有泉亨・前掲書（注5）238頁），寄宿舎での食事の供与につき賃金性を肯定できる事例があるとする通達（昭和23.2.20基発297号）につき，これを，性質上，常に福利厚生施設と見て，実費徴収額の如何を問わないのが正当であるとする見解（吾妻光俊『註解　労働基準法』（青林書院新社，1960）133頁），あるいは，40年代以降の学説で，時代の変遷で恩恵的か権利的かが移り変わるし，労使の意識を企業ごと事例ごとに判定することになるが，行政解釈はすべてこれで律し得るとは言えないとした見解（山本吉人，有泉・青木編『労働法Ⅱ【基準法】』（基本法コンメンタール10）（日本評論社，1972）46頁）等がある。

釈基準を自ら提示したりする学説等である。本章において労基法上の賃金および企業内福利厚生の理論的な概念把握につき再検討を試みるにあたり大いに参考となる。

(1) 4基準説（宮島説）[45]

「4分類」を前提とする「22年通達」と「区別基準」の2つの行政解釈の策定に関わった担当者による見解である。行政解釈とは異なる私見ともいえる見解も提示しており、ひとつの学説として取り上げる。この学説は、これらの行政解釈への理解を深めるうえで、またその妥当性の検討にあたり示唆に富む分析を数多く提示しており注目される。

まず、この学説は、「22年通達」について、内容的に極めて大雑把であるとしつつ、実物給与や任意的恩恵的な金銭の給付であっても、労働協約等で支給が義務づけられていれば賃金とみなす点について示唆に富む指摘を行っている。すなわち、この学説は、この点の行政解釈は「基準法の立場として目的論的には正しい」としつつも、使用者の債務即賃金とする直結的な見方（この学説はこの見方を「債務即賃金」論と呼んでおり、以下、行政解釈のこの考え方に言及する場合、これを使用する。）には、法施行の実際面で疑義なきを得ないとする[46]。むしろ、使用者による債務負担は、使用者がその給付を「労働の対償として」認識していることを推定させるに足るから賃金と解されるとの考え方（債務負担＝労働の対償としての認識＝賃金）の方が労働関係の実態に即すると思われるとした[47]。

さらに、労働協約等で支給条件が明確化されていても、実物給与としての企業内福利厚生を賃金に含めないのは、「その発達を希望する意味からも」区別しようということであったと説明する。そして、両者の区別について4基準から

---

45) 宮島・前掲書（注9）35-53頁。
46) この学説は、まず「22年通達」が「債務即賃金」論の立場を取ることとの関係で、賃金を定義する労基法11条が定める「使用者が労働者に支払うすべてのもの」のうち「支払う」の語を、「広く債務の弁済行為を指すと考えるべき」（「労基法・上巻」（昭和28年版）（注9））と説明している点も批判している。こうした捉え方により、使用者が法律上の義務を負っている点を賃金の要件とする判断に結びついていること指摘する。そのうえで、本文に挙げた、法施行の実際面での疑義の内容について、法律上の義務の点を強調する点について、「賃金額についての取り決めが就業前に明確になされることの少ない我が国の現状においては、『債務の弁済』という市民法的な感覚ではどうも割り切れない実態……云うならば基準法以前、更には市民法以前の社会実態が、殊に農林漁業等に多く見受けられる」と説明している。宮島・前掲書（注9）34-35頁。
47) 宮島・前掲書（注9）37頁。

なる「区別基準」[48]を支持している。ただし,「区別基準」について,この説が,上述した「労働の対償としての認識」を判断する基準(事情)と位置づけているかどうかは判然としない。

そして,企業内福利厚生とみなされるには,これら4基準すべてを充たす必要があるのかにつき行政解釈において言及がない点について,この説は,4基準すべてを充足するかしないかであれば賃金か企業内福利厚生かを判別できるが,4基準の中の1,2が否定される場合はどう判断すべきか明確でないとしつつ,その時々の社会通念に従うほかないとしている[49]。

(2) 総合考慮説

総合考慮説は,複数の事情の総合考慮による賃金性判断を主張する,複数の学説として挙げることができる。そして,それらの学説は,使用者による「労働の対償としての認識」に着目する4基準説を足掛かりに展開されたといってよい。

ア 当事者意識考慮説(松岡説)[50]

まず,この説は,労基法1条の理念の実現には賃金は広い範囲で把握すべきであるが,労基法11条の賃金は,労基法違反を処罰する対象を定めており,厳格に規定する必要があるとする[51]。そのうえで,まず,「債務即賃金」論について,賃金でないものが支給条件を明確にすると賃金に転化するとする点に疑義を示す。そして,賃金と企業内福利厚生の区別についても,4基準説が「区別基準」として提示した4基準それぞれの問題点を指摘する[52]。そのうえで,使用者による給付が賃金か否かは「当事者の意識」が最も重要と主張する[53]。「当事者の意識」

---

48) 「4基準説」が行政解釈として提示される以前の時期に行政解釈として提示されていた基準については,前掲(注26)を参照のこと。
49) 宮島・前掲書(注9)49頁。
50) 松岡・前掲書(注43)141-150頁。
51) 松岡・前掲書(注43)149頁。
52) 当時の4基準については前掲(注26)を参照のこと。第1の基準(本文掲記の基準(2))について,この基準を充たせば賃金とならないことを主張する「4基準説」が自らこれに疑義を提示していること,第2の基準(本文掲記の基準(3))は実質的基準とはならず,技術的問題に過ぎないこと,第3の基準(本文掲記の基準(4))は「必然的な出費」が何か明らかではないこと,第4の基準(昭和63年に削除された「利益の帰属が現時点であるか」の基準)により生命保険の保険料等の賃金性を否定することに疑義があることといった批判を行っている。松岡・前掲書(注43)141-142頁。
53) 松岡・前掲書(注43)142-143頁。

とは，使用者に支給を義務づけているか否かではなくどのような義務づけをしているか，労働の対償として約束しているか「福利厚生」としてかであるとする。家族手当，結婚手当，退職手当，賞与もこの見地から検討すべきとする。そして，「当事者の意識」の判断においては，「通常の意思解釈」と「社会的背景」を考慮する必要があるとする。

そして，「通常の意思解釈」について，この学説は，支給の目的が明確であれば問題ないが，そうでなければ，支給が低額か，一部の者のみに与えられるか，あるいは通常の賃金の支払方法と異なるかの点や，使用者が一方的に創設したか団体交渉によるかといった，支給内容の形成過程も考慮すべき事情に挙げている。また，「社会的背景」については，その時代，その社会における労働者の生活状態をはじめとする社会的背景を考慮すべきとする[54]。

この説は，「通常の意思解釈」と「社会的背景」の関係について，「通常の意思解釈」から判断する「当事者の意識」が不明確な場合に，その推定にあたり「社会的背景」を併せ考慮すべき事情と捉えていると解される。

この説によれば，使用者が支給するものは使用者に支給義務があるかどうかに拘わらず，また企業内福利厚生か任意的恩恵的給付かに区別なく「当事者の意識」によって賃金かどうかが決せられることになる。「4分類」を前提とした「22年通達」および「区別基準」とは一線を画する見解といえよう。

イ　諸事情考慮説（石井説）[55]

この説は，賃金の概念につき「社会状態ないし社会通念の変化により変動することもありうる」としつつ[56]，「4分類」を前提に「22年通達」が取る「債務即賃金」論を支持する。職場における労働者の待遇に関係するものがすべて賃金というわけではないとしつつも，例えば，退職金につき，その賃金の後払い，恩恵的，生活保障的な性格といった社会的ないし経済学的意味はさほど重要でなく，労働協約等で明確に規定されて使用者が給付義務を有すれば，労働の対償として把握され賃金となるとする。賞与や「慶弔等に関し使用者より贈られる

54）　この見解は，塩や作業衣の賃金性の変遷に言及する「4基準説」の説明［前掲（注11）］を引用したり，約束内容が分明でない退職金支給についてはその「社会的機能」（賃金の後払いの性格）の検討が必要と述べる。松岡・前掲書（注43）143頁，148-149頁。
55）　石井・前掲書（注5）169-177頁。
56）　石井・前掲書（注5）167頁。

もの」等についても同様に解している。

　また、賃金と「福利厚生施設」の関係についても、「22年通達」の解釈枠組みに従い、両者の区別を前提とする。しかし他方で、労働の対償としての「当事者の意識」、「労使の規範意識」に着目した説明がみられる。この説は、「当事者の意識」について、上述の当事者意識考慮説に比してより限定的に「契約の意思解釈」と捉える。そのうえで、労働の対償か否かの判断にあたり「当事者の意識」が基礎となるが、これのみにかからしめると、脱法的に行われる現物給付等の支払方法に対する規制が十分にならないおそれがあることを指摘しつつ、労働の対償としての判断が社会状態により変化するものであるともしている[57]。そして、賃金か「福利厚生施設」かの判断基準については、「当事者の意識」（契約の意思解釈）を基礎としつつ、その支給の目的、受ける利益の程度、支給の対象、支給の方法等を総合して、労基法における賃金として規整の対象とすべきものか否かによるべきであるとした。

　この説は、当事者意識考慮説が任意的恩恵的給付も含め、使用者による給付全体の判断基準を示そうとしたのに対して、「22年通達」の解釈枠組みを維持しつつ、「福利厚生施設」と賃金との区別に限って4基準説や「区別基準」が提示した基準を、支給目的その他の視点に読み替えつつ賃金性の適切な判断を模索した見解といえよう。

　そして、上述の視点に基づき、賃金と「福利厚生施設」との具体的区別を以下のように論じている。本章での検討にとって重要であり、やや詳しくみておこう。

　まずこの説では、「支給の方法」の点からとして、個々の労働者に対して個別的に支給する方法ではなく、一定の施設が労働者の利用に委ねられる図書室、運動場、浴場等は「福利厚生施設」とされる。また、社宅や寄宿舎の貸与は一般には「福利厚生施設」に属するが、労働協約等により住宅手当の支給が義務づけられていれば、住宅の提供は現物給与として賃金であるとする。他方、会社保有住宅が不十分で、一部の労働者に対してのみ住宅が恩恵的に提供され、これとの均衡上、他の労働者に労働協約に基づき住宅手当が支給されている場合は、

---

[57] 石井・前掲書（注5）174頁。この学説は、その例として、作業衣が物資不足の時代とその後とで賃金性の認識が異なっていることを挙げている。その後の学説にも同様の指摘をしつつ、産業、地域、日本全体の労使関係の中で、賃金と意識されているかが決め手となるとする見解がある。本多淳亮『賃金・退職金・年金』（労働法実務体系13）（総合労働研究所、1971）30-31頁。

「福利厚生施設」の平等利用に関する確認的措置と捉えて，社宅は「福利厚生施設」とみなされるとする。均衡手当の支給を伴う住宅貸与の賃金性を肯定的に捉える行政解釈とは異なる結論となっている。

さらに，この説は，「支給目的」の点からとして，企業内福利厚生を目的とすることが明らかなものは企業内福利厚生費とする。食事の供与も原則として企業内福利厚生費である。労働協約等で労働者に一律に提供することを明確に義務づけていたり，賃金が減額されたりする場合は，賃金の一部とされる。「区別基準」の第1の基準との関連で行政解釈が挙げた，食事の供与が「福利厚生施設」となる3要件を支持している。また，食券支給の形を取る場合，食費代の支給とは異なり，実質的には会社自らが行う「福利厚生施設」としての食事の供与と異ならないとする。そして，交通運輸事業において支給される全線パスや家族パス等の無料乗車券が，食事の供与と同じく「福利厚生施設」となるのは，支給の目的の点から説明すべきで，個々の労働者について支給の額が分明でないことを解釈基準とする「区別基準」の第3の基準を批判している。

さらに「支給の対象」の点からとして，生命保険料等の使用者支払いに関し，任意に保険に加入している者にのみを対象に支給され，労働者全部に対するものでない場合は，労働協約等で給付の条件，方法等が明確にされていても，「区別基準」の第4基準に基づく解釈と同様に，「福利厚生施設」と解している。

以上のとおり，ア，イの学説は，「22年通達」や「区別基準」に示された行政解釈と異なり「当事者の意識」を重視しつつ，その認定にあたり，行政解釈の「区別基準」とも異なる複数の視点（アとイとも類似の視点を提示している。）の「総合考慮」による判断を試みた学説と評することができる。

(3) 有償契約性説（津曲説）[58]

以上の4基準説，総合考慮説と異なり，この学説は，「労働の対償」について本来あるべき法的理解の徹底を主張する見解である。

この説は，賃金の概念は，法学的には双務契約性よりも有償契約性（契約当事者双方の「財産的出捐」が対価的依存関係にあること）から生ずる請求権の客体であることに重点があるとする。そして，労働契約という双務契約から発生する請

---

58) 津曲・前掲書（注5）1141頁以下。

求権のすべてではなく，そのうち，とくに，有償契約性から生じた請求権のみが「労働の対償」としての賃金であることを強調する。この説では，使用者による給付は「4分類」ではなく，有償契約性を基準に分類されることになる。「22年通達」の「債務即賃金」論については，当時すでにだいたい通説的見解となっていると評しつつも，労働協約等により予め支給条件が明確になっているものをすべて賃金とする解釈であり，労基法11条の「労働の対償」という要件を軽視した考え方であると批判した[59]。

この説によると，有償契約性があるかどうかが賃金かどうかを決する基準となる。労働協約等や慣行上，前例上で支給条件が明確になっているか否かを問わない。たとえ贈与の形式を取っていても実質的に労働契約に基づくものでかつ有償契約性がある退職金や賞与等は賃金であるが，労働協約等で支給条件が明確にされていても，例えば，慶弔金は有償契約性から発生するものではなく賃金ではないとされる[60]。

さらに，企業内福利厚生について，行政解釈による「区別基準」の是非には言及していない。企業内福利厚生としての金銭や現物給与については，労働者の生活権の保障制度であり，「扶助」と同様に賃金ではないとする。ただし，実質的には労働の対償でありながら「福利厚生施設」の形式を取るものは純粋な「福利厚生施設」ではなく賃金にあたるとする。すなわち，わが国のように，賃金が労働者の生活保障を充たすほど多くないところでは，実質的には低廉な賃金を補う性格を帯びた「福利厚生施設」が多いとしている[61]。

2　昭和40年代以降の学説の動向

昭和40年代以降，近時に至るまで，学説においては異論[62]もあるが，行政解釈が示してきた4分類（賃金，任意的恩恵的給付，企業内福利厚生，実費弁償）が賃金の基準として実用的であるとして支持しつつ，具体的な事例について「22年通達」

59）津曲・前掲書（注5）1157-1158頁。
60）津曲・前掲書（注5）1160-1162頁。
61）津曲・前掲書（注5）1160頁，1171-1172頁。（注41）も参照のこと。
62）例えば，結婚祝金等の任意の恩恵的給付が就業規則等で支給条件が明確化されていても，これらを「労働の対償」とみるのは不自然とし，書面による贈与で撤回できないものと捉えて賃金ではないとする見解がある。下井隆史『労働基準法（第5版）』（有斐閣，2019）273頁。

が示した「債務即賃金」論による行政解釈をそのまま引用する見解が多数となっている[63]。

「22年通達」および「区別基準」の理論上の問題について，昭和40年代以降これまでに，詳細に検討を試みた学説は少ない[64]。それは，賃金性に関する行政解釈が労基法の労働者保護の趣旨に副うもので，個別事例の解釈にも問題が少なく有用との評価があるものと推察される。そのため，賃金と「福利厚生施設」の関係について「区別基準」も含めて十分な議論がなされないまま現在に至っていると解される。

四　賃金と企業内福利厚生の概念把握をめぐる判例の展開

判例も，多数学説と同様に，「22年通達」が採用した「債務即賃金」論を基本的に支持する傾向にある[65]。またその前提となる給付の「4分類」を肯定しているものと解される[66]。

---

63) 「22年通達」の基礎となっている「基本的考え方」について，労基法の賃金は，労働者保護の視点から修正を受け，条文ごとに若干の修正を受ける流動的概念で，時代の推移や当該労使関係の実態も反映されるとしてこれを支持する学説に，山本吉人『賃金・労働時間』（現代労働法講座11）（総合労働研究所，1983）16頁。「債務即賃金」論を支持する学説として，本久洋一「第11条」『労働基準法・労働契約法（新基本法コンメンタール）』（日本評論社，2012）37頁，浜村彰「労基法上の賃金規制」『講座労働法の再生第3巻』（日本評論社，2017）27-29頁，菅野・前掲書（注2）421-422頁，荒木尚志『労働法（第4版）』（有斐閣，2020）141-144頁他。

　　学説には，労基法11条の賃金の指標である「労働の対償」の理論的説明として，賃金には，労働に対する直接の対価だけでなく，労働者が使用者の指揮命令を受けて「労働すべき地位にあることを原因として」支払われるものを含むとしたり（渡辺章『労働法講義（上）』（信山社，2009）307頁），「労働関係上の地位」に対して支払われるものと説明する見解（水町勇一郎「第11条」東京大学労働法研究会編『注釈労働基準法・上巻』（有斐閣，2003）175-178頁）等が挙げられる。

64) 労基法の賃金を，①使用者が労働者に対して支払義務を負うかどうか（当事者の合意・約定という主観的基準）と，②労働関係上の地位に対して支払われるもので客観的に利益があるかどうか（それぞれの給付の性格および利益性という客観的基準）をいずれも充たす給付として，単に労務給付に対する対価に留まらず，「労働関係上の地位」に対する報酬を広く含む概念であるとの理論的説明を試みる学説がある。水町勇一郎・前掲論文（注63）178頁。

65) 賃金の範囲に関する判示が含まれる，昭和20・30年代の判例を整理した文献に，窪田隼人「賃金請求権」（総合判例研究叢書7・労働法(3)）（有斐閣，1958）128-135頁，第二次世界大戦前から昭和30年代前半頃までの退職金の賃金性をめぐる判例については，後藤・前掲書（注5）も参照のこと。

66) 明示に「4分類」を肯定する判例に，例えば，リーマン・ブラザーズ証券事件・東京地判平24.4.10労判1055号8頁。

具体的には，本来は任意的恩恵的給付にあたる退職金については，すでに昭和40年代に最高裁により「債務即賃金」論が支持され，それ以降の判例もこれを踏襲している[67]。賞与についてもこの見解を支持する下級審判例がその後，生まれている[68]。本来は任意の恩恵的給付に分類されるその他の給付についても，「債務即賃金」論による判例が近時に至るまでみられる[69]。

他方，本来は企業内福利厚生に分類される給付についてみると，家族手当や住宅手当について，経済的性格が「生活補助費」や「生活扶助費」[70]にあたるとしつつ，「債務即賃金」論に立って賃金性を認めたと解される複数判例がみられ

---

[67] 現業国家公務員の退職手当につき，勤続を報償する趣旨で支給されるのであって……支給条件がすべて法定され，国または公社の裁量の余地がなく，……法定の基準に従って一律に支給しなければならない性質で賃金にあたるとした，日本電信電話公社事件・最三小判昭43.3.12民集22巻3号562頁（1，2審の判決内容が不明で「債務即賃金」論適用の根拠となる事実関係が明らかでないが，この最高裁判決を引用しつつ，民間企業での退職金の賃金性を認めた最高裁判決がある。伊予銀行事件・昭43.5.28判時519号89頁）。この最高裁判決以前にも同様の見解に立つ下級審判例はすでにみられた。関東工業事件・宇都宮地判昭24.7.22労旬11号6頁，井上鉱業事件・佐賀地判昭28.9.15労民集4巻5号462頁他。近時でも，この最高裁判決を引用しつつ，同様の見解により賃金性を肯定した判例がある。例えば，公務員の退職手当に関し，盛岡地判平26.12.19，札幌地判平28.6.14。退職年金についても，支給基準の明示に加えて，過去の労働に対する対償の性格が否定されず賃金とした，幸福銀行事件・大阪地判平12.12.20判タ1081号200頁。他方で，賞与とともに就業規則等に定めがあるが，使用者の裁量により支給されるとして賃金性を否定した判例もある。モルガン・スタンレー証券事件・東京地判平20.6.13労判969号61頁，同事件控訴審・東京高判平21.3.26労判994号52頁。

[68] 賞与支給規程に基づき，支給要件等を定める労働協約が締結され個々の労働者の権利となっているとして賞与（中元賞与）に賃金性を認めた，新日鉄室蘭事件・札幌地室蘭支判昭50.3.14判時775号169頁，賞与につき使用者の裁量による金額の増減がなく，使用者による具体的確定行為なく算定でき，賞与には功労報償的，利益配分的な一面があるが「賃金に準ずるもの」として賃金性を肯定した，学校法人東朋学園事件・東京地判平10.3.25労判735号15頁，同事件（控訴審）東京高判平13.4.17労判803号11頁（最判一小平15.12.4労判862号14頁）もこの点の結論のみ支持）。

[69] 会社の普通株式を5年後に取得できる「株式褒賞」について，任意的恩恵的給付ではなく雇用契約の一内容として「賃金の実質」を有するとした，リーマン・ブラザーズ証券事件・東京地判（注65），賞罰規程に詳細が定められた累積無事故表彰につき「賃金ないしこれに準ずる労働条件」にあたるとした，川崎陸送事件・東京地判平28.12.26 LEX/DB25544810，長距離運転手に対する賃金規程に基づき支給される食事手当について，実費精算の実績もなく，恩恵的給付といえず賃金とした，ナニワ企業事件・東京地判平31.1.23 LEX/DB25562991，就業規則等に定めがなく，降格による減給に配慮して支給された特別手当を任意的恩恵的給付とした，GCA事件・東京地判令3.1.20労判1252号53頁，団体生命保険の還付金を就業規則等に定めず「錬成費」名目により定額で支払われた金銭を恩恵的恩恵的な給付とした，中日新聞社事件・東京地判令5.8.18労経速2543号25頁。支給合意があったとして秘書長手当の賃金性を肯定し，賃金の確保等に関する法律6条1項の適用を肯定した，東京地判平30.3.26 LEX/DB25560765。

[70] これらの手当支給につき「福利厚生」および「生活保障」の趣旨があると説明する近時の最高裁判決も同様の理解に立つと解される。長澤運輸事件・最判平30.6.1民集72巻2号202頁，日本郵便事件・最判令2.10.15労判1229号67頁。

る[71]。また，食事手当の賃金性に関する判例も同様の傾向がみられる[72]。これらの判例と「22年通達」の関係をみると，「22年通達」が，賃金から除外される「福利厚生施設」を実物給与に限定し，金銭を含めていないことから，金銭給付の「福利厚生施設」に関するこれらの判例が，実物給与の「福利厚生施設」の賃金性を否定する「22年通達」と矛盾するとは解されない。なお，賃金と実物給与の「福利厚生施設」との区別に関する「区別基準」については，実物給与の「福利厚生施設」の賃金性が争われた事例がほとんどなく，「区別基準」に対する判例のスタンスは不明である。

これに対して，昭和30～50年代の判例の中には，労働協約や就業規則等によって使用者に支給義務が生じている場合でも，あくまで複数の事情を総合考慮して賃金性を判断する「総合考慮説」の影響を受けつつ，この説が提示した視点（基準）を考慮して賃金性を判断したと解される判例も少数ながらみられる。

例えば，支給基準が労働協約で定められていた「住宅手当」が企業内福利厚生か賃金かが争点となった事案につき，労働協約で規定されていた点以外に，①一律ではなく，自宅居住者と借家居住者で支給額が異なること，②従業員の給与とは別に増減されていること，③社宅供与の目的等より推して，社宅入居者と入居していない者との「福利の均等」を図るためのものであり，賃金ではないと判断した昭和30年代の判例がある[73]。

また，昭和50年代には，一定期間の勤続要件を充たすことを停止条件に，前貸しの形式で毎月支給される「勤続奨励手当」が，賃金か任意的恩恵的な報奨金かが（中途退職等の場合にこの手当を返還する旨の約定が労基法5条等に違反するか

---

[71] 住宅手当について「生活補助費」の性質を持つ給与として「賃金の一種」とした，日本ソフトウェア事件・東京地判昭48.9.26判時721号95頁。家族手当についても，一般論として，家族手当が果たしている社会経済における一般的役割に徴すると……具体的労働に対する対価（報酬）という給付を離れ，……家族関係を保護する目的で支給される「生活扶助給付」「生活補助給付」という経済的性格を持つ点を指摘しつつ賃金性を肯定するものに，岩手銀行事件・仙台高判平4.1.10労判605号98頁，ユナイテッド・エアー・ラインズ事件・東京地判平13.1.29労判805号71頁。手当の性格には一切言及せず「債務即賃金」論によった，グリーンベル事件・東京地判平27.3.6 LEX/DB25540142（住宅手当），日産自動車事件・東京地判平1.1.26労判533号45頁（家族手当）。

[72] 勤務日数に応じ1ヶ月1000円の割合で支給される食券制度を賃金体系上は「厚生手当」に類し基準内給与に含まれるとした，名古屋放送事件・名古屋地判昭48.4.27判タ298号327頁，時間外労働手当の算定基礎に含まれるかどうかが争われた事例で食券手当が概ね一律支給で賃金性が高いとした，日本セキュリティシステム事件・長野地佐久支判平11.7.14労判770号98頁，賃金規程等に基づき長距離運転の場合に支給された食事手当を労働の対価とした，ナニワ企業事件（注69）。

[73] 三井鉱山事件・熊本地玉名支部判昭39.5.19労民集15巻3号552頁。

の争点において)問題となった事例がある。第1審[74]は，支給条件が労働契約で明確に定められ，全社員に平等に毎月，基本給と同時に機械的に支給されていた事実を認定したうえで，①当該手当が賃金に占める程度（基本給15万円，当該手当7万円），②手当を除く賃金の額が世間相場の賃金に比してかなり低額で手当を加えても高額でないこと，③支給条件，時期，支給額等からみて賞与等の臨時的給与や退職金に類する給与とはみられないこと等の事情を考え合わせて賃金とした。

その控訴審[75]では，「勤続奨励手当」について，労働者の継続的専属的勤務を確保しようとする制度の趣旨・目的があるとしつつ，①当該手当を除く基本給その他の手当は最低水準に近い金額であるのに対し，当該手当の額は基本給その他の手当に匹敵し，異例の高額であったこと，②機械的に一定額とされていたこと，③前貸形式で月割平均一定額が給与額と併せて交付されたこと，④給与条件が手当額込で募集されていたこと，⑤前貸し希望者にもれなく支給されていたこと等の実態を総合し，労働者の認識も考慮して賃金の一部としての実質を持つと判断している。

また，労基法24条1項違反の実物給与にあたるかで，「自社株の付与」が任意的恩恵的給付か賃金かが争点となった事例[76]につき，①所定額の株式を賞与として支給する旨確約した通知書の内容，②支給基準が明確に定められていたこと，③売上に貢献した従業員の労働に対する対償との関連性，④株式付与が他労働者との均衡を失していないこと等を総合考慮して労基法11条の賃金にあたり，「自社株の付与」の約定は労基法24条1項に違反し無効とした判例もある。

---

74) 東箱根開発事件・東京地判昭50.7.28労民集26巻4号692頁。
75) 同控訴事件・東京高判昭52.3.31判タ355号337頁。
76) ジャード事件・東京地判昭53.2.23労判293号52頁。

五　賃金と企業内福利厚生の概念把握の再検討

1　労基法上の賃金の範囲画定と企業内福利厚生

　以上にみたとおり，行政解釈は労基法11条の賃金（労働の対償）の範囲について，すでに昭和20年代に，使用者による給付を賃金とそれ以外に区分する「4分類」を前提としつつ，「22年通達」で実物給与の賃金性の解釈基準と「債務即賃金」論とを提示し，さらに賃金と実物給与の「福利厚生施設」の区別のための「区別基準」を明らかにしてきた。

　他方，学説においては，これらの行政解釈について，昭和30年代に「総合考慮説」や「有償契約性説」等による議論がなされたものの，それ以降の学説多数は，少なくとも「4分類」と「債務即賃金」論についてこれらを支持してきた。また，判例においても，昭和30～50年代にかけて，「総合考慮説」によりつつ賃金性の結論を導いたと評価できるものがあった。しかし，その後の判例の多くは，「4分類」と「債務即賃金」論により賃金性の結論を導いてきたといえる。

2　「4分類」「22年通達」「区別基準」についての評価

　では，これら「4分類」や「22年通達」，さらに「区別基準」は，理論的にどのように評価すべきであろうか。

(1)　「4分類」の当否

　行政解釈は，使用者による賃金以外の給付を任意的恩恵的給付，企業内福利厚生，実費弁償に区分し，これらいずれかに属する給付の賃金性を否定することで賃金にあたる給付を絞り込む，いわば消去法的と評される手法[77]において「4分類」を使用してきた。行政解釈は，これらのうち，本来は任意的恩恵的給付の一態様と解される企業内福利厚生のうち，実物給与の企業内福利厚生につき，任意的恩恵的給付の賃金性の解釈基準（「債務即賃金」論）とは異なる解釈基準（「区別基準」）を設定し，両者を区別してきた。この区別の妥当性については検

---

77)　荒木尚志『労働法（第4版）』（有斐閣，2020）141頁。

討の余地があるが，ひとまずこの分類を前提に以下，検討を進める。

(2)「債務即賃金」論の是非

行政解釈が「22年通達」で提示した「債務即賃金」論は，本来は任意的恩恵的である給付の賃金性を，労働協約等による明確な支給条件の定めの有無のみで決する解釈であり，賃金かどうかの予測可能性確保の点で，実務上は極めて利便性の高い解釈基準となっている。労働者保護の点でも首肯できる結論を導く解釈基準として学説の支持も強い。とはいえ，任意的恩恵的給付への「債務即賃金」論の適用については，賃金に求められる「労働の対償」性についての理論的な裏づけが説得的になされてきたとはいえない[78]。

「即賃金」論は，使用者による給付のうち，本来は任意的恩恵である給付の賃金性判断において，①賃金性（労働の対償性）につき，事例の個別事情を考慮した「実質」判断によらず，労働協約等で明確な支給条件が定められているかどうかの，いわば「形式」判断を前提としつつ，②この「形式」判断さえクリアすれば，労働の直接の対償とはいえない給付であっても，労働者保護の視点からの目的論的解釈を根拠に賃金性を肯定する，いわば「形式」判断の枠組みを採用している。

賃金以外の給付3分類のうち，実費弁償あるいは実物給与の企業内福利厚生については，労働協約等に明確な支給条件が定められていても，「債務即賃金」論による「形式」判断の枠組みの適用が否定されている。いずれについても，「実質」判断が前提とされているといえる。

実費弁償については，行政解釈において「企業が経営体として労働者から労働を受領するため，当然具備しておかなければならない有形，無形の全ての設備」との一般的説明がなされている[79]。実費弁償は，労働者の待遇とはいえても，給付の法的性質からみてそもそも「労働の対償」となる給付ではない。「債務即賃金」論による「形式」判断の枠組み自体の適用が否定される点に理論的な問題はない。そのためか，行政解釈は，実費弁償か賃金かという給付の法的性質の

---

78) 賃金性の判断基準として主観的な基準と客観的な基準が混在し，かつ，それらが理論的に十分に整序されないままに個別に判断がなされる傾向にあると指摘する学説（水町・前掲書（注63）175-176頁）も同様の問題意識に立つものと解される。
79) 労コメ（注9）（令和3年版）174頁。

「実質」判断について一般的解釈基準を示してこなかった。

　他方，実物給与の企業内福利厚生については，既述のとおり（本章二1），「福利厚生施設の発達を希望する」との政策判断が「債務即賃金」論の適用を否定する理由として指摘されている。この点が否定の理由として十分かは疑問があるが，否定の結果，その賃金性は，一般的解釈基準である「区別基準」による「実質」判断に委ねられている。企業内福利厚生は，本来は任意的恩恵的給付に分類される給付と考えられ，一方で実物給付の企業内福利厚生については「債務即賃金」論の適用を否定しつつ，他方で，それ以外の任意的恩恵的給付にはその適用を肯定する解釈（政策的判断）が妥当かについて検討の余地がある。

　行政解釈による「債務即賃金」論の「形式」判断の枠組みについてみると，先に挙げた「形式」判断①②の枠組みのうち，①を賃金性判断の前提とすることは基本的に支持できる[80]。労働の直接の対償となる給付とそれ以外の給付の賃金性要件の相違を，労働協約等での明確な支給条件の定め（法的根拠）が必須かどうかの点に求めることは理論的に妥当といえる[81]。しかし，②の「形式」判断のみで賃金性を肯定することは賃金概念を際限なく拡大することになり，労働者保護という目的論的解釈による場合でも妥当な処理方法であるかは別の問題としてある（この点は，学説の「4基準説」が，「債務即賃金」論を実態に即して「債務＝労働の対償としての認識＝賃金」に読み替えたとしても同様である。）。

　この問題について，筆者は労働者保護の視点からの目的論的解釈を否定するものではないが，以下の諸点を併せ考慮して，目的論的解釈であっても理論的に相当といえる限度に留める必要があると解する。

　すなわち，㋐賃金も労基法等の労働保護法による民刑事上の責任を伴う概念であり，理論的整合性を重視した厳格な解釈が求められていること，㋑賃金性の拡大の根拠となる「債務即賃金」論は，当事者，特に使用者の意思によってその適用が左右され得ること，㋒賃金は，労基法を含む労働保護法による保護対

---

[80] その意味では，昭和30年代に提示された「有償契約性説」は，労働協約等に基づき給付義務が生ずるか否かに関係なく有償契約性が認められる給付を賃金とする見解で支持できない。

[81] 労働の直接の対価としての本来の賃金（「狭義の賃金」）であれば，労働協約等に支給条件の定めがないか明確でない場合でも「労働の対償」としての性質を否定されないと解される。「狭義の賃金」性が争われたと解される事例として，出版社との原稿の編集・下刷校正を担当する翻訳家に対する未払報酬（東京地判昭38.11.6 下民集14巻11号2211頁），漁業生産組合の組合員への未払報酬（最三小判平3.12.3 集民163号635頁），弁護士事務所所属の外国人弁護士への未払報酬（東京高判平21.7.30 判タ1313号195頁）がある。

象となる重要な労働条件のひとつであるが，保護のレベルとして最低線を確保することが労基法はじめ法の趣旨であり，それ以上の保護レベルの確保は労使の努力に委ねられていると解されること[82]，㋔賃金性の拡大は，常に労働者の保護に資するわけではなく，現物給与の場合等には，かえって労働者に不利に働く場合があること，である。

(3) 賃金性の「実質」判断[83]と「総合考慮説」

既述のとおり，行政解釈は，実物給与の企業内福利厚生や実費弁償には「債務即賃金」論の取る枠組みのうち②の適用を否定してきた。これらと賃金の区別においては，「実質」判断がなされてきたといえる。

実物給与の企業内福利厚生か賃金かの「実質」判断の基準として行政解釈が提示した「区別基準」は，①実物給与に関する基準，②労働者の個人的利益に帰属するか，③個々の労働者にとり給付内容が明確か，④必然的支出補充のための給付かの4基準である。

これら4基準は，オール・オア・ナッシングで賃金性を判断する基準ではなく，基準の一部が否定される場合でも，賃金性はその時々の「社会通念」に従って判断するほかないと説明されている[84]。この点で，「区別基準」においても，学説の「総合考慮説」と同様に，総合考慮による「実質」判断が予定されていると評することが可能である。ただし，「総合考慮説」は，「区別基準」の挙げる4基準を，<u>支給の目的，受ける利益の程度，支給の対象，支給の方法</u>といった事情に読み替えて，「当事者の意識」を基礎としつつこれらの事情を総合して，賃金として規整の対象とすべきか否かを判断するとしていた。

他方，実費弁償か賃金かの判断について，行政解釈は，既述のとおり，一般的定義を示すのみで，一般的解釈基準を提示していない。実費弁償については賃金と区別されることは理論的には自明であるが，個別具体的な判断においては，いずれにあたるかの判断が難しい事例が少なくない。

そうした事例として，例えば，まず，私物の携帯電話を業務上で使用する場合

---

82) この点は，任意保険の保険料補助を「必然性」に欠けるとして賃金性を否定する行政解釈の理由として指摘されていた点である。(注36)を参照のこと。
83) 賃金性の判断について近時，理論的検討を試みている学説については，前掲(注64)を参照のこと。
84) 宮島・前掲書(注9)49頁。

に，労働契約上で一律2000円の補助費の支給が明定されていたトラック乗務員の事例[85]が挙げられる。判決は，一般論として，補助費が携帯電話の業務上使用につき乗務員が負担した費用を塡補する性質のものであるなら企業内福利厚生ないし実費弁償で賃金ではないとしつつ，本件については以下の事情から賃金性を認めた。①実際の業務上の通話に係る利用金額いかんに関わらず補助費が支給されていること，②利用金額を確認せず，一律に1か月あたり2000円支払われていることから，「このような支給形態および支給手続」に照らすと，通信費補助の性格は，その実質において，本来的に企業設備費・業務費として使用者が負担すべき範囲を超え，実費弁償でなく，任意的恩恵的給付とみることも，また支給の手続において，実費の精算の方法を私物提供の労働者に有利に定めたに過ぎないとみることもできないとした。

次に，同様にトラック乗務員の事例で，給与規定等に明定された支給基準で支払われていた「キロ手当」と「宿泊手当」が，実費弁償か賃金かが争われた事例[86]がある。判決は，以下の事情を考慮していずれも賃金と判断した。まず，(1)「キロ手当」については，①総走行距離に比例して支給額が増え，労働者が提供した労務量の多寡に対応して支給されていたとみられること，②見習い，研修期間中でツーマン乗車をする際，手当は副乗務員には正乗務員の半額しか支給されていないこと，③会社の指示等で半額精算する場合があり得たこと，④手当の支給目的として食事代，入浴代，通信費，クリーニング代，休憩時間の軽食代等を想定し，これらの費用は本来，従業員が生活関連費用として個人で負担すべきものであるから，会社が負担すべき実費の弁償ではなく賃金とした。次に，(2)1500キロ以上で1泊あたり1000円支給された「宿泊手当」については，①社会通念に照らしても宿泊施設での宿泊費用としては著しく低廉であること，②車中泊の場合も支給されることから，手当の支給条件および支給金額は宿泊に関し発生した費用を実費で精算するものとは考え難いこと，③副乗務員は支給額が3000キロ以上で1泊あたり1000円で正乗務員に比して低額で，運行への貢献度が正乗務員に比し相対的に小さいことを理由の支給制限と理解されることから，手当は車中泊等の不便を生じる業務に従事・貢献したことによる対価（上乗せ支給）と解するのが相当とした。

---

85) 川崎陸送事件・東京地判平29.3.3（注69）。
86) 雇用保険法上の処分取消請求事件 神戸地判令2.10.1 LEX/DB25566779。

これら2件の判例は，いずれも複数の事情を総合考慮して「実質」判断を行って結論を導いていると評することができる。また，これらの事例で検討された事情は，「総合考慮説」が挙げた考慮の視点と重なる視点があると指摘することもできる。さらに，既述のとおり（本章四），賃金か企業内福利厚生ないし任意的恩恵的給付かの判断につき総合考慮説を採ったとして挙げた判例も同様である。

以上のとおり，賃金か企業内福利厚生ないし実費弁償かの判断においては，「形式」判断に加えて「実質」判断としての総合考慮の手法の併用が，一般的判断手法となっていることがわかる。任意的恩恵的給付か賃金かの判断においても，同様に，「形式」判断に加えて，支給目的等の視点からの総合考慮による「実質」判断を行うことが，理論上妥当というべきである。労働者保護の視点からの目的論的解釈は，「実質」判断によってその相当性が量られるというべきである（こう考えると，実物給与の企業内福利厚生と任意的恩恵的給付の類別の必要はなくなる。）。そして，総合考慮による「実質」判断は，「労働」の対償性，すなわち「労働」[87]と給付との関連性判断によるというべきであり，「債務即賃金」論での「形式」判断だけによるこれまでの賃金性の判断は，この点がスキップされている点で理論的に問題がある。

(4) 賃金性の総合考慮と「社会通念」「当事者の意識」

ところで，使用者による給付の賃金性判断にあたり，「社会通念」や「当事者の意識」の視点を併せ考慮する行政解釈や学説が提示されている。例えば，行政解釈が賃金性を広く解釈する根拠としてきた「労働者保護という目的論的解釈」は，「その現在の社会経済のもとにおいて，社会通念上賃金として保護すべきか否か」の解釈とされている。また，「当事者の意識」は，総合考慮説において，①当該給付の賃金性をめぐる契約当事者の意思と，②労働者の生活状態や当該給付の社会的機能といった「社会的背景」も含む概念として用いる見解があった。

---

87) 近時の学説には，「債務即賃金」論を前提としつつ，「労働の対償」を，労働の直接の対価だけでなく，「使用者の指揮命令を受けて『労働すべき地位にあることを原因として』支払われるものを含む」と説明したり，これを「労働関係上の地位に対して支払われるものであって客観的に利益性のあるもの」とする見解がある（注63・64）。これらの見解には，労働関係自体に対償が存在するのかといった批判もある（盛誠吾「11条」『労働基準法（基本法コンメンタール）』（日本評論社，2006）38頁）。筆者は，「労働の対償」について，そもそも「債務即賃金」論を否定しつつ，労働に対する直接の対価を基本とし，本文後述の「社会通念」「当事者の意識」に基づき賃金とみなされる給付の限度でこれに含める見解を取る。

これらの視点については，例えば，これまで，①退職金や賞与は，本来は任意的恩恵的な性格の給付で労働に対する直接の対償ではないが，「実質」判断において「労働」との関係性がある給付との「当事者の意識」から，賃金性を肯定できると説明する学説があった[88]。また，②家族手当や住宅手当は，本来は企業内福利厚生であり労働の直接の対償ではないが，低額な基本給を補完する「生活補助費」ないし「生活扶助費」の意義を持つとの「社会通念」や「当事者の意識」から賃金性が肯定され，明文の規定（労基法37条）に盛られている[89]。

　これら「社会通念」や「当事者の意識」は，給付の賃金性の総合考慮による「実質」判断において，主として「支給の目的」の判断において重要な意味を持っていると解される。したがって，賃金性を肯定する「社会通念」や「当事者の意識」が認められる給付については，「支給の目的」の点から賃金性が強く肯定され，これを否定する特段の個別事情（反証）がない限り賃金性が肯定できるとする処理方法と結びつくと解される。

　ところで，「賃金の範囲についての解釈も今後の社会経済状態に応じて若干の変動があることは当然である。」とする行政解釈の「基本的考え方」は，総合考慮による賃金性の「実質」判断にあたり，「社会通念」や「当事者の意識」の変化も併せ考慮する必要性を示唆していると理解すべきであろう。

　「22年通達」以来，行政解釈において賃金性が認められるとされてきた結婚祝金や死亡弔慰金等の儀礼的な性格を持つ一時的臨時的手当については，「実質」判断からすると，労働者の待遇とはいえても労働との関係性が薄く賃金性が否定されるべき給付であると考えるべきである。それでも「22年通達」においてこれらに賃金性が認められた理由が，これらの手当につき労働協約等で明確な支給条件が定められることで，当時の社会経済的状況から「生活費補助」等の意義が認められ，「社会通念」や「当事者の意識」から賃金性が肯定できるということであったのかもしれない。しかし，近時はこれらに賃金性を認める「社会通念」や「当事者の意識」は薄れているか，失われているというべきである。これらについては「労働」との関連性だけでなく，「社会通念」や「当事者の意識」の点か

---

88) 退職金については，松岡・前掲書（注43）148-149頁。賞与については，石井・前掲書（注5）172-173頁。なお，退職金と労働との関連性について，「債務的賃金」論の立場から，「長期にわたっての労働を全体としてみて，それに対する対償として平常の賃金の他に退職に当たって附加されるもの」で賃金となると説明する学説に，有泉・前掲書（注5）239-240頁。

89) 前掲（注41）を参照のこと。

らも賃金性を否定することが相当というべきである[90]。

六　小括

　本章は，使用者による給付が労基法等の賃金に含まれるかどうかの問題について，企業内福利厚生との関係を含めて，これまで十分に跡づけられてこなかった行政解釈や昭和30年代の学説の議論や判例の分析・検討を試みた。

　先に述べたとおり，企業内福利厚生も含め，使用者による給付の賃金性判断においては，実質的判断によることを前提にしつつ，行政解釈が指摘するとおり，「その時々の社会経済状態に応じて社会通念上賃金として保護すべきか否か」を検討し，「今後の社会経済状態に応じて若干の変動があることは当然である」と考えるべきである。社会経済情勢（例えば，労働者の生活水準の変化）や労働法上の規制の変化（例えば，同一労働同一賃金規制の強化）等によって，使用者による給付の性格や「社会通念」，「当事者の意識」が変化し，企業内福利厚生の賃金性判断にも影響する可能性がある。企業内福利厚生を取り巻く社会経済状況や労働法の近時の変化を分析することで，その賃金性判断を含め，企業内福利厚生に対する今後の労働法的規整のあり方について検討する必要があると考えられるが，この点の検討は別の機会に譲ることとしたい。

---

90)　（注62）に挙げた見解が結婚祝等を賃金に含めることを「不自然」としているが，この見解が「労働」との関連性の点や「社会通念」，「当事者の意識」の点からの指摘であれば同旨である。

第3章

社宅・寮等の使用関係と労働契約の終了

一　はじめに

　企業内福利厚生は，それに係る費用の点から，通常，法定福利費と法定外福利費とに分類される[1]。前者は，法律上，使用者が支出すべきことを義務づけられているもので，各種社会保険の保険料がその大部分を占めている。後者は，各使用者が，任意そして独自に設ける企業内福利厚生ないし企業内福祉と呼ばれる制度に関する費用である。後者の内容は，多岐にわたっており，時代や経営等の状況によって，その態様や力点の置き方が異なっている。

　法的にみると，企業内福利厚生は，本書第Ⅰ編第2章で詳述したとおり，労働の対償として労基法上の保護の下に置かれる「賃金」の範囲を画する概念として消極的に問題とされてきたところである[2]。しかし近時は，例えば男女雇用機会均等法において，男女間において差別が禁止される事項のひとつとして規定される（筆者注：本章を執筆した1992年時点では同法10条であったが，その後の同法の改正により2023年時点では同法6条2号）等，法律上の概念として積極的な意義が与えられるところとなっている[3]。さらにまた，福利厚生施設として使用者が設け

---

1)　労働省統計情報部による毎年の「労働省福祉施設制度等調査」あるいは，日経連による毎年の「福利厚生費調査」における調査事項の分類を参照のこと。
2)　労働省労働基準局『労働基準法（上）全訂版』（労務行政研究所，1988）147頁を参照のこと。
3)　赤松良子『詳説男女雇用機会均等法及び労働基準法（女子関係）改訂版』（女性職業財団，1990）146頁以下。

る物理的施設の使用をめぐる権利関係も問題とされてきた。特に，使用者が従業員の住居として提供する社宅・寮（以下，「社宅等」と記す）の使用関係をめぐる争いが，労働契約の終了と関わって頻発し，使用関係の法的性質についてかなり議論されてきたところである。

本章では，企業内福利厚生のうちでも，社宅等に焦点をあてて，その使用関係に労働契約の終了が，法的にどのような意義を持ち得るかを中心に，1992年時点での議論を跡づけつつ検討する。

なお，この問題に関する2023年現在までの判例の動向については，1992年以後2007年までについて本書第Ⅰ編第4章三1において，2007年以降2023年までについて本書第Ⅰ編第1章二2において分析を試みている。

二　社宅等の意義と使用実態

1　社宅等の意義

社宅および寮は，給与住宅とも称され，使用者が従業員のために提供（給与）する住居であるという点に共通の理解が存在している。その一形態である事業場附属の寄宿舎を除けば，いずれも，法律上の用語ではない。事業場附属の寄宿舎についても定義規定はなく，社宅等の意味内容は必ずしも明確ではない。せいぜい，社宅は家族のいる従業員世帯用として，寮は単身赴任者用ないし単身者用の共同生活の場として，ともに使用者が，従業員に対して，従業員であることを前提として提供する住居と理解されるに留まる。ただし，事業場附属の寄宿舎は，「常態として相当数の労働者が宿泊し，共同生活の実態を備えるものをいい，」……，「事業経営の必要上その一部として設けられているような事業との関連性をもつ」ものとされている（昭和23・3・30基発508号）。共同生活の実態を備えるとされる点で，寄宿舎は，寮の中に含めて考えられる。

そうした社宅等の使用関係について問題が生じた場合，これを解決するための前提として，社宅等の使用関係の法的性質が明らかになっている必要がある。そのためには，社宅等が設置される目的，趣旨といった社宅等提供の意義も併せて考慮に入れる必要がある。

その観点からは,社宅等は2つの種類に類別して考えられる傾向にある[4]。まずひとつは,「企業組織の必要的な構成部分として直接に企業経営の目的に資する[5]」住居としての「業務社宅」である。工場内の役職者用住宅,守衛・医者の住宅等業務の必要上居住することが求められている住居がこれにあたる。もうひとつは,従業員に生活の本拠を与えて,従業員の福利の向上を図り,その間接的な効果として作業能率の増進あるいは労働力募集の円滑化を期待して設けられる住居としての「通常の社宅」である。こうした社宅等設置の趣旨,目的の違いから,前者は,業務関連性の程度が高く,後者は,従業員の福利厚生に資するという性格が強いという相違が生ずる。この相違を使用関係の法的性質を考える際にどこまで考慮すべきかについては,三以下において言及する。

2　社宅等の使用実態

また,社宅等の使用問題を適切に解決するためには,その使用実態も併せて考慮する必要があろう。

そして,社宅等の使用実態を知るうえで利用可能な,複数の調査がなされている[6]。その種の調査は,企業内福利厚生全般の調査に含めるなどして,定期的に行われてきている。ただし,調査対象とされる企業の規模に各調査間で若干の差異があり,同一項目に関するそれぞれの調査結果にはばらつきがみられる[7]。そこで,社宅等の使用関係の法的性質に直接ないし間接に関わりのある項目について,各調査がかなり一致して示している内容や傾向を,(1)社宅等の分類,(2)保有状況,(3)入居・退去基準,(4)使用料,(5)使用管理規程について

---

4)　後藤清「社宅使用関係の実態」民商法雑誌36巻3号(1957)7頁以下を参照のこと。

5)　神戸工業所事件・神戸地裁判昭27.3.7下民集3巻3号324頁を参照のこと。

6)　①連合「福利厚生制度の実態調査報告」(平成元年春季決算期現在)れんごう政策資料(1990)1月号1頁以下,②労働省「平成2年賃金労働時間制度等総合調査」(1990年12月末現在の調査)労働資料情報1992年5月30日,11頁以下を参照のこと,③日経連「わが国企業の給与住宅の現勢──社宅・独身寮について」(第35回福利厚生費調査付帯調査結果報告)」(1989年7月現在の調査)日経連調査月報(平4)No.38,19頁以下,④関経連「社宅・独身寮の拡充に意欲的な企業」(1991年9月現在の調査)労働資料情報1992年7月15日,19頁以下,⑤『福利厚生事情平成4年版』(1991年10〜12月実施)(労務行政研究所,1992)166頁以下。これらの調査の以下での引用は,便宜上その頭番号による。

7)　④を除き,他の調査の対象となった企業は,1000〜2999人規模の企業の割合が最も多く,加えて1000人以上の規模の企業が65%を超えており(①は83%弱),これらの調査は,規模の大きな企業の傾向がやや強く出ているとみられる。

整理してみよう。

(1) 調査対象となった社宅等の分類

調査は，大きく社宅と寮に分けて行われている。さらに社宅と寮は，それぞれ社有のものと借り上げによるものとに分けられている。また，使用目的の点から，独身用，世帯用といった住宅と並んで，単身赴任者用住宅がひとつの独立したカテゴリーとされている[8]。ただし，既述した「業務社宅」と「通常の社宅」との区別はされていないが，各調査結果からすると，後者が主たる調査対象とされているものと推測される。したがって，両者の実態の相違等は，これらの調査からは明らかではない。

(2) 社宅等の保有状況

ア 保有の割合

どの程度の企業が社宅等を保有しているのであろうか。何らかの社宅等を保有する企業の割合は，企業の従業員規模によってかなりの開きがあり，規模が大きいほど高率である。従業員5000人を超える企業では，90％を超えており100％近いとするデータ[9]があるのに対して，100人未満の企業では，40％を切っている[10]。そして，保有の割合は，社宅についてはすべての規模で，寮についても，5000人を超える規模の企業を除いて減少傾向にある[11]。また，社宅，寮どちらを保有する企業の割合が多いかについては，どの規模の企業においても，寮を保有する企業の割合の方が多いとするデータ[12]とまったく逆のデータ[13]があって分明ではない。

単身赴任者用住居については，90％を超える企業から何らかの手当てをして

---

[8] ①18頁，②21頁，③資12，④235頁。
[9] ①93.4％，②98.4％，③100％，④1000人以上の規模で80〜90％，⑤3000人以上の規模で96.9％となっている。
[10] ②17頁では，36.5％。
[11] ②17頁。
[12] ②17頁を参照のこと。
[13] ①は，500〜999人規模を除いて，③は，すべての規模で，社宅保有企業の割合の方が高いとの結果を出している（表12を参照のこと。）。

いるとされている[14]。あてられる住居は，単身赴任者用の借り上げ住宅，独身寮，社有社宅，単身赴任者用の社有社宅の順に多い[15]。

イ　社有か借り上げか

社宅等全体では，社有が借り上げの二倍弱程度とするデータがある[16]。割合としては，社有寮，借り上げ社宅，社有社宅，借り上げ寮の順に多い。社宅については，社有と借り上げには大きな差はない[17]が，寮については，社有が借り上げよりかなり多い[18]。

ウ　対従業員比率と入居率

社宅等の保有の割合は，企業規模によってかなり開きがあることは述べたが，これは同規模の企業間での比較であり，各企業内で，社宅等を使用できる従業員の全従業員に対する比率はどうか。この点は企業規模に関わりなく，かなり低いものとなっており，社宅，寮ともに10％台に留まっている[19]。このことから，社宅等の入居希望者が入居を実現されにくい状況があることが推測されそうであるが，現実の入居率をみると，確かにいずれの企業規模でも，社宅，寮ともかなりの高率で，70％〜80％にのぼっている[20]が，逆に20％〜30％は空いていることをこの数字は示している。

---

14) ①18頁・表24。労働省の調査では，企業の中での割合は，15.1％とされているが，何らかの給与住宅入居従業員の割合は84.8％とされている（日労研資料1138号1（1992）13頁を参照のこと。）。また，単身赴任者の場合，家族の社宅使用については，原則認める22.2％，やむをえない場合認める50.2％，認めない27.6％となっている（⑤238頁））。
15) ①18頁・表24。⑤は，単身赴任専用住宅を有する企業が31.5％あり，それ以外は，借家・借間，社宅，独身寮の順で賄われているとする（240頁・表5）。
16) ③資9。
17) ①16頁・表19。③資12。規模別では調査によりばらつきがある。
18) ①17頁・表22，②17頁。
19) 平均をみると，①では，社宅で14.4％（16頁・表19，ただし寮については不明），②では，社宅で11.8％，寮で12.4％(18-9頁)，③では，社宅で15.9％，寮で13.7％(資13・第2表，資11)である。
20) ③では，社宅で平均85.1％，寮で79.4％（資13・第2表），⑤では，社有社宅で平均80.2％，独身寮で男子74.7％，女子63.8％であり，社宅の場合最高100％，最低20％，寮の場合，男子で最高112％，最低13％という数字があげられている（167頁・表2，217頁・表5）。

(3) 入居・退去基準

ア　入居基準 (資格)

まず，社宅等への入居基準（資格）として，どのようなことが定められているかである。社宅と寮とでは若干の相違がある[21]。社宅の場合，一般に世帯用住宅として性格づけられるとおり，有配偶者・有扶養者の条件を付すものが最も多い。これに加えて，転勤したこと，勤続年数，年齢，一定の役職・職階，一定の職種にあること等の条件が付加される例が続いて多い。社宅においても，社有のものと比較すると，借り上げの方が，転勤者であることを条件とする例が多くなっている。他方，寮の場合，自宅からの通勤が不能であることを条件とするものが最も多い。独身を条件とするものは，単身赴任者用にも使用するといった事情もあってか，予想外に少ない。その他，転勤者であること，一定の職掌にある者といった条件が付される例がみられる。

イ　退去基準

これに対して，退去基準についてはどうか。解雇等による雇用関係の終了等は，一般に退去事由とされて，退去基準とは別に扱われているものと思われているが，各調査では，退去基準としてそうした事情は挙げられていない[22]。

まず社宅については，そうした基準を一切設けていない企業の割合が最も多い。基準を設けている企業として最も多いのは，平均8年〜10年の範囲で入居期間を定めるものである。次いで，平均45歳〜50歳までとする年齢制限，あるいはその両方を基準とする例が目立つ。ただし転勤者に対しては，こうした基準を緩和する傾向がみられる。他方，寮の場合は，独身であること以外の基準を設けないところが最も多い。基準を設けているところでは，平均30歳〜32歳を上限とする年齢制限を課すもの，平均7年〜8年の入居期間を設定するもの，その両方を基準として併用するもの等がみられる。こうした基準は，社宅，寮とも企業規模が大きくなるほど設ける企業の割合が上昇している。

---

21) ③資13・第3表，資16・第10表，⑤168-169頁・表5を参照のこと。
22) ③資14・第4，5表，⑤173-174頁・表10，11，190頁・表4，5，217頁・表6，7。

（4）使用料

　入居従業員が企業に支払っている月額の使用料は、いったいどの程度なのか。それは、社宅等がどの地域にあるか、住居の広さがどのくらいか、社宅か寮か、社有か借り上げか、一般従業員か役職者か、いかなる産業に属しているか等で、企業間はもちろん企業内においても、かなりの幅があることが明らかとなっている。

ア　社宅の月額使用料

　社宅の使用料は、社有住宅と借り上げ住宅とで異なる。社宅として標準的な広さとされる3DK（59㎡〜66㎡）の住居について、一般の従業員が支払う使用料が全国平均でどのくらいかみてみよう[23]。社有社宅の使用料は、平均で1万円〜1万2000円（1㎡あたり170円〜190円程度）で、4000円〜5000円から3万円までの間でばらつきがある。ある調査では、最高6万7300円、最低1000円の例があるとされている[24]。そして、企業規模が大きいほど額が高くなる傾向にある。それから、使用料の算定方式は、社有社宅についてしか明らかではないが、定額制、基本給の一定割合や坪単価制と定額制の組み合わせ等、企業独自の方式で決めるものが多い。その他市価家賃や公的家賃を参考にしたり、国税庁方式を基準としたりするものがみられる。

　これに対して、借り上げ社宅の使用料については、平均が1万5000円〜1万8000円程度（1㎡あたり280円〜290円）であり、社有社宅と同様に4000円から3万円までの間でかなりのばらつきがみられる。ある調査によれば、最高16万円、最低1000円という例があったとされている[25]。借り上げ社宅の場合、企業が借り上げ賃料をどの程度支払っているかが問題である。企業が借り上げできる住居（4人家族で3DKの場合）として考えている広さの平均は63㎡（関東圏では61㎡）

---

23) ①では、社有と借り上げの区別がなされず、また3DKの広さが不明であるが、平均で1万1768円とされている。②では、53.9㎡の広さについて、社有、借り上げを区別しないで全国平均で2万2400円とやや高めのデータとなっている（前掲日労研資料（注14）19頁）。③では、社有社宅では、平均59.4㎡について平均で1万124円、借り上げ住宅では60㎡について1万7338円、⑤では、社有社宅平均65.7㎡について1万2260円、借り上げの場合、4人家族で平均1万5646円となっている。
24) ③資10。
25) ③資10。ただし、これらに対応する賃料は不明であるが、賃料は、最高で25万円、最低で2万2200円との例があげられている（⑤193頁）。

である。これに対する賃料は，平均で8万円～9万円程度（関東圏では10万円～11万円程度）である[26]。そして借り上げの場合の使用料の負担方法には，企業が賃料全額を負担し入居従業員から使用料を徴収する方法が多い。小規模企業では，賃料の一定割合を使用料として負担させる方式が比較的多くみられる。

  イ　寮の月額使用料

　これに対して寮の場合は，使用料といっても，その内訳が部屋代のみのものから，光熱費等の諸費用込みのもの，さらに食費も含めるものまで多様である。社有，借り上げの区別はされていないが，部屋代のみのケースについてみると，1人部屋で3000円が多く，6割は1000円から4000円までの間にあり，平均で4000円弱～4500円程度である[27]（2人部屋はこれよりやや安い。）。ある調査[28]では，最高2万2000円，最低無料とする例があったとされている。食費等すべて込みの使用料では，平均が1万円程度で，最高3万円，最低無料とする例が挙げられている。寮の使用料は，企業規模間で大差ないとする調査[29]がある。

　他方，単身赴任者用の住宅は，既述のとおり借り上げ社宅や寮があてられるケースが多いが，寮の場合は，独身者の使用料よりやや高めで，社有で平均5000円，借り上げで平均7000円弱とのデータ[30]がある。

　以上から，社宅，寮を問わず，使用料は，一般の賃料に比べて，かなり低額であることが確認できる[31]。ただし，借り上げ住宅等では，かなり高額の使用料を徴収する例のあることに注意を要しよう。

  ウ　住宅手当

　社宅等の使用関係の法的性格を考えるうえで，企業が，従業員の住居費をど

26）③資10，資5・第8表，⑤113-114頁・表9，10。
27）③資11，⑤128-129頁・表9。
28）⑤219頁・表9。
29）⑤219頁・表9。
30）⑥240頁・表8。
31）ただし，社宅に関して，使用料があまり低額である場合は，税法上，企業，社宅入居従業員いずれにとっても不利になると説明されており，実態にも何らかの影響を与えているとみられる。月岡利男「社宅・公務員宿舎」『現代借地借家法講座（2）』（日本評論社，1986）323-324頁。

のような形で補助しているかは意味がある。調査[32]によると，社宅所有の企業についてであるが，住宅手当自体支給していない企業が4分の1存在する。手当を支給している企業のうち，50％強が社宅入居従業員には支給していない。しかし，入居従業員・非入居従業員を問わず同額の手当を支給するところや，入居従業員については減額するものの支給するところも，いずれも10％を切るが存在している。

(5) 社宅等の使用管理規程

この種の規程をどの程度の企業が置いているかは明らかにされていないが，かなりの企業がそうした規程を定めていると推測される。社宅等の使用実態は，使用管理規程の定めに従って形成され，それが調査結果として表れているといってよいであろう。その内容は，多岐にわたっている[33]。例えば，入居(入居基準(資格)の他入居申込，入居の各手続，入居時期等)，退去(退去基準，退去事由，猶予期間，退去手続等)，転居(転居命令，転居費用，手続等)，使用料，修繕，利用心得等々の事項について定められている。

こうした使用管理規程に基づいて，社宅等の使用関係が規律されることになる。管理規程の内容は，後述する社宅等の使用関係の法的性質の捉え方いかんでは，法的には，内容がそのまま企業と入居従業員との社宅等使用契約の内容となると解される。

三　社宅等の使用関係の法的性質

以上のような意義と実態とを有する社宅等の使用関係は，法的にはどのように捉えられるのであろうか。社宅等の使用関係には，通常の家屋の有償使用関

---

[32] ③資10～11。本章で利用した各調査では，どの程度の額の住宅手当が支給されているか明らかでないが，平均で1万2599円とする調査がある(『賃金・労働時間制度の実態　平成3年版』(労働法令協会，1992) 163頁を参照のこと。
[33] 『会社規程総覧』(経営書院，1989) 767頁以下を参照のこと。

係におけるように，現行の借地借家法[34]の適用があるのか(ただし，これまでの判例，学説はほとんどすべて旧借家法下のものであり，以下でこれらに言及する場合には現行の借地借家法ではなく旧借家法の語を用いている。)。この点は，退職，解雇等により労働契約関係が終了した場合には，社宅等を明け渡すよう定めた管理規程の効力と，これに基づく使用者による明渡請求の可否の問題と関わってこれまで最も多く争われ，かなりの数の判例，学説を生み出した。

そこでまず，社宅等の使用関係の法的性質をめぐるこれまでの判例[35]，学説について概観しておこう。

1 「業務社宅」と「通常の社宅」の区別

社宅等の使用関係の法的性質を考える出発点としてまず問題となるのは，社宅等提供の趣旨を異にする「業務社宅」と「通常社宅」とで，旧借家法の適用に関し異なる判断を要するかということである。これを肯定するのが多数説[36]である。「業務社宅」の場合，建物の使用関係は労働契約に吸収され，入居が労働条件のひとつとされて，労働契約と当然に運命を共にし，旧借家法の適用は問題とならないとされる。旧借家法の適用の余地を「業務住宅」の故に否定するべきでないとする少数説[37]と対立する。

2 有償性と特殊性の判断

「業務社宅」と「通常の社宅」の区別に関して，多数説にひとまず従うとしても，「通常の社宅」については，借地借家法の適用の有無の問題が残されている。その適用の有無を判断するうえで，「通常の社宅」の使用関係を法的にどのよう

---

34) 借家法は，平成3年10月に改正施行され，借地法，建物の保護に関する法律とともに借地借家法として統合された。本文中の議論は，旧借家法を前提としているが，そのまま新法下においても妥当とする。新借地借家法についてはひとまずジュリスト1006号の特集を参照のこと。

35) この点に関する判例の整理は引用するものの他，安枝英䊹「労働契約の終了と社宅・寮の明渡義務」労働判例374号（1982）39頁，382号（1982）22頁を参照のこと。

36) 東京地判昭23.4.27，古山宏『判例借地借家法』（判例タイムス社，1954），東京地判（控訴審）昭30.11.28下民集6巻11号2502頁，秋田成就「社宅・寄宿舎利用の法律関係」『労働法体系5』（有斐閣，1963）307頁他多数。

37) 池田直視「社宅の使用関係」『契約法体系Ⅲ　賃貸借・消費貸借』（有斐閣，1962）231頁以下他。

に評価すべきか問題となる。これまでの学説や判例においては，その評価に対立がみられる。その対立は，社宅等の使用関係における「有償性」と「特殊性」とを，その法的性質を考える場合にどう評価するかに関する見解の違いに根ざしている。使用関係における「有償性」とは，使用者による従業員への社宅等の使用という利益の提供に対して，入居従業員側から何らかの対価的給付がなされているかということである。社宅等の場合，一般的に低廉な実態がある使用料をどう評価するかがポイントとなる。他方，使用関係における「特殊性」とは，社宅等の使用関係が従業員の身分を前提に成り立っているという「特殊性」のことであり，その「特殊性」を使用関係についてどの程度重視するかである。

仮に「有償性」が肯定されれば，使用関係には，民法の賃貸借としての法的性格が肯定され，借地借家法の適用も肯定されることになるはずであるが，「特殊性」の評価いかんでは，逆に，借地借家法の適用が否定される可能性もあるということになる。

(1) そこでまず，こうした点について，これまでの判例の見解をみてみよう。判例は，ほとんどが社有の社宅等が問題となった事例であり，また旧借家法の適用下で住宅難が深刻であった昭和20～30年代に特に集中している。そして，旧借家法適用下のこの時期の学説や判例においては，この住宅難の状況で労働者保護との関係であるべき解釈論が種々模索されたということができる。

かなり早い時期の判例には，「有償性」の点を問題とすることなく，社宅等の使用関係の「特殊性」のみから，それが特別の使用関係であるとして，旧借家法の適用を一律に否定するものがあった[38]。しかし，その後出された最高裁判決は，「有料社宅の使用関係が賃貸借であるか，その他の契約関係であるかは，画一的に決定し得るものではなく，各場合における契約の趣旨いかんによって定まる」との立場を明示し，旧借家法の適用があるか否かは，個別の事例ごとに判断すべきであるとの見解を示すに至った[39]。それ以前の判例にも同様の考え方に黙示的に立つと解されるものもあった[40]。その後の複数の最高裁判例[41]も含めて判例の多くは，基本的にはこの立場に立っていると解される。

---

38) 高島良一『判例借地・借家法 上巻』(判例タイムス社，1962) 189頁以下を参照のこと。
39) 日本セメント事件・最三小判昭29.11.16民集8巻11号2047頁。
40) 山洋電気事件・長野地上田支判昭29.4.13労経速147号5頁等。
41) それ以降，6件の最高裁判例が出されているが，例えば，武蔵造機事件・最二小判昭31.11.6民集10巻11号1453頁。下級審では，例えば，大和油脂事件・大阪地判昭30.10.29判時71号20頁他。

そして，これらの判例は，社宅等の使用料の多寡に着目して，まずは「有償性」の有無を判断する考え方を示してきているといえよう。すなわち，使用料が低廉であることを捉えて使用貸借とするもの（単に使用貸借とするもの[42]の他に，入居従業員による手数料，公課等の支払いの点を捉えて負担付使用貸借とするもの[43]，社宅等の「特殊性」を併せ考慮しつつ特殊の使用貸借とするもの[44]がある。），逆に，使用料が通常の賃貸料程度であることから，賃貸借とするもの[45]が存する。ただし，使用料が低廉であるケースの中には，これを使用貸借とせずに，社宅等の「特殊性」も併せ考慮して，家屋の使用が従業員たる身分を保有する期間に限られる趣旨の「特殊の契約関係」とするもの[46]も相当数みられる。

他方，判例の中には，「有償性」の判断要素として，使用料の他に，社宅等の入居従業員以外の従業員への通勤手当，社宅手当（住宅手当）の支給の有無，社宅等の使用の利益を現物給与として所得税の源泉徴収をしているか否か等の事情も併せ考慮するもの[47]もある。さらに，社宅等の使用が，雇用関係における入居従業員による労働力提供の対価の一部としてこれと対価関係にあるとしつつ，使用貸借に類するが，賃貸借的な効果も生ずることがある一種独特の無名契約とするもの[48]等もみられる。

ところで，社宅等の使用関係を使用貸借とみる判例は，旧借家法の適用を否定し，社宅等の「特殊性」については，使用関係の終了に関してこれに肯定的事情として考慮するに留まる。これに対して，社宅等の使用関係を「特殊の契約関係」とみる判例は，既述のとおり，社宅等の「特殊性」を使用関係の法的性格づけの段階から考慮しつつ，旧借家法の適用を否定する。

他方，社宅等の使用関係を賃貸借とみる判例は，「特殊性」をどう考慮するかに関していくつかの異なる考え方を示している。すなわち，賃貸借関係を肯定しつつも，社宅等の「特殊性」を旧借家法の適用を一部否定する根拠とするも

---

[42] 日本セメント事件・東京地判昭 27.4.14 下民集 3 巻 4 号 493 頁，三井鉱山美唄鉱業所事件・札幌高判昭 36.3.10 労民集 12 巻 2 号 137 頁他。
[43] 前掲大和油脂事件（注 41）を参照のこと。
[44] 川崎重工業事件・大阪地判昭 30.7.14 判時 58 号 21 頁。
[45] 前掲武蔵造機事件（注 41），三菱造船事件・広島高判昭 28.6.29 高民集 6 巻 6 号 349 頁，日本セメント事件・大阪高判昭 29.4.23 高民集 7 巻 3 号 338 頁他。
[46] 前掲日本セメント事件（注 39），神島化学工場事件・最三小判昭 39.3.10 判時 369 号 21 頁，JR 東日本事件・千葉地判平 3.12.19 労判 604 号 31 頁他。
[47] 前掲川崎重工業事件（注 44）。
[48] 東京電力事件・新潟地長岡支決昭 39.7.23 判時 386 号 57 頁。

の[49]、旧借家法の適用を肯定しつつ、使用関係の終了に関して旧借家法の定める「正当事由」の存在を肯定する有力な手掛かりとするもの[50]、「特殊性」をことさらに重視しないもの[51]等である。そして、最高裁判決についてみると、賃貸借でなければ、これを「特殊の契約関係」とするものが多く[52]（その他の最高裁判決は原審の結論を肯定するのみ。）、賃貸借であれば、旧借家法の全面適用を肯定している[53]。

　（2）　以上のように、判例においては、社宅等の使用関係の法的性格の判断において使用料の多寡に着目する立場が多数であるといってよい。これに対して学説の多数は批判的である[54]。批判的学説の多くは、社宅等の使用関係に雇用関係が重なっているからといって、その使用関係に旧借家法の保護が与えられないのは妥当ではないとの認識の下に、社宅等の使用関係に「有償性」を肯定して、できるだけ賃貸借としての取扱いを認めようとする立場に立っている。そして、使用関係の「有償性」を使用料の多寡以外のところから説明しようとする。その理由は、社宅等の使用料は多くの場合低廉であるが、使用料が低廉なケースの中には、労働組合との労働協約により低く押さえられているケースや、使用関係開始当時のままに放置されているケース、さらには、家賃統制の下で低く押さえられているケース等があり、使用料の多寡が、使用関係の「有償性」ひいては賃貸借性を決定する決め手にはならないとするところにある[55]。

　そして、社宅等が、従業員の福利厚生となるだけでなく、会社の側にも利益を生んでいる点を捉えて「有償性」を肯定しようとする。具体的には、例えば、使用者は社宅等の提供によって、労働力募集の円滑化、能力増進の利益を得てい

---

49) 日立造船事件・横浜地判昭 25.4.25 下民集 1 巻 4 号 607 頁、日本パイプ製造事件・千葉地判昭 46.1.21 労判 121 号 71 頁他。
50) 前掲日本セメント事件（注 45）。
51) 神戸製鋼所事件・最一小判昭 28.4.23 民集 7 巻 4 号 408 頁、日本セメント事件・大阪地判昭 30.5.10 判時 58 巻 20 頁他。
52) 前掲（注 46）掲記の判例を参照のこと。
53) 前掲（注 41・注 51）掲記の最高裁判決を参照のこと。
54) 島田信義『給与住宅・福利・共済』（労働法実務体系 20）（総合労働研究所、1972）106-107 頁、池田・前掲論文（注 37）233 頁、後藤清「社宅使用の法律関係」私法 15 号（1956）88-89 頁、山本吉人「寄宿舎・寮・社宅」（新労働法講座 8）（有斐閣、1967）148 頁、小川賢一「寄宿舎・社宅・寮をめぐる法律問題」（現代労働法講座 10）（総合労働研究所、1982）164 頁、我妻栄『債権各論（中）1』（岩波書店、1957）511 頁他。
55) 後藤・前掲論文（注 54）88 頁、池田・前掲論文（注 37）233 頁。

ることを挙げるものがある[56]。あるいは社宅等入居従業員ないし，これを含む全従業員が労務を提供していることが挙げられる[57]。換言すれば，社宅等の提供が，直接間接に賃金の一部となっていることに「有償性」の根拠が求められる[58]。

これらの見解によれば，社宅等の使用について，「一応の使用料を徴収しているかぎり[59]」，「実費以上の使用料である限り[60]」，あるいは使用料の徴収がなくとも[61]，「有償性」が肯定され，その使用関係は賃貸借関係と捉えられる。なお，一定の使用料の徴収を要するとする学説でも，社宅等に入居していない従業員に入居従業員との均衡上住宅手当や通勤手当の支払いがなされていれば，使用料の支払いがない場合でも，有償となるとするものもある[62]。

こうして社宅等の使用関係に「有償性」を認めようとする以上の学説は，その使用関係の法的性格づけの段階では，社宅等の「特殊性」を考慮せず，労働関係とは一応切り離して考えようとする。これに対して，むしろ社宅等の「特殊性」の点から，社宅の使用関係が賃貸借的要素の混合した雇用契約に基づくとし「全体としての有償関係を構成するものである」とする見解[63]も存する。

これに対して，学説にも，判例の立場を支持して，使用料の多寡で有償，無償を判断すべしとする説[64]の他，逆に，有償，無償を問題とせず，社宅等の「特殊性」の点から，その使用関係を一括して「特殊の契約関係」であるとしつつ，旧借家法の適用について，場合により類推適用を考えるべしとする説[65]も存在している。

---

[56] 有泉亨「社宅明渡に関する法律問題――日本セメント事件を契機にして」季刊労働法14号（1954）160頁，後藤・前掲論文（注54）89頁，島田・前掲書（注54）106-107頁。
[57] 林良平「従業員専用寮の使用関係と賃貸借」民商法雑誌35巻5号（1957）77頁。月岡・前掲論文（注31）329頁。
[58] 我妻・前掲書（注54）511頁。
[59] 池田・前掲論文（注37）231頁，島田・前掲書（注54）113頁。
[60] 有泉・前掲論文（注56）148頁。
[61] 後藤・前掲論文（注54）89頁，我妻・前掲書（注54）511頁，月岡・前掲論文（注31）329頁。
[62] 池田・前掲論文（注37）234頁，有泉・前掲論文（注56）159-160頁。
[63] 広中俊雄「社宅・寮の使用関係をめぐる判例」法律のひろば19巻11号（1966）18頁，山本・前掲論文（注54）151頁以下。ただし，この学説のいう有償性は，社宅等の使用が労務提供の対価として有償性を有する賃金を意味するかどうかを指摘しているのであり，社宅等の使用関係と労務提供とが有償関係にあるのではないというべきであろう。
[64] 金山正信「社宅の使用関係」ジュリスト臨時増刊・続判例百選（1960）121頁，秋田・前掲論文（注36）307頁，薄根正男「社宅問題」ジュリスト118号（1956）16頁。
[65] 星野英一『借地・借家法』（法律学全集26）（有斐閣，1969）459頁，高島・前掲書（注38）199頁，218頁，古山・前掲書（注36）209頁。

3 旧借家法の適用

　以上の学説，判例のうち，社宅等の使用関係について賃貸借関係を一切否定する見解は別として，「有償性」の点から社宅等の使用が賃貸借と認められる場合でも，旧借家法が全面的に適用となるかは，既述のとおり，判例においては「特殊性」の評価と関わって見解の相違がみられた。学説においても同様に見解の対立がある。これを原則として旧借家法の全面適用を肯定する肯定説[66]が多数である。他方で，使用関係の終了に関する管理規程によることとし，旧借家法の適用を制限的に解する説[67]もある。また，社宅等の使用関係を「特殊の契約関係」とみる先の学説[68]は，社宅等の使用関係が賃貸借かを問題にせず，結論的には制限的に解する説の立場に立つことになると解される。

(1) 労働契約の終了と正当事由の判断

　旧借家法の適用に関しては，既述のとおり，退職や解雇による労働契約の終了に伴い社宅等の使用関係が終了するかが，特に問題とされてきた。旧借家法の適用を制限的に解する上述の見解は，すべてこの点を肯定的に解する。これに対し，旧借家法の適用を原則として肯定する多数説では，使用関係の終了には正当事由が必要と解する（旧借家法1条の2項）。とすると，労働契約の終了という事情がこれにあたるかの判断が必要となる。使用関係の終了について正当事由の存否判断を求める判例には，既述のとおり，労働契約の終了という事情が「強度の正当性を付与する事由」として比較的容易に正当事由の存在を肯定するもの[69]がある。学説においても，これを支持するものが多い[70]。しかし，他方では，労働契約が終了したことが正当事由となるかは，他の事情と併せて使用者と入居従業員双方の利益を比較考量して判断すべきことは，通常の賃貸借の

---

66) 有泉・前掲論文（注56）160頁，月岡・前掲論文（注31）329頁，薄根・前掲論文（注64）16頁，島田・前掲書（注54）114頁，金山・前掲解説（注64）120頁，後藤・前掲論文（注54）90頁。
67) 我妻・前掲書（注54）511頁，広中・前掲論文（注63）18-19頁。
68) 前掲（注65）掲記の論考を参照のこと。
69) 前掲日本セメント事件（注45），社宅明渡等請求事件・横浜地判昭39.10.28判タ170号242頁。
70) 金山・前掲論文（注64）121頁，山本・前掲論文（注54）154頁，小川・前掲論文（注54）164-165頁他。

場合と異なるところはないとする判例[71]，学説[72]も存する。

(2) 明渡猶予期間

労働契約の終了に「正当事由」ありとして社宅等の使用関係が終了することが認められた場合，賃貸借とされる社宅等には，6か月の明渡猶予期間が認められることになる[73]（旧借家法3条）。その起算点は，労働契約の終了時ということになろうが，解雇予告を伴う通常解雇の場合は解雇予告の日から起算すべしとする学説[74]がある。また，旧借家法の適用を制限する学説も，明渡猶予期間については，旧借家法の適用ないし類推適用は肯定している[75]。

さらに，賃貸借でないとされる社宅等についても，明渡猶予期間だけは認められてよいとする見解も存する。判例には，社宅等の使用関係を「特殊の契約関係」とみるものに限られるが，明渡義務は，社宅等の使用契約解除後の相当期間経過後に生ずるとするもの[76]が散見される。その相当期間として，旧借家法に準じて6か月としたり，国家公務員宿舎法に定められた無料宿舎2か月，有料宿舎6か月が一定の基準となるとしている。学説においてはこれを最小限30日とする学説[77]，判例同様，国家公務員宿舎法に準じて，無償社宅に対する2か月と同様の扱いをすべしとするもの[78]等存在する。

---

71) 前掲神戸製鋼所事件（注51），大同製鋼事件・東京高判昭30.4.6労旬203号別冊17頁，前掲日本セメント事件（注51），前掲社宅明渡等請求事件（注69），前掲日本パイプ事件（注49），前掲三菱造船事件（注45）他。これらの判決が「正当事由」の存在を認めるにあたり考慮したと思われる事情として，多数の社宅等入居希望者の存在，労組から使用者への明渡要求，再三の明渡催告，明渡しの誓約書の存在，労務管理・能率増進への悪影響等があげられる。こうした事情があれば，社宅等入居従業員が，転居先を容易に見出しがたい事情があってもやむをえないとする判例もある。

72) 池田・前掲論文（注37）236-237頁，月岡・前掲論文（注31）330頁，西村健一郎他著『新版 労働法講義3』（林弘子執筆部分）（有斐閣，1990）348頁。

73) 判例には，国家公務員宿舎法が有料国営宿舎の明け渡しについて6か月の猶予期間を定めていることとの対比で，旧借家法の適用を不当とはいえないとするものがある。前掲日本セメント事件（注51）。

74) 後藤・前掲論文（注54）90頁。

75) 星野・前掲書（注65）459，461頁。星野論文では，旧借家法の規定のうち，明渡猶予期間，造作買取請求権の各規定については類推適用が肯定されるのに対し，終了原因として正当事由を求める規定，対抗要件および家賃増減請求権の各規定の類推適用は否定されている。

76) 那須アルミニウム製造所事件・東京地判昭27.4.26下民集3巻4号584頁，首都高速道路公団事件・東京地判昭49.4.22判時756号89頁。

77) 後藤・前掲論文（注54）86-87頁。

78) 月岡・前掲論文（注31）330頁，島田・前掲書（注54）137頁。

四　検討

　社宅等の使用関係の法的性質をめぐる多数学説と判例とは、対立状況にあると考えられる。社宅等の使用関係についてどのような法的構成がより妥当と考えられるかを続いて検討してみよう。

1　「業務社宅」と「通常の社宅」の区別

　まず、社宅等の使用関係の法的性質を考えるにあたり、「業務社宅」と「通常の社宅」とを区別する判例、学説の多数説の考え方の妥当性いかんである。既述のとおり（本章三(1)）、「業務社宅」には、いわば事業設備の一部といえるものまであり、その特徴は、特定業務との密接不可分性、特定業務上の必要性にある。これに対し「通常の社宅」は、業務との直接的な関連性は薄く、その設置の趣旨は、むしろ従業員の福利厚生（利便性）の実現にある。その特徴は、まずは従業員の利便性の実現の必要性に求められる。通常の家屋の使用関係と対比すると、「通常の社宅」については従業員の身分を前提とする点が、「業務社宅」については、さらに限定されて特定の業務への従事を前提とする点が、それぞれの「特殊性」として挙げられよう。「業務住社宅」についても、「通常の社宅」についてと同様に、その使用関係の法的性質を明らかにする作業の過程でそうした「特殊性」を考慮する必要がある。したがって、「通常の社宅」とは異なり、「業務社宅」の使用関係は労働契約に吸収され、これと当然に運命を共にし、借地借家法の適用の余地はないといった結論が妥当といえよう。

2　有償性と特殊性の判断

　次に、社宅等のうち主として「通常の社宅」について示してきた判例、学説の諸見解を検討しよう。使用関係の法的性格という場合、民法の賃貸借、使用貸借のいずれに属するかを検討することになろうが、そもそも社宅等の使用関係についてはそうした分類はあまり意味があるのかがまず問題である。
　学説には、社宅等の問題は、要は、旧借家法の適用の有無の問題であるから、賃貸借か、使用貸借かの議論はさほど重要とはいえず、いずれかへの類別はや

めて「特殊の契約関係」としておけば足りるとする見解[79]があった。この見解は，社宅等の「特殊性」を使用関係の法的性格づけの段階でまず考慮する立場といえる。これによれば，従業員に使用を限定する社宅等であれば，その使用関係は一括して「特殊の契約関係」とされ，その「特殊性」に照らして借地借家法の類推適用の認められるべき部分でだけ当事者意思を排し，その他は管理規程や使用契約あるいは当事者の合理的な意思解釈に委ねられることになる。しかし，この見解では，かなり高額の使用料を支払っているケースと低廉な使用料しか払っていないケースとに対する法の適用関係を一律に扱うことになると考えられる。前者の場合，従業員であるが故の社宅等使用ということに加えて，賃料支払いであるが故の使用としての性格を伴っており，借地借家法の適用が検討されてよいケースであり，そうでない後者のケースとは区別する必要があると解される。前者のケースでのそうした面の性格を一切無視するのは妥当とはいえないのではないか。そう考えた場合，まず基本的には，民法の賃貸借か使用貸借いずれなのかの類別を行ったうえで，社宅等の「特殊性」を考慮するという手順を踏むことが求められるといえよう。

　結論的に私見を示せば，最高裁判決の示すように，その法的評価は画一的に行うことは妥当ではなく，使用貸借，賃貸借いずれのケースも存在することを前提に，個別の使用関係ごとに判断すべきであろう。そして，有償か無償かで基本的に賃貸借か使用貸借かが決まり，加えて社宅等の「特殊性」に照らして，賃貸借とされた社宅等でも，借地借家法の適用が制限され，使用貸借とされた社宅等でも，場合により借地借家法の類推適用が肯定される特殊な法律関係であると性格づけるべきであろう。この場合は判例にもみられるように，賃貸借類似の特殊な契約と使用貸借類似の特殊な契約という類別が可能となる。

　(1) ではまず，そこでいう有償か無償かの判断は何をもって行うのが妥当か。判例は，既述のとおり，社宅等使用料の多寡により「有償性」を決する傾向にある。この判断に対しては，使用料が少ないことがただちに賃貸借を否定することになる点を捉えて，賃貸借とみるべきケースでありながら使用料が何らかの事情で低く押さえられることもあり，ただちに賃貸借でないとするのは妥当でないとの学説からの批判があった。そもそも有償であるためには，社宅等

---

[79] 星野・前掲書（注65）461頁，道垣内弘人「最高裁判所民事判例研究105」法学協会雑誌100巻3号（1983）671頁以下。

の使用に対して対価的意義のあるものが従業員の側から提供されている必要がある。それは，経済的意味において相当といえなくても，当事者が主観において対価性を認めるものであればよいと解されている[80]。したがって，少額の使用料の支払いや金銭以外のものの提供であっても，当事者の主観において対価としての認識があるかそれを推測させる特別の事情があれば，「有償性」は肯定し得るといえよう。とはいえ，社宅等の場合，これを提供する使用者側の認識としては，社宅等入居の従業員から社宅等の使用料を得て利益を挙げようとの営利的意図は，通常は考えられない。むしろ既述したように，社宅等貸与の目的は，両者間の雇用関係を背景に特定業務の必要性ないし従業員の福利厚生に資することに求められ，当事者の主観としては使用料の対価性は否定される方向にある。したがって，使用料が通常の賃貸料に比してかなり低額である場合には，やはりその対価性は原則として否定されざるを得ないであろう。したがって，使用料を低額ならしめている事情がある場合，その事情は，当事者の対価性の認識の存在を根拠づけ得るか，当初あった対価性の認識を否定しない事情と考えられる限りで意味を持ち得るのではないか。例えば，労働協約の締結によって使用料が大幅に引き下げられたが，当初は賃貸借であったといった場合には，引き下げ後も賃貸借とみる余地はあろう[81]。

（2）次に，使用料を対価的給付とみることをやめて，他にこれを求める見解がある。社宅等の提供が，労働力募集の円滑化，労働能率の増進，労働管理の効果といった利益を使用者にもたらす点を捉えて，これに対価性を認めようとする見解である。労働力募集の円滑化は，社宅等の制度の存在自体によるものであり，社宅等を実際に使用させることによって得られる利益とはいえないであろう。その他の利益も，まずは期待的利益であり，現実にそうした利益がもたらされなければ債務不履行を成立させ，使用契約の解除あるいは履行強制等を可能とするといった効果を生むものとも考えにくい。通常の賃貸借において，家屋の貸与により人間関係が円滑化したり社会的評価が高まるといった利益を，

---

80) 我妻栄『債権各論上巻』（岩波書店，1954）49頁を参照のこと。
81) 賃貸借契約に基づき家屋を貸与していたが，その後，賃借人が賃貸人と雇用関係に入り賃料が免除されるに至ったケースにおいて，賃料の免除は，賃貸人の事業不振等に鑑みて，賃借人が被用者として受け取る給与との関係で雇用期間中免除したにすぎず，賃貸借を使用貸借に改めたうえで，改めて無償で貸与したものではないとして，当該家屋の使用関係は賃貸借関係のままであるとした判例がある。新潟簡裁判昭26.11.25下民集2巻11号1316頁。

当初から期待したものであっても，その種の利益を対価とみないのと同様であろう。

（3）また，社宅等を使用していない従業員に均衡手当として住宅手当が支給されている場合，社宅等の提供は現物給付としての性格を有し，労務の提供が社宅等の使用の対価となるとする見解はどうか。

支給条件が明確であることが前提であるが，住宅手当は労働の対象としての賃金とみなされる（昭和22・9・13発基17号を参照のこと。）。そして，賃金としての住宅手当が支給される代わりに社宅等が提供される場合，住宅手当が賃金とみなされることとのバランスにおいて，現物給与としての性格を有するとされている[82]。これによると，社宅等の使用は，住宅手当の額に相当する価格の限度で，労働の提供と対価関係に立つことになる[83]。としても，住宅手当の額（正確には光熱費等の実費を除いた純粋の使用料をこれから差し引いた残額）が，実際の賃料相場に比して，かなり低額である場合には，やはり社宅等の提供と労務の提供とが，全体として対価的関係にあるとみることは，難しいのではなかろうか。

さらに，対価性は対価の価額ではなく，当事者の対価的認識により決まると考えても，社宅等提供の使用者および社宅等入居従業員双方には，既述のとおりそうした認識は薄いと考えられる。労働の対償として住宅等の提供がなされていると考えられるケースがあるとしても，労働契約の終了により労務の提供がなされなくなると，対価としての社宅等の提供も終了することにならないのではなかろうか[84]。なお，住宅手当が入居従業員にも支給されている実態が，割合としてはわずかであるが存在しており，こうしたケースでは，社宅等の提供は，現物給与としての意味を持たないことに注意を要する。

以上によれば，社宅等の使用に対して対価的意味を持ち得るのは，まずは使用料であると考えられ，その多寡によって「有償性」を決する判例の考え方は妥

---

82) 労働省労働基準局『全訂版労働基準法（上）』（労務行政研究所，1988）148-149頁。ただし，代金を徴収している場合，実際費用（住宅手当の額）の3分の1以下でないと賃金とは認められないとされ，3分の1以下の場合，賃金とみなされる額は，実際費用と代金との差額とされている（昭和22・12・9基発452号）。

83) もっとも，支給条件の明確な住宅手当について，(イ)自宅居住者と借家居住者とで支給額が異なること，(ロ)従業員の賃金とは別個に増減されていること，(ハ)社宅供与の目的が従業員福利の実現にあること等から，当該住宅手当は社宅入居従業員と非入居従業員との福利の均衡のために支給されているとして，対価性を否定した判例もある。三井鉱山事件・熊本他玉名支判昭39.5.19労民集15巻3号552頁。

84) 星野・前掲書（注65）460-461頁。

当ということになる。そして，使用料が当該社宅等の通常の家賃相場を超えるか，超えないが近いものであれば，「有償性」ありとみて，社宅等の使用関係は，基本的には賃貸借関係とみなされ，逆にかなり低廉なものであれば，使用貸借関係としての規律がなされると解することになろう。

ただし，使用料がどのくらいあれば「有償性」が認められるかは，かなり微妙な問題である。その判断においては，企業による社宅等提供の趣旨が，本来は営利的な対価を求めるものでないと考えられるところから，これを否定するに足る有償の事情の存在が求められることになろう。したがって，使用料の額は，相場以下でも相場にかなり近いものであることが必要であろうし，やや低いケースでは，これをカバーして「有償性」を肯定する当事者の意思その他特別の事情が存在する必要があるといえよう。したがって，そうしたケースでは，使用料の多寡以外の事情も併せ考慮する必要が出てこよう。

3　労働契約の終了と借地借家法の適用

（1）最後に問題となるのは，社宅等の使用関係が，基本的には賃貸借とみなし得るものとされると，借地借家法が一般の賃貸借同様に適用となるかである。すなわち，社宅等の使用関係が，通例労働関係を前提としているという「特殊性」をどこまで考慮するかである。賃貸借とされる社宅等のうちで，貸与対象を従業員に限定していないような，社宅等としての「特殊性」の希薄なケースについては，借地借家法の全面適用を認めてよいであろう。これに対し従業員専用の社宅等については，社宅等の「特殊性」を考慮する必要があると解すべきである。「業務社宅」の場合，既述のとおり（本章四1），その「特殊性」の内容はさらに限定されるが，それでも従業員としての身分の存在が社宅等入居の本質的前提とみられる。そして，労働契約の終了による従業員の身分の喪失に際して問題となるいくつかの借地借家法の規定は，そうした「特殊性」の故に，その適用が否定されることになると解される。社宅等の使用関係を賃貸借とみなし得る場合，借地借家法の適用で問題となる論点を検討しよう。

まず第1は対抗力の点についてである（借地借家法31条，旧1条）。貸主の変更に，労働契約の終了を伴う場合には，社宅等の使用関係も消滅し，新しい貸主への対抗力は失われると解される。これに対し，例えば会社が赤字補填のために

社宅等を売却したが，社宅等使用の従業員との労働契約関係は維持しているようなケースでは，社宅等の使用関係は，住居の通常の賃貸借関係として新しい貸主に引き継がれると解すべきであろう。

　第2は，別段の合意や労働協約の別段の規定がない限り，従業員の身分喪失によって，社宅等の使用関係は当然に消滅すると解される。したがって，貸借関係の終了につき正当事由を求める28条（旧借家法1条の2）は，この場合には適用がないこととなる。それ以外で，使用管理規程等において社宅等からの退去条件とされているケース等，例えば，転勤，一定の使用年限の経過，優先順位者の発生等の事情は，正当事由の有無の判断において考慮されることになろう。

　以上の2点に関しては，借主に不利な特約の無効を定めた30条，37条（旧借家法6条）の適用はないことになる。こうした点を捉えて，基本的には賃貸借であるが，借地借家法の適用が部分的に否定される社宅等の使用関係を賃貸借類似の特殊な関係と称することも可能であろう。これら以外の借地借家法の規定は，賃貸借としての社宅等には適用（類推適用）があると解される。

　(2) 他方，使用貸借としての社宅等についてはどうであろうか。社宅等の使用関係の大半は，これに属するとみられる。借地借家法は，一般の使用貸借関係に対すると同様に，これへの適用を一切否定されるのか。原則は適用否定であろう。したがって，従業員としての身分が失われた場合には，別段の合意等のない限りは社宅等の使用関係は終了する。管理規程がある場合には，これに従って使用関係が形づくられる。ただし，明渡猶予期間については，場合により即時の明け渡しを求めることが公序良俗違反として権利濫用になる場合もあろう。例えば，会社側の事情で整理解雇されたケースのように，労働関係終了の原因が会社側にあるケースが挙げられよう。このケースでは，相当な明渡期間が認められなければならない。その場合，借地借家法27条（旧借家法3条）の類推適用あるいは，国家公務員宿舎法18条に定められた期間をひとつの目安とすること等が許されよう。

　ところで，「業務住宅」に関しては，使用料の多寡，当事者意思いずれの点からも，「有償性」の認められるケースはほとんどないといってよいであろうから，使用貸借の社宅等として明渡猶予の要否が問題となるのみであろう。そして，「業務社宅」については，新しい従業員の入居の必要性は高いといえ，速やかな明け渡しがなければ業務に支障が生ずるという意味で，相当の明渡猶予期間と

いっても,「通常の社宅」に比してかなり短くとも妥当と解されることになろう。

　以上の検討よりすると,結局,社宅等の使用関係を法的にどのように捉えるかに関わりなく,労働契約の終了という点に限れば[85],それは,その終了原因となると考えるほかないであろう[86]。

五　小括

　本章は,企業内福利厚生に属する福利厚生施設の中でも唯一といってよいほど,労働契約の終了に際して使用関係の帰趨をめぐって活発な議論のなされた社宅等の問題にしぼって,問題の再検討を試みた。社宅等が仕事場となっている在宅勤務の場合の扱いや,将来の持家化を前提とした住宅等新しい形態の社宅等についての問題等は,検討できなかった。借地借家法の適用が考えられる社宅等以外の福利厚生施設については,労働契約の終了とともに使用関係も終了することについてはさほど問題がないように思われる。

---

85)　なお,裁判で係争中の解雇のケースについて,労働契約の終了といえないとした決定がある。前掲東京電力事件（注48）を参照のこと。これによれば,係争中である限りは,明渡請求はできないことになるが,「解雇が実体上または手続上無効となるべき事由を容易に見いだすことのできない限り」労働契約は終了したとする判例もある。前掲JR東日本事件（注46）を参照のこと。

86)　会社側は立退料の支払いは不要である。逆に入居従業員が不法に明け渡しをしない場合,従業員専用の社宅等である限りは,明渡義務発生時以降明け渡しまでの期間に対応する使用料相当額の損害を賠償すべきこととなると考えられるが,一般の家賃相当額であるとする見解も存する。有泉亨「社宅の利用関係」谷口知平・加藤一郎編『民法演習Ⅳ』（有斐閣,1959）127-128頁。

第4章

企業内福利厚生と
労働法上の諸問題

一　はじめに

　これまで労働法の分野において，福利厚生，特に企業内福利厚生については，これに属する個別事項で紛争が多発している事項に限って多く論じられてきた。しかし，福利厚生一般について正面から取り上げて論じた論考は多くない[1]。このことは，企業内福利厚生がこれまで果たしてきた機能の大きさに比して，これが占める労働法上の位置づけの低さを示すものといえる。企業内福利厚生は，多種多様な形態を取り，また時代状況に応じてその内容や運営主体等が変化している（例えば，カフェテリア方式の採用，企業内福利厚生のアウトソーシング等の進展）。本章では，企業内の福利厚生一般と，これに属する個別の事項で，労働法上の問題として裁判例が多い主要なものについて検討を試みる（筆者追記：以下は，2007年時点の学説・判例の状況の整理であり，その後の状況の整理については，以下の行論の中で追記している。）。

---

[1]　古くは，例えば，西井龍生「福利厚生」『給与・福祉（経営法学全集17）』（ダイヤモンド社，1965年）201頁，島田信義『給与住宅・福利・共済』（労働法実務体系20）（総合労働研究所，1972年），彦田紀行「福利厚生・安全衛生」花見忠・深瀬義郎編『就業規則の法理と実務』（日本労働協会，1980年）423頁。比較的近時では，大山博「雇用慣行の変化と企業福祉」秋田成就編著『日本の雇用慣行の変化と法』（法政大学出版局，1993年）129頁，國武輝久「従業員給付をめぐる法的問題状況」伊藤博義他編『労働保護法の研究』（有斐閣，1994年）311頁，佐藤敬二「福利厚生施策と受給権保護の課題」『講座21世紀の労働法・第7巻』（有斐閣，2000年）263頁。

二　企業内福利厚生一般と労働法上の諸問題

1　企業内福利厚生の法的意義

　企業内福利厚生とは，主として使用者が，労働契約関係において，本来的には任意的恩恵的に，場合により法律上の義務の履行として労働者に提供するものであって，現在ないし将来にわたって，労働者（その家族も含めて）の生活福祉の向上や労働能率の向上等を目的とする利益・便宜や施設等をいう，と一般には説明できるであろう。「福利厚生」の語を法文上で使用し，これに属する事項を指針等で例示する例は少なくないが，その定義を行っている例は労働法の領域では見当たらない[2]。「福利厚生」の語を法文上用いる立法等においても，先のような一般的な説明を一応の前提としているといってよい。統計上は，使用者が負担する費用という観点から，社会保険や労働保険の保険料のような法律上の義務として使用者が負担する法定福利費と，事業主独自の施策に基づく負担分である法定外福利費とに，福利厚生を分類する場合がある[3]。以下では，このうち主として法定外福利費の対象となる企業内福利厚生について，労働法上の諸問題を検討してみよう。

　企業内福利厚生は，法的にみれば，本来，労働契約とは別個の私法上の法律関係から発している。例えば，私的保険の保険料補助等の各種補助が贈与契約，住宅資金の貸付等の各種貸付が金銭消費貸借契約，社宅その他の施設利用が使用貸借ないし賃貸借契約に基づいている。企業内福利厚生が労働契約関係と結びつくことによって，これらの私法上の法律関係は労働法のフィルターを通して規律されることになる。労働法の観点からみた企業内福利厚生の場合は，労働法上の立法規制，就業規則や労働協約等の企業内規範による規律，個別の労働契約による拘束，単なる任意的恩恵的給付への制約といった，各視点からの検討が可能であろう。

---

2)　この点の詳細については，本書第Ⅰ編第1章三を参照のこと。
3)　例えば，厚生労働省「就労条件総合調査」，日本経団連「福利厚生費調査」，連合「福利厚生・動向調査」等が挙げられる。

2 立法規制のレベルからみた企業内福利厚生

　企業内福利厚生は，賃金や労働時間と同様に，労働契約関係下での労務提供に関わる待遇であるが，賃金や労働時間等の主要な待遇に比して，立法規制のレベルでは保護法益としての位置づけが高くない。それでも，企業内福利厚生は，そもそも使用者による任意的恩恵的給付であり，福利厚生一般ないし個別事項につき，使用者による恣意的運用を防止する観点からの立法規制がなされている。例えば，個別事項についてみると，労働基準法（労基法）においては，企業内福利厚生としての貸付金制度に賠償予定・違約金や前借金相殺の契機が含まれれば禁止されるし（同法16条，17条），社内預金制度として提供される便宜も強制貯金になれば禁止される（同法18条）。年次有給休暇（同法39条）も根は企業内福利厚生にあるといってよい。他方，福利厚生一般についても立法規制の対象となるか否かで問題となる規定等があり，その主要なものとして以下のものが挙げられよう。

(1) 明示義務の対象事項と就業規則の必要的記載事項

　まず，労基法は，同法1条をはじめ労働条件に関する規定を複数置く（2条，3条，13条，15条，93条他）が，それぞれの労働条件の概念に企業内福利厚生が含まれるか否かが問題となる。多くの場合，労働条件の語は職場における一切の待遇を指す概念として，福利厚生一般を含むと解されている[4]。したがって，労働条件は，企業内福利厚生を法的に根拠づける先のような各種の契約関係の内容をも含む概念と解される。ただし，労働契約の締結にあたり，使用者が労働者に対して明示することを義務づけられる労働条件については，企業内福利厚生を含めない限定的な取扱いがなされている（同法15条，同法施行規則（労基則）5条）。

　労基法15条の定める明示義務の対象となる労働条件を限定列挙する労基則5条は，昭和29年に改正されるまでは，明示すべき事項として，「当該事業場の労働者のすべてに適用される定めをする場合においては，これに関する事項」と

---

4) 厚生労働省労働基準局編『改訂新版・労働基準法・上』（労務行政，2005年）63頁，67頁，75頁。企業年金の受給権につき，独立の年金契約ではなく労働契約においてその内容の一部として合意されることで発生する労働条件のひとつと解する判例がある。名古屋学院事件・名古屋高判平7.7.19労判700号95頁。

「寄宿舎規則に関する事項」とを他の個別事項とともに挙げていた。そして，前者には企業内福利厚生に関する事項が含まれると解されていた。その後，これら2つの事項は，明示を要する狭義の労働条件に含ませる必要がないとの判断により，明示すべき事項から削除されて現在に至っている[5]。

それでも，就業規則その他で支給条件等が定められた企業内福利厚生については，明示事項のどれかに該当すれば（例えば，研修補助は「職業訓練に関する事項」，永年勤続表彰金は「表彰及び制裁に関する事項」），これに含めて明示されるべきことになろう。また後述のとおり，企業内福利厚生でも，支給基準が明確で賃金として扱われるもののうち，住宅手当や家族手当等のように毎月1回以上一定期日に支払われる手当（労基法24条2項本文を参照のこと。）は，賃金に含めて書面で明示すべき取扱いがされている（平成11・3・31基発168号）。しかし，それ以外の企業内福利厚生については明示の必要はなく，明示された場合でも明示の内容と事実とが異なっていても，労基法15条2項による労働契約の即時解除はできないと解される（昭和23・11・27基収3514号）。

労働者の募集に際して明示すべきとされる労働条件については，労基法15条とは異なり，労働条件につき限定なく明示すべきこととされている（職業安定法5条の3，同法施行規則4条の2）。

他方，労基法89条が定める就業規則の必要記載事項については，同条で列挙されている個別事項に該当しない企業内福利厚生でも，「当該事業場の労働者のすべてに適用される定めをする場合においては，これに関する事項」（同条10号）にあたれば，相対的必要記載事項として就業規則に規定すべきこととされている[6]。現実にも，就業規則本体ないし別規程で企業内福利厚生につき定める例が少なくない[7]。しかし，企業内福利厚生については個別の必要記載事項とし

---

[5] 労働省労働基準局編著『改訂版・労働基準法・上』（労務行政研究所，1958年）163-164頁。
[6] 現実に当該事業場の労働者のすべてに適用されている事項だけでなく，一定範囲の労働者のみに適用されている事項ながら，労働者のすべてがその適用を受ける可能性があるものも含まれると解すべきとされている。しかし，労働者の労働条件と何らの関係のない事項（運動競技選手への制服貸与等）は，就業規則本来の目的に照らして含まれないともされる。厚生労働省労働基準局編『改訂新版・労働基準法・下』（労務行政，2005年）881頁。
[7] 労基法の旧89条2項では，「使用者は，必要がある場合においては，賃金，安全及び衛生又は災害補償及び業務外の傷病扶助に関する事項については，各々別に規則を定めることができる」との規定を設け，特に細かな規定になりやすい事項につき別規則を定めることが許されていた。その後，平成10年の改正により労基法89条2項が削除され，就業規則本体とは別に規程を定めることのできる事項の限定が撤廃されている。

て明示されていないために，当該事業場の労働者すべてに適用される企業内福利厚生であっても，就業規則としての作成をはじめ，労基法所定の手続が十分になされず労基法違反が問題となったり，単なる社内内規として存在し，その法的意義が問題となる例も少なくないといえよう。

(2) 賃金規制の対象

上記のように，企業内福利厚生は労働条件の概念に含まれると解されるが，他の労働条件との関係をみると，使用者から給付される点で類似する賃金との区別が問題となる。賃金については，「労働の対償」（労基法11条）として，労基法が定める賃金支払の諸原則や消滅時効等の適用があり，また平均賃金や割増賃金の算定の基礎となる。最低賃金法その他の労働保護法の適用対象ともなる。企業内福利厚生が賃金に含まれるとされれば，そうした取扱いを受けることとなる。しかし，企業内福利厚生は，使用者が賃金のように給付を労働契約上の義務（債務）として当然に負うものではなく，本来は使用者が任意的恩恵的に労働者に給付する性質のもの（民法の雇用契約（労務供給契約）とは別の法律関係に根拠を有するもの）である。一般に賃金の一部とみられている家族手当や住宅手当等の手当も，本来は任意的恩恵的給付（贈与契約等に根拠を有する給付）として広い意味の企業内福利厚生に含めることができる。企業内福利厚生と賃金とは，その性質や発生の法的根拠において本来的には相違するといえる。ただし，行政解釈では，労基法にいう賃金（労働の対償）の概念をやや広く解する傾向にあり，企業内福利厚生に属するとみられる任意的恩恵的給付についても，これが労働協約や就業規則等で支給額や支給時期が明確になっている場合には，賃金とみなすとしている（昭和22・9・13発基17号）。支給条件が明確で確定額での請求が可能なものについては，賃金として保護すべきとの考え方によるといえる。しかし，こうした条件を充たせばすべて賃金とみなされるというべきではなく，例えば，支給基準が明確であっても，自主研修補助や任意加入の生命保険の保険料補助等のような企業内福利厚生が，賃金として扱われるとはいえない[8]。逆

---

[8] 行政解釈では，①福利厚生を広く解釈すべき事例（現物支給の住宅の貸与，食事の供与），②労働者の個人的利益に帰属する事例（会社の浴場施設，運動施設等），③使用者の支出が労働者ごとに明確でない事例（鉄道会社の無料乗車証等），④労働者の任意の支出を補う事例（生命保険料補助金，財形貯蓄奨励金等）等は賃金ではなく福利厚生の事例として挙げられている。厚生労働省労働基準局編・前掲書（注4）158頁以下。

に業績連動とされ確定額が定められていない時給や日給に賃金性がないとはいえない。賃金かどうかは，支給条件等についての合意内容だけでなく，支給項目の性質（支給目的）をも考慮しつつ個別に判断する必要があるといえよう[9]。この点は，賃金と区別され，また企業内福利厚生とも区別されるいわゆる「業務費」（出張旅費や営業経費等で「実費弁償」ともいう。）についてもあてはまる。企業内福利厚生と賃金や「業務費」との本来の意味での区別は，ストライキ中の住宅手当等のカットの可否や，後述する留学・研修補助をめぐる問題の処理につき重要な意味を持ってくる。

(3) 均等・均衡待遇の視点からの規制

さらに企業内福利厚生は，均等・均衡待遇の視点からの立法規制も受ける。職場における均等待遇を定める労基法3条にいう労働条件には，既述のとおり，福利厚生一般も含まれると解されている。また個別立法においても，企業内福利厚生を含む均等待遇を定める例がある。男女雇用機会均等法（均等法）は，1985年の同法制定の当初より，賃金や労働時間とともに「労働条件の重要な部分を占める」として企業内福利厚生を立法規制の対象とした[10]。ただし，多種多様な企業内福利厚生の中で，住宅資金の貸付その他供与の条件が明確で経済的価値の高い企業内福利厚生に限定して，性別を理由の差別的取扱いを禁止することとしている（同法6条，同法施行規則1条）[11]。また，均等法の場合も，行政解釈による既述のような，賃金と企業内福利厚生の区別の考え方を前提としている。

ところで，企業内福利厚生は，これまでわが国の長期雇用制度下において，その個々の制度目的・機能に関わりなく，正規社員に対する制度として位置づけられてきた。パートタイム労働者，派遣労働者，契約社員，会社専属の個人事業者等の非正規の就業者は，その埒外に置かれる傾向にあった。しかし，こうした

---

[9] 判例には，例えば，一定期間の勤続未達成の場合に返還することを条件として確定額で支給された「勤続奨励手当」につき，恩恵的給付としてではなく賃金としての実質を肯定することで，当該返還条件を定めた約定部分を無効としたものがある。東箱根開発事件（東京高判昭52.3.31判タ355号337頁）。企業内福利厚生の賃金性をめぐる判例・学説等については，本書第I編第2章において詳しく論じている。

[10] 昭和61.3.20婦発68号，職発112号，能発54号。

[11] 労働者の福祉増進を目的とする資金の貸付・金銭の給付，労働者の資産形成を目的とする金銭の給付，住宅の貸与が限定列挙されている。それぞれの具体的内容や取り扱いについては，平成18.10.11雇児発1011002号。

就業者の増加とともに，良好な雇用の選択肢の提供という観点から，そうした就業者との関係で福利厚生（この場合，法定福利費の対象も含めて）をどのように考えるかが，雇用政策上の検討課題のひとつとなっている。パートタイム労働者については，いわゆるパート労働法3条において，「通常の労働者」との均衡処遇のための雇用管理の改善措置のひとつとして，すでに「福利厚生の充実」が挙げられている。平成19年の改正により，パート労働法について，同法3条の趣旨をより徹底する見直しがなされている（同法11条。筆者追記：本章を執筆した2007年以降，2003年時点での企業内福利厚生に関する均等待遇，均衡処遇を含む労働法上の規整の状況，非正規労働者と正規労働者の企業内福利厚生格差への法的対応の状況については，本書第Ⅰ編第1章三・四を参照のこと。）。

3　就業規則・労働協約のレベルからみた企業内福利厚生

(1) 給付請求権の形成

　企業内福利厚生は，これまで就業規則や労働協約といった企業内規範のレベルで規定（制度）化される事例が多い。就業規則においては，労基法89条の適用を受けてのことである。また労働協約においては，企業内福利厚生がこれまで労働組合によって実質賃金として位置づけられ，協約化が目指されたことによる。企業内福利厚生は，就業規則や労働協約において具体的な給付内容が規定化されることで，基本的には，その給付が使用者の裁量に委ねられる任意的恩恵的給付のレベルから脱して，労働契約上の給付請求権等の内容として形成され得ることとなる[12]。

　とはいえ，企業内福利厚生は，就業規則や労働協約のレベルにおいても，賃金や労働時間等に比して保護法益としての位置づけが低い。例えば，就業規則の不利益変更の効力判断等において，その点が具体的に現れる。最高裁は，賃金や退職金等のような労働者にとり重要な権利や労働条件の不利益変更については，「高度の必要性に基づいた合理的な内容のもの」であることを要求している。企業内福利厚生がこの重要な権利や労働条件に含まれるか否かにつき，最

---

[12]　労災上積補償である見舞金につき，これを定める規定が支給額の上限を定めるのみであるとして，具体的見舞金請求権の発生根拠とならないとした判例がある。富国生命保険事件・東京地八王子支判平12.11.9 労判805号95頁。

高裁は明示してはいないし，下級審判例にも判断例がまだないようである。企業内福利厚生は，本来，使用者の任意的恩恵的給付であること等を考慮すると，給付請求権の内容となってもこの点につき消極的に解されやすいといえる（筆者追記：就業規則が定める企業内福利厚生の不利益変更の効力についての2023年時点での判例の動向分析は，本書第Ⅰ編第1章四2を参照のこと。）。

(2) 人事管理と企業内福利厚生

また，企業内福利厚生は従業員福祉としての側面が強調されるが，直接や間接に，使用者の人事管理上の要請にも対応する側面を有している。企業内福利厚生は，労働市場での人材確保に始まり，職場での従業員の帰属心・忠誠心の向上や人事処遇上の不満の解消等に効果を有する。こうした効果は，使用者による人事処遇の法的効果の判断においても肯定されている。例えば，配置転換命令，出向命令の効力や就業規則の不利益変更の効力の判断において，企業内福利厚生の内容や利益の程度が不利益緩和措置としての視点から併せ考慮されている[13]。

4　労働契約のレベルからみた企業内福利厚生

企業内福利厚生は，従業員全体を対象とする事項であり，既述のとおり，就業規則や労働協約で規定化されるのが通例である。また，特定労働者との個別の合意や労使慣行によっても給付請求権等の内容となり得る。また，企業内福利厚生の取扱いが，就業規則作成手続を経ずに社内規程化される事例も少なくない。この場合，その内容が従業員に周知されていれば，個別の労働契約の内容になっていたとして給付請求権の発生が認められ，また当該社内規程の変更の効力も就業規則の変更に準じた判断がなされると解される[14]。

---

13) 例えば，就業規則の不利益変更の効力判断につき考慮すべき事項として，「代償措置その他関連する他の労働条件の改善状況」を挙げつつ，これにあたる事情として企業内福利厚生制度の適用延長や拡充，特別融資制度の新設等を挙げる判例がある。第四銀行事件・最二小判平9.2.28労判710号12頁。あるいは，転勤命令の効力が問題となった事例で，単身赴任手当，帰郷実費・単身者用住宅の提供等を単身赴任者に対する企業内福利厚生施策として他の事情とともに考慮し，転勤命令権の濫用を否定した判例がある。NTT東日本事件・福島地郡山支判平14.11.7労判844号45頁。
14) 例えば，寮規程の変更について，東日本旅客鉄道（杉並寮）事件・東京地判平9.6.23労判719号25頁。

さらに、企業内福利厚生は、労働契約関係（従業員としての地位）の存在を前提として給付される。労働契約関係終了後の企業内福利厚生の取扱いが問題となる場合がある。例えば、後述する社宅明渡請求の可否の他、貸付金の一括返済請求の可否等が挙げられる[15]。

5　任意的恩恵的給付のレベルからみた企業内福利厚生

使用者は、企業内福利厚生を就業規則等に規定（制度）化せず、社内規程化しても従業員に事前に制度内容を周知しないか周知しても請求内容が確定できない場合には、特定の企業内福利厚生を単なる任意的恩恵的給付に留めて処理することも可能である。その給付請求権の付与や運用は、専ら使用者の裁量に委ねられることとなる[16]。しかし、不当労働行為や差別等の違法な運用や労働契約上の信義則に反する運用等が許されない点は、給付請求権等としての企業内福利厚生におけるのと同様である。

三　個別の企業内福利厚生と労働法上の諸問題

個別の企業内福利厚生については、紛争が多発していて、学説による議論があり、判例による処理が蓄積されている事項がある。その主なものとして、(1)社宅・寮、(2)団体生命保険、(3)留学・研修補助について検討を試みよう[17]。

1　社宅・寮の使用関係をめぐる問題

社宅・寮は、使用者が従業員に、従業員であることを前提として提供する住居

---

[15] また、解雇された従業員が地位保全の仮処分を請求した事例で、仮処分の必要性の有無の判断にあたり、生活上での賃金仮払いの必要に加えて、「社会保障や福利厚生施設の利用を受ける利益」も併せて考慮する必要があるとする判例がある。中央タクシー事件・徳島地決平 9.6.6 労判 727 号 77 頁。
[16] 例えば、業績向上祝金等の名目で支払われる金一封につき、この点を指摘した判例がある。名古屋地判昭 48.4.27 判タ 298 号 327 頁。
[17] この他、判例において労働法上の問題となったその他の事例には、例えば、元従業員に対する企業年金制度の不利益変更の可否の問題等がある。

（給与住宅）である。一般には，家族のいる従業員世帯用が社宅，単身者用ないし単身赴任者用が寮と称される。いずれも，社有か借り上げかを問わない。社宅ないし寮の語については，近時，法文上でこれらを用いる立法例が散見されるが，「福利厚生」の語と同様に明確な定義はされておらず，いずれも先のような一般的理解を前提としているといえる。こうした社宅・寮は，企業組織の必要的な構成部分として直接に企業経営の目的に資する「業務社宅」と，従業員に生活の本拠を与えて従業員の福利の向上を図り，作業能率の増進や労働力募集の円滑化等を期待して設けられる「通常の社宅」とに類別できる。労基法94条以下が予定する「事業の附属寄宿舎」は，基本的には「業務社宅」に属するということができる[18]。企業内福利厚生とされるのは，主として後者の「通常の社宅」である。企業の法定外福利費の中では，社宅・寮（社有・借り上げ）の補助を中心に住宅関連費の占める割合が大きく[19]，これまで重要な企業内福利厚生のひとつとなってきた。

　企業内福利厚生としての社宅・寮については，建物の貸借関係一般と同様に，その使用関係をめぐり種々の法的問題が生じ得るところである。なかでも，これまで判例上で多く問題となり学説の議論の対象とされた点は，労働契約の終了に伴う，使用者による社宅・寮の明渡請求の可否と明渡猶予期間の程度である[20]。特に，社宅・寮の使用関係に，そもそも借地借家法（借地借家法制定前では旧借家法）の適用があるか否かの問題である。

　この問題についての判例は，旧借家法の適用下にあって住宅難が深刻であった，昭和20〜30年代の相当早い時期に集中している。学説の議論もその時期に集中しているが，判例に対して批判的な議論が展開された。近時においても判例は散見されるが，住宅事情の改善という時代状況を反映してか，明渡請求事例につき判断内容に変化がみられる。

---

[18] 寄宿舎か否かの判断基準については，厚生労働省労働基準局・前掲書（注6) 903頁以下。なお，寄宿舎であっても，寝室が個室であったり，入居費が低廉である等「福利厚生施設」の性格を有する場合には，均等法6条2号にいう「福利厚生」（住宅の貸与）に含まれるとの解釈例規がある（平成18.10.11雇児発1011002号）が，福利厚生施設と寄宿舎とを区別する通常の理解よりもやや広い解釈がなされているものと解される。

[19] 5割前後である（前掲（注3）各調査を参照のこと。）。社宅・寮の実態については，労務行政研究所『福利厚生事情』を参照のこと。

[20] この問題について，1992年時点の学説・判例の状況等では，本書第Ⅰ編第三章が詳しい。また，2023年時点の判例の動向の概略については，本書第Ⅰ編第1章二2を参照のこと。

社宅・寮については，社有か借り上げかに関わりなく，就業規則本体とは別規程や労働協約に規定化される例が大半で，使用関係の終了も含めて企業内規範による規律を受けている。そのため，先の問題は企業内規範の明渡規定の有効性の問題ともなるが，社宅・寮の使用関係を根拠づける契約関係いかんがその先決問題としてある。

(1) 社宅・寮の使用関係の法的性質

この問題の処理にあたっては，社宅・寮の使用関係（これを根拠づける契約関係）の法的性質が明らかでなければならない。その使用関係が賃貸借とされれば，借地借家法の適用があることになる。同法の適用のある賃貸借関係一般と同様に，正当な理由がなければ明渡請求は許されない（同法28条，30条）等の規制を受ける。また，同法違反の社宅・寮規程の部分は無効となる。使用関係が賃貸借とされず，それ以外の契約関係とされれば，借地借家法による保護はないことになる。使用者によって無償の使用が許されるに留まる使用貸借その他の契約関係ということであれば，契約締結の趣旨（目的）に反しない限り明渡請求に正当理由は必要ない。

そして，この点の判断は，社宅・寮の使用関係における次の2つの要素をどのように評価するかによるとされてきた。すなわち，社宅・寮の使用に対して，入居従業員の側から何らかの対価的給付がなされているか否かを示す「有償性」と，社宅・寮の使用関係が従業員としての身分を前提にしているという「特殊性」とである。

この点に関して昭和29年の最高裁判例は，有料社宅の使用関係が賃貸借かその他の契約関係であるかは画一的に決定できず，各場合における契約の趣旨いかんによって定まるとして，個別事例ごとに判断すべしとした[21]。そして，複数の最高裁判例を含むその後の判例は，社宅・寮の使用料の多寡により「有償性」

---

21) 日本セメント事件・最三小判昭29.11.16民集8巻11号2047頁。その後の最高裁判例も同旨の判断を示している。東北電力事件・最二小判昭30.5.13民集9巻6号711頁，武蔵造機事件・最二小判昭31.11.16民集10巻11号1453頁が挙げられる。

(使用料の対価性の有無)を判断するものが多い[22]。社宅・寮の使用料が世間並の家賃相当額(もしくは,これに近い額)であること等で「有償性」が認められるということであれば,賃貸借として借地借家法(旧借家法)の全面適用を肯定している。他方,使用料が寡少であること等で「有償性」が認められない場合には,民法の使用貸借の範疇で捉えられるところとなる[23]。ただし,最高裁の複数の判例も含めて,社宅・寮の使用関係を使用貸借とせず,社宅・寮の「特殊性」を強調して,社宅の使用が従業員たる身分保有の期間に限られる「特殊の契約関係」とするものが多い[24]。

このように使用料の多寡を重要な判断要素とする判例の傾向に対して,学説は,早い時期に示された労働法学説を中心に批判があった[25]。すなわち,使用料の多寡の点からみると,多くの社宅・寮では低廉な場合が多い。しかし,使用料が低廉なケースの中には,労働組合との労働協約により低く抑えられているものや,使用関係開始当時のままに放置されているもの,さらには,かつての家賃統制下で低く抑えられているもの等があり,使用関係の「有償性」を決定する決め手にならないというものである。むしろ,「有償性」を決する事情として,使用者が社宅・寮の提供によって労働力募集の円滑化,能率増進の利益を得ている

---

[22] 前掲日本セメント事件(注21),前掲東北電力事件(注21),神島化学工業事件・最三小判昭39.3.10判時369号21頁。判例は使用料の多寡のみで判断する事例が多いが,より早い時期の判例の中には,有償性(対価性)の判断要素として,使用料の多寡の他に使い道として,社宅・寮の維持費以外に社宅・寮の入居者以外の従業員への通勤手当,社宅手当(住宅手当)として支給していたか否か,社宅・寮の入居従業員につき社宅・寮の使用を現物支給と捉えて所得税の源泉徴収をしていたか否か等の事情を,補強事情として併せ考慮するものもある。例えば,使用料が寮の維持管理費,火災保険料,寮に入っていない従業員への住宅手当の一部等にあてられていたことから,有償性を肯定し賃貸借とした原審を支持した武蔵造機事件・最高裁判決(前掲(注21)),使用料はやや低額ながら増築や修理の費用は入居者が負担し,使用料の領収書に賃料の語が用いられているところから,実質は賃料と判断したもの(横浜地判昭39.10.28判タ170号242頁)等が挙げられる。
[23] 社宅・寮の使用関係を使用貸借とする下級審判例には,単に使用貸借とするものの他に,手数料,公課等が従業員の負担となっている点を捉えて負担付使用貸借とするものや,社宅等の特殊性を併せ考慮して特殊の使用貸借とするもの等がみられる。例えば,川崎重工事件・大阪地判昭30.5.10判時58号21頁他。
[24] 前掲日本セメント事件(注21),前掲東北電力事件(注21),前掲神島化学工業事件(注22)。下級審判例には,使用貸借に類するが賃貸借的効果も生ずることのある一種独特の無名契約とする古い時期のもの(東京電力事件・新潟地長岡支判昭39.7.23判時386号57頁)があったが,近時は,使用関係は利用規程の内容に規律された特殊な契約関係に基づき,賃貸借や使用貸借に関する規定は準用されないとして,最高裁の考え方を踏襲している(東日本旅客鉄道事件・東京地判平9.5.27判タ954号155頁,東日本旅客鉄道(杉並寮)事件・東京地判平9.6.23労判719号25頁)。
[25] これらの議論の詳細については,本書第Ⅰ編第3章三以下を参照のこと。

点が挙げられる。あるいは，社宅・寮の入居従業員ないしこれを含む全従業員が労務を提供していることが挙げられる。社宅・寮の提供が，労務提供に対する直接間接に賃金の一部となっていることに「有償性」を認めようとする考え方である。

使用料が低廉となった事情として指摘されるものの中では，使用開始時に有償性があったかどうかが考慮を要するくらいであろう。その他，有償性を根拠づける事情として指摘されている労務の提供については，社宅・寮の提供を賃金とみて，労務提供と労働契約上の対価関係に立つとみなす取扱いがなされる場合はある。しかし，労務提供が労働契約を超えて，社宅等の使用契約関係における「有償性」（対価的給付性）まで根拠づけるかは疑問であり，有償性は，基本的には使用料の多寡で判断する他ないといえよう。

(2) 労働契約の終了と明渡請求の可否

判例においては，先のような考え方に基づいて，社宅・寮の使用関係が賃貸借関係にあたらないと判断されれば，その「特殊性」から，従業員の身分の喪失とともにその使用関係は終了するとされ，使用者による明渡請求が認められる。大半はこの事例に属する。

他方，社宅・寮の使用関係が賃貸借関係と判断されれば，借地借家法の適用が認められる[26]。賃貸借関係としての使用関係につき明渡請求の可否が問題となる場合には，労働契約の終了が賃貸借関係の終了に要するとされる「正当事由」にあたるかが検討されることになる（同法28条（旧借家法1条の2）。最長入居期間や入居年齢の上限の定め等による終了の場合も同様であろうが，定期建物賃貸借制度（借地借家法38条）等の利用の有無も併せて考慮を要しよう。）。社宅・寮の使用関係の「特殊性」がどう考慮されるかである。この点について，判例には，労働契約の終了が当然に正当事由となるとするか，労使双方の事情につき考慮を要する

---

[26] 賃貸借と判断される場合でも，労働契約の終了による使用関係の終了については，そもそも借地借家法（旧借家法）の適用はないとした早い時期の下級審判例（日立造船事件・横浜地判昭25.4.25下民集1巻4号607頁，東北電力事件・仙台地判（判決年月日不明）民集9巻6号714頁）もあるが，最高裁判例も含めて多くは基本的に借地借家法の適用を認めている。

とするかで判断の違いがみられる[27]。

　次に，明渡猶予期間についてみると，早い時期の判例で賃貸借とした事例については，借地借家法27条（旧借家法3条）が定める6か月とするもの[28]が多い。しかし，近時の判例では，明渡期限を退職時と定める居室貸借契約を有効とし，退職時以降明渡義務が生じるとしたもの[29]等，借地借家法所定の明渡猶予期間より短い明渡期間を定めた社宅・寮規程を有効とする下級審判例も生まれている。

　賃貸借によらない使用関係については，社宅・寮規程所定の明渡猶予期間の有効性を肯定したり，労働契約の終期の経過した日から明渡義務が生じるとする点で，判例の考え方に変遷はみられない[30]。

　とはいえ，明渡猶予期間については，退職理由その他の事情によっては，使用者側に信義則上の配慮が求められると解される。

---

27) 昭和20年代から30年代の住宅難の時期に出された判例では，最高裁判例も含めて，労働契約の終了は使用関係の終了に「強度の正当性を付与する事由」等としつつも，入居希望者の状況や転居先の確保の難易等，使用者と労働者双方の利益を比較考察するものがみられた。神戸製鋼所事件・最一小判昭28.4.23民集7巻4号408頁，日本セメント事件・大阪高判（上告審判決）昭29.4.23高民集7巻3号338頁，横浜地判昭39.10.28判タ170号242頁他。しかし，近時の判例には，労働契約の終了で当然に使用関係も終了することを前提としたものがある。桐和会事件・東京地判平12.5.29労判795号85頁。この点については学説にも同様の対立がある。本書第Ⅰ編第3章93頁以下，99頁以下を参照のこと。
28) 社宅の明渡時期を解約申入から6か月とした，第一審の判断を支持した原審を追認した前掲神戸製鋼所事件（注27）他。住宅難の事情を考慮して，国家公務員宿舎法旧19条（現行18条）が有料宿舎の明渡猶予期間として定める6か月との比較から不当でないとする判例もある。前掲日本セメント事件（注27）。
29) 前掲桐和会事件（注27）。詳細な事実関係は不明であるが，この判例は，賃貸借契約の明渡期限は退職するまでとの不確定期限を付しても，賃貸人側の事情にかからしめられているわけではないので，賃貸借の終了時期等について賃借人に不利な特約を禁止する借地借家法30条に照らし無効であるとはいえないとして，解雇の効力発生日の翌日から明渡義務が発生するとしている。同様の判断例として，X社事件（宇都宮地判平18.8.28労経速1947号19頁）がある。
30) 前掲日本セメント事件（注21），前掲東北電力事件（注21），前掲神戸製鋼所事件（注27）他。近時では，共同都心住宅販売事件・東京地判平13.2.27労判812号48頁，日立金属商事事件・東京地判平15.2.7労経速1835号20頁。なお，早い時期の判例には，賃貸借関係以外の使用関係についても，明け渡しに相当期間の猶予が必要とするものもあった。那須アルミニューム製造所事件・東京地判昭27.4.26下民集3巻4号584頁，首都高速道路公団事件・東京地判（控訴審）昭49.4.22判時756号89頁。

2 団体定期保険をめぐる問題

　企業等の団体が，1年を保険期間として保険契約者となり，企業の構成員を一括して被保険者として保険契約を結ぶタイプの生命保険が，団体定期保険と呼ばれる。企業の場合，被保険者を特定の役職者（取締役や役員）に限定する例の他，全従業員とする場合も少なくない。役職者あるいは従業員の各個人を被保険者とする個人保険タイプの事業保険[31]とともに，長らく活用されてきた。これらの保険は，被保険者である役職者ないし従業員の死亡や高度障害に対応して，死亡退職金や弔慰金あるいは障害給付金等や遺族の生活保障の財源とすることを付保目的としている点で，従業員の企業内福利厚生関連の制度とされてきた[32]。

　この団体定期保険については，特に企業が保険料を負担し保険金受取人も企業となるタイプ（Ａグループ保険[33]）について，事業保険と同様に，平成期に入り死亡保険金の帰属をめぐって企業と死亡従業員の遺族との間で紛争が頻発した。業界団体では，平成8年に，後述する新商品（総合福祉団体定期保険）を整備し，平成9年4月以降，これへの契約切替を進めることで紛争発生の終息を図っている[34]。

(1) 団体定期保険をめぐる紛争

　団体定期保険は，保険契約者と被保険者が異なる保険であり，「他人の生命の保険契約」にあたることから，被保険者自身が保険金の受取人に指定されない限り，被保険者の同意が保険契約の効力発生要件とされている（商法674条1項。

---

31) 企業が保険者となり，従業員を被保険者として締結する生命保険には，団体定期保険の他に事業保険がある。事業保険は，従業員数において団体定期保険への加入ができない小規模企業が，個人保険を利用する形で加入するタイプの保険である。
32) 企業内福利厚生制度として，生命保険の他，交通傷害保険，損害保険等の私的保険制度への拠出金の補助を行う例がある。
33) 団体定期保険，事業保険については，井野直幸「他人の生命の保険契約」塩崎勤・山下丈編『新・裁判実務体系19　保険関係訴訟法』（青林書院，2005年）231頁を参照のこと。
34) 事業保険においては，他の生命保険契約と同様に，申込書に「被保険者の同意」欄が設けられている。また，保険会社は行政指導によって，昭和58年からすでに，保険契約に際し保険契約者となる企業より，保険金の全部ないし相当部分の使途を死亡退職金・弔慰金にあてる旨等を記載した付保規定（生命保険契約付保に関する規定）文書を提出させており，裁判上の重要な判断資料となっている。裁判例の多くは，この付保規定文書により保険契約が締結された事例であり，遺族への保険金相当額の帰属を認めている。世良工業事件・大阪地判平11.3.19労判762号28頁。

筆者追記：平成20年の商法改正により現行の保険法が制定されることで、同条は削除され、保険法38条が現行規定となっている。）。保険金殺人等の犯罪誘発や賭博・投機（不労の利得）対象とされる等の濫用その他の問題発生を防止することがその趣旨である。しかし，企業による団体定期保険の場合，本人の同意ではなく，労働組合への通知やその了解レベルに留めたり，そうした手続すらない実態がみられた。また，支払われた保険金が制度の趣旨どおりに従業員の企業内福利厚生や遺族の生活費にあてられないか，あてられても受取保険金のわずかな部分に留まる事例も生じていた。特にこうした事例において，死亡従業員の遺族によって，保険金の帰属が裁判上で争われる事例が頻発した[35]。

団体定期保険をめぐる紛争の裁判上の主要な争点は，①保険加入が労組への通知に留められる等の実態の下で，当該保険契約は被保険者の同意という点でそもそも有効か，②遺族への保険金帰属の法的根拠の有無である[36]。下級審判例においては，①について，被保険者の同意を緩やかに解して，労働組合の同意やこれへの通知を本人の同意とみなす判断がされている[37]。そして，②については，受取保険金の額に比して遺族の受取額が少額な事例について，一方で，労働協約や就業規則において死亡退職金や弔慰金につき支給基準や額が定まっている場合や，遺族以外への保険金支出につき合意がある場合には，被保険者の同意がある以上問題はないとして，遺族の請求を退ける判断をするもの[38]がある。他方で，特に一般の従業員が被保険者となる場合について，就業規則等のそうした規定の有無に関わりなく，企業が企業内福利厚生等にあてる額をはるかに超える保険金を受け取ることは，不労の利得として公序良俗に反し許されないとするもの[39]，あるいは諸般の事情から遺族に保険金の相当額が支払われると

---

[35] 紛争事例には，企業の役員につき問題となった事例と，従業員につき問題となった事例がある。以下では，従業員につき問題となった事例につき主として言及している。

[36] 判例分析については，山野嘉朗「他人の生命の保険契約」金融・商事判例1135号（2002年）66頁，井野・前掲論文（注33）235頁他。

[37] 厳格解釈を示した判例には，被保険者の同意は個々人の個別的具体的でなければならず，各支社の総括部長への通知では足りないとして保険契約を無効とした事例（文化シャッター事件平9.3.24労判713号39頁）があるくらいである。商法学説には下級審判例の傾向を支持するとみられるものが多い。江頭憲治郎「他人の生命の保険契約」ジュリスト764号（1982年）62頁以下他。

[38] 高山電設事件・神戸地判平10.12.21労判764号77頁，住友金属工業（団体定期保険第1）事件・名古屋高判平14.4.26労判829号12頁他。役員等につき問題となった事例では，この見解に立つ判例が多い。例えば，祥風会事件・東京高判平11.11.17労判787号69頁。

[39] 名古屋地判平14.4.24判タ1123号237頁，後掲（注40）掲記の判例。

の明示ないし，黙示の合意が企業と被保険者との間にあったとするもの[40]，さらには第三者のためにする契約構成による[41]等，遺族への保険金帰属の法的根拠を模索するものがあり[42]，下級審レベルでは対立がみられた。学説上は，後者の下級審の考え方について法律構成にやや無理があるものの，企業内福利厚生としての団体定期保険の趣旨からすれば，妥当な利害調整の手法との評価がこれまで多い[43]。

これに対して最高裁は，下級審判例による①の点の緩やかな判断傾向を追認しつつ，②については，保険金の運用が従業員の企業内福利厚生の拡充を図る趣旨から逸脱していたとしても，被保険者の同意のみを要件とし，保険金額に見合う被保険利益の裏づけを要求していない現在の立法政策の下では，被保険者の同意がある以上保険契約は公序違反にならない。また，就業規則等所定の額を超えて保険金を遺族に支払う明示，黙示の合意も認められないとの判断を示すに至っている[44]。

①の点については，従業員が保険契約の存在すら知らない場合や知っていても異議を述べる機会が与えられない場合等には，商法674条1項（筆者追記：現行

---

40) 明示・黙示の合意の法律構成を取る判例が多い。団体定期保険関連では，東映視覚事件・青森地弘前支判平 8.4.26 労判 703 号 65 頁，秋田運輸事件・名古屋地判平 10.9.16 判時 1656 号 147 頁，同控訴審・名古屋高判平 11.5.31 労判 764 号 20 頁，弔慰金請求事件・東京地判平 11.8.26 労タ 1063 号 242 頁，住友金属工業（団体生命保険第 1）事件・名古屋地判平 13.2.5 労判 808 号 62 頁他。諸般の事情としては，保険の制度趣旨を中心に，保険加入の経緯，保険料の負担関係その他が考慮されている。

41) 住友金属工業（団体定期保険 2）事件・名古屋地判平 13.3.6 労判 808 号 30 頁，同事件・名古屋高判平 14.4.24 労判 829 号 38 頁。

42) 遺族への配分額については，事例によって判断が異なるが，受取保険金から企業が負担した保険料総額を控除し，残りの2分の1相当額から遺族への既払分を差し引いた額とするものが多い。

43) 商法学説の分析については，山下典孝「他人の生命の保険契約」塩崎勤編『生命保険・損害保険現代裁判法体系25』（新日本法規出版，1998年）31頁以下，労働法学説では，宮島尚史「団体定期生命保険の違憲・違法と労働者の権利について」学習院大学法学研究年報30号（1995年）45頁以下，品田充儀（判評）労働判例百選（7版）（有斐閣，2002年）104頁，表田充生（判評）民商128巻3号（2003年）369頁他。

44) 住友軽金属工業（団体定期保険第 1）事件・最三小判平 18.4.11 労判 915 号 26 頁，住友軽金属工業（団体定期保険第 2）事件・最三小判平 18.4.11 労判 915 号 51 頁。ただし，後者の判決には，①の点について，組合執行役員以外のほとんどの従業員が保険契約の存在すら知らない状況下では，被保険者の同意はなく保険契約は無効とする上田裁判官の補足意見と，②の点につき，原審の判断は苦心の理論構成であるとしても，当事者の意思を離れて保険契約の内容を決定できないが，会社が保険金を保持することの正当性は別問題とする藤田裁判官の補足意見が付されている。これらの最高裁判例につき批判的な評価として，山下友信「団体定期保険と保険金の帰趨」NBL834 号（2006 年）12 頁，水島郁子「団体定期保険契約と被保険者の同意」日本労働法学会誌108 号（2006 年）224 頁がある。なお，宮坂昌利（時の判例）ジュリスト1330号（2007）145頁も参照のこと。

の保険法38条）にいう被保険者の同意の存在は認められず，保険契約は無効というほかないと考えられる。そう解すると，遺族は保険金の受取がそもそもできないことになるが，遺族による保険金請求に対して，会社側が保険契約無効の主張を行うことは信義則違反として許されないという判断は可能であろう。②の点については，旧団体定期保険については，従業員の企業内福利厚生を趣旨としつつも，保険金の使途について，遺族の生活保障に加えて従業員全体の企業内福利厚生にも及び得るし，一部にしろ使用者の諸費用（死亡労働者の代替労働者の採用・育成費等）の填補としての機能も含み得る制度として設計されたという他ない。したがって，最高裁判決の判示のとおり，死亡退職金や弔慰金に関し，就業規則や労働協約あるいは個別の労働契約において定めがある場合には，たとえ受領保険金の額に比してそこで定められた額が低額であっても，これによる他ないといえよう。定めがない場合には，制度の趣旨に照らして，下級審判例にみられた公序違反や黙示の合意の擬制による処理方法が許容されると解される。就業規則等の企業内規範に定めのある場合については，最高裁の判断が相当とはいえ，保険金の使途が従業員（その遺族）の企業内福利厚生以外で大幅に認められることになる点は，制度趣旨の点からみて妥当とはいえないことは確かである。

(2) 総合福祉団体定期保険

　こうした点も踏まえて，紛争の多い団体定期保険の問題点（被保険者の同意・保険金額の設定基準・保険金額の帰属それぞれの不明確性等）を修復すべく，すでに平成8年11月に業界団体によって新たな商品として総合福祉団体定期保険が整備され，保険契約への切替が順次進められて今日に至っている[45]が，保険加入率はやや低下している[46]。この保険は，被保険者となる従業員への通知と不同意の申出の機会を付与することとして，被保険者となる従業員の同意の存在を明確なものとしたり，遺族に帰属する保険金部分を定める主契約と，企業に帰属

---

45) 新制度については，例えば，井野・前掲論文（注33）251頁。監督官庁および業界団体による問題対応の経緯等も含めた情報については，前掲（注40, 41）掲記の2件の名古屋地裁判決に詳しい。
46) 加入率をみると，旧制度下では，平成7年末の調査では，A，B各グループ保険がそれぞれ76.3%，70.2%と高率であったが，新制度導入後は，平成11年末から平成12年初めの調査では，66.9%，平成15年末から平成16年初めの調査では54.3%と低下している。各年対象の『福利厚生事情』（労務行政研究所）による。

する保険金部分であるヒューマン・バリュー特約とを分離して保険金額の設定基準を示し，保険金の帰属をめぐる争いを防止している。

この新保険制度の下ではこれまでのような紛争は生じにくいといえる[47]が，個人保険タイプである事業保険では同様の対策がされていないため，紛争の余地がまだ残るともいえ[48]，立法規制の観点から検討する必要性も指摘されている[49]。

3　留学・研修補助をめぐる問題

使用者は，企業内福利厚生の一環として，従業員に対して金銭的な補助を様々に行っている。借り上げ社宅における家賃補助，持家や各種の私的保険の保険料への補助，あるいはレクリエーション活動等に対する金銭的補助等々である。その中には，会社業務に対して，現在というよりは将来の貢献を期待する趣旨でなされる補助も含まれる。留学や研修等の能力開発関連の補助がその典型である。こうした補助については，その他の補助とは異なり，労働契約の締結や一定期間の勤続の条件が果たされなければ，補助の全額ないし一部を返還させることを合意したり，その旨を就業規則で定める例がみられる[50]。先のような補助の趣旨を確保するねらいである。こうした取扱い（合意）が，労基法16条が禁止する違約金や賠償予定にあたり違法であるかどうかや，労働契約期間の上限を定めた労基法14条違反となるかどうかが問題となっている（筆者追記：2023年時点の判例の動向については，本書第Ⅰ編第1章二2を参照のこと。）。

---

47) 被保険者の同意があれば，保険契約者が保険金の受取人を別に定め得るとする主契約約款規定には，問題があるとの指摘がある。井野・前掲論文（注33）253頁，山野嘉朗「団体定期保険契約の効力・効果」判タ933号（1997年）42頁。
48) 事業保険については，既述のとおり（注34），付保規定文書による保険契約の締結により紛争の発生が防止されているが，事業保険自体は，他の個人生命保険や総合福祉定期保険の主契約とは異なり，遺族の生活保障だけを目的とするものではなく，従業員全体の企業内福利厚生等も副次的にせよ付保目的に含めることも可能とされている。したがって，就業規則等に保険金支払の基準につき付保規定文書と異なる定め等があれば，この定めが，最高裁判例の考え方に従って保険契約時の合意内容として尊重される余地がある。事業保険と総合福祉定期保険との違いを判示するものとして，倉持（総合福祉団体生命保険）事件・東京地判平14.10.21労判842号68頁。古笛恵子（判批）判タ972号（1998年）67頁以下も参照のこと。
49) 山野・前掲論文（注47）45-46頁。
50) 一定期間の勤続を条件とする場合にこれに労働契約の締結を条件に加える事例，あるいは退職後の一定期間内の同業他社へ就職しないことを条件とする事例もみられる。

労基法16条は，労働者による労働契約の不履行や不法行為につき，労働者ないし身元保証人と違約金ないし一定額の損害賠償金の支払を約することが，労働の強制，労働者の自由意思の不当な拘束，使用者への隷属を生み，労働関係の継続の強制につながること等を防止する趣旨である。労働者の退職の自由への制約防止もその趣旨に含まれると解される[51]。長期労働契約による人身拘束の弊害排除を趣旨とする労基法14条等とともに，戦前にみられた悪弊を除去するために設けられた規定であるが，留学・研修費用の条件付補助等の処理にその現代的意義が認められている[52]。

判例は，留学補助に先行して労基法16条違反が問題となる事例の多かった研修補助について，制度の利用が労働者の自由意思によるものか，返還金額が合理的実費の範囲内か，費用は会社による立替金としての性質を有するか，返還免除の条件とされる勤続期間が短期か等の事情を総合考慮して，研修費返還の合意が，労働者に対して労働関係の継続を不当に強制することになるのかどうかを判断する手法を，当初は用いた[53]。

その後，判例は，特に留学費用の返還義務についての合意の効力について，本来，そうした費用が使用者の側で負担すべき教育訓練費（実費弁償）であり，費用返還請求は制裁としての性格を帯びるものか，それとも労働者の側で負担すべき費用ながら使用者が立替えた費用（金銭消費貸借関係）に過ぎないかを，「業務性の有無」と称して判断し，これを最重要の判断基準とする考え方を採用する

---

51) 厚生労働省労働基準局編・前掲書（注4）232-233頁。
52) 留学・研修補助のような現代的問題を，そもそも旧来の悪弊排除を趣旨とする労基法16条の問題とすることに疑問を呈し，制度内容・運用の合理性の有無の問題として捉えるべきであると主張する学説も散見される。例えば，國武輝久（判評）労判750号（1999年）6頁，川田知子（判評）労判766号（1999年）15頁他。
53) 例えば，1年以内の退職につき社内技能者訓練費用を返還させる旨の誓約書につき労基法16条違反が問題となった刑事事件であるが，大阪高判昭43.2.28 判時517号85頁。河合楽器製作所事件・静岡地判（控訴審）昭52.12.23 労判295号60頁等。こうした手法を支持すると思われる学説には，例えば，秋山幹男・NBL283号（1983年）51頁，浜田冨士郎「退職の制限」別冊ジュリスト98号（1988年）23頁，岩出誠（判評）ジュリスト1047号（1994年）125頁。

に至っている[54]。使用者が支出する費用のうち留学・研修補助が，自己啓発のための企業内福利厚生にあたるのか，出張旅費等の必要経費である「業務費」（実費弁償）（場合によっては賃金[55]）にあたるのかの区別により判断する手法といえよう。

　この区別については，制度利用が労働者の自由意思か業務命令のいずれによるのか，制度の趣旨や教育訓練における位置づけ，留学先・専攻内容と本来業務との関連性，留学中の生活の状況（業務への従事の有無）等の具体的事実を総合判断のうえ結論が導かれている[56]。

　こうした手法は，留学・研修補助について労基法16条違反の事例を合理的に限定することで，労働者にとって有意義といえる留学・研修制度の存続を前提に，労使の利害調整に配慮した政策的意義を持っていると解される[57]。また，労基法16条等違反の有無についての予測可能性を比較的確保しやすいといった点等からも説得的である。とはいえ，留学・研修の「業務性の有無」と労基法16条が想定する労働契約の締結・解約（退職）の自由への制約の有無とは必ずしも一致しないというべきである。企業内福利厚生として支給される留学・研修補助でも，そうした自由を制約する効果を無視できない事例があり得るし，逆に「業務費」である留学・研修費用の返還合意であっても，そうした自由を制約しない程度に留まり，当事者の契約の自由に委ねても問題ない事例[58]もあるとい

---

54) 留学費用についての最近の判例は，ほぼこの考え方によっている。長谷工コーポレーション事件・東京地判平9.5.26労判717号14頁，富士重工業事件・東京地判平10.3.17労判734号15頁，新日本證券事件・東京地判平10.9.25労判746号7頁，野村證券事件・東京地判平14.4.16労判827号40頁，明治生命保険事件・東京地判平15.12.24労判881号88頁，同事件・東京地判平16.1.26労判872号46頁他。研修費用についても，サロン・ド・リリー事件・浦和地判昭61.5.30労判489号85頁，和幸会事件・大阪地判平14.11.1労判840号32頁，徳島健康生活協同組合事件・徳島地判平14.8.21労判849号95頁他（ただし，和幸会事件では，労働契約締結前に入学した看護学校での修学資金の条件付貸付の合意の効力が問題となり，労働契約とは別個の金銭消費貸借契約が成立しているとしつつ，貸付が強制であったことや契約の内容が看護婦確保を前提としていること等から，労基法16条等に違反するとされている。）。学説では，すでに菅野和夫『労働法・3版』（弘文堂，1993年）132頁。
55) 退職労働者は，1年の勤続を条件に月割額の形で毎月支給される勤続奨励手当につき，条件不成就の場合，これを返還する旨の合意について，当該手当は労務の対価として賃金の一部たる実質を持ち，労基法16条等違反として無効とした判例がある。前掲東箱根開発事件（注9）。
56) 大学教員の留学費用返還請求事例での業務性判断については，大阪高判平15.1.16（判例集未登載，表田充生（判評）民商131巻6号（2005）935頁を参照のこと。）。
57) この点を明示する判例として，前掲野村證券事件・前掲（注54）。
58) ただし，使用者が本来負担すべき研修費（月2万円）を労働者に負担させる合意は，賃金を不当に減額し公序良俗に違反するとの判例がある。授業料請求事件・札幌地判平17.7.14 LEX/DB28101552。

えよう。いずれの場合も，厳密にいえば，返還額の範囲や返還免除の条件となる勤続期間等を，「事業性の有無」の補完的な事情として考慮し得られる結論といえよう59)。いずれにしても，企業内福利厚生にあたる事例については，労基法16条の適用から原則的に除外する立法規制のレベルで対応しつつ60)，「業務費」にあたる事例については，労基法16条の解釈として処理するのが妥当といえよう。

また，労基法16条は一定額の損害賠償の予定を禁じるが，実損害への使用者による賠償請求や労働者との賠償合意を禁止するものではない61)。たとえ「業務費」にあたるとされる留学・研修費用の返還請求の事例であっても，使用者は労働者の退職により何らかの実損害を被ることは考えられる。留学・研修補助が実損害とみなされるかは議論のあるところであろうが，使用者による損害賠償請求を認めてよい事例があるのではないかと考えられる62)。

---

59) 返還期間について同様の作業を行っている判例には，例えば，野村證券事件・前掲（注54）。学説では，大内伸哉（判評）ジュリスト1130号（1998年）135頁。厚生労働省労働基準局編・前掲書（注4）236頁も同旨と思われる。他方，返還義務（返還額）の点については，信義則の問題として処理すべきとするもの（前掲長谷工コーポレーション事件（注54））や返還義務が生じる退職の概念についての解釈や権利濫用の法理により妥当な解決が可能とするもの（前掲野村證券事件（注54））等がある。
60) 例えば，平成17年9月に公表された厚生労働省の「今後の労働契約法制の在り方に関する研究会報告書」では，業務性のない留学については労基法16条の適用外としつつ，留学費用が返還免除される勤務期間を最長5年までとし，その間の退職であれば費用の全額返還請求も許されるとの規定を労働契約法に設けることを提案している。
61) 昭和22.9.13発基17号。
62) 他の病院での研修期間中の医師に勤務先病院が支給した，引越費用および給与等の「補給金」につき，研修後勤務しない場合には返還する旨の合意につき，「補給金」は本来，使用者となる病院が負担すべき性質のものであったとして，労基法16条に違反し無効としつつも，他方で，研修後5か月半で退職した当該医師に対して，当該医師の勤務を見込んで病院がした数千万円の投資に見合った勤務をしなかった労働契約の債務不履行があるとして，「補給金」と同額の損害賠償請求を認容した判例（前掲徳島健康生活協同組合事件（注54））がある。なお，労働者の損害賠償責任一般を信義則の観点から制限的に処理する判例の傾向については，ひとまず，菅野和夫『労働法・第7版補正2版』（弘文堂，2007年）70頁以下を参照のこと。

四　小括

　以上，福利厚生一般と個別の企業内福利厚生事例の，労働法上の諸問題について検討を試みた。企業内福利厚生の今後について考える場合，立法規制のレベルでの対応のあり方の検討が欠かせない。この点では，少なくとも次の諸点がその対象となるべきであろう。

　まず，企業内福利厚生のなかで普及度が高く別規程が設けられる例の多い事項（社宅・寮，各種貸付制度等）については，労基法15条の明示事項化することや，同法89条の必要記載事項として包括規定（同条10号）で対応するのではなく，具体的に列挙させることが検討されてよい。企業内福利厚生に関する規程が単なる内規に留められやすい実態があり，運用をめぐり生じる紛争を防止することや，職場での均等待遇確保の観点から考えられてよい[63]。また，非正規雇用に対する企業内福利厚生のあり方についても，雇用の良好な選択肢の提供の実現につき企業内福利厚生が果たす機能は無視できないといえ，検討を要しよう。そして，個別の企業内福利厚生については，本章で取り上げた事例等につき，紛争防止の観点から立法規制の要否と内容とが検討される必要がある[64]。

---

[63] 平成5年の「労働基準法研究会報告」では，社宅等の重要な企業内福利厚生に関する事項について書面による明示と就業規則の記載事項化が提案されている。
[64] 平成5年の前掲報告（注63），さらには，前掲報告書（注60）では，留学・研修費用の返還問題の立法的解決が提案されている。

第5章

カフェテリアプランと
労働法上の諸問題

一　はじめに

　本章は，わが国とドイツの企業内福利厚生に関する比較法研究の一環として，近時，わが国において，企業内福利厚生の運営管理制度として注目されているカフェテリアプランを取り上げ，わが国の労働法の観点から，検討を加えることを目的としている。

　わが国においては，1990年代に入り，企業内福利厚生制度の新たな形態として，カフェテリアプラン導入の是非が本格的に検討され始めた。カフェテリアプランは，企業内福利厚生に属する複数の制度を選択可能なメニューとして用意し，労働者にメニューの中からの自由な選択を保障する，企業内福利厚生の運営管理制度である。簡易食堂（カフェテリア）等での注文方式に類似していることから，こうした名称が用いられている。最初にアメリカにおいて，この制度が導入されたといわれている。アメリカのカフェテリアプランでは，1970年代末に，租税制度上でこれに対する優遇措置のための法的整備がなされた。そして，1980年代以降に企業での導入が進んだといわれている[1]。

---

[1]　アメリカのカフェテリアプランについては，例えば，企業厚生研究会『ヒューマンな企業厚生』（ぎょうせい，1993）122頁以下，石田英夫「米国の選択的福利厚生制度」日本労働研究雑誌429号（日本労働協会，1995）2頁以下，岡田義晴『スーパー・カフェテリア・プランのすすめ』（労務研究所，1999）10頁以下，桐木逸朗「こうすれば成功する日本型カフェテリアプラン」第1回・労働事情964号（2000）44頁以下，第6回・労働事情973号（2000）36頁以下その他を参照のこと。

他方，わが国においては，政府の研究会レベルでのカフェテリアプランについての議論や検討としては，1991年10月に旧労働省に設置された「企業厚生研究会」による検討あたりに遡る[2]。そして，1995年にベネッセコーポレーションが，この制度を日本企業で初めて導入したとされている。その後，導入を開始する企業や地方自治体が徐々にではあるが増加している。カフェテリアプランが今後，短時日にわが国の企業内福利厚生の主流になるとまではいえないとしても，社会経済情勢の変化や労働者ニーズの多様化等もあって，その導入例は着実に増加していくものと推測される。

企業内福利厚生の新しい運営管理形態として注目されているカフェテリアプランについて，その運用や導入をめぐって，これまで労働法上で問題となった裁判例はないようである。それでも，カフェテリアプランをめぐり生じる問題は，わが国の企業内福利厚生に占める普及度の高まりに照らし合わせれば，企業内福利厚生についての労働法の視点からの研究において，検討を欠かせないテーマであるというべきである。カフェテリアプランをめぐる先行研究は，これまで経営学や人的資源管理論といった分野に限られている。これら先行研究による研究成果を参考にしつつ，カフェテリアプランの導入や運用をめぐり，どのような労働法上の問題が生じ得るのか，あるいはこの制度に特有の労働法上の問題はないのか，といった点からの検討を試みておく意義は小さくない。

また，企業内福利厚生をめぐる近時の変化として，カフェテリアプランの導入以外に，企業内福利厚生のアウトソーシング（外注化）と賃金化が挙げられている[3]。カフェテリアプランの導入企業数の増加は，これらによるところが小さくない。カフェテリアプランについての検討と併せて，これらの点についても

---

2) 企業厚生研究会・前掲報告書（注1）を参照のこと。この他，1990年代のカフェテリアプランに関する政府レベルの研究会報告には，カフェテリアプラン研究会報告（『多様化時代の企業厚生―日本型カフェテリアプランの研究』（ぎょうせい，1994）），新カフェテリアプラン研究会報告（『実践カフェテリアプラン』（ぎょうせい，1995）），日本型カフェテリアプラン研究会報告（シニアプラン開発機構『日本型カフェテリアプランの実際』（ぎょうせい，1996））等を挙げることができる。2000年以降では，企業ライフプラン研究会『カフェテリアプラン部会報告書』（労務研究所，2003）等がある。

3) 伊藤健一「企業福祉の再編成とカフェテリアプラン」『新・日本的経営と労務管理』（ミネルヴァ書房，2000）107頁以下。カフェテリアプランとアウトソーシングの関係に言及した論考に，西久保浩二「福利厚生の現状と今後の方向性」日本労働研究雑誌564号（2007）13頁以下，編集部「総合福祉厚生代行システムとカフェテリアプラン」生涯総合福祉711号（2008）2頁以下，その他，21世紀における福利厚生のあり方について論じた文献として，例えば，西久保浩二『進化する福利厚生』（労務研究所，2008）がある。

労働法の視点から検討を行っておく必要がある。

さらに、企業内福利厚生は、公的年金や公的な健康保険等の法律上の福利費の対象となる福利厚生のあり方とも連動している。カフェテリアプランの問題は、労務管理や労働法上の問題としての側面だけでなく、法律上の福利厚生を含む社会保障制度の今後のあり様とも深く関わる政策的問題としての側面も併せ持っていることも重要である。

二 カフェテリアプランの概念と導入の経緯

1 カフェテリアプランの概念と特徴

カフェテリアプランは、福利厚生のうちでも、企業内福利厚生の運用管理制度である。公的年金や公的な健康保険のような特定の立法に根拠を持つ法律上の福利厚生の対象となる福利厚生と区別される。カフェテリアプランの具体的な内容は、所定の期間内に、労働者個々に配分された福利厚生額(多くは、金銭単位ではなく、クレジットないしポイントの形態で配分される。)の枠内で、複数用意された福利厚生メニューの中から、労働者個々が自由に選択して利用できる制度と説明されている。選択の柔軟性を持つことから、フレキシブルプラン(フレキシブルベネフィット)ないしフレックスプランとも呼ばれている[4]。

カフェテリアプランには、提供するすべての企業内福利厚生メニューから自由に選択できるようにしたタイプもあれば、従業員に選択の余地なく全従業員に適用になるコアメニューと、従業員が自由に選択できるフレキシブルメニューを組み合わせるタイプもある。さらには、特定メニューの利用を推奨するねらいで、配分ポイントが加算されたメニューをまとめてインセンティブメニューとし、これを第3のメニュー群として付加するタイプもある[5]。

ところで、わが国の従来の企業内福利厚生制度において、カフェテリアプランのように、福利厚生メニューについて従業員に選択権を与える管理運営方式

---

[4] 桐木逸朗・前掲連載解説(注1)第2回(労務事情966号(2000))45頁、新カフェテリアプラン研究会報告・前掲書(注2)51頁。
[5] カフェテリアプラン研究会報告・前掲書(注2)48頁。

がなかったわけではない。共済会方式や日本型企業福祉自由選択方式と呼ばれる方式が、その例として挙げられる[6]。共済会方式は、自主的ないしは企業の委託を受けて、労使協同の福祉推進機関が行う企業内福利厚生制度の総称である。企業内福利厚生制度の中では最も古い歴史を持つ。わが国でも、すでに19世紀末にその事例がみられるとされている[7]。従業員の会費と企業の拠出金を主たる財源とし、その枠内での運用が予定されていた。

他方、日本型企業福祉自由選択方式は、共済会方式とは異なり、企業のみが必要経費を負担する。この点はカフェテリアプランと同様であるが、カフェテリアプランが日本に導入される時期より20年程度前にあたる1975年頃から広がったとされる。

これら共済会方式および日本型企業福祉自由選択方式が共通してカフェテリアプランと異なる点は、個々の従業員が一定期間内に利用できる福利厚生費の限度を設定しないことである。あくまで、後述する「必要性の原則」によって、労働者側にニーズが生じる都度に対応できるように、福利厚生費の利用額の限度を設定していないのである。そのため、カフェテリアプランと比較すると、これらの制度には、①企業から強制的に給付されるもの以外はすべて選択の対象となっていて、カフェテリアプランよりもメニューの範囲が広いこと、②利用の必要性を重視することで利用の公平性は確保されるが、利用額の公平性は軽視されること、③利用権に有効期限を定める必要がないこと、④従業員個々について、年間利用計画を登録させたり、ポイントの消化状況を記録管理したりすることが通例なされないこと、といった点に特徴がある。

2　カフェテリアプラン導入の経緯

ところで、わが国においては、どのような事情でカフェテリアプランが導入されるようになったのであろうか。その導入の経緯と趣旨についてみておこう。

まず、最初にカフェテリアプランを導入したアメリカでの経緯についてみる

---

[6]　桐木逸朗・前掲連載解説（注1）第4回（労務事情969号（2000））68頁以下、第8回（労務事情977号（2000））36頁以下。

[7]　共済制度の歴史については、ひとまず、永野俊雄「わが国の労働者共済の起源」生涯総合福祉637号（2001）9頁、639号（2002）23頁、同「企業内共済会制度の歴史」生涯総合福祉621号、626号（以上2000）、628-634号、636号（以上2001）を参照のこと。

と，次のように説明されている[8]。周知のとおり，アメリカにおいては，公的な国民皆保険制度が整備されてこなかった。従業員の医療保険についても，団体医療保険制度によってカバーされてきた[9]。その保険料は，企業が企業内福利厚生の一環として負担してきた。1970年代に入り，高齢化等の進展とともに医療費支出が拡大し，医療費に対応して保険料が決まる団体医療保険制度では，企業の保険料負担が増大した[10]。その対応策として，利用額の上限を定める制度が必要とされたことが，カフェテリアプラン導入の最大の理由とされている。その他，多様化する従業員ニーズへの対応，租税制度の改正による優遇措置の導入等も副次的理由として挙げられてきた。

これに対して，わが国においては，アメリカでみられた団体医療保険の保険料負担の増大は，国民皆保険制度を含む法律上の福利厚生制度の充実によって問題となってこなかった。また，わが国には，カフェテリアプランについて，アメリカのような租税制度上の優遇措置が存在していない[11]。わが国におけるカフェテリアプランの導入理由は，アメリカでのカフェテリアプラン導入の副次的理由により近い。1990年代から2000年初めにかけて旧厚生省レベルの研究会等の報告書においても，以下のとおり，多様な事情が導入理由として想定され，指摘されてきた[12]。

まず挙げられるのが，①労働者の価値観の変化である。仕事一辺倒の価値観から個人生活や家庭生活を重視する傾向や，生活のゆとりや多様性を重視する傾向への移行が挙げられる。あるいは，②伝統的な家族形態以外の家族形態への対応の必要性（ニーズの多様化），③雇用形態の多様化と流動化といった点も

---

[8] 西久保浩二『戦略的福利厚生』（社会経済生産性本部，2004）289頁以下。

[9] 2010年3月にアメリカでは，オバマ政権が，公的医療保険の国民皆保険化法案を成立させるまでは，医療保険の適用を受けるには，雇用労働者については，雇用企業が団体医療保険に加入し，それ以外では，低所得者，高齢者を除いては，私的保険への加入が必要とされていた。

[10] 石田英夫・前掲論文（注1）2-3頁を参照のこと。

[11] 個々のメニューごとに課税，非課税を判断することとされている（国税速報平成7.11.13第4800号）。秋谷貴洋「企業福祉のゆくえ—第8回カフェテリア・プラン（フレキシブル・プラン）」労務事情1001号（2002）53-54頁。ただし，わが国の企業厚生への課税については，法人税につき優遇されている。例えば，持家の利子補充が3％未満となっている。カフェテリアプラン研究会報告・前掲書（注2）53頁。

[12] 企業厚生研究会報告・前掲書（注1）10頁以下，46頁以下，カフェテリアプラン研究会報告・前掲書（注2）47頁，新カフェテリアプラン研究会報告・前掲書（注2）24頁以下，伊藤・前掲論文（注3）121頁以下，118頁以下，桐木逸朗・前掲連載解説（注1）第3回（労務事情968号（2000）），28頁。福利厚生の現状と今後の方向性を検討する論考として，西久保浩二・前掲論文（注3）4頁以下がある。

挙げられる。あるいは，④女性就業者の増加や，高齢化の進展に伴う高齢者への雇用機会の確保の必要性および老後生活の保障の必要性の高まり，⑤企業競争力の維持向上のための人材確保・育成に合った人材管理の重視，外国人労働者の採用等，企業の国際化等による企業環境の変化も指摘されている。さらには，⑥社会保障制度の持つ画一性と限界によって，企業内福利厚生の位置づけが「社会保障の補完」から「機能分担」へと変容していること，⑦企業内福利厚生のあり方について，企業への労働者の依存心を強めるばら撒き型から，「自由と自己責任」型への移行の要請，⑧企業内福利厚生に要する法定外福利厚生費の効率化の要請，⑨企業福祉への企業意思の反映（能力開発型，自己啓発・自己研鑽型といった能力・成果主義への移行），⑩企業福祉の平等な利用の要請，といった諸事情が挙げられている。

実際，わが国におけるカフェテリアプラン導入の趣旨は，上記のどれを重視するかは導入企業や官公庁によって区々である。同じカフェテリアプランでも，導入の趣旨によって，①自己啓発給付の多い従業員自立支援・意識改革目的型，②導入しやすい給付の採用が目立つ，制度未整備企業での人材確保等目的の導入型，③給付メニューの再編・統合ねらい型，④不公平是正型，⑤企業合併時導入型といった分類がなされている[13]。

3 企業内福利厚生の諸原則とカフェテリアプラン

わが国の企業内福利厚生については，その実態から，これまで2つの原則が妥当するとされてきた[14]。「必要性の原則」と「公平性の原則」である。このうち，「必要性の原則」は，従業員が必要とするときに所定の給付が保証されることを指す。この原則が，企業内福利厚生が持つ「企業福祉」としての性質を体現しているといえる。他方，「公平性の原則」は，利用を必要とする従業員であれば，区別なく企業内福利厚生の利用が保証され，その意味で従業員間に利用（受給）の公平性が確保されている点を指す[15]。

---

[13] 日本型カフェテリアプラン研究会報告・前掲書（注2）15頁。
[14] 桐木逸朗・前掲解説（注1）第2回（労務事情966号（2000））35頁，秋谷貴洋・前掲論文（注11）55頁他。
[15] 桐木逸朗・前掲解説（注1）第1回，45頁。

これら2つの原則の適用が，カフェテリアプランの導入によって変化するのかどうかである。カフェテリアプランは，従業員個々に予め一定額を割り当てて，その限度で企業内福利厚生の利用を認める制度であることは先に述べた。そのため，利用の必要があっても，利用額が割当額を超える場合には利用が認められない。その意味で，必要度に差のある従業員間で公平な利用は保証されないことになる。この点で，先の意味での「必要性の原則」も「公平性の原則」も貫徹されない。

他方，カフェテリアプランでは，配分額の限度内であれば，メニュー利用の機会が従業員に均等に付与されるので，利用額の点で公平性は確保されることになる[16]。先に挙げた共済会方式等の従来型の企業内福利厚生では，その利用を必要とする従業員であれば，区別なく利用が保証される点で公平性が確保されるが，従業員の必要度に応じて，特定の企業内福利厚生制度を何度でも利用できる。そのため，全く利用しない従業員との間で，利用額の点で公平性が失われている点が指摘されてきた。カフェテリアプランでは，この利用額の点では公平性が確保されることになるのである。

また，従来型では，必要な場合に利用を認めることで「必要性の原則」が貫徹されてきたのに対して，カフェテリアプランでは，種々のメニューを提供することで従業員の様々なニーズに対応できる点において，「必要性の原則」が貫徹されていると評することもできる。このように，カフェテリアプランには，従来型とは異なる意味の「必要性の原則」と「公平性の原則」が貫徹されているといえる。

従来型の企業内福利厚生制度と，カフェテリアプランにおける以上のような運営管理の原則の違いに照らすと，従来型の制度は，必要がある限り利用が許される恩恵型施策であり，企業内福利厚生は，必要な者に福利厚生費が配分される「集団型賃金」（間接賃金）と評される。これに対して，カフェテリアプランは，賃金と同様に従業員個々に福利厚生費を配分する報酬型施策であり，個別配分という点で，「集団型賃金の個別配分化」（直接賃金化）と性格づけられている[17]。

こうした意味で，さらに，カフェテリアプランの中には，「集団型賃金の個別

---

16) 伊藤・前掲論文（注3）121頁以下。
17) 伊藤・前掲論文（注3）124頁以下。

図表5-1　経営的理念の相違

日本型福利厚生	カフェテリア型
必要性の原則（経営・従業員ニーズ） 　相互扶助救済（社会保障の補完）	**トータル・コンペンセーション**（コンペンセーション＋ベネフィット） 　画一的平等（賃金・処遇の補完）
需要先行型 　経営効果で判定 　生涯福祉を計画化 　揺り籠から墓場	**予算先行型** 　予算の効率化 　単年度精算が原則 　リアルタイムの生活福祉
労働力企業内調達 　募集・定着誘因重視 　教育で人材育成 　長期雇用型が主流	**労働力市場調達** 　雇用の流動化重視 　処遇は市場で形成 　短期雇用型を重視
現物施策中心 　会社依存型 　会社の善意 　年功重視の給与	**給与・年俸化方向** 　自主・自立型 　自己責任 　能力・業績重視の給与

出所：企業ライフプラン研究会『カフェテリアプラン部会報告書』（労務研究所，2003年）5頁

配分化」にあたって，従業員個々の業績評価とリンクさせる業務連動型もある。労務管理施策としての企業内福利厚生のあり方が，これまでは就労環境の整備や就労へのインセンティブの引き上げ等をめざす「間接的な労務管理手法」であったといえる。これに対して，従業員個々の業績連動型のカフェテリアプランでは，使用者は，業績評価に連動させて提供メニューや各メニューの利用額等の操作ができることになることから，「直接的な労務管理手法」と位置づけられる。こうして，カフェテリアプランの導入は，企業内福利厚生に期待される企業福祉の性格・位置づけ自体を大きく変容させることになると分析されている[18]。

カフェテリアプランが，先のように「集団型賃金の個別配分化」と特徴づけられ，さらに従業員個々の業績評価に連動させる事例すら存在していることは，従来型の企業内福利厚生に比して，企業内福利厚生が「賃金」性を帯びることになるということができる。<u>こうした点を労働法上の問題処理にあたってどのように評価すべきかについては，後述しよう。</u>

また，従来型の企業福祉とカフェテリアプランとを，いくつかのポイントで比較して，その違いを整理した先行研究が図表5-1[19]である。この表は，広い

---

18) 伊藤・前掲論文（注3）110-111頁以下。
19) 企業ライフプラン研究会・前掲書（注2）5頁。

意味で雇用関係の視点から、従来型の企業内福利厚生制度とカフェテリアプランとの相違を示していて有益である[20]。

三　わが国におけるカフェテリアプランの実態

　こうした趣旨の下で導入が進む、わが国のカフェテリアプランの実態について、その導入状況と制度の概要についてみておこう。

　カフェテリアプランについての統計調査は、これまで厚生労働省による調査をはじめ、いくつかの機関・団体によってなされている。比較的詳細といえる調査は、その行方に注目が集まって、カフェテリアプランの導入が徐々に増えていた2002年前後のものが多く、データはやや古い。カフェテリアプランの実態の概況を把握する意味で、以下に掲げておこう（筆者注：2023年時点でのカフェテリアプランの導入状況等については、本書第Ⅰ編第1章二2(2)イ(イ)を参照のこと。）。

1　導入状況

　1995年にベネッセコーポレーションが民間企業で初めて、また地方自治体では、同年に長岡京市が初めてカフェテリアプランを導入して以降、2002年に至る時期の導入状況については、労務研究所調査によれば**図表5-2**[21]のとおりである。

　図表5-2によれば、2000年あたりから民間企業、地方公共団体とも、カフェテリアプランの導入例の増加が目立っている。これは、2000年あたりから、企業内福利厚生の専門業者に一括して制度設計や運用を任せる、総合型アウトソーシングが浸透したことによると説明されている。

　また、日本経団連が、1955年度から毎年度実施している福利厚生費調査結果

---

20)　その他にも、カフェテリアプラン導入後のわが国の福利厚生について、①労務管理に密接した企業福利施策、②日本型選択方式の対象とする企業福利施策、③カフェテリアプランの対象となる企業福利施策、④共済方式の対象となる企業福祉施策、⑤その他、に分類できるとの指摘がある。桐木逸朗・前掲解説（注1）第10回（労務事情980号（2001））34頁。
21)　企業ライフプラン研究会・前掲書（注2）39頁以下。

図表5-2　カフェテリアプランの導入年と団体数

区　分	民間企業（社）	官公庁（団体）	計
1995年	1	1	2
1996年	2	―	2
1997年	5	―	5
1998年	6	2	8
1999年	7	3	10
2000年	13	5	18
2001年	16	11	27
2002年（10月まで）	6	5	11
計	56	27	83

出所：企業ライフプラン研究会『カフェテリアプラン部会報告書』（労務研究所, 2003年）39頁

報告[22]では，2002年度より，アウトソーシング費用と併せて，カフェテリアプラン費用を調査項目に追加している。この調査結果から，2002年度から2008年度までの導入企業数と調査企業総数に占める割合の推移を示したものが，図表5-3である。

図表5-3によれば，2002年度以降も着実にカフェテリアプランを採用する企業数が増加している[23]。採用企業の割合も，10社に1社を超える状況にある。

他方，やや古いデータであるが，厚生労働省が実施した2002年の「就労条件総合調査[24]」では，調査項目にカフェテリアプランの導入状況が特に含められ，従業員規模別や業種別も含めた調査がなされている。その調査結果が図表5-4である。

---

22) 各年度の「福利厚生費調査結果の概要」を参照のこと。同調査では，日本経団連の会員企業650～700社の回答を取りまとめたものである。
23) 社会経済生産性本部が生産性本部時代の1997年から，民間企業2500社前後を対象に実施している「日本的人事制度の変容に関する調査」でも，1997年に3.2％であった導入率が，2005年には16.9％に達し，その後2007年は16.2％と若干減少しているが，16％台を維持している。5000人以上規模の企業では，1998年の1.9％から，2004年の40.5％に達し，2005年に35.6％に減少するものの，導入率が大幅な増加を示している。なお，導入率の減少は，成果主義的な処遇制度を採用している企業での導入率が減少していることによると分析されている。「日本的人事制度の現状と課題」旬刊福利厚生1917号（2006）50頁以下を参照のこと。
24) 同調査においては，農業を除く主要産業の属する本社30名以上の従業員規模の企業4000社から4500社の回答を得てまとめられている。

第 5 章　カフェテリアプランと労働法上の諸問題

図表5-3　導入企業数と導入率の経年変化

年度	導入企業数（社）	導入割合（%）
2002 年	30	4.3
2003 年	46	6.4
2004 年	52	7.9
2005 年	65	10.1
2006 年	68	10.7
2007 年	74	11.1
2008 年	81	11.9
2009 年	85	12.1

出所：2009年度（2009年4月～2010年3月）経団連「福利厚生費調査結果報告」14頁

図表5-4　カフェテリアプランの導入状況別企業数割合

企業規模・産業	全企業（%）	カフェテリアプランを導入している（%）	導入していない計（%）	導入を予定している（%）	導入を検討している（%）	導入予定はなく検討もしていない（%）
計	100.0	1.2	98.8	0.2	4.3	94.3
1,000人以上	100.0	3.2	96.8	2.4	24.8	69.6
300～999人	100.0	2.9	97.1	0.8	11.8	84.5
100～299人	100.0	0.8	99.2	0.3	5.8	93.0
30～99人	100.0	1.0	99.0	0.1	2.5	96.4
鉱業	100.0	—	100.0	—	1.3	98.7
建設業	100.0	2.0	98.0	—	2.4	95.6
製造業	100.0	0.9	99.1	0.3	5.9	92.9
電気・ガス・熱供給・水道業	100.0	2.1	97.9	1.6	11.7	84.6
運輸・通信業	100.0	1.3	98.7	0.7	2.0	96.1
卸売・小売業・飲食店	100.0	0.2	99.8	0.1	5.7	94.1
金融・保険業	100.0	6.7	93.3	0.5	4.2	88.6
不動産業	100.0	0.2	99.8	1.0	4.8	94.0
サービス業	100.0	1.9	98.1	0.1	2.5	95.5
1998年時点	100.0	0.7	99.3	…	…	…

出所：厚生労働省「2002年就業条件総合調査の概況」

図表5-4によれば，従業員規模別の導入状況では，やはり企業規模が大きいほど，導入率や導入についての検討率が高くなる傾向にある。また，産業別でも，規模の大きい企業の多い産業での導入率や検討率が高くなっていることを指摘できる。こうした傾向について，収益が多い企業では，カフェテリアプランにおいても，従来の企業内福利厚生と同様に，投資対象や資産増大の手段とされたり，人件費総額の調整手段や利益調整の手段として活用されるケースの多いことが指摘されている。

　わが国では，カフェテリアプランの導入にあたって，従来の社宅・寮経費を引き下げつつ，浮いた費用をカフェテリアプランの実施にあてる企業が多い。企業内福利厚生のスクラップ・アンド・ビルドである。この点との関連でいえば，労働法上は，スクラップによる労働条件の不利益変更の効力について後述のとおり問題となり得る。

2　制度の概要[25]

(1) 配分額，配分期間

　わが国のカフェテリアプランの多くは，単年度清算方式を採用している。次年度以降に繰り越しを認める方式の採用は，一部の民間企業に留まっている。労務研究所が2003年に実施した調査[26]（以下「2003年調査」という。）では，70％が単年度清算方式を採用している。繰り越しを認める方式では，次年度までの繰越を認める事例と3年以上の繰越・積立を認める事例がみられる。これに対して，地方公共団体では，単年度清算方式のみとなっている。既述したように，配分額が「賃金」性を帯びる場合に，単年度清算方式に労働法上の問題がないかが問題となり得る。

　また，既述のとおり，従業員個々に企業内福利厚生として一定額を一括して事前に配分するのが，カフェテリアプランの特徴である。その際，配分額をポイ

---

[25] 制度の概要については，別途注記するもの以外は，次の文献によっている。桐木逸朗・前掲連載解説（注1）（第1〜12回），カフェテリアプラン研究会報告・前掲書（注2）40頁以下，企業ライフプラン研究会・前掲報告書（注2）39頁，カフェテリアプラン部会・前掲報告書（注2）39頁以下，岡田義晴「日本型カフェテリアプランの現状と展望」企業福祉 507号（2000）6頁以下。

[26] 企業ライフプラン研究会・前掲書（注2）67頁。労務研究所編『新福利厚生ハンドブック』（2004）359頁以下も参照のこと。

ント換算して配分するのが通例である。これをせずに，現金を支給する例や残ポイントを買い上げる例はほとんどない。従業員へのポイント配分の方法について，「2003年調査」では，全員一律配分が70％程度と多いが，一律配分部分に，家族数，勤続年数，役職，勤務条件に対応してポイントを加算する事例も17％程度ある。

あるいは，雇用形態，資格，職階，成果区分により配分ポイントを差別化する事例が12％程度ある。雇用形態による差別化には，例えば，配分額を非正規雇用（パートや契約社員）については減額して配分する事例等がある。ただし，わが国におけるカフェテリアプランの対象はあくまで正社員であり，非正規雇用に対する企業内福利厚生の整備は十分ではない[27]。そのため，労働法上は，非正規労働者に対する均等処遇や均衡処遇の問題が生じ得る。

他方，健康関連，社会貢献や自己啓発といった，近時，重視される傾向のある特定のメニューを，インセンティブメニューとして独立したメニュー群とし，利用促進のために配分ポイントを加算する事例もある。

カフェテリアプランにあてる予算額については，法定外福利費の20％程度とするものが多い。割合としてはさほど高くなく，福利厚生における役割が決定的ということでもないことがわかる。「2003年調査」によると，従業員1人あたりの年間配分ポイントの平均額は6万円程度で，最高は30万円である。2万円台，3万円台，4万円台，5万円台がそれぞれ全体の10％を超えていて比較的多いが，7万円台，10万円以上もそれぞれ18％，12％と少なくない。企業規模等でバラツキがあるとみられる。地方自治体の配分額は民間企業の半分以下となっている。

(2) 選択メニューの種類と選択時期

次に，選択メニューの数についてみると，「2003年調査」によれば，メニュー数の平均は，民間企業では22メニューで，最高で46メニューとなっている。10〜19メニューが42％程度，20〜29メニューが37％と，これらのメニュー数帯で導入している事例が多い。他方，官公庁では，平均15メニューで，20メニュー以下が74％と最も多い。

---

27) カフェテリアプラン研究会報告・前掲書（注2）53頁。それでも，パートタイマーや契約社員にも，カフェテリアプランの適用を認めて，配分額を減額したうえで配分する事例もみられる。企業ライフプラン研究会・前掲書（注2）42頁。

メニューを分野別にみると，自己啓発支援，健康づくり支援，ファミリー・リスク・マネージメント（団体保険・共済等活用），財産形成支援（財形貯蓄・個人年金支援を含む），ボランティア活動支援，育児・介護支援の6分野に分類できる。
　他方，メニューの具体的種類については，「2003年調査」によると，50種類と多様である。ただし，具体的なメニューについては，カフェテリアプラン用の選択メニューに適さない企業内福利厚生があるため，従業員の選択に委ねられない給付（コアメニュー）と選択できる給付（選択メニュー）とを分けて，選択できる給付をカフェテリアプランのメニューとする事例が多い。企業内福利厚生のすべてがカフェテリアプランの対象となっているわけではない。
　選択メニューに適さないとされる給付には，例えば，慶弔災害見舞金等のように労働者の意思で選択できない給付，未加入者の増加により財政基盤が弱体化するおそれのある共済会への加入，利用回数の把握が困難な給食施設の利用，体育施設や医務室，社内旅行のように経済的利益を金銭的に評価することに困難を伴う制度，業務用社宅ないし転勤者用社宅のように経済的利益が大きく，他の給付の利益とのバランスを欠く給付，労働基準法によって付与義務が生じる年次有給休暇等が挙げられている。
　他方，選択メニューとして問題がないか，これに適している給付には，住宅手当・家賃補助，食事手当，法定外休暇，自己啓発，各種保険加入補助，財産形成支援，医療費補助，育児・介護等が挙げられている。
　しかし，本来は選択メニューに適さない給付を，カフェテリアプランの対象としている例も少なくないといわれている[28]。<u>その利用をめぐって労使間のトラブルの原因となる可能性があり，労働法上の問題が生じ得る。</u>
　次に，選択の時期については，アメリカのように前年度末に翌年度のメニューを選択・登録することとし，選択の変更を原則として認めない方式とは異なり，日本の場合は，年度中に選択する方式が取られている。アメリカの方式と比較して，日本の方式の場合，柔軟な利用を可能にするという点では優れているが，計画的な利用という点では十分とはいえない実態が生まれ得る。次の項で述べるとおり，配分ポイントが対象年度内に未消化のまま消滅する事例が生じる理由でもある。

28）桐木逸朗・前掲連載解説（注1）第10回（労務事情980号（2001））33頁。

(3) 配分額の消化状況

　配分額の消化率の点では,「2003年調査」によると, 平均で70％程度となっている。従業員規模でみると, 規模が大きいほど消化率は低くなっており, 従業員1000人未満規模で80％強, 従業員1万人規模で50％若となっている。<u>次年度への繰り越しを認めず, 消滅する額が多くなる場合には, これをめぐって労使間に紛争が生じる可能性がある。</u>

四　カフェテリアプランのメリット・デメリット[29]

　ところで, カフェテリアプランは, わが国の従来型の企業内福利厚生制度に比して, 企業ないし労働者それぞれにとって, どのようなメリット, デメリットを有しているのであろうか。<u>この点は, 紛争解決における利益調整のあり方等とも関係してくる。</u>カフェテリアプランの導入理由として先に言及した事情と重複する部分もあるが, まとめておこう。

1　カフェテリアプランのメリット

　まず, メリットであるが, 次のような事情が挙げられている。
　福利厚生費の経済効率化, 経営側の福利厚生コストに対する認識の高まりの他に, 多様なニーズへの対応, 従業員個々のライフスタイルやライフステージへの対応や, 企業内福利厚生のスクラップ・アンド・ビルドが可能となること, さらには, 新規の給付項目追加の容易性, ニーズの低い給付の淘汰, そして, 人件費の総額管理, 福利厚生費の総額管理, 従業員間の公平性の確保, 既存の不公平性の解消, 自己責任による生活設計, 企業意思の反映, 成果主義の導入等が可能となること, 優秀な人材確保・育成, 企業内福利厚生の意義や内容についての従業員の関心の高まり, 企業内福利厚生への関心の高まり（コスト意識の発生）, 労働力の流動化促進といった事情である。

---

29) この点については, 日本型カフェテリアプラン研究会報告・前掲書（注2）3頁, 47頁, 桐木逸朗・前掲連載解説（注1）第3回（労務事情968号（2000））28頁, 西久保・前掲書（注8）292頁以下。

2　カフェテリアプランのデメリット・問題点

　他方，カフェテリアプランの持つデメリットや問題点として，次の諸点が指摘されている。すなわち，最適選択（従業員ごとに最も適切なメニュー選択）の困難化，運営管理費用の増加，逆選択リスクによるコスト上昇（特定のメニューにつき必要度の高い労働者が多く選択し，特定のメニューの経費が上昇すること），充実度に企業間格差が生まれること，といった諸点である。

五　カフェテリアプランをめぐる労働法上の諸問題

　以上，カフェテリアプランについて，その導入の趣旨や制度設計等の概略について，経営学や人的資源管理論等の分野の先行研究を整理しながら，労働法上の問題を検討する際に必要と考えられる範囲で整理した。これらの事情を前提に，カフェテリアプランをめぐりどのような労働法上の問題が発生するのか，また，それらの問題は，どのように解決されるべきなのかについて検討を試みよう[30]。以下では，ひとまずカフェテリアプランをめぐる労働法上の問題を，①制度の導入・変更をめぐる問題と，②制度の運用をめぐる問題とに分けて検討を試みよう。

　既述のとおり，カフェテリアプラン自体やそのメニューをめぐっては，労働法上で裁判例はまだないようである。賃金や従来型の企業内福利厚生等をめぐるこれまでの判例の動向を踏まえつつ，問題解決のあり方を検討してみよう[31]。

1　カフェテリアプランの導入・改定をめぐる諸問題

　カフェテリアプランは，わが国の導入企業においても，それまでの企業内福利厚生制度を見直すことで導入されている。その際，従前の企業内福利厚生が廃止される等で，労働者に不利益が及ぶ場合が生じ得る。また，カフェテリアプ

---

[30] これまでカフェテリアプランに伴う労働法上の問題につき検討した数少ない論考として，新カフェテリアプラン研究会報告・前掲書（注2）33頁以下がある。

[31] 福利厚生一般についての労働法上の論点については，本書第Ⅰ編第4章を参照のこと。

ランのメリットとして，選択メニューのスクラップ・アンド・ビルドの容易さが挙げられている。カフェテリアプランの導入時だけでなく，導入後に一部の選択メニューのスクラップによって，労働者に不利益が及ぶことも考えられる。こうした場合にどのような処理がなされるべきなのか問題である。

これらの問題の検討に先立って，カフェテリアプランについて，現行の労働立法によるどのような規制があり得るかについて，先に挙げた①②の問題の処理の前提となる規制の概略をみておこう。先に挙げた①②の問題の処理の前提となるからである。労働立法による規制において，従前の企業内福利厚生とその取扱いに差異がないか否かも含めて検討を要する。

まず，カフェテリアプランの導入にあたって，従前の企業内福利厚生と同様に，就業規則にどのような定めを置く必要があるのかである。労働基準法(労基法)89条は，常時10名以上の労働者を雇用する事業場について，使用者に就業規則の作成を義務づけている。同条は，就業規則に記載すべき事項を列挙したうえで，「当該事業場の労働者すべてに適用される定めをする場合においては，これに関する事項」も必要的記載事項として定めている(同条10号)。これによれば，企業内福利厚生は，同条によって就業規則に記載すべきとされている事項のいずれに該当するか，たとえこれに該当しない場合でも同条10号に該当する場合が大半であろうから，就業規則に定めを置くことになる。例えば，研修補助は，「職業訓練に関する定めをする場合には，これに関する事項」(同条7号)に該当するし，労働災害の上乗補償は，「災害補償および業務外の傷病扶助に関する定めをする場合においては，これに関する事項」(同条8号)に該当する。これらの事項に該当しない場合でも，例えば，社宅・寮については，その使用ルールを同条10号該当の事項として定めることが義務づけられることになると解される。ルールが大部になる場合には，就業規則とは別規程として定めることも許されている。

以上の取扱いを前提にカフェテリアプランについてみると，それが労基法89条に列挙されているいずれかの事項に該当するメニューを含んでいても，カフェテリアプランは，複数の企業内福利厚生を選択可能なメニューとして包括した制度であるから，同条10号に一括して該当する事項として処理すべき特殊性があると解すべきであろう。そして，就業規則本体では，カフェテリアプラン制度の実施の旨のみを定め，別に運用管理ルール等を定めればよいということ

になる[32]。

　とはいえ，こうした義務が果たされないまま就業規則作成手続に乗せられず，単なる社内取扱レベルに留める事例は，希であろうがないとはいえない。そうした場合でも，従業員に周知されていれば，制度利用権が発生すると解される。

　ところで，企業内福利厚生は，労働組合と使用者とが締結する労働協約の形式で導入されることも少なくない。実態は不明であるが，カフェテリアプランについても，就業規則に留まらず労働協約の形式で設定されることが十分に考えられる。

　カフェテリアプランが，就業規則ないし労働協約の形式で導入された場合には，それらの法形式に法的根拠を有することになる。その適用を受ける労働者には，給付請求権が発生する。他方，これらの法形式によらず，かつ従業員に周知されていないような場合には，使用者による任意的恩恵的給付に留まることになる。この場合，カフェテリアプランでのポイント配分等は，使用者の裁量に委ねられることとなる。ただし，こうした例は，従来の企業内福利厚生とは異なって，通常は考えにくい。

　これらの法的な取扱いを踏まえたうえで，カフェテリアプランの導入や改定が，就業規則ないし労働協約の改定によって行われ，従前の企業内福利厚生制度が労働者に不利益に変更された場合，就業規則ないし労働協約の改定の効力の有無についてどのように処理がなされるべきかについて，やや詳しく検討しよう。また，カフェテリアプラン導入後のメニューの見直しが，就業規則ないし労働協約の改定によって不利益になされた場合にどう処理すべきかの問題についても，併せて検討しよう。

(1) 就業規則の改定によるカフェテリアプラン制度の導入・改正の効力

　まず，就業規則の不利益変更によるカフェテリアプランの制度導入の効力についてはどうか。その効力については，就業規則の不利益変更の効力判断につき蓄積されてきた判例法理と，この判例法理を明文化した労働契約法10条の適用により判断されることになる。

[32) 規程例を挙げるものとして，例えば，「カフェテリアプラン制度規程」賃金実務944号（2004）32頁。

同法10条では、就業規則の不利益変更の有効性判断の事情として、「労働者の受ける不利益の程度」、「労働条件の変更の必要性」、「変更後の就業規則の内容の相当性」、「労働組合等との交渉の状況」、「その他の就業規則の変更に係る事情」が挙げられている。判例では、同法10条の挙げる「その他の就業規則の変更に係る事情」として、代償措置その他関連する他の労働条件の改善状況[33]や同種事項に関するわが国社会における一般的状況等が挙げられている。これらの事情は、カフェテリアプラン導入のための就業規則の不利益の変更の効力判断においてはどのように考慮されることになるのか。

　企業内福利厚生は、就業規則や労働協約での扱いにおいて、一般に、賃金や労働時間等に比して保護法益としての位置づけが低いといえる。就業規則の不利益変更の効力判断等においても、このことがあてはまる。最高裁は、賃金や退職金等のような、労働者にとって重要な権利や労働条件の不利益変更については、「高度の必要性に基づいた合理的な内容のもの」であることを要求している。企業内福利厚生一般が、この重要な権利や労働条件に含まれるか否かにつき、最高裁は明示していない。下級審判例にも判断例がまだないようである。企業内福利厚生は、本来、使用者の任意の恩恵的給付であること等を考慮すると、就業規則に根拠のある給付請求権の内容となっていても、この点につき消極的に解されやすいといえる[34]。

　カフェテリアプラン導入のための就業規則の変更についてみると、制度導入の原資を確保するために、特に、企業にとって負担の大きい社宅・寮制度を廃止する場合のように、従前の企業内福利厚生制度の改廃によって、従業員にとって不利益な就業規則の変更が行われる場合が多いことが指摘されている。この場合には、賃金や退職金等の重要な権利や労働条件の不利益変更に比べると、不利益変更の効力判断にあたり考慮すべき事情とされている「労働者の受ける不利益の程度」の重大性が否定されやすいといえよう。さらに、カフェテリアプランは、そもそも企業内福利厚生制度を労働者のニーズに適切に対応できる形態に改めるという趣旨を含んでいる。具体的には、従前の企業内福利厚生制度のスクラップがなされる一方で、新たなメニューの創設もなされる。そのため、

---

[33] この事情を「変更後の就業規則の内容の相当性」の事情として挙げる見解もある。菅野和夫『労働法・第9版』(弘文堂、2010) 129頁。
[34] この点については、本書第Ⅰ編第1章四2および第4章二3を参照のこと。

制度のスクラップにより生じる不利益が，新たなメニューの創設によって緩和される側面を持っている。また，カフェテリアプランでは，既述のとおり，従来型の企業内福利厚生に適用のあった「必要性の原則」や「公平性の原則」は貫徹されない。しかし，多様な従業員のニーズに対応できるという従来とは異なる意味で，「必要性の原則」が適用になる。また，配分ポイントが公平に分配されることで，別の意味で「公平性の原則」も確保される。その意味で，カフェテリアプラン導入のための就業規則の変更では，労働者にとって不利益だけでなく利益を伴う事例が多いといえる。

こうした事例は，例えば，賃金と賞与のカットが定年延長に伴って行われたり，週休2日制の導入に伴う1日の労働時間の延長といった事例に類似している。これらの事例について，最高裁判例は，前者の事例では，就業規則の変更による不利益に対する「直接的な代償措置ではないが，本件定年制導入に関連するものであり，不利益を緩和する」としている[35]。後者の事例でも，「本件就業規則の変更により生じる不利益は，これを全体的，実質的にみた場合必ずしも大きいものとはいえない」としている[36]。カフェテリアプランの導入においても，不利益の程度の点では，これと類似の判断がなされることになると解されよう。

あるいはまた，カフェテリアプランの導入によって，既得の権利の剥奪が生じることも考えられる[37]。例えば，利用中の社宅の廃止や教育訓練途中の補助打ち切り等である。既得権剥奪の場合には，たとえカフェテリアプランの導入によって利用可能なメニューが増加するといった利益が生じるとしても，不利益の程度は大きいものと評価されることになろう。

ところで，就業規則の不利益変更の効力判断にあたり考慮すべき事情として，「労働組合等との交渉の状況」が挙げられている。この事情では，労働組合との誠実な交渉や不利益を被る労働者に対する説得の努力の有無等が考慮される。この事情は，使用者が契約当事者である労働者ないしその利益代表である労働組合に対し，信義則上で負う義務に関わる事情であると解される。就業規則の不利益変更の効力判断において，この事情を職場内での集団的利益調整の

[35) 第四銀行事件・最二小判平 9.2.28 民集 51 巻 2 号 28 頁。
[36) 羽後銀行事件・最三小判平 12.9.12 労判 788 号 23 頁。
[37) 新カフェテリアプラン研究会報告・前掲書（注 2）35 頁。

有無を示す事情として重視する有力学説がある[38]。多数組合の同意がある場合には，職場内での集団的利益調整が適正になされているといえる限りは，不利益変更の効力を肯定する有力な事情とすべきであるとの説である。

　この点との関わりでいえば，企業内福利厚生の見直しに対する従業員の関心は高いとの指摘がある[39]。賃金，一時金に次いで3番目の関心事となっているとされる。労使協議機関に付議する事項としても，労働時間，安全衛生に次いで3番目に多いとされている。企業内福利厚生は，労使の話し合いによる集団的利益調整により適合する事項ということができる。その意味では「労働組合等との交渉の状況」は，重視されるべき事情といえるであろう。

　とはいえ，カフェテリアプラン導入との関係でいえば，カフェテリアプラン導入の際に，従前の企業内福利厚生の廃止によって既得権の剥奪を伴う場合がある。しかし他方で，新たなメニューの追加で労働者の利益を生むことも多い。そのため，カフェテリアプランの導入について，従前の企業内福利厚生による既得権問題を意識させにくく，労働者や労働組合の反対が生じにくいと評価されている。この点が，アメリカでのカフェテリアプラン導入の理由のひとつであると指摘する論者すらある[40]。したがって，多数組合の同意を重視する学説では，カフェテリアプラン導入時には，労働組合による先のような柔軟な対応傾向がみられるということからすると，就業規則の不利益変更の有効性を認めやすいということになる。

　ただし，こうした結論も，先の有力説も指摘するとおり，「労働者の受ける不利益の程度」が非常に大きい場合には，否定される可能性があると解すべきである。それでも，既述のとおり，企業内福利厚生は，保護法益の点で，賃金や労働時間のような重要な労働条件に比して評価が低いというべきであるから，不利益の程度が非常に大きいと評価される事例はさほど多くないと解される。ましてや，カフェテリアプラン導入のための就業規則の変更においては，利益と不利益が混在する場合が多いことから，一層，不利益の程度が大きいと判断される事例は少ないということになろう。

　他方，就業規則の不利益変更にあたり考慮すべき事情とされている「労働条

---

38) 菅野・前掲書（注33）128-129頁を参照のこと。
39) 日本型カフェテリアプラン研究会報告・前掲書（注2）26頁。
40) 伊藤・前掲論文（注3）113-114頁。

件の変更の必要性」の点がどう評価されるかも検討を要しよう。これまで判例においては，自社の経営合理化の必要性といった個別経営上の事情の他，週休2日制の導入のように社会で一般化する労務管理の状況や，同業他社での普及への対応，定年延長にみられるように，国の労働政策への対応といった社会経済上の事情が，必要性肯定の事情として挙げられている。

では，カフェテリアプランの導入にあたり，「労働条件の変更の必要性」はどのようにして判断されるのかである。カフェテリアプランの導入が，社宅・寮のような特定の企業内福利厚生の廃止，削減を伴う場合には，その削減の必要性について検討が必要であり，単にカフェテリアプランの導入の必要性だけでは足りない。導入によって生じる財政上の負担や，廃止対象となった制度の存在意義，その他個別経営上の事情に立ち入って検討する必要があるといえよう。

(2) カフェテリアプラン導入後の就業規則の変更による メニュー等の改定の効力

以上に対して，カフェテリアプラン導入後の就業規則の不利益変更については，導入時の変更の場合といくつかの点で異なる。まず，(1) 導入時には，多様なメニューの新設等によって労働者に利益となる部分が生じる一方で，既存の制度の削減・廃止により不利益となる変更部分を伴う場合が多い。これに対して，導入後は，不利益変更のみがなされる場合があることである。配分ポイントの削減や特定メニューの廃止が，その例として挙げられる。

これら特段の不利益緩和措置や経過措置がない場合には，変更の必要性と変更により生じる不利益の程度とが，主として考量されることになる。

さらに，(2) カフェテリアプランの制度設計のあり方によっては，配分ポイントが賃金や退職金と同様に，重要な労働条件と判断される可能性がある点である。カフェテリアプランの下で配分されるポイントが，使用者による個々の労働者の業績評価に連動している場合に，特にこのことがあてはまる。

既述のとおり，従来型の企業内福利厚生の場合は，必要な者が必要なだけ制度利用ができる「集団型賃金」(間接賃金)の性格を持つとされてきた。これに対して，カフェテリアプランの場合には，ポイントを個々の労働者に事前に配分し，その限度で制度利用が認められているという点で，「集団型賃金の個別配分化」(直接賃金化)と性格づけられることは述べた。さらに，ポイントの配分が従

業員の業績評価に連動する制度設計となっている場合には，なおさらここでいう「直接賃金化」の程度が高まるということができる。

こうした「直接賃金化」としての性質を持つ配分ポイントの算定方式を定めた就業規則が，不利益に変更される場合，不利益の程度の評価にあたり「直接賃金化」とされる点は，どのように考慮されるのかが問題である。「直接賃金化」という経済学上の評価が，法的意味での賃金性と結びつくのかどうかという問題でもある。退職金や賞与の場合は，支払基準が明確にされていて支給額も明確になる場合には，法規制の必要性の観点から賃金の概念を広げることで，賃金として扱われることとされている[41]。退職金や賞与には，経済学的に賃金の後払いとしての性格が認められる点が考慮されているといえる。では，確定額で個別労働者に配分されるポイントや，業績に連動させて確定されるポイントは，退職金や賞与のように賃金といえるかである。この点については，否定的に解さざるを得ない。ポイントそのものを現金化できるわけではないからである。それでも，個別労働者に確定額で配分されるポイントや，業績連動のポイントは，既存の企業内福利厚生に比して保護法益としての価値が高いというべきである。その削減の不利益性は，賃金に準じて不利益の程度が大きいと解すべきであろう。

さらに，業績連動のポイントについては，算定方式を変更して減額する場合の他に，算定方式はそのままでポイントを確定し，ポイントを配分した後（ポイント利用が可能になって以後）に削減ができるかという別の問題がある。この問題は，賃金を年俸制で支払う場合において，年俸額の確定後に減額できるかという問題に類似している。あるいは，賃金計算期間経過後に賃金支払期日が設定されている事例で，賃金計算期間経過後，支払期日前に賃金額を減額できるかという問題とも類似しているということができる。これらの問題について判断した裁判例はまだ少なく，下級審判例に留まっている。

年俸制下の年俸額の減額に関する裁判例としては，年俸額を確定額として合意した後に，就業規則および賃金規則を変更して年俸額を減額することは，就業規則や賃金規則の改定内容の合理性の有無に拘わらず許されない，とした下

---

[41] 厚生労働省労働基準局『改訂新版・労働基準法・上』（労務行政，2005）157頁。この点については，本書第Ⅰ編第2章を参照のこと。

級審判例を挙げることができる[42]。この判断は，年俸額の確定後は，確定した年俸額の請求権は一種の既得権として，その不利益な変更はできないことを一般化したものとも解される。ただし，この事例では，改定前の旧賃金規則が定める支給基準等によらずに，賃金の月額および年俸額を合意しており，旧賃金規則によらず特約によって賃金を定めていた事例であったということができる。こうした場合は，賃金規則が定める支給基準の変更によっても年俸額は変更されない旨を，特約によって合意していた事例であると解される。この場合には，下級審が判示するとおり，就業規則の不利益変更の効力は，当該労働者には及ばないと解される。労働契約法10条但書が，明文でこのことを定めており，労働契約法による明文化以前の事例においても，こうした取扱いが妥当すると解される。

こうした特約の例としては，就業規則所定の年俸額算定基準を適用除外する旨の合意の他に，事情の変化によっても年俸額の減額はしない旨の合意等も考えられる。

したがって，こうした事例とは異なり，年俸制の下で，年俸額が就業規則所定の算定基準に従って算定されている場合には，就業規則の不利益変更が有効である限り，年俸額が確定された後であっても，変更就業規則の適用を認めるべきであると解する。

とはいえ，その適用は，年俸制による賃金の支給期日の前日までと解される（通常は，年俸も労基法24条の毎月一定期日払の原則の適用を受けて，毎月の一定期日が支給期日となる。）。支給期日以降は，具体的な賃金請求権が既得の権利として発生し，これを奪うことは許されないと解されるからである。以上の点は，賃金が月給制で，月額賃金が合意されている事例と何ら異なるところはないというべきであろう。

カフェテリアプラン制度の下で，配分額が事前に確定されたポイントについても，以上のことがそのまま妥当すると解される。

(3) 労働協約の改定によるカフェテリアプランの導入・改定の効力

次に，労働協約の改定によりカフェテリアプランを導入したり，導入後に改

---

[42] シーエーアイ事件・東京地判平12.2.8労判787号58頁。

定する場合の改定労働協約の効力についてはどうか。

　この点について，労働協約の改定が，組合員労働者に不利益になされる場合であっても，原則として，改定の効力はすべての組合員の労働契約に及ぶというのが最高裁の考え方である。労働者の利益代表である，労働組合による労働協約の不利益変更については，広く不利益変更の効力を認めるとのスタンスである[43]。労働者と利害対立関係に立ちやすい，使用者による就業規則の一方的不利益変更の場合とは異なる理解である。

　最高裁は，こうした原則に対する例外として，「特定ないし一部の組合員に殊更不利益に取り扱うことを目的としている等，労働組合の目的を逸脱して締結された場合」を挙げている。カフェテリアプランの導入に際しては，社宅や寮といった従前の企業内福利厚生を廃止して，他の新設メニューの財源を確保する場合が多いとされる[44]。こうした場合，社宅や寮の恩恵を受けている特定の組合員や利用資格者である組合員に，不利益を生じさせることとなる。カフェテリアプランの導入では，社宅や寮の恩恵を受けていた特定の組合員を含めて，適用労働者全員に利益を生む側面があり，「特定ないし一部の組合員に殊更不利益に取り扱うことを目的としている」とはいえないのが通例である。カフェテリアプランの導入につき，労働組合内の決定手続きが適正であるならば，社宅や寮の恩恵を受けていた特定の組合員や利用資格者である組合員の不利益は，甘受されるべき場合ということになろう。

(4) 均等処遇，均衡処遇の視点からの規制

　わが国の企業内福利厚生は，従来，正規雇用の労働者(正社員)を対象としてきた。パートタイマー等の非正規労働者が対象とされる事例は，むしろ例外であった。カフェテリアプラン導入企業の多くも，既述のとおり，正社員を対象としてきた。

　均等処遇，均衡処遇の視点からの規制については，主な立法的規制として次のものを挙げることができる。

　まず，男女雇用機会均等法6条が，性別による差別の禁止の対象事項として，

---

43) 朝日火災海上保険（石堂）事件・最一小判平 9.3.27 労判 713 号 27 頁。
44) メニューが既得権化して廃止が難しい実態を指摘するものとして，「福利厚生」賃金実務 962 号 (2005) 63 頁。

その2号で住宅資金の貸付その他，一定の企業内福利厚生の措置[45]を挙げている。あるいはまた，いわゆるパートタイム労働法が，3条で，事業主等の責務のひとつとして，雇用する短時間労働者の企業内福利厚生の充実を挙げている。また，同法8条で，「通常の労働者と同視すべき短時間労働者」につき，企業内福利厚生の中でも福利厚生施設一般の利用について差別的取扱いを禁止している。そして，同法8条にいう短時間労働者以外の短時間労働者については，同法11条で，一定の福利厚生施設[46]の利用に限定してではあるが，使用者に配慮義務を課している[47]（筆者追記：パートタイム労働法は，2018年に有期雇用労働者を対象に含めることで，短時間有期雇用労働法（以下「新法」という。）に改正された。この際，上記のパートタイム労働法3条は新法3条1項，8条は新法8条，11条はその定める配慮義務が義務化されて，新法12条に基本的に引き継がれている。これらの点については，本書第Ⅰ編第1章3および4を参照のこと。）。

さらに，労基法3条が均等待遇原則を定める。同条にいう「その他の労働条件」に福利厚生一般が含まれると解されており，企業内福利厚生について均等待遇原則が適用となる。ただし，性別による差別は禁止されておらず，この原則の適用はなく，賃金差別に関する労基法4条の適用に限定されている。他方，非正規雇用といった雇用形態については，労基法3条で差別的取扱いの理由とすることが禁止される「社会的身分」に該当しないとされており，この原則の適用もない[48]。

カフェテリアプランについて，これらの法的規制がどのように適用になるのかである。現時点での法的規制の特徴は，上述のとおり，男女間ないし正規・非正規といった雇用形態間で差別的取扱いが禁止される企業内福利厚生の種類は限定されている。これによれば，カフェテリアプランの適用にあたっては，非正規労働者に利用可能なメニューを限定することが可能となる。また，配分ポイントを雇用形態ごとに傾斜配分することも許されることになる。配分ポイント

---

[45] 一定の福利厚生の措置として，生活資金，教育資金等の資金の貸付，不労働者福祉増進のための定期的な金銭給付，資産形成のための金銭給付，住宅の貸与が限定列挙されている（男女雇用機会均等法施行規則1条）。
[46] 一定の福利厚生施設として，給食施設，休憩室，更衣室が限定列挙されている（パート労働法施行規則5条）。
[47] 「事業主が構ずべき短時間労働者の雇用管理の改善等に関する措置等についての指針」（平成19.10.1厚労省告示326号）では，広く福利厚生の措置全般につき，均衡処遇の努力義務を定めている。
[48] この点については，ひとまず，菅野和夫・前掲書（注33）150-151頁を参照のこと。

を成果主義に連動させる事例では，成果主義人事管理下にない非正規雇用労働者へのポイントの配分方式として，定額ポイント制の採用が可能となることとなろう。

しかし，カフェテリアプランが一体的な制度であることを理由に挙げて，例えば，女性労働者や「通常の労働者と同視すべき短時間労働者」に該当するパート労働者を，一括して適用対象から排除することは許されないと解される。

2 カフェテリアプランの具体的運用をめぐる問題

カフェテリアプランの具体的運用をめぐり，どのような問題が生じ得るかについて，これまで経営学や人的資源管理論等の視点から種々の指摘がされてきた[49]。例えば，配分ポイントは1年限り有効で，未消化分は消滅させる扱いが妥当か否か，会社が重要視する企業内福利厚生の利用にはポイントを加算することが妥当か否か，従業員には選択メニューからの自由な選択の保障があるとはいえ，自由な選択が常に従業員にとって最適選択とならない場合が少なくない点に問題はないか，社宅・寮やスポーツ施設の利用のような，消費ポイント数の設定が難しい企業内福利厚生をメニューに入れた場合に問題はないか，といった点である。ただし，指摘されてきたこれらの問題で労働法的に問題となると考えられる点は，カフェテリアプランの導入時や，変更時ほどは多くないと解される。個別メニューごとの問題の発生は考えられるが，カフェテリアプラン自体の制度設計から生じる運用上の問題は，労働法の観点からは多くはないといえよう。

先に挙げた配分ポイントが未消化となった場合の処理についてであるが，既述のとおり，未消化の場合，次年度への繰越を認めない単年度清算方式を採用する事例が多い。未消化のままで残された配分ポイントを自動的に消滅させる取扱いは，配分ポイントに労働法上の賃金性が認められない以上は，制度の有効利用の点からは問題があっても，労働法的には問題ないと解される[50]。時効の

---

49) 桐木逸朗・前掲連載解説（注1）第5回（労務事情971号（2000））28頁以下，秋谷貴洋・前掲解説（注11）56頁，西久保浩二・前掲論文（注3）14頁。
50) 未消化となったポイントの有効活用の方策については，桐木逸朗・前掲連載解説（注1）第12回（労務事情984号（2001））39頁。

第Ⅰ編　わが国における企業内福利厚生と労働法上の課題

問題でもない。

六　小括

　以上，わが国における企業内福利厚生の近時の運営管理方式として注目されている，カフェテリアプランの実態についての概略と，カフェテリアプランをめぐり生じることが考えられる，労働法上の諸問題について検討を試みた。
　わが国におけるカフェテリアプランの実態と労働法上の諸問題の処理のあり方とは，以下のように要約できるであろう。

(1)　カフェテリアプランは，労働者個々に配分された福利厚生費（クレジットないしポイントの形態で配分される。）の枠内で，複数用意されたメニューの中から，労働者個々が自由に選択して利用できる制度であり，社会経済情勢の変化に対応した新たなタイプの企業内福利厚生制度と位置づけられている。
(2)　カフェテリアプランは，アメリカ発の制度であり，わが国において，制度導入が始まったのが1990年代半ばであるが，2000年以降，企業内福利厚生のアウトソーシングの進展に併せて，導入例が徐々に増加している。
(3)　従来型の企業内福利厚生には，従業員が必要とするときに所定の給付が保証される「必要性の原則」と，利用を必要とする従業員であれば，区別なく企業内福利厚生の利用が保証される「公平性の原則」が保障されてきた。他方，カフェテリアプランにおいては，種々のメニューを提供することで，従業員の様々なニーズに対応できるという意味での「必要性の原則」と，配分額の限度内ではあれ，メニュー利用の機会が従業員に均等に付与されるという意味で配分額について「公平性の原則」が確保されている。
(4)　わが国のカフェテリアプランの実態としては，法定外福利厚生費の20％程度をこれにあてて，従業員一律に一定額相当のポイント配分を行い，多様なメニューを用意するが，単年度清算方式で，年度をまたいで繰り越せない制度を採用する事例が多い。
(5)　カフェテリアプランをめぐり労働法上で生じる問題として，制度導入時の就業規則や労働協約の不利益変更の問題，制度導入後の制度改定の問題とし

て，メニューのスクラップ・アンド・ビルドのための就業規則や労働協約の不利益変更の問題や，配分額減額の問題等が挙げられる。カフェテリアプランの特性を考慮した適切な問題処理が必要となる。他方，制度運用をめぐる労働法上の問題については，さほど重大な問題はこれまでのところ多くないと解される。

第 II 編

ドイツにおける企業内福利厚生と労働法上の課題

第1章

企業内福利厚生の
法的類型と実態

一　はじめに

　本章は，ドイツにおける企業内福利厚生について，主として，それが，どのような歴史的ルーツを持ち，これまでどのような実態で推移し，また，労働法の視点からはどのような性質でどのような根拠に基づくものとされてきたか等，ドイツの企業内福利厚生に関する基本的な事情を明らかにする作業を主たる目的としている。本章でのこうした作業は，ドイツにおける企業内福利厚生をめぐり，労働法上どのような問題が生じ，それがどのように処理されているのかを具体的に分析，検討する作業の前段となる基礎的作業として位置づけることができる。

　ドイツにおける企業内福利厚生の実態やこれをめぐる労働法上の問題状況は，わが国の企業内福利厚生の実態や労働法上の諸問題の発生状況に類似する点が少なくなく，本章での作業とこれに続く次章以降の分析・検討作業は，わが国における問題の処理や今後の法政策上の対応のあり方等を考察する際に，重要な示唆を与えるものと考えられる。にも拘わらず，これまで，ドイツの企業内福利厚生について，わが国において労働法の視点から分析・検討作業を行った先行研究は多くない[1]。

---

1) 企業内福利厚生の個別問題について，企業年金に関する論稿を除けば，日本での問題解決への示唆を得る目的で概略を紹介する例がみられる程度である。例えば，留学・研修補助の返還請求の可否についてドイツでの学説・判例に言及する論考に，川田知子（判評）労判766号（1999）15頁以下。

二　企業内福利厚生の概念と目的

1　企業内福利厚生の概念

　ドイツにおいても，企業内福利厚生の概念をどのように定義し，また，どのような給付や制度をこれに含ませるかについて，わが国におけるのと同様に，論者によって多様な理解があり必ずしも一致をみているわけではない[2]。最大公約数的な説明としては，使用者が企業内福利厚生を，その労働者（Mitarbeiter）や退職者ないしそれらの家族に対して，通常の賃金に付加して給付するものすべてをいうとされている[3]。賃金以外で，従業員に給付される有形無形の利益を対象とする措置すべてを総称する意味でドイツにおいて用いられている「企業内社会政策（betriebliche Sozialpolitik）」の中心に位置づけられる。

　また，法的にみても，企業内福利厚生は賃金とは異なって，労働者からの何らかの給付（労働）を前提にその対償として給付されるものではなく，労働契約関係の存続（Bestehen）にその根拠があるとされる。そして，本来，企業内福利厚生は，使用者の自由意思に基づき給付されるものであるが，通常は単なる贈与[4]に留まるものではなく，法律や契約等何らかの法的根拠に基づいて，請求権の対

---

[2]　M. Kolb, Sozialleistungen, betriebliche und Sozialeinrichtungen, in Enzyklopädie der Betriebswirtschaftslehre Bd. 5, 2004, S. 1742. 例えば，企業内福利厚生を賃金と区別する他に，業績報奨制度とも区別して用いたり，逆に，業績報奨制度をこれに加えたり，教育訓練制度や共同決定対象事項あるいは労働時間の柔軟化制度等をこれに広く含ませる論者がみられる。わが国においても，例えば，各種統計において福利厚生に含める事項にばらつきがみられる。本書第Ⅰ編第1章二1(1)を参照のこと。

[3]　U. Pleiß, Sozialleistung, betriebliche, in E. Gaugler, W. Weber, Handwörterbuch des Personalwesens, 1992, S. 1822ff.; R. Linck, Sondervergütung（Gratifikation）, in G. Schaub u. a., Arbeitsrechts-Handbuch, 12. Aufl., 2007, S. 638. M. Kolb は，企業内福利厚生制度（これに分類される企業内社会制度（betriebliche Sozialmaßnahmen））の共通の特徴として，①労働という要素（現実の労働者，その家族，退職労働者）に関わっていて，②経済的ないし社会扶助的な制度化理由があり，③直接には労務給付と結びつかず，つまり賃金とは別に与えられ，④種々の形式（金銭・物・サービス・利用可能性）を取り，⑤企業にとっては経費となり，⑥法律上，協約上，または任意に提供されることを挙げている。M. Kolb, a. a. O.（Anm. 2）, S. 1744.

[4]　使用者の個人的事情による個人的な非対価的支出（出捐）のみが贈与（BGB516条以下）となるとされる。U. Preis, Erfurhrter Kommentar zum Arbeitsrecht, 6. Aufl., 2006, §611BGB RdNr. 663.

象となると説明されている(詳しくは，本書第Ⅱ編第2章・第3章を参照のこと。)5)。

ドイツの企業内福利厚生については，その対象となる給付や制度の性質・範囲，法的根拠等によって，異なるいくつかの表現が用いられている。

例えば，「企業内社会給付(betriebliche Sozialleistungen)」，「従業員付加給付(Personalzusatzleistungen, Personalnebenleistungen)」，「任意給付(freiwillige Leistungen)」，「特別手当(Sonderzahlungen, Sondervergütung)」，「手当(Gratifikation)」等である。ドイツにおいては，これまで企業内福利厚生に関わる用語について法的な明確化が試みられ，提案もされてきたが，それも，せいぜい「特別手当」の語に留まっており，これを受けた法文上の定義も存在するが不十分なものに留まっている6)。この点で，企業内福利厚生について法文上の定義のないわが国と状況は類似している。

先に挙げた用語のうち「企業内社会給付」や「従業員付加給付」の語は，使用者による負担が法律上で義務づけられている給付と，法律によらずに使用者が本来的には任意に負担する給付の双方を包含する概念として，最も広い意味で使

---

5) BAG, Urt. APNr. 92, 93 zu §611BGB Gratifikation; B. Gaul, Die Gewährung und Rückzahlung von Sonderleistungen, AR-Blattei SD, 1994, S. 1; derselbe, Der Zweck von Sonderzahlungen, BB1994, S. 494; G. A. Lipke, N. Vogt, H. Steinmeyer, Sonderleistungen im Arbeitsverhältnis, 2. Aufl., 1995, S. 33; U. Preis, a. a. O. (Anm. 4), §611BGB RdNr. 663.

6) 特別手当(Sondervergütung)の語については，ドイツの現行法では，疾病を理由とする休職期間中につき特別手当のカットが許されるが，平均日給の4分の1を超えられない旨を定める賃金継続支払法(Entgeltfortzahlungsgesetz) 4条aの定義(1998年制定)が挙げられる。ただし，この定義は単に「継続的な労働報酬に付加して使用者が行う給付」と広く定めるのみである。あるいは，社会法典第4編23条a第1項第1文は，企業内福利厚生に属するとされているクリスマス手当等の「一回的労働報酬」の概念を，「労働報酬には算入されるが，個々の報酬計算期間中の労働に対して支払われるのではない支出」と定める。

これらの規定は，その制定前に策定されていた労働法典や労働契約法の草案等において示された法的定義が参考にされている。例えば，労働法典委員会による1977年の労働法典草案(ArbGBE) 47条1項や，この規定をそのまま継承した，ドイツ統一法作業グループによる1992年の労働契約法草案(ArbVGE) 50条1項がそれである。これらの規定の定義によれば，特別手当について，「使用者が通常の賃金に加えて支給するもので，賃金計算期間ごとに支払義務が発生しない給付をいい，合意があるか使用者が少なくとも撤回権を留保せずに最低3回続けて給付することで，請求権が発生する。」「特別手当の額が確定しない場合には，使用者が裁量でこれを決定する。」と定めている。これらの草案は，特別手当につき生じてきた主要な法的問題についての処理方法も含めた規定を置いていた。Vgl. P. Hanau, Der Kommissionsentwurf eines Arbeitsvertragsgesetzes, ZPR, 1978, S. 215ff.; 59. Deutscher Juristentag in Hannover, NZA 1992, S. 1ff.

用される傾向がある[7]。これらの語以外は，法律によらずに使用者が任意に負担する給付の意味に限定して用いる論者が多いようである[8]。後者の語が，わが国でいう企業内福利厚生に近いのではないかとみられる。

その他，ドイツにおいて企業会計や労働統計上で使用されている労働費用（Arbeitskosten）の概念は，総賃金・報酬（直接費用）と付加的人件費（Lohnnebenkosten）（間接費用）からなるが，法律上，企業内福利厚生は，付加的人件費の主要部分を占める（その他，付加的人件費には，使用者が負担する税金や職業訓練生の総賃金・報酬等が含められている。後掲の図表1-1，図表1-2を参照のこと[9]。）。わが国で実施されている，例えば，厚生労働省による「就労条件総合調査」の労働費用の内訳と対比すれば，総賃金・報酬は同調査でいう「現金給与」にあたり，付加的人件費は「現金給与以外の労働費用」に対応する。そして，付加的人件費は，わが国でいう法定福利費と法定外福利費の双方を含む概念として使用されているということになろう。

以下では，ドイツの企業内福利厚生という場合には，特に注記しない限り，わが国での一般的な用語法に対応させて，福利厚生のうち法律上の福利厚生を除き，使用者が任意に給付するものという限定的な意味に用いることとする。

こうした企業内福利厚生に分類される具体的な制度については，既述のとおり，本来は使用者が任意に設定できる性質のものであることから，その種類が250から300にも及ぶとか[10]，1000を超えると指摘する専門家もいて[11]，概観す

---

[7] U. Pleiß, a. a. O.（Anm. 3），S. 1822; F. Nick, Sozialleistungen, betriebliche und Sozialeinrichtungen, in E. Gaugler, W. Weber, Handwörterbuch des Personalwesens, Bd. 5. 2. Aufl., 1992, S. 2066f.; M. Kolb, a. a. O.（Anm. 2），S. 1742; U. Kruse u. S. Kruse, Renaissance oder Abbau freiwilliger betrieblicher Sozialleistungen?, SF2002, S. 298. 他方，法律によらずに使用者が負担する給付の意味に限定して用いているとみられる論者もいる。R. Linck, a. a. O.（Anm. 3），S. 638.

[8] S. Kamanabrou, Grundfragen bei jährlich wiederkehrenden Sonderzuwendungen im Arbeitsrecht, Jura 1999, S. 455; R. Linck, a. a. O（Anm. 3），S. 638ff.

[9] 労働費用についての説明に関しては，後掲（注59）も参照のこと。

[10] M. Kolb, a. a. O.（Anm. 2），S. 1744.

[11] M. Stahl, Die Vereinheitlichung der Sozialleistung nach Gründung der Ruhrkohle AG, Die Mitbestimmung, 1988, S. 129.

ら難しいとされている[12]。それでも普及度や労働者による評価が高く，微々たる経済的価値に留まらないといった観点から重要とされているものとして，以下のものが挙げられている[13]。

　老齢扶助（Alterversorgung）制度の設定，クリスマス手当ないし第13月手当の支給，労働者財産形成制度の整備，従業員持株制等による会社資本への参加（Kapitalbeteiligung, Mitarbeiterbeteiligung）や業績報償（Gewinnbeteiligung, Tantime），有給休暇付与・休暇手当支給，上積み保険（災害保険，危険生命保険等）加入，事業所疾病金庫整備，疾病時の上積み賃金継続支払，健康診断の実施，使用者による貸付制度整備，社有自動車の使用許可，社員割引・社員販売の実施，通勤手当支給・交通費補助（定期券交付），無料・格安駐車場の確保，住居確保助成，食堂整備・食費補助，記念日手当支給，緊急時補助，身内の不幸時の相談・援助サービスの提供や提供担当部署の設置，育児・介護休暇や子育て環境への上積み措置，フィットネス・クラブやスポーツ施設の利用補助（健康増進，健康管理），高齢者ないし長期勤続者への解約告知に対する規制強化等である。

　企業内福利厚生の内容も，時代とともに変遷してきており，その重要性の程度は別にして，新たなタイプの企業内福利厚生も続々と生み出されている。例えば，携帯電話やパソコンの貸与，インターネットの私的利用許可，クレジットカード契約，健康チェック，クラブ会員権の提供等である。

---

[12] すでに1960年代には，企業内福利厚生について，産業や企業間での比較を可能にしたり，ECの統計への情報提供上の便宜となる等の理由で，有力企業の代表からなる研究会「新経営」によって類型化の試みがなされている。R. Haack, Ein Gliederungsschema des betrieblichen Sozialaufwandes nach Aufwandsarten, Mensch und Arbeit, 1963, S. 164ff. これにドイツ人事管理協会が若干の修正を加えたものによると，企業内福利厚生は，大きく19費目に分けられ，さらにそれぞれに属する細目が挙げられている。やや煩瑣であるが挙げておく。①法律上の使用者負担，②有給の休暇・休日，③有給の休職，④扶養家族手当，⑤重度障害者法に基づく手当，⑥事業所組織法上の人件費・物的経費，⑦若年者保護法上の経費，⑧企業年金，⑨健康配慮，⑩社員賄い・食堂経費，⑪制服・安全具，⑫労働安全のための経費（安全具を除く），⑬付加的家族扶助（その他の経費），⑭住居扶助，⑮スポーツその他の自由時間利用の促進，⑯特別の事情による直接経費，⑰財産形成給付，⑱通勤手当・別居手当，⑲その他の給付である。U. Pleiß, a. a. O（Anm. 3），S. 1826f.
　さらにまた，いくつかの実態調査も行われている。例えば，1970年に200企業を対象とする実態調査結果の概略については，次の文献を参照のこと。K. Haberkorn, Der Rang freiwilliger sozialer Leistungen, Arbeit und Sozialpolitik 1970, S. 249ff.

[13] G. Cisek, Betriebliche Sozialleistung, 1986; B. Gaul, a. a. O., (Anm. 5) S. 1ff.; D. Wagner, A. Grawert, Sozialleistungsnamagement, 1993; H. Moderegger, Betriebliche Sozialleistungen, 1995; G. A. Lipke, N. Vogt, H. Steinmeyer, Sonderleistungen im Arbeitsverhältnis, 1995. S. 33 u. 37ff.; L. Knoll, K. Rassche, Sozialleistungsmanagement im Spiegel de Praxis, Personal, 1996, S. 14.

また，企業内福利厚生を，複数の企業が共同で提供する形態もある。例えば，企業内疾病保険制度，全日制託児所やスポーツジムの整備，あるいは一般的ないし特定の職業を対象とした外国語コースや専門講座等の教育訓練プログラムの提供，マイホーム建設プログラム，祝日・休日の宿泊所の提供等が挙げられている。

さらに，中小規模の企業では，ソーシャルワーカーの派遣，セラピー制度あるいはリハビリテーションプログラム等を提供する専門機関と協力することで企業内福利厚生を実現する事例もみられる[14]。

2　企業内福利厚生の目的・機能

ところで，企業内福利厚生は，そもそもどのような目的・機能の下で実施，運用されてきたのか。この点については，ドイツにおいても，わが国におけるのと同様に，経営学や人的資源管理論等の視点からすでに多くの分析や議論がなされている。そうした分析や議論を逐一跡づける余裕はないが，ドイツにおける企業内福利厚生については，概ね次のような多様な目的・機能の下で実施されてきたとの理解が可能である[15]。

すなわち，①従業員に対する配慮と扶助(生活保障)，②従業員の規律確保と従業員教育，③従業員の労働意欲の維持・向上，④従業員の定着，⑤従業員と管理職の関係の良好化，⑥従業員募集の成果の向上や企業へのマイナス影響の排除，⑦使用者としてのステータスの確保等である。

ドイツにおける企業内福利厚生は，19世紀における産業化の当初は，①のような，労働者に対する個々の企業の社会的責任や企業によるパターナリスティックな配慮から出発したとされる。しかしその後は，②以降に挙げた目的，すなわち企業経営上の利益の観点からの，特に従業員行動の誘導の手段としての比重の高まりがみられるようになっている[16]。

さらに，企業内福利厚生の中で「手当」「特別手当」といわれるタイプの給付目

---

14) F. Nick, a. a. O.（Anm. 7）S. 2066f.
15) B. J. Andresen, Funktion und Perspektiven betrieblicher Sozialpoltik aus Sicht der Praxis, in W. Schmähl,（Hg.）Betriebliche Sozial-und Personalpolitik, Bd. 9, 1. Aufl. 1999, S. 44ff.; H. J. Drumm, Personalwirtschaftslehre, 1. Aufl. 1989, S. 334.
16) U. Kruse u. S. Kruse, a. a. O.（Anm. 7）, S. 298f.

的・機能については，労働法的な視点から，以上とは別の類型化が可能である。すなわち，①労務給付に対して，賃金を補完する目的・機能を持つ場合（労務給付に対する直接の対価としての賃金的性格を持つ手当），例えば第13か月給与，②専ら勤続報償の目的・機能を持つ場合（勤続のみを対象とする手当），③①と②の両方の目的・機能を併せ持つ場合（混合的性格の手当）である[17]。現実には，③の目的・機能を持つ事例が多いことが指摘されている。②や③が本来の企業内福利厚生とされる。こうした目的・機能の違いは，特に休職等の不就労を理由とする手当の減額・不支給の可否等について違いを生む。いずれの目的・機能を持つ企業内福利厚生であるかを判断するには，その名称だけによることはできず，支給条件その他の事情も併せ考慮すべきこととされている。この点は，労務給付の対償としての賃金と企業内福利厚生とをどう区別するかの問題とも関連しており，次章においてさらに詳細な検討を行っている。

三　企業内福利厚生の法的根拠

　ドイツにおける企業内福利厚生は，既述のとおり，本来は，使用者の自由意思に基づく給付であり，何らかの法的根拠の存在によって初めて労働者の請求権の対象となると解されている。その法的根拠として，ドイツの場合も，わが国と同様に，複数の法的根拠に基づき得るとされている。すなわち，①労働協約，②事業所協定・個別の労働契約，③労使慣行，④その他の法的根拠である[18]。そして，これらの法的根拠は，いずれも，企業内福利厚生を負担する使用者の自由意思を前提としており，法律や慣習法等は使用者の自由意思を前提としていない点で，企業内福利厚生の法的根拠からは除かれている[19]。しかし他方で，既述のとおり，使用者の自由意思に基づくとはいえ，企業内福利厚生が使用者の自由意思に由来する先のような法的根拠に基づく場合には，使用者による単なる贈

---

17) B. Gaul, a. a. O. (Anm. 5), S. 494; G. A. Lipke, N. Vogt, H. Steinmeyer, Sonderleistungen in Arbeitsverhältnis, 1995, 2. Aufl., S. 37ff.; J. Michel, Arbeitsrechtliche Klauselwerke für betriebliche Sonderzahlungen, Arbeit und Arbeitsrecht, 1996, S. 229.; S. Kamanabrau, a. a. O. (Anm. 8), S. 456.
18) F. Nick, a. a. O (Anm. 7), S. 2066f.; S. Kamanabrau, a. a. O. (Anm. 8), S. 455ff.; U. Kruse u. S. Kruse, a. a. O. (Anm. 7), S. 298; G. A. Lipke u. a., a. a. O. (Anm. 13), S. 47ff.
19) R. Linck, a. a. O. (Anm. 3), S. 640.

与に基づくものでもない[20]として，雇用契約につき定めるドイツ民法典（BGB）611条以下の適用を受ける「報酬（Vergütung）」に含められる[21]。ただし，その場合でも，賃金請求権が，当事者の明示の合意がなくとも，BGB 612条1項，2項[22]に基づいて当然に発生するのとは異なり，企業内福利厚生についての請求権発生にはやはり何らかの法的根拠が別に必要となると説明されている[23]。したがって，ある企業内福利厚生がそもそも何らかの法的根拠によっているのか否か，そして，何らかの法的根拠によっているとしても，いかなる法的根拠に基づいて発生しているのかによって，問題処理のあり方も異なってくるといえる。

以下では，企業内福利厚生の法的根拠についてみるが，特定の立法に根拠のある法律上の福利厚生（わが国でいう法定福利費の対象となる福利厚生に対応する。）も，多くは後述のとおり，もともと企業内福利厚生として使用者が任意に整備し，その後，使用者に義務づけられる法律上の負担に発展した歴史的経緯があり，かつての企業内福利厚生という意味においてこれにも併せて言及しておこう。

1　法律上の福利厚生

まず，法律上の福利厚生であるが，使用者の負担義務が法定されている福利厚生である。本章の対象とする企業内福利厚生が，使用者の任意に基づく給付である点で区別される。法律上の福利厚生としては，例えば，疾病保険，年金保険，失業保険，介護保険さらには労災保険のような社会保険や労働保険の保険料負担を，その代表例として挙げることができる。さらには，連邦休暇法に基づく最低で24日の有給休暇の付与（連邦休暇法1条・3条），あるいは祝日や疾病による労働不能時の賃金継続払（賃金継続支払法2条・3条），母性保護に基づく給付（母性保護法13条以下）等の負担も，法律上の福利厚生として挙げることができる。

---

20) B. Gaul, a. a. O. (Anm. 5), S. 1; derselbe, a. a. O. (Anm. 5), S. 494.
21) J. Michel, a. a. O. (Anm. 17), S. 230; U. Preis, a. a. O. (Anm. 4) RdNr. 658, 663.
22) BGB612条1項は，諸事情から，労務給付が報酬を対価としてのみ期待できる内容である場合には，報酬が黙示に合意されたものとみなすと定める。また，同条2項は，報酬額が定められない場合には，法定の額があればその額で，定めがなければ相場による額で合意されたものとみなすことができる旨を定めている。これらについては，ひとまず，U. Preis, a. a. O. (Anm. 4), S. 1539ff。
23) S. Kamanabrau, a. a. O. (Anm. 8), S. 455.

法律上の福利厚生は，企業内福利厚生を含む福利厚生全体の基礎となるものである。その内容や程度は，使用者や労働組合等が企業内福利厚生の内容や程度を決定する際の前提条件であり，企業内福利厚生の内容や程度と相関関係にあるといえる[24]。その意味では，企業内福利厚生のあり方を考える場合には，この法律上の福利厚生の現状と展望も併せて検討しておく必要があるといえる。

2 労働協約上の企業内福利厚生

ドイツにおける法律上の福利厚生に対し，企業内福利厚生の法的根拠としてまず挙げられるのが，労働協約(協約)である。ドイツにおいては，労働協約の多くが個別企業を超えて，産業ないし職業レベルで締結される産業別ないし職業別の労働協約の形態を取っている。労働協約の定める企業内福利厚生の内容は，同じ協約の適用のある産業に属したり，同じ協約の適用を受ける職業に従事する組合員労働者のいる企業には拘束力を持って適用になるので，同じ協約の適用を受ける限りでその内容に差異はないといえる。その意味では，労働協約に根拠を持つ企業内福利厚生は，個々の使用者の自由意思に基づく企業内福利厚生とまではいえないとして，企業内福利厚生の範疇から除く論者もある[25]。

ただし，協約が定める企業内福利厚生についても，そもそも協約の適用がない企業であったり，適用があっても協約自体に企業レベル・事業所レベルで協約の定めよりも有利な取扱いをすることを許す旨の「開放条項(Öffnungsklausel)」が置かれている場合には，企業独自の内容が定められることはあり得る(事業所組織法(BetrVG)77条3項，労働協約法(TVG)4条3項[26])。あるいは，労働協約の適用のない労働者の場合も，労働契約の中に「引用条項(Bezugnahmeklause)」を設けて，任意に協約の定めと同一の定めをすることがあるのは，企業内福利厚生についても異ならない。これらの場合には，使用者が任意に定めた企業内福利厚生ということになる。

労働協約に根拠を有する事例の多い企業内福利厚生には，有給休暇日数，休

---

[24] U. Kruse u. S. Kruse, a. a. O. (Anm. 7), S. 298, 303.
[25] M. Kolb, a. a. O. (Anm. 2), S. 1743.
[26] 労働協約による各産業ごとの個別の企業内福利厚生の内容については，年刊のWSI-Tarifhandbuchを参照のこと。

暇手当,第13月手当等の手当(Gratifikationen),企業内老齢扶助,家族扶助,労働者財産形成給付といったものが挙げられる[27]。

これまでドイツの労働組合は,企業内福利厚生の拡大・充実にはさほど積極的ではなかったとされている。これは,企業内福利厚生がひとえに従業員利益に貢献するということではなく,先に企業内福利厚生の目的・機能についてみたように,使用者側の経営上の要請に応える面があり,労使双方に企業内福利厚生のあり方をめぐる労使の対立があったこと,さらには,景気に左右されやすい点等に組合側が批判的であったからとされている[28]。多種多様な企業内福利厚生が実施される中で,労働協約で定められる企業内福利厚生の種類がさほど多くないのは,こうした事情にもよるといえる。

労働協約の規律対象となっている企業内福利厚生については,労働協約との法的効果の優劣関係もあって,以下3,4に述べる法的根拠の果たす意義は大きくない[29]。

3 事業所協定上ないし個別労働契約上の企業内福利厚生

ここで取り上げる法的根拠が,各企業独自の企業内福利厚生を可能とする法的根拠とされ,使用者の任意による(freiwillige)企業内福利厚生として位置づけられている[30]。一般的な用語法とは異なり,法律や労働協約に根拠のあるものと区別して,これらの法的根拠に基づく企業内福利厚生に限定して,「企業内社会給付」の語をあてる論者もいる[31]。企業独自の企業内福利厚生を根拠づける法的根拠には,事業所協定や個別労働契約の他にも,規律合意[32](Regelungsabrede)

---

27) H. J. Drumm, a. a. O. (Anm. 15), S. 335; U. Kruse u. S. Kruse, a. a. O. (Anm. 7), S. 298.
28) F. Nick, a. a. O. (Anm. 7), S. 2076.
29) 労働協約の有無別にみた企業内福利厚生の実態について示す本文後掲図表1-9,図表1-10を参照のこと。
30) S. Kamanabrau, a. a. O. (Anm. 8), S. 455. ただし,企業別労働協約の締結がされている場合には,企業横断的労働協約とは異なり,個々の使用者が決定権を有する点で,使用者による任意の福利厚生と位置づけることができる。
31) 例えば,R. Linckは,上乗せの休暇手当,クリスマス手当等と区別してこの語を用いつつ,これを特別手当に属するものの例としてやや限定して用いている。R. Linck, a. a. O. (Anm. 3), S. 638.
32) 事業所協定の形式を備えていないが,使用者が従業員の全体ないし一部に対してなした約束であり,学説・判例上は有効とされている。事業場の合意(betriebliche Einigung),事業場申し合わせ(Betriebsabrede)等の表現も用いられる。U. Koch, Betriebsvereinbarung und Regelungsabrede, in G. Schaub u. a., (Anm. 3), S. 2199f.

や，使用者と管理職の利益を代表する管理職代表委員会（Sprecherausschuß）との合意等も挙げることができる[33]。

　これらのうち，事業所単位で設立される事業所従業員会（Betriebsrat）と使用者との間で締結されるのが，事業所協定（Betriebsvereinbarung）である。この事業所協定において，そもそも企業内福利厚生を定めることができるか否かが，わが国にはないドイツ独自の論点としてまず問題となる。この点については，事業所組織法（BetrVG）87条1項の解釈によって肯定的に解されている。同項は，法律上ないし労働協約による規制が存在しない場合に，事業所従業員会が使用者と共同決定できる事項（事業所従業員会の請求があれば，使用者がこれとの合意によって事業所協定に定めを置く義務のある事項），すなわち事業所協定の規整対象事項を列挙している。列挙事項のうち，まず同項8号において，「適用範囲がその事業所，企業，コンツェルン内に限定される「社会的措置（Sozialeinrichten）」の形式，形成，管理運営」が共同決定事項として挙げられており，この「社会的措置」に企業内福利厚生が含まれるとされている。また，同項9号は，特に社宅について規定し，「労働関係の存続を考慮して被用者に賃貸される社宅の割当，その解約申入れおよび使用条件の一般的設定」を共同決定事項としている。さらに，同項10号が「事業所での賃金の確定，特に賃金支払原則の確立，新たな賃金支払方法の導入・適用，その変更」についても共同決定事項として定めている。この10号の規定により，各種手当・報償金，有給休暇手当，使用者貸付金等の企業内福利厚生が共同決定の対象となると解されている[34]。加えて，同項11号が「出来高払単価，プレミア賃金単価その他，比較可能な実績に対応する報酬につき，報酬要素を含めた確定」についても，共同決定事項となる旨を定めている。11号にいう「報酬」について，学説，判例は，すべての便宜や利益がこれに含まれるとの広い解釈をしており，賃金性を有する企業内福利厚生についてはすべて共同決定の対象となると解されてきた[35]。

　ただし，注意を要するのは，これらの規定は，その対象とする企業内福利厚生の導入そのものを事業所従業員会の共同決定事項としているわけではないという点である。事業所協定レベルでは，企業内福利厚生の導入自体はあくまで使

---

33) B. Gaul, a. a. O.（Anm. 5），S. 6.
34) U. Koch, Mitbestimmung in sozialen Angelegenheiten, in G.Schaub u. a.,（Anm. 3），S. 2264.
35) M. Kolb, a. a. O.（Anm. 2），S. 1750f.; B. Gaul, a. a. O.（Anm. 5），S. 8.

用者の，まさに任意に委ねられる事項ということである[36]。すなわち，事業所組織法88条は，事業所従業員会の共同決定権の対象とはならないが，使用者の任意による合意があれば事業所協定で定めることが可能となる事項を定めている。具体的には，労働災害や健康被害の防止のための追加的措置（同条1号），適用範囲が事業所，企業ないしコンツェルン内に限定されている「社会的措置」の設定（2号），財産形成の促進措置（3号）である。これらの事項には，いうまでもなく企業内福利厚生に属する制度や措置の導入が含まれると解されている[37]。

事業所協定に根拠のある企業内福利厚生の例としては，社員食堂や食事手当の支給等による従業員賄いが最も普及しているとされる。その他，交通手当や従業員送迎バスサービスの提供，無料ないし格安駐車場の確保，個人割引・従業員販売の実施もこれに属する。また，無利息ないし相場より有利な利息による貸付，緊急時補助，生命保険や労災保険その他の強制保険の追加保険加入，疾病（Sucht）相談・負債相談・家庭問題相談等の相談窓口の提供，企業内保育園の開設等もその例として挙げることができる。

規模の大きい企業では，健康促進策として，産業医サービスの提供のような措置を実施している[38]。近時は，労働安全・事故防止の措置に加えて，フィットネスクラブの会員となるための補助等もみられる。その他，企業内研修制度の整備，社用車の私的利用許可，携帯電話やパソコンの貸与等も挙げられる。

先に述べたような労働協約との法的関係もあって，一般に労働協約で定められるクリスマス手当のような特別手当については，事業所協定等で定められる例は稀であるとされる[39]が，企業内老齢扶助制度等はその例外として，労働協約による場合の他に，事業所協定等に基づく例も多くみられる。

他方，個別の労働契約上の根拠によって企業内福利厚生請求権が生じる場合については，その給付に関する個別合意，ないし従業員全体か一部への使用者による一方的な約束（Gesamtzusage）の存在が前提となる[40]。労働契約にこのような明示の根拠がない場合には，労働契約の下で使用者が一般的に負うとされる配慮義務の内容として企業内福利厚生を根拠づけることは，今では否定され

---

36) S. Kamanabrau, a. a. O.（Anm. 8），S. 455f.
37) M. Kolb, a. a. O.（Anm. 2），S. 1745f.
38) F. Nick, a. a. O.（Anm. 7），S. 2070.
39) R. J. Bährle, Sonderzahlungen und ihre Problem, BB 1997, S. 755.
40) R. Linck, a. a. O.（Anm. 3），S. 643f.

ている[41]。

4 労使慣行による企業内福利厚生

3で挙げた事業所協定や，個々の労働契約に根拠を持たない企業内福利厚生であっても，企業内で事実上，使用者によって繰り返し給付・提供がされてきた企業内福利厚生については，労使慣行として，使用者に給付・提供義務が発生する場合がある。使用者により全くの任意で給付・提供が始まった場合でも，その給付・提供が労使慣行に発展し，労使慣行として企業内福利厚生に対する労働者の請求権を根拠づけることがある。連邦労働裁判所（BAG）の判例には，使用者による特段の留保もなく3年連続で支給された特別手当について労使慣行の成立を認めたものがあり，先例となっている[42]。

5 その他の法的根拠による企業内福利厚生

以上の法的根拠以外でも，企業内福利厚生が法的に根拠づけられる場合がある。その主たる例として，①明文規定に基づく平等取扱原則や，②明文規定によらない労働法上の平等取扱原則による場合が挙げられる[43]。これらの平等取扱原則そのものは，使用者の自由意思を前提とするものではないが，使用者の任意による企業内福利厚生に対する労働者の請求権等の法的根拠となり得る。これらの原則についてやや詳しくみておこう。

(1) 明文規定に基づく平等取扱原則

明文規定に基づく平等取扱原則として，まず，職場を含む種々の社会的場面

---

41) R. J. Bährle, a. a. O.（Anm. 39），S. 755.
42) クリスマス手当請求権の有無が問題となった事例の判決である。BAG, Urt. v. 23. 4. 1963, APNr. 26 zu §611BGB Gratifikation. この判断は，労働法典および労働契約法についての草案等において，労使慣行が特別手当請求権の法的根拠となる要件のひとつとして採用されている。この点については，前掲（注6）を参照のこと。ただし，先の判例および各種草案の公表後に，逆にこうした処理を否定する判例も生まれている。同じクリスマス手当請求権の事例の判決である。BAG, Urt. v. 28. 2. 1996, APNr. 192 zu §611BGB Gratifikation.
43) B. Gaul, a. a. O.（Anm. 5），S. 7; G. A. Lipke u. a., a. a. O.（Anm. 13），S. 69 ff.; R. Linck, a. a. O.（Anm. 3），S. 645f.

に適用となる基本法（Grundgesetz）3条3項が挙げられる。同規定は，性別，血統，人種，言語，出身地，門地，信条，宗教的・政治的世界観により利益・不利益に扱うこと，障害を理由に不利益に取り扱うことを禁止し，法の下の平等を定める。そして，これを受けて個別の労働立法が職場における差別の禁止を定める。例えば，事業所組織法75条1項が，基本法3条3項の規定を事業所領域についてより適合的な内容で具体化している。すなわち，同規定は，使用者および事業所従業員会に対して労働者の血統，宗教，国籍，門地，政治思想，組合所属，年齢，性別による差別防止の配慮を義務づけている。あるいは，短時間労働および有期労働契約法（TzBfG）4条は，短時間労働者や有期雇用労働者がフルタイム労働者や期間の定めなく雇用されている労働者と理由なく差別的に扱われることを禁じている。

さらに，BGB612条aは，労働者が使用者に対して持つ権利を適法に行使したことを理由に，使用者が労働契約上や適用措置について不利益に取り扱うことを禁止する。企業内福利厚生に関わる権利（請求権）の適法な行使も，その適用対象に含まれるとされている。

また，EU構成国であるドイツに，直接，間接に拘束力を及ぼすEU法レベルでの性差別禁止規定も大きな意義を有する。企業内福利厚生については，EC条約旧141条2項（旧119条）が定める「賃金に関する同一労働同一賃金の原則」の適用があると解された。これを受けて，ドイツの国内法では，BGB旧611条a，旧611条b，旧612条3項が男女差別の禁止を規定していた。あるいは，EC条約39条2項（旧6条）では，雇用，賃金その他の労働条件について，国籍を理由とする差別を禁止している等である（なお，その後の明文規定の展開については，本書第Ⅱ編第2章三1(1)イを参照のこと。）。その後，ドイツでは，一般平等取扱法（Allgemeines Gleichbehandlungsgesetz, AGG）が2006年に国内法として制定され（その際，BGB 611条aは男女差別の禁止とは全く異なる規定に修正され，611条b，612条3項は削除された），性別以外の事由による賃金額の差別も含めて禁止されている。この場合の賃金の概念は，欧州共同体設立条約（EGV）旧141条2項（現行の「欧州連合の機能に関する条約（AEUV）」157条2項）にいう賃金と同様に，広義の賃金として企業内福利厚生を含むものと解釈されている。

(2) 不文の労働法上の平等取扱原則[44]

　他方，ドイツにおいては，以上のようなBGBを含む立法上の明文の規定を補完する趣旨で，法解釈によって，事業所レベルでの恣意的な不平等取扱いの禁止原則が確立されている。この原則の解釈上の拠り所をどこに求めるかについては，種々議論があるようである。例えば，その拠り所として，事業所の具体的秩序（慣習法），ルール設定をする使用者の自己規制，信義誠実の原則（BGB 242条），使用者が負う労働契約上の配慮義務，公平（Billigkeit）の原則等が挙げられている[45]。

　法解釈上の平等取扱原則の主要な適用事例としては，年金（Ruhegelder），賃金としての手当（Zulagen）と並んで，企業内福利厚生に属する特別手当（Sonderzahlung）等が挙げられている。

　この原則の適用については，明文規定に基づく平等取扱原則とは異なる点がいくつかあるとされている。

　まず，企業内福利厚生への適用においては，契約自由の原則に劣後する原則とされる。すなわち，個別の契約（合意）によって，特定の労働者につき他の労働者より有利な内容を定めても，この原則には違反しないとされている[46]。これは，この原則の適用が，使用者による取扱いに集団性が認められる場合に限定されると解されているからである。例えば，比較可能な労働者グループの中の一部労働者を，正当な理由なく恣意的に不利益取扱いする場合や，労働者について妥当性のないグループ分けによるグループ間の異別取扱いの場合等が適用事例とされている。したがって，使用者が企業内福利厚生の一般的な適用ルールを定めている場合には，そのルールの内容や運用に，この原則の適用があることになる[47]。他方，この原則は，特定の個別労働者のみを優遇することを合意

---

44) 同原則は，「事業内高齢者扶助の改善のための法律」1条b第1項4号においてもその存在が認められている。R. Linck, Gleichbehandlungsgrundsazt, in G. Schaub u. a.,（Anm. 3），S. 1141.
45) G. A. Lipke u. a., a. a. O.（Anm. 13），S. 69 ff.; R. Linck, a. a. O.（Anm. 44），S. 1141; U. Preis, a. a. O.（Anm. 4），S. 1495 RdNr. 713.
46) BAG, Urt. v. 30. 5. 1984, APNr. 2 zu §21MTLII; BAG, Urt. v. 27. 7. 1988, APNr. 83 zu §242BGB Gleichbehandlung.
47) BAG, Urt. v. 25. 1. 1984, APNr. 66 zu §242BGB Gleichbehandlung; BAG, Urt. v. 27. 7. 1988, APNr. 83zu §242BGB Gleichbehandlung.

する場合や取扱いに集団性がない場合を禁止するものではない[48]。しかも，集団性のある取扱いであっても，そこに恣意（故意）性がなければ，この原則の適用はないとされている。

　次に，この原則の適用は，労働者の側で放棄できるとされていることである。これは，例えば，使用者が行った契約内容の変更の申し込みに対して，ある労働者が拒否し，その他の労働者が同意するという状況を肯定するために，ある労働者によるこの原則の適用放棄を認める必要があるからであると説明されている[49]。

　以上(1)および(2)で述べた明文と不文の平等取扱原則の適用のある事例で，これらの原則に違反するか否かは，異別の扱いに正当な理由があるか否かによって判断される。例えば，2000年制定の短時間労働および有期労働契約法（TzBfG）(4条)以前の例であるが，フルタイマーとパートタイマー間での企業内福利厚生の異なる取扱いについて，それぞれの企業内福利厚生の目的に照らして，異なる取扱いに正当な理由があるか否かが判断されている[50]。あるいは，手当等の企業内福利厚生につき支給日に在籍することを支給要件とすること[51]や，手当等の計算対象期間中に労働関係から排除されたことを支給除外理由とすること[52]等は，判例上，正当な理由が認められると解されている（この点については，本書第Ⅱ編第3章を参照のこと。）。

　(1)および(2)で述べた平等取扱原則への違反が認められる事例では，これらの原則違反を根拠に，企業内福利厚生について格差のない取扱請求権が労働者に生じることとなる。

　企業内福利厚生に関しては，以上1～5のような法的根拠に基づいて請求権が発生する場合ではなく，使用者から全くの任意で，その都度，給付・提供され

---

48) BAG, Urt. v. 13. 2. 2002, APNr. 184 zu §242BGB Gleichbehandlung.
49) BAG, Urt. v. 4. 5. 1962, APNr. 32 zu §242BGB Gleichbehandlung, U. Preis, a. a. O.（Anm. 4）RdNr. 717.
50) BAG, Urt. v. 27. 7. 1994, APNr. 37 zu §2BeschFG 1985. Vgl. B. Gaul, a. a. O.（Anm. 5），S. 7; G. A. Lipke u. a., a. a. O.（Anm. 13），S. 73.
51) BAG, NZA 1995, S. 307.
52) BAG, Urt. v. 25. 4. 1991, EzA 611 BGB Gratifikation, Prämie Nr. 84.

ていて労働者に請求権が生じないと解される任意性留保の場合[53]や、請求権が発生してもその撤回権が留保されている場合等もあることに注意を要する。ただし、前者の任意性留保の場合については、使用者は、受益労働者に対して給付が使用者の任意によるもので、将来にわたって継続的に給付を予定するものではない旨を明示して任意性を留保（Freiwilligkeitsvorbehalt）しておかなければ、給付が反復されることで、給付請求権を根拠づける労使慣行の存在が肯定される可能性があるとされている[54]。この点の是非も含め任意性留保や撤回権留保の効果等については、本書Ⅱ編第3章で詳述している。

四　企業内福利厚生の実態と展開

ドイツにおける企業内福利厚生の基本的事項についての以上のような理解を前提としつつ、その実態と歴史的な展開状況について概観を試みよう。

1　企業内福利厚生の実態

まず、企業内福利厚生の実態について、以下では、ドイツを含むEUの主要構成国における実態比較、ドイツ国内における企業内福利厚生について、地域別、産業別、年代別、規模別、事項別さらには既述した法的根拠別の実態等について、複数の統計資料を用いて分析を行う。

---

53) ドイツの最上級の労働裁判所である連邦労働裁判所（BAG）大法廷判決にも、法律上ないし協約上の企業内福利厚生と任意の企業内福利厚生の区別につき、従業員に請求権が発生するかしないかの点を挙げるものがある。BAG GS, Beschl. 16. 9. 1986, APNr. 17 zu §77BetrVG 1972.
54) R. J. Bährle, a. a. O. (Anm. 39), S. 755. その他、金銭給付の形を取る企業内福利厚生につき、具体的な額が特定できない場合には、BGB315条1項（当事者の一方による給付の確定）に従って、公平な裁量の範囲内で使用者に決定権があるとされている。R. J. Bährle, a. a. O. (Anm. 39), S. 756. BGB315条については、椿寿夫・右近健男編『ドイツ債権法総論』（日本評論社、1988年）200頁以下を参照のこと。

第Ⅱ編　ドイツにおける企業内福利厚生と労働法上の課題

(1) EUにおける企業内福利厚生の実態

まず，EUにおいては，その前身であるEEC設立後の早い時期から，労働費用についての調査が行われ，企業内福利厚生も労働費用に含めて調査対象とされてきた[55]。その後，構成国間の適切な統計比較を可能にするとともに，労働費用の変化にも対応できるように，1999年には，EUレベルで統一的な調査費目や各費目の定義に関する欧州理事会規則および欧州委員会規則が定められている。これらは，その後の改正を経て，EU構成国の労働費用調査の統一的基準として活用されている[56]。EUレベルでは，企業内福利厚生に特化した統計はないようであり，労働費用統計から，その実態について分析を試みる。

EU統計局(Eurostat, Statistisches Amt der Europäischen Union)が2007年6月に更新した統計情報[57]から主要と思われる7つのEU構成国を抽出し，労働費用を構成する費目と労働費用に占める割合を筆者なりに整理したものが，図表1-1である。

---

[55] ECSCの設立に伴い1953年に開設された統計部門を引き継いだEC統計局が，1959年以降これまで調査を行ってきた。1959年から1964年にかけては，特定の産業を選定して3年周期で調査し，1966年と1969年には，全産業対象の調査がされている。わが国において国別の比較を行った論考として，例えば，わが国とEUさらにはアメリカ，オーストラリアの企業内福利厚生の実態について，労働経済学の視点から分析を試みた猪木武徳「企業内福利厚生の国際比較へ向けて」，猪木・樋口『日本の雇用システムと労働市場』(日本経済新聞社，1995)所収，101頁以下がある。
[56] ① Council Regulation (EC) No. 530/1999 und ② Commission Regulation (EC) No. 1726/1999 concerning structural statistics on earnings and on labour costs.
　②の委員会規則では，付属文書に，調査項目(Annex I)，項目の定義(Annex 2)等が定められている。②はその後の規則改正による改正委員会規則No. 1737/2005が現行規則となっている。
[57] EUがWeb上で公表している統計情報によっている。Themen: Bevölkerung und soziale Bedingungen in Eurostat Homepage.

第1章　企業内福利厚生の法的類型と実態

図表1-1　EU主要構成国における2007年の製造業・サービス業別の労働費用構造 (%)
（各費用費目の上段：製造業，下段：サービス業）

	ドイツ	ベルギー	オランダ	スペイン	フランス	イタリア	イギリス
Ⅰ 労働報酬	99.46	99.48	98.65	98.91	96.44	98.56	97.79
	99.48	99.52	97.65	98.3	96.71	98.76	97.62
1 総賃金・報酬	76.44	67.24	75.97	73.77	66.71	68.22	77.68
	76.34	70.99	76.67	74.03	67.15	70.4	79.84
(1)賃金・報酬（職業訓練生を除く）	75.63	67.24	75.97	73.68	66.42	67.47	76.51
	75.31	70.98	76.67	73.95	66.77	69.68	78.41
(a)直接払の報酬・賞与・手当（職業訓練生を除く）	64.68	59.03	66.43	65.61	58.88	60.47	66.85
	64.49	61.98	66.45	67.56	60.62	65.37	70.16
①定期に支払われたもの *1)	56.81	51.9	56.98	53.98	51.85	53.18	65.49
	57.29	55.21	56.59	56.48	54	55.71	68.07
②労働報酬ごとではないもの *2)	7.87	7.13	9.45	11.63	7.02	7.29	1.36
	7.2	6.77	9.86	11.07	6.62	9.61	2.1
(b)労働者財産形成給付	0.46	0.03	0	0.01	3.09	0.01	1.17
	0.36	0.23	0	0.02	2.44	0.03	0.77
(c)非労働日手当（職業訓練生を除く）	9.83	6.07	8.07	7.4	4.21	6.84	6.97
	9.25	6.44	8.25	5.61	3.25	4.17	6.27
(d)現物支給（職業訓練生を除く）*3)	0.66	2.11	0.84	0.66	0.24	0.15	1.52
	1.22	2.33	1.98	0.76	0.46	0.15	1.2
①生産物（無料・割引）	—	0.01	—	—	—	—	—
	—	0.02	—	—	—	—	—
②社宅（自宅建設・購入補助,住宅手当,引越費用を除く）	—	0.01	—	—	—	—	—
	—	0.06	—	—	—	—	—
③社用車	0.37	0.19	—	—	—	—	—
	0.63	0.35	—	—	—	—	—
④ストックオプション・株買取権	—	0.01	—	—	—	0.03	—
	—	0.07	—	—	—	0.02	—
(2)職業訓練生の総賃金・報酬	0.81	0.01	—	0.09	0.29	0.75	1.18
	1.03	0.01	—	0.08	0.38	0.72	1.43
2 社会保険料の使用者総負担	23.02	32.24	22.68	25.14	29.73	30.34	20.11
	23.25	28.54	20.98	24.27	28.23	28.35	17.78
(1)社会保険料実費（職業訓練生を除く）	19.4	30.05	17.74	23.09	26.85	27.23	17.81
	19.11	26.96	16.53	22.09	25.69	25.68	16.68

(a)法定社会保険料の負担	15.29	27.25	8.26	22.23	25.11	26.96	6.07
	14.48	24.33	8.37	21.01	24.04	25.06	6.28
(b)協約・契約・任意の保険料負担 *4)	4.11	2.8	9.48	0.86	1.74	0.28	11.75
	4.63	2.63	8.16	1.08	1.65	0.62	10.4
(2)社会給付負担（職業訓練生を除く）	3.42	2.16	4.94	2.04	2.85	3.06	2.2
	3.89	1.58	4.45	2.18	2.42	2.65	0.99
(a)疾病時の賃金・報酬継続払 *5)	2.19	0.87	3.16	—		0.97	—
	2.06	0.6	2.54	—		0.75	—
(b)老齢・健康配慮負担	0	—	1.11	—	—	—	—
	0.28	—	0.84	—	—	—	—
(c)解雇補償 *6)	1.17	0.93	—	1.21	—	1.63	
	1.43	0.78	—	0.76	—	1.36	
(d)その他の負担 *7)	0.06	0.38	—	—	—	0.48	
	0.11	0.2	—	—	—	0.51	
(3)職業訓練生の社会給付負担	0.02	0	—	0	0	0.02	0.1
	0.25	0	—	0.01	0.12	0.01	0.11
Ⅱ 教育訓練費	0.46	0.32	0.77	0.33	1.66	0.21	2.21
	0.49	0.32	0.89	0.48	1.65	0.23	2.38
Ⅲ その他の経費 *8)	0.18	0.33	1.32	0.8	0.07	1.4	0
	0.19	0.22	2.07	1.28	0.08	1.16	0
Ⅳ 税負担	0	0	0.13	0	1.96	0	0
	0	0	0.11	0	3.09	0	0
Ⅴ 補助金	0.1	0.13	0.87	0.04	0.13	0.17	0
	0.27	0.06	0.73	0.05	0.19	0.14	0

出所：Eurostat, Bevölkerung und soziale Bedingungen 2007
注）本図表のⅠからⅣの項目の割合合計から、収入であるⅤの補助金の割合を差し引いた割合が100％となる。また、以下に記載の内容は、欧州委員会規則（注56を参照のこと。）のAnnex Ⅱおよびその補遺によっている。
＊1）基本給の他、労働時間や仕事量に基づき算定された直接の報酬、超過労働・深夜業・休日労働・交替制労働に対して付加的に支払われた報酬、報酬支払期間ごとに定期的に支払われる賞与・手当（特殊勤務や業績等を対象とするもの）が含まれる。
＊2）報酬支払期間ごとに支払われないすべての報酬。勤続報償、退職金、新入社員手当、賃上遡及払分、企業合併による報酬調整分、社員表彰金、目標達成金、クリスマス手当等の祝祭手当、業績報償金、四半期ボーナス、第13月・第14月手当、年次ボーナス等がこれに属する。
＊3）現物支給には、本図表の①〜④の他に、社員食堂、文化・スポーツ・レジャー施設・サービス、幼稚園・保育園、売店、通勤定期、労働組合ファンド、従業員組織関連経費が挙げられる。
＊4）強制保険の補完として使用者により支払われる保険料すべて。例えば、（職業）年金、疾病保険、失業保険等で強制保険を補完する制度。
＊5）疾病・妊娠・労働災害時の所得保障で使用者が直接に労働者に支払うもの（公的社会保険機関が支払うものは除かれる。）。
＊6）労働協約の根拠があるか、それが不明なもの（労働協約に根拠がないものは、Ⅰ1(1)(a)②に含められる。）。
＊7）労働者自身およびその子供のための教育補助、時短手当（公的社会保険機関が支払ったものは除かれる。）が含まれる。
＊8）求人広告費・作業着代・引越費用が含まれる。

《分析》

（ア）①　まず，労働費用の実態については，抽出した構成国間の比較によってどういう傾向が読み取れるのであろうか。企業内福利厚生も含めて分析してみよう。図表1-1によれば，労働費用の主要な部分である「労働報酬」を構成する「総賃金・報酬」と「社会保険料の使用者総負担」を対比すると，図表1-1に掲載の7か国の中では，イギリス，オランダが，「社会保険料の使用者総負担」に比して，「総賃金・報酬」の，労働費用中に占める割合が高いグループを形成していることがわかる。逆にこのグループは，他のメンバー国に比して「社会保険料の使用者総負担」の割合が低い。他方，ベルギー，イタリア，フランス，スペインは，「総賃金・報酬」の，労働費用中に占める割合が先のグループほど高くなく，むしろ社会保険主導タイプのグループを形成している。ドイツは，どちらかというと「総賃金・報酬額」の，労働費用中に占める割合が高いイギリスやオランダのグループに属しているといえる。また，イギリスやオランダでは，「社会保険料の使用者総負担」の内訳をみると，「法定社会保険料の負担」割合が非常に低く，これを「協約・契約・任意の社会保険料負担」が示す企業独自負担で補完している。これに対して，ドイツでは，いずれも割合としては高くない。福利厚生の視点で考えると，「法定社会保険労の負担」が法律上の福利厚生にあたり，「協約・契約・任意の社会保険料負担」が企業内福利厚生に分類されると解される。

　　　これらのデータから，ドイツは，イギリスやオランダとともに「総賃金・報酬」を重視するが，イギリスやオランダと異なり，社会保険料の点では社会給付を国により実現することを自助よりも重視する国に位置づけられる。2で後述するが，ドイツにおけるこうした実態は，企業内福利厚生の展開状況と無縁ではない。

②　さらに，ドイツは，労働費用全体に占める「賃金・報酬（職業訓練生を除く）」を構成する「直接払の報酬・賞与・手当」の割合が，イギリス，オランダ，スペインと同様に高い。そして，「直接払の報酬・賞与・手当」は，大半が定期的に支払われている。しかし他方で，「賃金・報酬（職業訓練生を除く）」に占める「直接払の報酬・賞与・手当」の割合は，イギリス，オランダと同様にやや低くなっている。これは，「非労働日手当」の割合が

他国に比してドイツでは高いことによることがわかる。「非労働日手当」の割合の高さは，後掲図表1-2からも明らかなとおり，有給休暇付与が手厚く使用者に義務づけられていることによるとみられる。

③　次に，製造業とサービス業との対比でみると，両産業で差が顕著な費目は多くない。「直接の報酬・賞与・手当」や，その中の「定期的に支払われたもの」の割合については，ドイツ，オランダ以外の国では，サービス業での割合の方が高い。逆に，ドイツ以外の国では，「社会保険料の使用者総負担」の労働費用に占める割合については，製造業が高くサービス業はより低率である。また「現物給付」では，オランダ，ドイツ，フランスでは，製造業とサービス業とで差があり，サービス業の割合の方が高い。

(イ)①　以上ア①②を前提に企業内福利厚生についてみると，**図表1-1**で，企業内福利厚生に関係する費目としては，労働費用の中でも，「総賃金・報酬」の費目である「労働報酬ごとではないもの」「労働者財産形成給付」「非労働日手当」「現物支給」，そして，「社会保険料の使用者総負担」の費目である「協約・契約・任意の保険料負担」「社会的給付負担（職業訓練生を除く）」，「教育訓練費」あたりがこれに該当すると考えられる（ただし，「労働報酬ごとではないもの」には，**図表1-1**の注記にあるとおり，退職金や賃金遡及払分等のように賃金と考えられる費用と，企業内福利厚生費用が混在していると解される。）。

②　これらのうち「総賃金・報酬」を構成する費目についてみると，まず「労働報酬ごとでないもの」の労働費用に占める割合は，オランダ，スペインがそれぞれ9％台，11％台と高く，イギリスが1％ないし2％台と極端に少ないが，それ以外の国はドイツも含めて大体7％台である。さらに，「労働者財産形成給付」「非労働日手当」「現物支給」の中では「非労働日報酬」の割合が高く，その他は低率である点は各国共通であり，なかでも「非労働日報酬」は，ドイツが最も高いことがわかる。

③　次に，「社会保険料の使用者総負担」の費目についてみると，まず「協約・契約・任意の保険料負担」の労働費用に占める割合は，「社会保険料の使用者総負担」の割合が低いオランダ，イギリスで高く，ドイツがこれに続いている。この費目が法律上の強制保険を補う機能を果たしていることがわかる。他方，「社会給付負担」や「教育訓練」の労働費用に占める割合

は，高いイギリスでもそれぞれ5％，3％までであり，労働費用に占める比重は小さい。

④　やや大雑把で数値に上振れがある可能性があるが，「法定社会保険料の負担」等の法律上の福利厚生を除く，企業内福利厚生に属するとみられる費目の，労働費用に占める割合（業種平均）を合計すると，オランダが34％で最も高く，これをドイツの27％，イギリス26％，ベルギー20％が続き，スペイン19％，フランス，イタリアが18％となっている。オランダ，ドイツ，イギリスは，当事者による自助を重視する国であり，企業内福利厚生が労働費用に占める割合の高いことを示している。

⑤　以上のように，企業内福利厚生に属すると思われる各費目が労働費用に占める割合は，国ごとにそれぞれに傾向があることがわかる。歴史的経緯や伝統，あるいは法律上の福利厚生費負担の状況等の違いを反映しているものと推測される。

(2) ドイツにおける企業内福利厚生の実態

以上のEUレベルの労働費用調査からも，ドイツにおける企業内福利厚生が，全体として労働費用に占める割合や企業内福利厚生を構成する制度ごとの割合や傾向については，ある程度の評価を加えることができる。ドイツでは，さらに細かな実態を知り得る調査が実施，公表されている[58]。そのいくつかを紹介しつつ，ドイツの企業内福利厚生の実態にもう少し踏み込んでみよう。

---

58) ドイツには，企業内福利厚生の実態分析に用いられる主要な調査として，(1)連邦統計局による公式の労働費用調査，(2) IAB (Institute für Arbeitsmarkt- und Berufsforschung, 労働市場・職業研究機構) による調査 (IAB-Panel)，(3)ドイツ最大の経済研究機関 DIW (Deutsches Institute für Wirtschaftsforschung) による社会経済調査 (SOEP,Das Sozio-ökonomische Panel) を挙げることができるが，本章では，(1)と(2)を取り上げる。(3)の調査の分析については，B. Frick u. a., Betriebliche Zusatzleistungen in der Bundesrepublik Deutschland: Verbreitung und Effizienzfolgen, zfo, 2000, S. 83; M.Pannenberg u.a., Betriebliche Sondervergütungen in Deutschland, Wochenbericht des DIW, 35/2000. その他にも，経営学や経済学の研究者等による調査等もかなり早い時期からなされている。例えば，K.Haberkorn による 1965年と1969年の調査 (K. Haberkorn, Der Rang freiwilliger sozialer Leistungen, Arbeit und Sozialpolitik, 1970, S. 249ff.)。

ア　連邦統計局による労働費用調査

まず,連邦統計局(Statistische Bundesamt, StBA)による「労働費用調査(Arbeitskostenerhebung)」によるとどうか[59]。この調査は,ドイツの公式の調査統計として,図表1-1で示したEUの労働費用統計にも反映されているところである。直近の連邦統計として公表されている2004年の労働費用調査結果は,図表1-2のとおりである。EU統計で挙げられている費目をより細分化したもの(「現物支給」の費目等,一部の項目はむしろ統合されているが)となっている[60]。対象は,従業員10人以上規模の企業である。

---

[59] 本調査は,1957年以来4年に一度の割で行われるサンプル調査で,調査対象には法律上の情報提供義務が課される。直近の2004年調査では,労働者10人以上を雇用する企業3万社の約10万人の従業員回答に,公勤務関係の調査4万人分を加えたデータに基づいている。調査対象となる産業は,製造業とサービス業であるが,本文で挙げた2004年調査結果が初めてこれらの産業に属する業種を完全に対象とするに至っている。Statistische Bundesamt, Was kostet Arbeit in Deutschland ?, Ergebnisse der Arbeitskostenerhebung 2004, S. 51f.　労働費用の内訳として,従業員報酬(総賃金・報酬(職業訓練生を除く),職業訓練生の総賃金・報酬,社会保険料の使用者負担分),職業訓練・教育訓練費,その他の支出,税金の4項目が挙げられ,従業員報酬の中の総賃金・報酬(職業訓練生を除く)のみが直接費用とされ,それ以外のすべての項目(ただし,長期失業者雇用等に対する国による補助金・補償金は控除される)が間接費用として付加的人件費とされている。vgl. Statistisches Bundesamt 2006, Was kostet Arbeit in Deutschland ?, Ergebnisse der Arbeiskostenerhebung 2004.

[60] 図表1-1で示したドイツのデータと図表1-2のデータはドイツ統計局が2004年に実施した同じ調査結果をベースにしているが,データに不一致がみられる。これは,図表1-1のデータが,使用者の支出である全労働費用から,収入である補助金を除いた額を実際の労働費用として,これを分母にしているのに対して,図表1-5のデータは,補助金を含む全労働費用を分母として算出されている点,さらに,図表1-1では,製造業およびサービス業に含められる産業から一部(公的な行政・防衛・保険の分野)が除かれていること等に理由があるとみられる。

なお,図表1-5は,フルタイム労働者の労働費用のデータとされているが,パートタイム労働者については,回答企業は,フルタイム労働者への換算による回答が認められている。

第 1 章　企業内福利厚生の法的類型と実態

図表1-2　2004年の労働費用構成 (%)

費目	フルタイム労働者の労働費用		
	産業合計	製造業	サービス業
Ⅰ 労働費用全体	100.0	100.0	100.0
Ⅱ 労働報酬	99.4	99.4	99.4
(1)総賃金・報酬	74.8	75.9	74.2
(a)総賃金・報酬(職業訓練生を除く)	73.8	75.0	73.0
①実働時間に対応する報酬	56.7	56.6	56.8
②特別手当全体 *1)	6.4	7.5	5.7
・合意された固定の特別手当	4.6	5.3	4.1
③労働者財産形成給付	0.3	0.4	0.3
④非労働日手当	9.5	9.7	9.4
・年休手当	7.5	7.5	7.4
・法定祭日手当	1.7	1.8	1.7
・その他の事業内・協約上の手当	0.3	0.4	0.3
⑤現物支給 *2)	0.8	0.7	0.8
・社用車の私的利用の税法上の評価	0.4	0.4	0.3
(b)職業訓練生の総賃金・報酬	1.0	0.9	1.1
(2)社会保険費の使用者総負担	24.6	23.5	25.2
(a)事実上の負担(職業訓練生を除く) *3)	17.7	19.9	16.4
①法律上の負担	13.7	15.6	12.6
・年金保険料	6.2	6.9	5.8
・失業保険料	2.0	2.3	1.9
・疾病・介護保険料	4.5	4.9	4.2
・責任保険組合保険料	0.8	1.2	0.5
・支払不能負担額	0.1	0.2	0.1
・老齢保険のその他の経費	0.1	0.1	0.0
②企業内老齢扶助経費	4.0	4.3	3.8
・企業年金保証費	2.1	3.2	1.4
・年金基金掛金	0.9	0.3	1.2

・共済金庫掛金	0.5	0.2	0.6
・直接保険料	0.3	0.3	0.2
・年金基金保険料	0.0	0.1	0.0
・老齢保険のためのその他の経費	0.3	0.2	0.3
(b) 使用者による追加的社会保険費 *4)	6.6	3.3	8.4
①賃金・報酬継続払	2.5	2.2	2.6
・疾病時賃金・報酬継続払	2.4	2.1	2.3
・母性手当のための使用者負担	0.1	0.0	0.1
②老齢・健康配慮関連追加社会保険費	2.4	—	3.7
③リストラ労働者への支払	1.1	1.1	1.0
・解雇補償	0.7	0.8	0.7
・老齢パートでの賃金・報酬上積	0.4	0.3	0.4
④その他の任意社会給付	0.7	0.1	1.1
(3) 職業訓練生への使用者の社会保険費	0.3	0.2	0.3
Ⅲ 教育訓練用経費	0.5	0.5	0.5
Ⅳ その他の経費 *5)	0.2	0.2	0.2
付加的人件費全体 *6)	43.3	43.4	43.2
・法律上の付加的人件費 *7)	20.3	19.6	20.6

出所：StbA, Arbeitskostenerhebung 2004

注) 本図表中に示した割合は，小数点第2位以下が四捨五入されているため，例えば，ⅡからⅣの割合合計が必ずしもⅠの100％になっていない。また，以下に示した各項目の説明については，本図表の作成元である連邦統計局作成の用語集によっている。

* 1) 賃金・報酬支払の都度には支給されない不定期のもの。特に，第13月手当，休暇手当，クリスマス手当，業績報償，年末手当，不定期手当等が挙げられる。
* 2) 従業員に処理を委ねられる利益やサービスをいう。社用車の他に，企業の生産物給付，住宅補助，社員用施設，ストック・オプション，株買取権がこれに属する。
* 3) 法律，労働協約，契約にもとづくか，任意に，労働者の給付請求権確保のために，使用者がした保険料支払。
* 4) 保険機関等を通じてではなく，使用者が自己の資産から直接に労働者に支払う社会給付。
* 5) 求人経費，作業着代。
* 6) 労働費用から実働時間に対する報酬額を差し引いたもの。
* 7) 強制保険の保険料の使用者負担分，法定の有給祝日，賃金継続払，企業内老齢・健康給付関連の追加的保険費。

《分析》

① まず,「労働報酬」の主要な構成要素である「総賃金・報酬」と「社会保険費の使用者総負担」のうち,「総賃金・報酬」中の「非労働日手当」の割合がEU構成国の中では高いことが図表1-1において示されていた。図表1-2からは,さらに,「年休手当」がその「非労働日手当」の大半を占めていることがわかる。また,「社会保険費の使用者総負担」では,図表1-1で強制保険と区別して「協約・契約・任意の保険料負担」とされている費目の内容が「企業内老齢扶助経費」であることがわかる。

② また,図表1-2では製造業とサービス業の業種別のデータが示されているが,すでに図表1-1の分析で述べたように,業種間で顕著な差異のある費目は少なかった。それでも,図表1-2をみると,「社会保険費の使用者総負担」の費目の「責任保険組合」や「企業年金保証」の費用の割合は,製造業が高いのに対して,「その他の任意社会給付」では,サービス業での割合が高いこと等,業種でバラツキがある費目のあることがわかる。

③ 図表1-2によると,企業内福利厚生に含まれる費目として,「総賃金・報酬」では,「特別手当全体」「労働者財産形成給付」「非労働日給付」「現物支給」であり,「社会保険費の使用者総負担」では,「企業内老齢扶助経費」「使用者による追加的社会保険費」あたりと考えられる。これらが労働費用に占める割合を単純に合計すると,27.7%であるが,これらの費目には,労働の対価としての賃金等,企業内福利厚生にあたらない費目も含まれているとみられるため,企業内福利厚生の割合はもう少し低いと考えられる。図表1-2で「労働費用」全体から「実働時間に対応する報酬」(56.7%)を差し引いた残りとして図表の末尾に挙げられている「付加的人件費全体」(43.3%)のうち,「法律上の付加的人件費」(20.3%)を差し引いた割合が,23.0%であり,この数字あたりが,企業内福利厚生が労働費用に占める割合となると推測される(2004年以前の企業内福利厚生の割合については,後掲図表1-11～図表1-13,図表1-14の《分析》の項を参照のこと。)。

ところで,ドイツ連邦統計局の労働費用調査は,4年に1度行われてきているが,図表1-3と図表1-4は,1992年,1996年,2000年と2004年の4回の調査結果に基づいて,業種別に,フルタイム労働者の労働費用を構成する費目を「実働時

間に対応する報酬」と「付加的人件費」とに分けて示したものである。これによって，労働費用に占める主たる福利厚生（企業内福利厚生の他に法律上の福利厚生も含む。）の割合の業種別の経年変化がわかる。

　まず，**図表1-3**は，主として製造業について，各年の労働費用を「実働時間対応の報酬」と「付加的人件費」とに大別し，「付加的人件費」をさらに4区分して，それぞれの区分が占める割合を算出したものである。**図表1-2**の細かな費目を大括りにして，主要費目間の経年的な比較を試みたものである。

　先にみた**図表1-2**と**図表1-3**を照らし合わせると，強制保険の保険料や疾病時賃金継続払費等の法律上の福利厚生と企業内福利厚生とを併せたものが「付加的人件費」に分類されている。その割合は1992年以来大きく変化しておらず，43〜45％程度である。これを構成する各費目の経年変化の有無についてみると，製造業では，いずれの費目も大きな変化を示していないことがわかる。他方，サービス業の経年変化については，サービス業に分類される業種別の変化を示す次の**図表1-4**から分析が可能である。

図表1-3　1992年，1996年，2000年，2004年各年の産業別労働費用の構造 (%)

費目	全産業	サービス業	製造業	製造業	製造業	製造業
年度	2004	2004	2004	2000	1996	1992
(1)実働時間対応の報酬	56.7	56.8	56.6	56.7	55.6	56.0
(2)付加的人件費全体	43.3	43.2	43.4	43.3	44.4	44.0
①特別手当 *1)	6.9	6.0	7.9	7.6	7.0	7.5
②非労働日手当 *2)	12.0	12.0	11.9	12.9	15.8	13.8
③社会給付費 *3)	17.7	16.4	19.9	19.2	19.0	17.2
④その他の費用 *4)	6.9	8.8	3.5	3.6	2.6	5.5
労働費用全体	100.0	100.0	100.0	100.0	100.0	100.0
(労働費用額)(単位：ユーロ)	(47129)	(45743)	(49770)	(39662)	(41630)	(36207)
労働費用中の賃金・報酬 *5)	75.6	74.8	76.4	77.2	78.4	77.3

出所：StbA, Arbeitskostenerhebung 1992, 1996, 2000, 2004
注）記割合の合計が合わない場合があるが，これは小数点2位以下を四捨五入していることによる。
　　また，以下に示した各費目の内訳は，本図表作成の基となった図表に示された内訳によっている。
　＊1）労働者財産形成給付，確定合意の，業績・利益連動手当，休暇手当
　＊2）休暇日賃金，疾病時の法的賃金継続払，その上積み，法定祝日その他の法定の操業短縮の補償賃金，その他の事業上ないし協約上の休暇手当
　＊3）強制保険の保険料負担，企業老齢年金経費
　＊4）解雇補償，事業内短縮労働手当，教育訓練経費
　＊5）直接経費（(1)と(2)の①②の合計）

第1章　企業内福利厚生の法的類型と実態

図表1-4　旧東西ドイツ別の主要産業別労働費用の経年比較 (%)

	実働時間に対応する報酬								付加的人件費							
	旧西ドイツ				旧東ドイツ				旧西ドイツ				旧東ドイツ			
年度	1992	1996	2000	2004	1992	1996	2000	2004	1992	1996	2000	2004	1992	1996	2000	2004
製造業	55.6	55.1	56.4	56.1	60.6	60.1	60.4	61	44.4	44.9	43.6	43.9	39.4	39.9	39.6	39
10〜49人	60.5	58.9	60.3	60.7	65.3	62.2	63.1	63.7	39.5	41.1	39.7	39.3	34.7	37.8	36.9	36.3
1000人以上	52.4	52.1	53.1	52.8	56.7	55.2	54.4	56.4	47.6	47.9	46.9	47.2	43.3	44.8	45.6	43.6
卸売業	60.2	59	60.1	58.6	—	—	—	—	39.8	41	39.9	41.4	—	—	—	—
小売業	66.2	58.7	60.6	59.8	60.2	60	61.5	61.5	33.8	41.3	39.4	40.2	39.8	40	38.5	38.5
飲食・旅館業	—	59.4	61.1	60.4	—	61.1	61.5	62.4	—	40.6	38.9	39.6	—	38.9	38.5	37.6
金融業	50.5	49.2	48.8	50.3	53.9	50	50.8	52.2	49.5	50.8	51.2	49.7	46.1	50	49.2	47.8
保険業	51.6	49.3	49.6	51.8	56.2	51.7	48.8	52.5	48.4	50.7	50.4	48.2	43.8	48.3	51.2	47.5

出所：StbA, Arbeitskostenerhebung 1992, 1996, 2000, 2004

《分析》

図表1-3に対して、図表1-4は、製造業では最大と最小の従業員規模について、その他の業種は規模一括で業種別に、そして旧東西ドイツ地域別に、1992年から2004年まで4年ごとに経年で比較している。

図表1-4によれば、旧東ドイツ地域の方が、実働時間報酬の割合が高く、企業内福利厚生を含む「付加的人件費」の割合が低いことがわかる。旧東ドイツ地域のそうした傾向は、生活に必要な現金収入の確保が優先されてきた結果と考えられる。

また、経年変化をみると、「付加的人件費」について、旧西ドイツ地域では、卸売業以外は減少か横ばいである。旧東ドイツ地域では、業種によって増加と減少とがみられる。さらに、東西ドイツいずれにも共通する傾向として、業種によって「付加的人件費」の占める割合にかなりの差がある。製造業全体ないし10〜49人規模、小売業、飲食・旅館業では40％に満たないのに対して、金融業や保険業では、40％後半に達している。業種ごとの従業員規模・経営規模の差を反映して、規模が大きくなるに従って企業内福利厚生等の「付加的人件費」の支出が多くなされることが推測される。いずれにしても、図表1-4からも「付加的人件費」の割合に大きな変化がないことから、企業福利厚生についても同様の推

移がみられるものと推測される。

イ　IAB事業場調査

IAB(Institute für Arbeitsmarkt-und Berufsforschung, 労働市場・職業研究機構[61])が，1993年と2000年に企業内福利厚生に焦点を絞った調査を行っている。そのデータを以下の図表1-5～図表1-8のように整理する論考がある[62]。両年の調査項目等の統一性が十分ではないため，経年比較が難しいが，この調査によって個別の企業内福利厚生の実態がさらに明らかとなる。

(a) 1993年調査（旧西ドイツ地域所在の4265事業所対象）

図表1-5　企業内福利厚生の事業所・労働者別の実施割合 (%)

	労働者全員に適用		一部労働者に適用		適用なし	
	労働者割合	事業所割合	労働者割合	事業所割合	労働者割合	事業所割合
月額賃金より安い第13月手当その他の年間特別手当	53	57	12	8	36	34
月額賃金より高い第13月手当その他の年間特別手当	46	29	17	9	37	62
休暇手当	81	64	8	6	12	30
財産形成給付	78	60	13	14	9	26
通勤手当	15	11	23	13	62	76
食事手当・社員食堂	28	11	5	2	67	89
企業内高齢者扶助	37	15	25	14	38	70

注）その他，事業所の7％（労働者の15％）では，上記の制度以外の制度を設定している。
出所：IAB-Betriebspanel 2000

---

61) IBAは，連邦労働局（Bundesamt für Arbeit）の部局として1967年に設立され，2004年以降は，連邦労働局が連邦職業安定局（Bundesagentur für Arbeit）に改組され，その外局となっている。
62) 図表1-5については，L. Bellmann, B. Frick, Umgang, Bestimmungstünde und wirtschaftliche Folgen betrieblicher Zusatz-und Sozialleistungen, in B. Frick u. a. (Hrsg.), Die Anreizwirkungen betrieblicher Zusatzleistungen, 1999, S. 100. 図表1-6～図表1-8については，R.Lutz, Determinanten betrieblicher Zusatzleistungen, Industrielle Beziehungen, 2005, S. 439-440.

第 1 章　企業内福利厚生の法的類型と実態

(b) 2000年調査 (13931事業所対象 (旧西ドイツ地域:8416事業所, 旧東ドイツ地域:5515事業所))

図表1-6　企業規模 (労働者数) 別の実施企業割合 (%)

企業規模区分 (単位:労働者数)	1～9	10～49	50～199	200～1999	2000～	全体
特別手当 (第13月手当, クリスマス手当, 休暇手当)	57.8	82.1	90.1	96.6	99.6	64.7
企業資本への参加	0.9	2.6	4.9	6.9	16.0	1.5
企業内老齢扶助	11.0	31.1	43.2	61.9	80.1	17.1
業績報償	4.3	8.8	13.3	17.3	27.2	5.8
その他	6.2	13.2	15.7	20.2	16.2	8.2

出所:StbA, Arbeitskostenerhebung 2000

図表1-7　企業規模 (労働者数) 別の適用労働者割合 (%)

企業規模区分 (単位:労働者数)	1～9	10～49	50～199	200～1999	2000～	全体
特別手当 (第13月手当, クリスマス手当, 休暇手当)	93.4	95.1	95.5	95.0	97.4	94.0
企業資本への参加	62.6	46.1	47.3	66.0	69.7	54.9
企業内老齢扶助	66.6	56.0	63.1	74.5	90.4	62.3
業績報償	70.2	45.3	44.5	45.7	71.7	59.0
その他	78.7	70.1	62.9	59.9	48.5	74.1

出所:StbA, Arbeitskostenerhebung 2000

図表1-8　業種別の実施企業割合 (%)

企業規模区分 (単位:労働者数)	農林	鉱業・発電・治水	製造	建設	商業・修理	交通・報道	銀行・保険	企業向サービス	その他サービス	公益
特別手当 (第13月手当, クリスマス手当, 休暇手当)	41	96.2	74.7	68.8	64.1	54.8	84	59.4	61.6	78.9
企業資本への参加	—	—	2.5	0.7	1.8	0.4	3.7	3	0.5	—
企業内老齢扶助	7.5	47.5	20.4	14.2	14.8	13.5	58.1	17.7	13.6	29.4
業績報償	—	—	7.6	3	7	5.2	23.2	8.4	3.5	—
その他	—	7.1	9.7	6	6.2	12.1	15.1	12.7	7	6.7

出所:StbA, Arbeitskostenerhebung 2000

《分析》

(ア)① 図表1-5は,旧西ドイツ地域を対象とした調査結果である。挙げられた費目の中では,「月額賃金より安い特別手当」,「休暇手当」,「財産形成給付制度」のある事業の割合が高く普及度が高い。このうち「月額賃金より安い特別手当」は,適用労働者と適用事業所の割合がほぼ同じであり,企業規模に関わりなく普及していることがわかる。他方,適用事業所割合よりも適用労働者の割合の方が高い「休暇手当」や「財産形成給付制度」は,企業規模が大きく従業員規模が大きいほど普及率が高いことが推測される。また,「月額賃金より高い特別手当」や「企業内老齢扶助」は,不適用労働者の割合が低いのに不適用事業所割合が高いので,これらについても,従業員規模の大きな企業での適用割合が高いことがわかる。図表1-4の評価としても述べたように,企業ないし従業員の規模による企業内福利厚生への影響が,肯定的にみられるとの評価が,ここでも可能であろう。

② その他,L. Bellmann および B. Frick[63]によると,事業所の10%（労働者の2%）は調査対象のどの制度の適用もなく,逆に10%（労働者の34%超）は,7費目中の5費目の適用がある。多くは,2つから4つの制度の適用に限定されている。各企業の財政その他の事情に合わせて,企業内福利厚生が選択されていることがわかる。

(イ)① 図表1-6,図表1-7は,旧東西ドイツ地域を併せた数字であり,この点で,旧西ドイツのみを対象とした図表1-5とは異なる。また,図表1-5とは調査対象費目も一致していないが,図表1-6,図表1-7ではより詳細な企業規模別の普及度が示されている。これによれば,「特別手当」は,他の制度に比して企業規模に関わりなく普及度が高い点や「企業内老齢扶助」は企業規模が大きいほど普及度が高い点等,図表1-5について述べた評価が図表1-6,図表1-7の2000年調査においても裏づけられている。「特別手当」は,10人以上規模で事業所普及度,労働者普及度とも高い。また,「企業内老齢扶助」については,企業規模が大きいほど,その普及度が格段に上昇しており,財政力の差が普及度に直結するタイプといえる。

---

63) L. Bellmann, B. Frick, a. a. O.（Anm. 62）, S. 98ff.

第1章　企業内福利厚生の法的類型と実態

② 「企業内老齢扶助」と同様に「企業資本への参加」や「業績報償」についても，規模が大きいほど普及度が上がるが，普及度自体は低いことがわかる。また，これら「企業内老齢扶助」，「企業資本への参加」，「業績報償」の3つの事項は，労働者普及度をみると，1～9名規模が，10～49名規模や50～199名規模より高い。これは，これらが特定の労働者（有資格労働者や管理職）のみに適用のある制度であり，そうした労働者の割合が小規模事業ほど相対的に高くなるとみられることによる[64]。同様に，企業の多くは，付加給付を従業員の一部にのみ認める傾向がある（約20%の労働者がこれにあたるとの分析がある。)。

③ その他，R. Lutzの分析[65]によると，2000年のIAB調査では，ドイツの企業のほぼ70%が何らかの企業内付加給付を提供しているとされる。また，図表1-6～図表1-8からは不明であるが，この点は旧東西両ドイツ地域の間で格差がみられ，旧西ドイツ地域が74.5%であるのに対して，旧東ドイツ地域では50.9%である。特に，「特別手当」については，それぞれ71%と42%で普及度に顕著な差がある。旧東ドイツにおける産業構造の変化がその理由として指摘されている[66]。

④ 図表1-8は，図表1-6，図表1-7と同様に2000年調査に基づき，業種別の普及度を示した統計である。業種で費目別の普及度にバラツキがある。全体としてみると，銀行業や保険業が他の業種との対比で，普及度が高く，製造業がこれに続いている。図表1-4や図表1-5に現れていた規模の影響がここでも現れているといえよう。

ウ　WSIによる調査

企業内福利厚生の法的根拠のひとつに挙げられる，労働協約に基づいて制度化される企業内福利厚生の実態については，WSI（Wirtschaft-und Sozialwissenshaftlichen Intstitute，ドイツ最大の産業別労組の全国組織DGBが有する

---

64) R. Lutz, a. a. O. (Anm. 62), S. 440.
65) R. Lutz, a. a. O. (Anm. 62), S. 424ff.
66) E. Hemmer, Personalzusatzkosten in der deutschen Wirtschaft, Personal, 2000, S. 646.

Hans Böckler財団内の経済社会科学研究所）の調査結果[67]が参考になる[68]。

これによれば，労働協約に定められる企業内福利厚生で最も一般的な事項は，年次特別手当（Jahressonderzahlung）である。年次特別手当は，年度末に一括して支払われるか，休暇手当やクリスマス手当その他に分けて支払われる場合等がある[69]。休暇手当については，協約適用を受ける事業所の労働者の90％が，協約に根拠のある休暇手当を受給している。休暇手当の額にはバラエティがあり，安くはガソリン補給2回分から，高くは遠隔地旅行の旅費分まである。クリスマス手当もほとんどの業種で協約上の根拠がある。月額給与の一定割合が支給されているが，支給割合や支給額には業種で幅があるようである。

図表1-9は，年次特別手当にあたる複数の手当について，2007年上半期における労働協約の有無別の支給実態を示している。また，**図表1-10**は，2007年上半期におけるクリスマス手当について，労働協約の有無別の支給実態を旧東西ドイツ地域別に比較している。

図表1-9　年次特別手当の事項別の有無（就業者割合（％））

	全体	労働協約の有無	
		あり	なし
特別手当	69	83	56
(1)クリスマス手当	57	71	44
(2)業績報償	13	17	9
(3)その他の特別手当	16	19	13
(1)と(2)	8	12	5
(1)と(3)	7	10	4
(1)と(2)と(3)	1	1	0.5
特別手当なし	31	17	44

出所：www.lohnspiegel.de オンラインアンケート（2007上半期，サンプル数6583）・休暇手当を除く

---

67) WSI-Tarifarchiv, Neue Daten zum Weihnachtsgeld, 15. 11. 2007（Press Dienst）．
68) ドイツ各州の金属産業においては，州ごとに労働協約が締結されているが，協約上の福利厚生の水準については，州間で大きな差はない。連邦統計局による2007年公表の単発の調査が参考になる。Verdienste und Arbeitskosten (Information zur Einführung eines einheitlichen Entgeltes am Beispiel des Entgeltrahmenabkommens (ERA) in der Metallindustrie), S. 23ff.
69) 業種別の支給状況については，例えば，年刊である WSI-Tarifhandbuch を参照のこと。

図表1-10　クリスマス手当の旧東西ドイツ比較（就業者割合（%））

	全体	労働協約の有無	
		あり	なし
ドイツ全体	57	71	44
旧西ドイツ	60	73	47
旧東ドイツ	40	60	28

出所：www.lohnspiegel.de オンラインアンケート（2007上半期，サンプル数6583）

《分析》

① 図表1-9によると，協約適用のある事業場では，「特別手当」を得ている労働者の割合がやはり高い。特に，伝統的な「クリスマス手当」についてこのことがあてはまる。協約の適用のない事業場で「特別手当」が制度化されているケースは，事業所協定か使用者による任意の制度によるとみられる。

② また，図表1-10によると，旧東ドイツ地域では，旧西ドイツ地域以上に協約の存在が大きな意味を持っていることがわかる。

③ また，これらの図表からは不明であるが，手当額の点でも，協約適用の有無で差があるとされている[70]（協約あり：平均1892ユーロ，協約なし：平均1418ユーロ）。

以上の①～③から，協約に根拠のある企業内福利厚生については，その種類は多くないが，協約適用の意義が大きいことがわかる。

2　ドイツにおける企業内福利厚生の展開

以上では，企業内福利厚生について，1990年代から2007年に至る実態をみたが，以下では，今一歩遡って，ドイツにおけるその発生状況や1980年代までの実施実態について，概略ながらみておこう。

ドイツの企業内福利厚生は，総じて国の社会政策および企業横断的な労働協約を補完する機能を果たしてきたということができる。歴史的にみると，ドイツの企業内福利厚生は，19世紀半ば頃以降，国家による対応が遅れていた社会

---

70) Schönere Bescherung mit Tarifvertrag, Böckler Implus Ausgabe 18/2007.

政策を補完すべく制度化され始めた。具体的には，まず，労働者の生活上のリスク（疾病，老齢・遺族生活）への対応として，経済的な扶助を目的とした共済金庫と保険が，企業別ないし企業合同の下で用意された[71]。また，その他の扶助制度も「職場厚生（Werkfürsorge）」として使用者によって制度化されていく[72]。労働者の生活に対して企業内福利厚生の果たす役割は当時としては大きく，多様で広範な内容を示していた。しかし，その後，19世紀末には国による労働者保険制度の創設によって，企業が従業員に提供してきた疾病・災害・廃疾・老齢に対する援助（生活保障）が国に引き継がれ，法律上の社会給付（福利厚生）化が行われていく。また，主として企業横断的な適用対象を持つドイツの労働協約への取り込みによって，企業による任意の企業内福利厚生は全体として縮小傾向を示すことになる。

また，20世紀始め頃には，企業による任意の企業内福利厚生について，既述のとおり（上述の「二 2 企業内福利厚生の制度目的」を参照のこと。），それまでの従業員に対する援助としての意義に加えて企業利益の側面からの評価が生まれる。1920年代には，労働科学および経営社会学の分野で「人間経済学（Menschenökonomie）」なる分野が開拓され，企業内福利厚生の目的として，労災防止，職場の改善，労働能力の維持・向上，労働意欲の向上，教育訓練による労働力の高度化等が挙げられ，それらの目的の当否が議論されるようになる。その後，ナチス時代に入ると，1934年制定の「国民労働秩序法」によって，任意の企業内福利厚生の性格が操作され，産業平和の維持という国策上の目的促進の観点から，給付のカタログが大幅に増やされたりした。そして，第二次世界大戦終結後も，給付内容の拡大は進められていく[73]。

---

71) 共済金庫や保険の状況も含め，この時期の労働者保険制度の展開状況については，ひとまず，木下秀雄『ビスマルク労働者保険法成立史』（有斐閣，1997）。特に同書13-16頁を参照のこと。

72) 当時の企業による具体的な福利厚生措置については，例えば，1860年から1874年の間に，金庫（Kassen）の数がかつてのプロイセン地域で779から1654に増加し，その加入者数も17万から42万に伸びたとの説明がされている。そして，保険料は，通常，3分の2を労働者，3分の1を使用者が負担していた。また，1876年にプロイセン商工業・公勤務省が4850の大規模事業所対象に実施した調査では，全部で11771の福利制度（災害や疾病時の扶助制度で国の監督下にある扶助金庫やプロイセンの炭鉱労働者用特別制度は除く。）が実施されていたとされている。W. Fischer, Die Pionierrolle der betriebliche Sozialpolitik im 19. und beginnenden 20. Jahrhundert, in W. Treue, H. Pohl（Hrsg.），Betriebliche Sozialpolitik deutscher Unternehmen seit dem 19. Jahrhundert, 1978, S. 40; C. Uhle, Betriebliche Sozialleistungen: Entwicklungslinien und Ansätze einer Erklärung ihrer Bereitstellung, 1987, S. 33ff.

73) この点の記述は，U. Pleiß a. a. O.（Anm. 3），S. 1822によっている。

第二次世界大戦前後の福利厚生制度の変化は，U. Pleißによる連邦統計局のデータの分析によれば，以下の**図表1-11**〜**図表1-13**で示される[74]。

図表1-11　第二次世界大戦前後における労働費用に占める福利厚生の割合の推移 (%)

費目（年）	1936	1949	1951	1957
総社会的経費	13.5	33.2	37.2	40.9
法律上・協約上の経費	6.0	19.7	22.0	26.1
付加的経費	7.5	13.5	15.2	14.8

出所：U. Pleiß作成のグラフ（Tab. 1 Entwicklung 1930-1957）をもとに筆者作成

図表1-12　1969年における労務者・職員別の労働費用の内訳 (%)

	労務者（Arbeiter）	職員（Angestellte）
賃金・定期賞与	68.9	66.3
その他の賞与・手当	3.1	6.0
休暇手当	10.3	10.0
社会保険料負担	14.6	14.9
現物給付（住居・賄い・制服）	0.6	0.5
その他の社会的経費	1.5	1.4
職業訓練費	1.0	0.9
計	100	100
法律上の社会経費	12.7	9.3
協約上・契約上・任意の社会経費	1.9	5.6

出所：U. Pleiß作成のグラフ（Tab. 2 Struktur der Arbetskosten 1969）をもとに筆者作成

図表1-13　1970年における付加的人件費の内訳 (%)

手当・業績報償・記念手当	41.0	単身赴任・通勤手当	2.0	スポーツ・教養・余暇の促進	0.7
老齢・遺族年金	19.8	労働安全・衛生	2.0	有給欠勤	0.5
職業訓練・教育訓練	11.7	制服代	1.8	社内報	0.4
住宅補助・引越費用	5.3	雑手当	1.8	改善提案報償	0.4
社員食堂経費	4.5	社会的扶助	1.4		
健康配慮	3.9	有給休暇	1.1		

出所：U. Pleiß作成のグラフ（Tab. 3 Anteil der Leistungsgruppen）をもとに筆者作成

---

[74] U. Pleiß, a. a. O.（Anm. 3），S. 1827-1831.

《分析》

U. Pleisその他による分析によれば，以上**図表1-11**，**図表1-12**の各図表への評価も含めて，以下の指摘が可能である。

① まず，U.Pleisによれば，1957年以降では，労働費用のうち，70％が賃金・報酬で，30％が付加的人件費となっている。そして，年間の社会給付額は，平均月収の5倍程度とされる。また，別の計算で，付加的人件費は，賃金・報酬額の43.5％になるとされている。

② **図表1-11**によると，「総社会的経費」，したがって，これとほぼ重なるといえる福利厚生全体の経費が労働費用に占める割合が，第二次世界大戦前後から飛躍的に増加している。用語法や対象が異なることから単純な比較は難しいが，先に挙げた**図表1-3**が示す2004年における「付加的人件費」，したがって福利厚生全体の経費が労働費用に占める割合が43.3％であり，これとの比較では，1957年頃には40.9％とすでにこれに近い数字を示していることがわかる。また，法的根拠別にみると，任意の企業内福利厚生に相当する「付加的経費」の割合に比して，法律・協約を根拠とする福利厚生に相当する「法律上・協約上の経費」の割合の増加が目立ち，1949年以降，福利厚生に占める割合が逆転している。具体的には，**図表1-11**によれば，「付加的経費」（事業所協定等に基づくもの）は，各年につき「総社会的経費」に占める割合は1936年から1957年まで50％から30％台へと低減している。これに対して「法律上・協約上の経費」は44％から63％へと漸次，増加している。

③ 職種別の比較を示す**図表1-12**によると，労務者と職員とで，福利厚生の費目と割合は大きくは異ならない。しかし，例えば，労務者の方が「賃金・定期賞与」の占める割合がやや高めであること，同様のことが「法律上の社会経費」の割合にもあてはまり，逆に「協約上・契約上・任意の社会経費」の割合は職員の方が高いこと等がわかる。両職種の生活状況や交渉力の差あたりが，こうした違いを生んでいるのかもしれない。

また，1951年以降，従業員集団を対象とした制度の縮小と現金支出の拡大が，付加的給付についてみられることが指摘されている。

④ さらに，**図表1-13**では，付加的人件費のうち企業内福利厚生の内訳が示されており，1970年当時の企業内福利厚生の実態がわかる。1970年時点では，「手当・業績報償・記念手当」，「老齢・遺族年金」および「職業訓練・教

育訓練」の3費目で，付加的給付全体の75％を占めている。
⑤　その他，一般的にみると，大規模企業（従業員1000人超）での付加的給付額は，やはり小規模企業（従業員50〜99人規模）よりも基本的に高いことが指摘されている。1957年当時で4倍，1975年で2倍とされている[75]。

さらに，既述のとおり，労働費用は，「実働時間に対応する報酬」と「付加的人件費」とからなっている。E. Hermmerによる連邦統計局統計の分析によれば，1978年から1993年までの製造業における「付加的人件費」を「法律上の費用」と「協約・事業所協定上の費用」を区分しそれぞれが「労働費用」に代えて「実働時間に対応する報酬」に占める割合の変遷を示すものが図表1-14である[76]。後者が，企業内福利厚生にほぼあたるとみられる。

図表1-14　製造業における「付加的人件費」が「実働時間に対応する報酬」に占める割合の経年変化 (%)

費目（年）	1978	1981	1984	1988	1991	1992	1993
〈法律上の費用〉	33.6	34.7	34.7	35.8	36.9	37.2	37.4
社会保険料負担	19.8	20.7	21.9	23.0	23.7	23.9	24.4
有給の祝日その他休日	5.2	5.6	5.3	5.4	5.4	5.4	5.4
疾病時賃金継続払	5.9	5.7	4.9	5.0	5.4	5.4	5.1
法所定のその他の費用 *1)	2.7	2.7	2.7	2.4	2.4	2.5	2.5
〈協約・事業所協定上の費用〉	38.2	42.8	46.9	46.8	46.9	46.8	46.6
休暇手当を含む有給休暇	17.0	19.5	20.5	20.6	20.6	20.6	20.6
特別手当(賞与・第13月手当等)	8.2	8.9	9.6	10.0	10.0	10.0	9.8
企業内老齢扶助	6.3	6.9	9.0	8.8	9.0	9.0	8.8
労働者財産形成給付	1.8	1.9	1.7	1.5	1.4	1.3	1.3
その他の付加給付	4.9	5.6	6.1	5.9	5.9	5.9	6.1
〈総計〉	71.8	77.5	81.6	82.6	83.8	84.0	84.0

出所：E. Hammer, Personalkosten im Produzierenden Gwerbe, Personal, 1994/6.
注) 従業員50人以上の企業についての調査である。
＊1) 労働災害，職業病に対する保険，母性保護等である。

---

75) U. Pleiß, a. a. O.（Anm. 3）, S. 1832. vgl. Aufwendungen der Arbeitgeber für Personal-und Personalnebenkosten im Produzierenden Gewerbe 1966, Wirtschaft und Statistik, 1968, S. 521, Tabelle 2.
76) Statistisches Bundesamt, nach E. Hemmer, Personalzusatzkosten, Personal 6/1994, S. 260.

《分析》
① 図表1-14において「法律上の費用」全体が「実働時間に対応する報酬」に占める割合は，1978年から1993年まで漸増しているが，「協約や事業所協定上の費用」全体の伸びは，1978年から1984年までが大きく，その後は横ばいとなっている。「付加的人件費」，したがって，ほぼこれと重なる福利厚生費の割合は全体として1988年以降大きく増加していないことがわかる。図表1-14を図表1-11と併せみると，福利厚生費の拡大は，1984年あたりまで続いたことが推測される。

② ところで，「付加的人件費」と「協約・事業所協定上の費用」（企業内福利厚生部分）の労働費用全体（「付加的人件費」と「協約・事業所協定上の費用」（企業内福利厚生部分）を合算したもの（図表1-3＊5を参照のこと。）に占める割合につき図表1-14を用いて再計算すると，1978年が41.8％と27.6％であり，1993年は45.7％と31.8％となり，福利厚生全体および企業内福利厚生は，賃金とならぶ重要な給付へと展開してきていることがわかる。

このことは，E. Hemmerが従業員50名以上規模の製造業について，労働費用に占める付加的人件費の割合が，1966年の30.2％から漸増して，1975年に40.4％と40％台に乗り，1988年には45.2％となり，その後，1993年まで45％を維持していると指摘していることでも裏づけられる[77]。先にみた図表1-2によれば，この割合が2004年には43.3％で，このうち法律上の付加的人件費を除く付加的人件費の割合が23.0％となっている。1993年以降，若干の減少傾向を示しているといえる。この傾向は，付加的人件費とほぼ重なる企業内福利厚生の傾向を同様に示しているといえる。

以上の分析に加えて，20世紀終わり頃から，国の伝統的な社会政策は経済的な限界を迎えることで，規制緩和が進められている。その反映として，例えば，老齢年金にみられるように，企業内福利厚生の活用範囲が，再び拡大の傾向をみせ始めていることが指摘されている[78]。あるいは，特に，クリスマス手当のような広く普及している任意の企業内福利厚生は，当初は，勤続に対する報償的性格を有していたが，1990年以降は，労務給付や成果に対応した特別手当の性

---

[77] E. Hemmer, a. a. O.（Anm. 76），S. 262.
[78] U. Kruse u. S. Kruse, a. a. O.（Anm. 7），S. 300.

格が強められてきているとの分析がある。また，1980年代に入り，所得の上昇や広範な社会保障(住居費補助や住宅建設)の充実によって，企業内福利厚生のひとつである社宅の存在意義が薄れ，社宅を売却する動きがみられる一方で，賃料水準の高い地域では，労働力確保策として，逆に社宅建設が行われる例もあるとされ[79]，個別の事情が企業内福利厚生のあり方により強く反映される傾向も生まれてきているといえる。

さらに，1980年代以降，ドイツにおいても，わが国におけると同様に，企業内福利厚生について新たな変化が生まれている。すなわち，企業内福利厚生への従業員側からの要請の多様化に対応するために，多様な企業内福利厚生を制度化しつつ，その中から，従業員が自己の必要に合わせて制度選択のできるカフェテリアプランが，一部に導入され始めているのである。この制度は，1970年代にアメリカで導入が始まったとされるが，ドイツでは，1980年になって導入の是非をめぐる議論が始まり，1980年代以降少しずつ導入企業が生まれている状況にある[80]。

カフェテリアプランでは，賃金を補填する意義を持った制度も組み込まれており，企業内福利厚生と賃金との区別が，それまで以上に曖昧となってきていることが指摘されている。ドイツのカフェテリアプランの詳細については，本書第Ⅱ編第4章を参照のこと。

五　小括

本章においては，ドイツの企業内福利厚生をめぐる労働法上の諸問題を分析・検討するための前段的な作業として，ドイツの企業内福利厚生に関する基本的事項，すなわち，その概念や法的意義，制度目的，労働者の請求権の法的根拠，実態と展開等について分析，検討を試みた。その内容を要約すれば，概略，次の諸点にまとめることができる。

---

[79] U. Kruse u. S. Kruse, a. a. O. (Anm. 7), S. 305.
[80] この時期の議論等については，D. Wagner, Cafeteria-Modelle in der Unternehmenpraxis, Personalführung, 1991, S. 44ff.

(1) ドイツの企業内福利厚生の最大公約数的な定義として，使用者が，その労働者や退職者ないしそれらの家族に対して，通常の賃金に付加して給付するものすべてをいうと説明されていること。
(2) 企業内福利厚生に関連する表現（用語）として，その対象や法的根拠等の違いで複数用いられているが，その一部につき法文上で定義がなされているものの，法文上不十分な定義づけに留まっていること。
(3) 企業内福利厚生は，各企業が本来は任意に設定できることから，多様で広がりがあること。
(4) 企業内福利厚生が制度化される目的も同様に多様であるが，歴史的には，当初は，その目的は，労働者に対する個々の企業の社会的責任やパターナリスティックな配慮にあったが，その後，従業員の定着や採用の促進といった企業経営上の利益の観点から導かれる目的の比重が高まったこと。
(5) 企業内福利厚生は，本来的には，使用者の任意に基づく制度であるが，法的には，単なる贈与に留まらず，複数の法的根拠のいずれかに基づくことで労働者の請求権としての性格を有するに至ると考えられていること。そして，その法的根拠として，労働協約，事業所協定，個別の労働契約，労使慣行，さらには平等取扱原則等が挙げられてきたこと。また，企業内福利厚生は，使用者の任意に基づく制度であり，法律上の福利厚生とは区別されること。
(6) 企業内福利厚生を実態面からみると，EU構成国間で労働費用に占める割合や個々の制度の比重に違いがあること。ドイツは，労働費用を構成する「総賃金・報酬」と「社会保険料総負担」のうち，前者を構成する「直接払いの報酬・手当」の比率が高いうえに，企業内福利厚生の割合も高いイギリスやオランダのグループに属していること。
(7) また，ドイツにおける企業内福利厚生については，年代，業種，旧東西ドイツ地域，法的根拠，採用区分（職員・労務者）の違い等で異なる実態がみられるが，全体としてみると，企業内福利厚生は，ドイツの労働費用の25％前後を占め，企業内福利厚生と区別される法律上の福利厚生と合わせると40％を超えており，従業員にとっては賃金を補完する重要な処遇となっていること。
(8) さらに，歴史的にみると，統計上の費目として把握されており，企業内福利厚生とほぼ重なる付加的人件費が労働費用に占める割合は，1966年に30.2％であったが，1975年には40％台に乗り，その後，1988年以降は45％を維持し

てきた。その後は逓減した時期もあるが，2007年時点では，国による福利厚生施策が限界を迎えつつあり，企業内福利厚生の種類によっては，企業内老齢扶助のように企業内福利厚生機能の拡大がみられること。また，ドイツにおいても，従業員ニーズの多様化に合わせてカフェテリアプランを採用する事例も多くはないが生まれていること。

　以上の諸点を踏まえつつ，次章以降において，企業内福利厚生全体およびこれに属する個別の制度に関するより具体的な労働法上の諸問題について，ドイツにおいてはどのように処理されてきているかについて分析・検討を試みる。

第2章

ドイツにおける賃金規制と企業内福利厚生

一　はじめに

　本章は、ドイツ労働法上の企業内福利厚生の法的取扱いについての分析、検討を行っている。ドイツにおいても、使用者により支給される給付のひとつに、企業内福利厚生が挙げられる。では、(1)使用者により支給される他の給付との関係で、法的にどのように位置づけられているのか。とりわけ、使用者により支給される給付の中心である賃金との関係が、どのように捉えられてきているのかである。

　わが国においては、本書第Ⅰ編第2章で分析、検討したとおり、労働基準法や最低賃金法等の規制を受ける「賃金」の概念について、実務上の取扱いはひとまず確立されているといってよい。すなわち、使用者が支給する金銭等のうち、労務給付に対する対償としての性格を持つ賃金だけでなく、任意的恩恵的給付の性格を持つ給付であっても、労働協約や就業規則等において支給条件が確定的に定められているものについては、賃金に含めて法的保護の対象とすることとしているのである。労働者保護の観点から賃金の概念を広く捉えている。しかし、そもそも労働の対償としての本来の賃金と、使用者が支給するそれ以外の任意的恩恵的給付や企業内福利厚生との区別の基準が、理論的に必ずしも明ら

かにされているとはいえない[1]。支給条件がはっきりしない給付でも，これが労務給付の対償としての賃金であれば保護の対象となるが，これが企業内福利厚生等であれば賃金としての保護の対象とはされない。こうした法的取扱いの違いがドイツではどのように考えられているのか，そして，わが国におけるように，賃金概念が広く捉えられているのかどうかも，本章の分析対象となる。

さらに，本章では (2) 企業内福利厚生の支給をめぐりどのような労働法上の立法規制がなされてきているのかについても概観する。これら (1)(2) の諸点について主として，わが国での法的取扱いを意識しつつ明らかにすることを目的としている。

二　賃金の概念と企業内福利厚生[2]

ドイツにおいては，学説，判例上これまで労働法上の規制の対象となる賃金について，狭義と広義の2つの概念を考えられることが少なくない[3]。本書においては，ひとまずこの区分に従って分析を進める。このうち狭義の賃金は，労働者による労務給付に対する直接の反対給付 (Gegenleistung) として労務給付と双務関係 (Gegenseitigkeitsverhältnis) にある給付とされる。これに対して，広義の賃金はこうした関係にない点で，狭義の賃金と区別されている。しかし，広義の賃金も，狭義の賃金と同様に労働 (契約) 関係から生じる反対給付としての有償性 (Entgeltcharakter) を有し，単なる贈与ではなく，労働関係に法的根拠がある給付と説明されている[4]。両者は，労働関係上の反対給付である点で共通する

---

1) わが国の賃金概念の実務上の取扱いおよびその理論上の問題点等の検討は，本書第Ⅰ編第2章を参照のこと。
2) 以下に掲げる引用頻度の特に高い文献は，①～⑤の頭書の番号をもって引用する。
　① R. Richardi u. a. (Hrsg.), Münchener Handbuch zum Arbeitsrecht, Bd. 1, 2009.
　② G. Schaub u. a., Arbeitsrechts-Handbuch, 14. Aufl., 2011.
　③ G. Annuß u. a, Staudinger Praxis Edition Arbeitsrecht Kommentar, 2011-2012.
　④ R. Müller-Glöge, U. Preis, I. Schmidt (Hrsg.), Erfurter Kommentar zum Arbeitsrecht, 12. Aufl., 2012.
　⑤ M.Henssler, H. J. Willemsen, H. J. Kalb (Hrsg.), Arbeitsrecht Kommentar, 5. Aufl., 2012.
3) 判例には，例えば，BAG, Urt. v. 15. 2. 1990, APNr. 15 zu §611BGB Anwesenheitprämie, zu II 4a der Gründe. 学説では，例えば，J. Swoboda, R. Kinner, Mitarbeitermotivation durch arbeitsvertragliche Sonderzahlung, BB 2003, S. 418f. vgl. ①S. 873; ⑤ S. 1464 RdNr. 101ff.; W. Zöllner, K. G. Loritz, C. W. Hergenröder, Arbeitsrecht, 6. Aufl., 2008, S. 165.
4) ①S. 873 RdNr. 1ff.; ② S. 757 RdNr. 9; ③ S. 598f. RdNr. 860; ④ S. 1504 RdNr. 527.

が，労務給付に対する直接的な反対給付かどうかで違いがあり，労働法において異なる規整を受ける，異なる種類の賃金と評価されている[5]。労働法上は，労働者利益の保護の観点から，狭義の賃金の方が広義の賃金に比して，より厳格な保護規定や労働契約上の取扱いの下に置かれると解されている[6]。したがって，雇用する労働者に対して使用者が支払う金銭や提供する利益が，どのような労働立法の適用関係に置かれるのか，あるいは，どのような労働契約上の取扱いを受けるのかの判断においては，いずれのタイプの賃金に属するのかが明確になっていなければならない。そして，企業内福利厚生については，使用者が労働関係を前提に労働者に提供する点で賃金と共通するが，そもそも賃金性が認められているのか，これが認められるとすると，狭義と広義の賃金のどちらの類型に分類されるのかについて，明らかにする必要がある。

以下では，(1)狭義の賃金と広義の賃金それぞれの具体例を挙げつつ，企業内福利厚生がどちらに位置づけられているのか，そして，(2)そもそも両者の区別はどのような基準でなされてきているのかについて，主として明らかにしていこう。

1　狭義・広義の賃金と企業内福利厚生

(1) 狭義の賃金の類型

ドイツで用いられている2種類の賃金概念のうち，まず，狭義の賃金は，既述のとおり，労働者による一定期間の労務給付への直接的な反対給付として，使用者が労働者に提供する金銭的価値のある利益であると説明されている。労働契約上の双務関係の本質的な構成要素としての本来的な報酬である。したがって，狭義の賃金は，ドイツ民法典612条1項[7]により，労働関係において，その給付についての明示の合意がなくとも，黙示に合意されたものとみなされる[8]。それは，使用者によるこうした給付が，労務給付に対して労働契約上の直接的な

---

[5]　①S. 873 RdNr. 2
[6]　K. Leuzinger, Aktienoptionen im Arbeitsverhältnis (Dissertation), 2005, S. 74f.
[7]　同項は，労務給付につき，諸事情からみて報酬のみを対価とすることが予定されている場合には，報酬は黙示に合意されたものとみなす旨を定めている。
[8]　⑤S. 1460 RdNr. 86.

双務関係にあることによる[9]。

　基本給のように継続的に支給される給付（laufendes Entgelt）は通例，問題なく狭義の賃金とされる。金銭給付による狭義の賃金の例[10]には，一般には，基本給（Lohn, Gehlt）の他に，賃金決定方法の違いから，出来高給（Akkordlohn），成果給（Leistungslohn, Prämienlohn），仲介手数料，地域手数料や成約手数料等の手数料（Provision），労働者本人の業績にではなく会社全体の営業利益に対応して，通常，その一定割合が給付される利益配当（Tantieme, Gewinnbeteiligung），あるいは，使用者の一方的裁量に基づくのではなく労使の目標合意（Zielvereinbarung）に基づいて，通例，一定期間内での目標（販売量，顧客満足度等）の達成度に対応して給付されるボーナス等が挙げられている。

　さらに，労働者による特別の労務給付に対する直接的な対償として，以上の給与形式（給与構成要素）に含めず，別枠として支払われる各種の手当（Zuschlag）も狭義の賃金に挙げられる。例えば，汚濁手当，高熱手当，寒冷手当，騒音手当，遠隔地手当のような業務上の加重負担に対する加重手当（Erschwerniszulage）や，夜勤手当，交替勤務手当，技能手当，あるいは，深夜や休祭日の労働への割増手当等である。さらに，法定時間外労働（Mehrarbeit）手当や超過労働（Überstunde）手当等も挙げられる。

　狭義の賃金については，金銭給付の他に，現物給付も，立法規制（後述三1）を受けるものの，これに含まれ得ると解されている。狭義の賃金に挙げられる現物給与の例としては，労務給付に対する部分的な反対給付となっていると評価できる社宅，私的利用を認められた社用車等の貸与等が挙げられている[11]。

　基本給とは別に支払われる「特別手当（Sonderzuwendung）」も，後述のとおり（本章2(1)），狭義の賃金に含まれるとされる場合がある。

(2) 広義の賃金の類型

　他方，広義の賃金は，狭義の賃金とは異なって，労働者による労務給付に対して双務関係には立たないが，使用者が労働関係の存続を考慮してのみ給付を行

---

9) BAG, Urt. v. 24. 10. 1990, APNr. 135 zu §611BGB Gratifikation, zu II 2a der Grüde; BAG, Urt. v. 21. 3. 2001, APNr. 233 zu §611BGB Gratifikation, zuII 2a der Grüde.
10) Vgl. ② §66〜§80; ③ S. 571ff. RdNr. 749ff.; ④ S. 1494ff. RdNr. 474ff.
11) ③ S. 576ff. RdNr. 775ff.

い，あくまで労働関係から生じる反対給付としての対償性を持つとされる報酬である[12]。このことから，広義の賃金も労働関係に法的根拠があり，単なる贈与ではないと説明されている[13]。ただし，使用者が労働関係に関わって支給はするが，労務給付に対する反対給付として支払われるのではない。したがって，労働契約上の双務関係には立たず，労務給付がなされても，労働契約上，狭義の賃金のように使用者に当然に給付義務が生じるものではない。そのため，狭義の賃金とは異なり，その給付について明示の合意がない場合に黙示の合意によって給付義務が生じることはなく，何らかの法的根拠が必要と解されている[14]。本来は，使用者による単なる任意の特別手当である。使用者が支給する，狭義の賃金以外の金銭ないし現物給付すべてがこれにあたると説明する判例もある[15]。

広義の賃金の例に挙げられる給付[16]は，特別手当(Sonderleistung, Sondervergütung)や特別給付(Sonderzahlung)等と総称される給付（以下「特別手当」という。）である。なかでも広義の賃金として最もよく挙げられ，その種類が最も多いのは報奨(Gratifikation)である。労働協約により産業別に様々な種類の報奨が案出されたことによるとされている[17]。例えば，クリスマスや新年のための手当，会社の貸借対照表(Jahresbilanz)に基づく手当，会社の記念日手当や法定外休暇手当(Urlaubsgeld)，冠婚葬祭や出産の場合の手当，第13か月給・第14か月給，勤続・忠勤手当等が広義の賃金に含まれ得る。報奨以外にも，他の特別手当と異なって投機的性格を持つストックオプションもこれに属するものとして挙げられている。ただし，これらはいずれも，後述するように（一2），直接に労務給付関連性を持つとされて，狭義の賃金に分類される場合がある点に注意

---

12) 広義の賃金は，不法行為法上も労務給付に対する対価（Entgelt）と位置づけられている。BGH, Urt. v. 7. 5. 1996 NZA 1996, S. 972. vgl. ④ S. 1504 RdNr. 527.
13) ① S. 873 RdNr. 2; ② S. 757 RdNr. 9; ③ S. 598 RdNr. 860; ⑤ S. 1464 RdNr. 101. 使用者からの給付が贈与にあたる場合もあり得るが，その場合は，労働関係における対償性のない個人的な出捐である場合と説明される。④ S. 1504 RdNr. 527. 同旨の判例として，BAG, Urt. v. 23. 10. 2002, APNr. 243 zu §611BGB Gratifikation 他。他方，広義の賃金について対償性を否定するものに，M. Grobys, A. Panzer（Hrsg.），Stichwortkommentar Arbeitsrecht, 2012, S. 211f. RdNr. 7f.
14) ③ S. 598 RdNr. 860. 本書第Ⅱ編第1章を参照のこと。
15) BAG, Urt. v. 24. 10. 1990, APNr. 135 zu §611BGB Gratifikation, zu Ⅱ 2b der Grüde. ただし，正確には，使用者が本来，負担すべき業務経費（Aufwendungsersatz）等は非賃金として除かれる。vgl. ⑤ S. 1477f. RdNr. 149ff.
16) Vgl. ② S. 755ff. RdNr. 1ff.; ③ S. 571ff. RdNr. 749ff.; ④ S. 1494ff. RdNr. 474ff; D. Rindone, Arbeitsrechtliche Sonderzahlungen（Dissertation），2011, S. 117ff.
17) G. A. Lipke, Gratifikation, Tantieme, Sonderzulagen, 1982, S. 4.

を要する。狭義と広義の賃金の区別は，いずれにも分類され得る特別手当について，端的に問題となっている。

では，賃金として等しく「反対給付」性を肯定されながら，狭義の賃金とは別に，広義の賃金の概念を定立することの積極的意義はどこにあるのか。広義の賃金に属する給付について，これをみると，狭義の賃金の持つ双務関係性や要保護性の点から厳格な法的規制から外されることで，その創設や将来の消滅も含めて，広く使用者の裁量に委ねられる給付と位置づけられ，柔軟な賃金体系の形成を可能にする意義のあることが指摘されている[18]。

(3) 企業内福利厚生の賃金性とその分類

以上の狭義と広義の賃金区分に基づく場合，例えば，老齢扶助，社用車の私的使用，私的電話代の負担，旅費や飲食手当，あるいはライン川で催されるカーニバル用の衣装代といった給付が例示される企業内福利厚生[19]については，そもそも賃金と把握されているのかどうか。そうであるとして，狭義と広義の賃金のいずれの賃金と捉えられているのであろうか。

まず，企業内福利厚生が賃金性を有するか否かについては，これを「企業内社会給付（betriebliche Sozialleistung）」と呼んで賃金に含める見解が支配的となっている[20]。かなり古い時期には，企業内福利厚生は，特に企業内老齢扶助給付について，その社会的な支給目的の点から，賃金の領域に分類されず，使用者に生じる配慮義務（Fürsorgepflicht）に基づく給付とみる見解が有力であった[21]。その後は，企業内福利厚生は，支給目的の多様化もあって，労働関係の存続のみを前提に給付され，労働関係から生じる反対給付と位置づけられている[22]。

---

18) H. Wiedemann, Freiwillige Leistungen-Enttäuschte Erwartungen, 2009, S. 188; S. Lingemann, M. Gotham, Freiwillige Leistungen des Arbeitgebers gibt es sie noch !, DB 2008, S. 2307; BAG, Urt. v. 26. 3. 1997, APNr. 50 zu §242BGB Betriebliche Übung.

19) ドイツにおける企業内の福利厚生給付一般の種類・態様，その支給目的等については，本書第Ⅱ編第1章を参照のこと。

20) とりわけ，①S. 873 RdNr. 2.; ③S. 570 RdNr. 747 u. S. 598 RdNr. 859.

21) 特に企業内老齢扶助についてこうした見解を支持する判例に，BAG, Urt. v. 30. 11. 1955, APNr. 8 zu §242BGB Ruhegehalt. 学説にも，A. Hueck, H. C. Nipperdey, Lehrbuch des Arbeitsrechts, Bd. 1, 7. Aufl., 1963, S. 478; A. Nikisch, Arbeitsrecht I, 3. Aufl., 1961, S. 572.

22) ③S. 598f. RdNr. 860.

そして，企業内福利厚生は，その賃金性が肯定される場合でも，労務給付に対する直接的な反対給付として労務給付と双務関係に立つ狭義の賃金ではなく，労働関係に基礎を置く広義の賃金に含められている。したがって，広義の賃金として労働法的な規制や取扱いの対象に位置づけられることとなっている[23]。ただし，企業内福利厚生の目的を持つ給付でも，配偶者手当，子供手当，住宅手当，老齢扶助，地域手当のような「社会手当（Sozialzulage）」については，基本給のような，労務給付（Arbeitsleistung）に対する直接の反対給付ではないが，これに付加して継続的に支給され，労働者による労働（Dienste）に対する反対給付と評価されている。こうした評価によって，社会手当は，他の企業内福利厚生と同様に本来は広義の賃金ながら，狭義の賃金の一部として労務給付の実行が給付の条件となると解されている[24]。ドイツにおいては，等しく企業内福利厚生の性格を持つ給付であっても，こうした相違によって法的取扱いに差異が生まれている（後述三2を参照のこと。）。わが国との類似性が非常に興味深い。

2　狭義の賃金と広義の賃金を区別する基準

では，ドイツにおいてこれまで，狭義と広義の賃金の区別につき具体的にどのような基準が考えられてきたのであろうか。労務給付に対する直接の反対給付と労働関係から生じる反対給付とを区別する基準は，何かということである。月例賃金が狭義の賃金であることに争いはない。これ以外で使用者が労働者に支給する特別な給付については，既述のとおり，狭義の賃金とされる場合

---

23) 例えば，U. Pallasch, Arbeitsrecht, 2010, S. 210f.　企業内老齢扶助につき，⑤ S. 641 RdNr. 56.
24) Vgl. ② S. 678f. RdNr. 39; ③ S. 592 RdNr. 839ff. u. S. 598f. RdNr. 859ff.; ④ S. 1495 RdNr. 484; BAG, Urt. v. 24. 11. 1971, APNr. 3 zu 1TVG Tarifverträge: Versicherungsgewerbe.

と広義の賃金に含められる場合があり得る[25]。狭義と広義の賃金の区別は，既述のとおりいずれの性質も持ち得る特別手当につきどう考えるかで特に問題となってきた。この点については，月例賃金とは別に支払われる特別手当のカットの可否をめぐる紛争の形でかなりの数の判例が蓄積されてきた。狭義と広義の賃金の区別は，判例において明示，黙示に紛争解決の前提とされてきた。

そして，狭義と広義の賃金の区別の基準について，主として連邦労働裁判所（Bundesarbeitsgericht，以下「BAG」という。）のこれまでの判例においては，「支給目的」の点から区別を行うものが多くみられる[26]。

BAG判例は，支給目的について，まず，労働契約等において表示された特別手当の名称のみから判断することはできないとする[27]。支給目的の判断には，事例ごとに労働契約等から判断される合意の内容を重視している[28]。

---

[25] ドイツにおける狭義と広義の賃金の区別とは別に，月例賃金のような継続的報酬（Laufendes Entgelt）と特別手当との区別についても問題とされている。これは，継続的報酬と特別手当を区別する立法（賃金継続支払法（EFZG）4条aや第5社会法典（SGB）23条1項1文）ないしこれまで数次にわたり策定されてきた労働契約法草案での区別，さらには，その支給に条件を付加できるかどうかといった点で両者の区別の必要が考えられたからであるとみられる。両者を区別する基準として，学説，判例においては複数の見解が提示され，統一的な見解が確立されていない状況にある。区別の基準として提示されてきた見解には，例えば，①法律，労働協約，事業所協定，労働契等に根拠のある法的請求権を前提とするか否かを区別の基準とする見解（H. Wiedemann, a. a. O.（Anm. 18），S. 188.; D. Rindone, a. a. O.（Anm. 16），S. 10.），②支給目的の点から区別を試みる見解（LAG Bremen, Urt. v. 09. 12. 2004, LAGE Nr. 12 zu §14MuSchG; LAG Düsseldorf, Urt. v. 29. 6. 2000- 5Sa 591/00, juris.），③月例賃金のような定期支給の狭義の賃金とは異なる時期に支給されるのかどうかを基準とする見解（LAG München, Urt. 12. 3. 2003 -9Sa 980/02, juris.）等がみられた。この他，支給額の違いを基準に区別する下級審判例もある。LAG Schleswig-Holstein, Urt. v. 5. 11. 2002 -5 Sa 147c/02, LAGReport 2003 S.93. vgl. S. Lingemann, M. Gotham, a. a. O.（Anm. 18），S. 2310.
　さらに，両者には，それぞれ狭義・広義の賃金が含まれ得ること等から，その区別は不可能であるとする見解もある。Vgl. ④ S. 1504 RdNr. 527.

[26] この点を指摘した判例に，BAG, Urt. v. 24. 10. 1990, APNr. 135 zu §611BGB Gratifikation, zu II 2a～c der Gründen; BAG, Urt. v. 16. 3. 1994, APNr. 162 zu §611BGB Gratifikation, zu 3b）dd）der Gründe u. a. こうした判断が，2002年の民法典の債権法の現代化のための改正以降も承継されている点を指摘する判例に，BAG, Urt. v. 30. 7. 2008, APNr. 274 zu §611BGB Gratifikation, zu I 1 der Gründe.

[27] すでに，BAG, Urt. v. 11. 11. 1971, APNr. 71 zu §611BGB Gratifikation; BAG, Urt. v. 24. 10. 1990, APNr. 135 zu §611BGB Gratifikation, zu II 2e der Gründe u. a.

[28] BAG, Urt. v. 16. 3. 1994, APNr. 162 zu §611BGB Gratifikation, zu 3b）dd）～ee）der Gründe; BAG, Urt. v. 17. 4. 1996, APNr. 24 zu §611BGB Kirchendienst der Gründe u.a. こうした判例の傾向について，労務給付への反対給付か勤続報奨かによる区別は，特別手当の支給目的が多様化している現実にもはや対応できないとの学説からの批判がある。U. Preis（Hrsg.），Der Arbeitsvertrag, 4. Aufl., 2011, S. 1255 RdNr. 5ff.

BAG判例は，これまで，支給目的から判断する基準に従って，労務給付に対する反対給付として使用者が定期的，継続的に行う給付以外の特別の給付について，3つに分類する傾向にある[29]。学説にもこの分類を前提にするものが少なくない[30]。すなわち，①労務給付に対する純粋に反対給付としての支給目的のみを持つ特別手当，②労務給付の反対給付としての目的以外の支給目的，例えば，過去ないし将来の企業勤続への報奨を目的とする特別手当，③①と②の類型の両方の支給目的を同時に併せ持つ混合的性格の特別手当，の3分類である。①の類型が狭義の賃金，②の類型は広義の賃金に含まれる特別手当とされる。そして，③の類型は，労務給付に対する反対給付としての目的とこれ以外の目的の両方を充足することが支給の要否を決する特別手当とされている。したがって，③の類型については，①や②の類型の処理とは異なる独自の処理がなされてきた[31]。また，③の類型については，ほとんどが労働協約において設定されてきたといわれる[32]。

　近時の判例では，特別手当は，多くの場合，労務給付に対する反対給付としての支給目的を併せ持っており，労務の対価としての目的以外の目的のみ持つ②の類型の実例は乏しいとして，②と③の類型の区別を否定し②の類型を用いない傾向がある[33]。

　これらの分類に基づく具体的処理の内容を，これまでのBAG判決の中から抽出して，以下にみてみよう。判決理由と併せて，目的性の判断にあたり，あり得る議論を示す意味で，当事者の主張も可能な限りで挙げておこう。

---

29) BAG, Urt. v. 7. 12. 1989, APNr. 14 zu §1TVG Tarifverträge Textilindustrie; BAG, Urt. v. 24. 10. 1990, APNr. 135 zu §611BGB Gratifikation, zu II 2 der Gründe; BAG, Urt. v. 10. 1. 1991, APNr. 136, zu §611BGB Gratifikation; BAG, Urt. v. 16. 3. 1994, APNr. 162 zu §611BGB Gratifikation, zu 3b bb der Gründe; BAG, Urt. v. 16. 3. 1994, APNr. 162 zu §611BGB Gratifikation, zu 3b) aa) der Gründe u. a.
30) ② S. 757 RdNr. 8; U. Preis (Hrsg.), a. a. O. (Anm. 28), S. 1262 RdNr. 20ff.; F. Maschmann, R. Sieg, B. Göpfert, Vertragsgestaltung im Arbeitsrecht, 2012, S. 100 RdNr. 29ff.; ③ S. 599f. RdNr. 862f.; U. Pallasch, a. a. O. (Anm. 23), S. 210f.
31) D. Rindone, a. a. O. (Anm. 16), S. 157; ① S. 984ff.
32) ④ S. 1506 RdNr. 534a. 同様の事例が問題となった判例に，BAG, Urt. v. 12. 5. 2010, APNr. 33 zu BAT §§22, 23 Zuwendung-TV.
33) BAG, Urt. v. 1. 4. 2009, APNr. 84 RdNr. 19 zu §242BGB Betriebliche Übung vgl. ④ S. 1506 RdNr. 534. 学説においても，同様の理解をするものがある。⑤ S. 1464f. RdNr. 103ff.

(1) 狭義の賃金としての特別手当

　以上の①～③の3分類のうち，まず，①の類型，すなわち狭義の賃金に分類される基準はどのように捉えられてきたのか。BAG判例においては，結論的には，狭義の賃金に求められる純粋な反対給付性の徴表として，その給付に，労務給付に対する反対給付以外の目的を示唆する特別の条件が付されていないことが求められている[34]。その支給条件に労働関係の存在のみが要求されていればよい[35]。①の類型の特別手当は，賃金と労務給付との労働契約上の双務関係に含まれるのである。したがって，労働者個人の業績や質的ないし量的な労務給付の向上に直接に連動した特別手当は，狭義の賃金にあたるとされている[36]。第13か月給も，その給付につき労務給付以外に条件がなく，労務給付がなされた全ての月に対して按分して支払われる等の場合には，①の類型の特別手当の例となるとされている[37]。

　判例において特別手当が①の類型と判断された事例をいくつか取り上げ，判例の判断手法をみておこう。具体的事例として，（ア）特別手当の支給条件につき特に定めのない事例，（イ）特別手当カット事由の定めがある事例，（ウ）特別手当の支給日前に労働者が退職したことを理由に特別手当のカットがなされた事例の3つを以下に挙げておこう。

---

[34] BAG, Urt. v. 21. 3. 2001, APNr. 233 zu §611BGB Gratifikation, zu II 1, 2a der Gründe; BAG, Urt. v. 25. 11. 1998, APNr. 212 zu §611BGB Gratifikation; BAG, Urt. v. 24. 10. 1990, APNr. 135 zu §611BGB Gratifikation, zu II 2a der Gründe.

[35] BAG, Urt. v. 16. 3. 1994, APNr. 162 zu §611BGB Gratifikation, zu 3b bb der Gründe; BAG, Urt. v. 24. 10. 1990, APNr. 135 zu §611BGB Gratifikation, zu II 2d der Gründe.

[36] K. Leuzinger, a. a. O.（Anm. 6），S. 75; M. Lembke, Die Gestaltung von Vergütungsvereinbarungen, NJW 2010, S. 259.

[37] BAG, Urt. v. 21. 3. 2001, APNr. 233 zu §611BGB Gratifikation; BAG, Urt. v. 24. 10. 1990, APNr. 135 zu §611BGB Gratifikation. ただし，支給条件が定められていない特別手当をすべて狭義の賃金とみることについては，疑問を呈する判例もある。私見であるが，企業内福利厚生については，この疑問が妥当するといえよう。判例がこのような判断を示したのは，使用者が特別手当を労務給付への反対給付としたくなければ，その旨を明示すべきことを示したと説明されている。vgl. U. Preis（Hrsg.），a. a. O.（Anm. 28），S. 1264 RdNr. 26.

（ア）支給条件が特に設定されていないクリスマス手当の，クリスマス前退職を理由とする全面カットの可否——BAG v. 2003. 5. 21 判決[38]

[事実の概要]

Xは，1999年5月1日から2000年9月30日まで，Yの税務専門職員として勤務した。Yは，2000年のクリスマス手当（Weihnachtsgeld）をクリスマス前に退職したXに支払わなかった。そこで，Xが在職期間に対応したクリスマス手当の部分的支払請求を行った。

[Xの主張]

クリスマス手当の支給について労働契約に支給条件が定められておらず，手当は対象期間の労働に対する追加的な対価である。このことは，Yにおいて，採用年と退職年において，実際の労働期間に対応した部分的なクリスマス手当が請求できた事例が示している。

[Yの抗弁]

この手当は，反対給付性と勤続報奨性を併せ持つ混合的性格を有する手当である。そうした手当の支給は，クリスマスまでの労働関係の存続を前提としている。そうした評価は，第13か月給（13. Monatsgehalt）や年次特別手当（Jahressondergehalt）といった特別手当の表記とは異なって，「クリスマス手当」という表記についての一般的理解から導ける。クリスマスまでに退職したXに請求権はない。

[判旨] Xの請求認容

本法廷は，原審である州労働裁判所の次の判断を支持する。すなわち，「本件労働契約3条が定めるクリスマス手当の請求権は，支給対象期間や支払時点までの（解約告知されていない。）労働関係の存続を条件とはしていない。（将来の勤続を見込んで支払われる手当の）返還条

---

38) EzA §611BGB 2002 Gratifikation, Prämie Nr. 8.

項の合意もない。手当請求権発生についての条件が合意されていないので、労務給付に対する反対給付としてのみ支払義務が生じており、その他の請求条件によっているものではないことを示している[39]。」
したがって、年度途中での退社の場合、（在職期間に対応した）部分的手当給付がなされるべきであるとのXの請求が認められる。

(イ) 採用年と退職年に按分支給する旨の定めがある以外、支給条件につき定めのない第13か月給の、教育訓練休暇取得を理由とする按分カットの可否 —— BAG v. 1990. 10. 24 判決[40]

[事実の概要]

Yの秘書として勤務していたXは、教育訓練休暇を取得したが、その期間に対応する第13か月給をカットされたので、カット分の支払を請求した。XY間の労働契約には、休暇取得の場合に手当をカットする旨の定めはなかったが、採用年および退職年には、その年の勤務期間に合わせて手当は按分支給する旨の定めがあった。

[Xの主張]

教育訓練休暇の取得によっても労働関係の存続自体に影響はないし、第13か月給は、少なくとも企業への勤続報奨の意義を持っており、第13か月給の部分的カットもできない。

[Yの抗弁]

第13か月給は、合意された賃金の一部として労務給付の反対給付であり、不就労期間に対応する部分は不支給となる。

---

[39] 同様の判示を行う判例として本判決が引用するものに、BAG, Urt. v. 8. 11. 1978, APNr. 100 zu §611BGB Gratifikation; BAG, Urt. v. 19. 4. 1995, APNr. 173 zu §611BGB Gratifikation.
[40] BAG, Urt. v. 24. 10. 1990, APNr. 135 zu §611BGB Gratifikation.

[判旨] Xの請求棄却

　本件係属の州裁判所は，適切にも，年次特別手当（としての第13か月給）の部分カットは，当該特別手当につき，履行された労務給付に対する追加的報酬，つまり狭義の賃金が問題であることから出発した。そして，適切にも，労働契約上の合意について，当事者が合意した（第13か月給としての）月給は，（労務給付に対する）単に追加的報酬に過ぎないと解した。この特別手当を第13か月給と表示した点は，現実の業務内容に対応している。（採用契約の）文言や「3. 報酬」の項に含められている点が，対償性（Entgeltcharakter）を示している。<u>（採用契約3条3文が）定める採用年と退職年における（この手当の）減額は，追加的で月々に得られる反対給付としての性格を示す。さらに，第13か月給の発生につき，特別の条件が付されていないことが重要である。</u>労働関係は単に存続しているだけでなく，報酬支払のための使用者の主たる給付義務が中断されていてはならない。<u>これらの他に，第13か月給の給付につき，企業への忠誠に対する報奨ないし促進が企図されることを示す条件ないし根拠を含んでいないことが重要である。</u>例えば，過去の忠誠への報奨は，その種の合意においては，通例，所定の待機期間（Wartezeit）の満了を条件としたり，関係期間内の所定の期間を，企業に所属しなければならないとされることで示される。あるいは，企業への忠誠に対する評価の例として，法定年金の受給年齢に達して退職したが，退職以前に所定の期間を企業に所属した労働者は，別の理由で退職した労働者とは異なり，退職年度に完全な特別手当を得るとするルールが挙げられる。また，将来に向けての企業への勤続のための動機づけや先行的に支払われる報償については，合意の中では，労働者が，支給対象期間が終了するまで労働関係を維持しなければならないとされたり，翌年の所定期日までに退職した場合には，返還規定が合意されることで，（その目的の実現が）確保される。<u>本件当事者の労働契約にはそうした規定は含まれていない。</u>したがって，本件第13か月給は労務給付に対する反対給付（狭義の賃金）であり，Xの主張は認められない。

(ウ) 支給日のみ定められたクリスマス手当につき，支給日前退職者に対する全額カットの可否 —— BAG v. 1994. 12. 21 判決[41]

［事実の概要］
　Xは，特別業務の実施のための管理部門のメンバーとして，1988年3月1日にYに雇用されたが，雇用関係が通常解雇により1991年9月30日に終了した。Yは，11月の手当支給日前の退職を理由に，Xに1991年のクリスマス手当全額を支払わなかった。Xが就業期間に対応する手当の部分的支払を請求した。なお，XY間で締結された1988年の採用契約書の「給与」の項目では，クリスマス手当として「給与1か月相当額を11月分給与と一緒に支給する」とだけ定められていた。

［Xの主張］
　1991年のクリスマス手当は，労務給付に対する反対給付であり，支給期日までの労働関係の存続は請求要件ではなく，1991年1月から9月までを対象として，按分した額の手当を請求できる。

［Yの抗弁］
　クリスマス手当は，労務給付に対する反対給付ではなく，クリスマスに関わる多様な出費をカバーすることや，将来の勤続を期待した支払目的を有しており，支給期日までの労働関係の存続が支払の条件となるので，9月30日に退職したXに対してクリスマス手当一切の支払義務はない。

［判旨］Xの請求認容
　BAGのこれまでの継続的な判例によれば，使用者は，手当の支払を約束する場合，条件を設定できる。特に，手当は，特定の期日まで労働関係が存続することを条件にできる。本件採用契約には，州労働

---

[41] BAG, Urt. v. 21. 12. 1994, EzA § 611BGB Gratifikation, Prämie Nr. 119.

> 裁判所の解釈のとおり，そうした規定は含まれていないと解される。11月分給与と一緒に支給する旨の定めは，11月まで労働関係が存続しなければならないことを示すものではなく，支払の履行期の合意にすぎない。本件クリスマス手当の持つ対償性（Entgeltcharakter）は，採用の年には，手当が按分のうえで支払われている事実が示している。
>
> したがって，手当支給前に労働関係が終了したとしても，使用者は，支給対象期間中でXが在籍した（労務給付の）期間につき，手当を按分して支払う義務がある。

(2) 広義の賃金としての特別手当

以上（ア）～（ウ）のBAG判決からすると，特別手当が②の類型として広義の賃金に分類される決定的事情は，使用者が，特別手当の支給を労務給付以外の追加的条件と結びつけている場合ということになる。追加的条件は，会社への定着や将来ないし支給対象年次に示された企業への忠誠といった目的の実現に向けられたり，就労への一般的な動機づけといった目的の実現のために追加されることが一般的である。追加的条件の具体例としては，例えば，一定の時点までの労働関係の存続や一定の成果の達成等が挙げられる[42]。そして，こうした追加条件は，具体的には労働契約の中に，返還条項，待機期間，所定日在籍条項を置くことで示される[43]。

②の類型の例として，(1)の(イ)の事例と同様の教育訓練休暇取得を理由とする手当カットの事例で，(イ)とは異なり，労働契約上で手当に支給条件が付されていた事例を以下にひとつ挙げておこう。

---

42) BAG, Urt. v. 14. 8. 1996, APNr. 19 zu §15BErzSS Gratifikation, zu III der Gründe; BAG, Urt. v. 24. 10. 1990, APNr. 135 zu §611BGB Gratifikation, zu II 2d der Gründe.
43) さらに，広義の賃金の場合，その価値（額）が継続的な労働報酬との関係で適正範囲内に留まり，労働関係の中核領域に位置しないこと，さらに労働者が自己の労務給付によって給付の額に自ら決定的な影響を与え得ないことが必要であるとする判例や学説もある。vgl. K. Leuzinger, a. a. O. (Anm. 6), S. 77ff.

(エ) 支給条件が定められたクリスマス手当の，教育訓練休暇取得を理由とするカットの可否──BAG v. 2000. 1. 12 判決[44]

［事実の概要］

X は Y の職員として 1992 年 9 月 1 日に採用され，1995 年 2 月 13 日から 1996 年 12 月 31 日まで教育訓練休暇を取得した。これに対して，Y は，1995 年と 1996 年のクリスマス手当を X に支給しなかった。X は 1996 年分の手当を請求した。

XY 間で締結された労働契約の 6 条には，クリスマス手当を含む各種の報奨手当（Gratifikation）の支給条件が定められていた。その定めによると，報奨手当は，使用者の支払義務を前提に支給されるものではなく，継続的に支給がなされていても将来にわたって支給請求権を根拠づけない任意の給付であること（同条 1 項），手当の支給日前に労働関係が終了していたり，解約告知（経営上の理由によるものを除く）されていないこと（同条 2 項），支給日以降，翌年 3 月 31 日までの間に退職したり，解約告知（経営上の理由によるものを除く）により労働関係が終了した場合には，労働者に返還義務が生じること（同条 3 項）等が定められていた。

［X の主張］

労働契約に，教育訓練休暇中の手当請求権が縮減ないし消滅する旨の支給条件が定められていないこと，したがって，労働関係が解約告知されずに存続していることだけが手当の請求根拠となる。また，労働契約 6 条 1 項の「任意留保（Freiwilligesvorbehalt）」は，従業員に一律に手当支払を拒否する権限を Y に与えるが，新しい基準の設定によって特定の従業員グループのみを手当支給対象から外すことはできない。特に，教育訓練休暇中の従業員を手当支給対象から除くことは，客観的に正当化されない。したがって，当該休暇開始までに得ら

---

44) BAG, Urt. v. 12. 1. 2000, APNr. 223 zu §611BGB Gratifikation.

れた平均月給の額で，1996年については手当の請求が可能である。

[Yの抗弁]
　手当を支給するかどうか，すなわちどういう条件で支給するかを，Yは，労働契約6条1項の「任意留保」に基づき，毎年，新たに決定できるのであり，教育訓練休暇中の手当の不払い決定も可能で，平等取扱原則に反しない。労務給付の休止中と労務給付の提供中の労働関係の差別化は，恣意的でも，事理に反するものでもない。

[判旨] Xの請求棄却
　「任意留保」は，労働契約上の請求権の発生を回避させ，使用者に，毎年新たに手当を支給するかどうか，支給するならどのような条件でかを決する自由を与える。特定の年における手当請求権は，Yが当該年も手当を支払うとの留保なき約束によることにするか，労働法上の平等取扱原則に従って手当の事実上の支払によるかによって初めて生じる。
　したがって，本件では，いずれの場合にも当たらず，Xの請求は認められない。

(3) 狭義と広義の賃金の性格が混在する特別手当

　最後の③の混合類型の例としては，例えば，年に一度支払われる年次手当について，労働契約等において，労務給付に対する反対給付の点と，従前および将来の勤続とに等分に報われるといった趣旨の定めがされる場合である。
　ところで，こうした混合した目的が認められる事例について，手当請求権が発生するためには，少なくとも無視できない程度の，現実の労務給付がなされることが必要かどうかが問題となっている。この問題につき，これまでBAG判例の判断には肯定と否定の動揺がみられた。また，学説にも議論があった。しかし，BAGは，以下に挙げる判決以降は，混合類型であっても，現実の労務給付の必要性を否定しつつ，手当カットの可否は，専ら明文の支給規定(支給条件)の

内容によるとする見解を支持している[45]。この類型に属する特別手当は，労働協約において定められる例が多いことは述べたが，労働協約においてこのタイプの特別手当支給の規定があり，その適用の当否をめぐり問題が生じた事例をひとつ挙げておこう[46]。

(オ) 病気休暇取得を理由とする年次特別手当のカットの可否
　　── BAG v. 1992. 8. 5 判決[47]

［事実の概要］
　Xは，長年，Yにより製靴労働者として雇用されていたが，1987年10月4日以来，病気により労働不能となりYを休職し，1988年11月1日以降，稼得能力喪失を理由に年金を受給した（なお，本判決で示された事実認定においては不明であるが，11月1日以降も労働関係は存続していたものと推測される。）。Yは，製靴産業に適用のある労働協約に基づいて年次特別手当を支払っていたが，Xに対して，病気休職を理由に，1988年の年次特別手当全額を不支給とした。これに対し，Xが手当全額の支払を求めた。
　この手当につき定めた労働協約2条は，手当支給日（11月15日から12月15日までの間の協約所定日か，協約所定日がなければ12月の第三労働日［協約15条］）に，解約告知を受けていない期間の定めのない労働関係ないし解約告知を受けていない職業訓練関係があり，かつ11月15日に最低1年以上の勤続のある労働者ないし職業訓練生に，毎年，月給の50％の請求権が生じること，11月15日時点での勤続が1年未満でも，最低6か月以上であれば，その期間に対応した手当を

---

45) こうした評価をするものとして，vgl. D. Rindone, a. a. O. (Anm. 16), S. 158; U. Preis (Hrsg.), a. a. O. (Anm. 28), S. 1254f. RdNR. 5ff. 学説の議論や判例の変遷については，BAG, Urt. v. 16. 3. 1994, APNr. 162 zu §611BGB Gratifikation, zu 3b) der Gründe に詳しい。
　私見では，③の類型に属する特別手当の処理は明示の合意等によるべきであるとする判例の見解に従えば，②の類型処理と同様に行うべきこととなる。
46) このタイプの事例に関する判例には，他にBAG, Urt. v. 16. 3. 1994, APNr. 162 zu §611BGB Gratifikation.
47) BAG, Urt. v. 5. 8. 1992, APNr. 143 zu §611BGB Gratifikation.

按分支給すること等を定めていた。

[Xの主張]
　労働協約上の手当請求権について，丸1年，病気で労働ができなかったとしても，満額か，少なくとも休職までの就労期間に対応して，満額の12分の10につき有する。

[Yの抗弁]
　対象年における現実の労務給付も手当支給の条件であり，病気による長期間にわたる休職により手当請求権は生じない。

[判旨] Xの請求認容
　「本法廷は，従来の（第5，第6法廷）判例が，混合的性格を持つ手当については，たとえ手当についての定めにおいてこの点（労務給付がなされたこと）が支給条件とされていなくとも，無視できない程度の現実の労務給付が手当の支給対象期間においてなされることが，常に，手当請求権の要件となるとしてきた判断，あるいはむしろ，理由はどうあれ，事実上の労務給付が欠落する一定の期間に対してのみ請求権が喪失ないし縮減するとの判断のいずれも否定する。」所定期間の労務給付に対する追加的な報酬である年次特別手当の支給に関する協約規定では，現実の労務給付のないどの期間につき請求権を縮減ないし排除するかは，個別に決定できる。したがって，（現実の労務給付のない場合の取扱いにつき定めのない本件協約において）Xについては，本件協約所定の支給条件（手当支給日に在籍し，勤続が1年以上あること）を充たしており，1988年に対応する手当全額の請求権が根拠づけられる。

3 賃金の概念と支給目的

　判例や学説について以上の分析に基づけば，ドイツにおける賃金概念についての法的理解は，次のようにまとめることができよう。

　賃金は，「支給目的」の点から，労務給付に対する純粋な反対給付としての基本給等の継続的報酬と，それ以外の特別手当とに区別される。このうち，特別手当にも，労務給付に対する純粋な反対給付としての目的性を持つものが含まれ得る。労務給付に対する反対給付を目的とする特別手当であるかどうかは，基本的には，その支給について労務給付以外の支給条件が付加されているかどうかで決まると解されている（ただし，基本給等の継続的報酬としての賃金については，そもそもそうした支給条件の付加が許されないとされる。）。そして，労務給付に対する純粋な反対給付としての目的性を持つ継続的報酬および特別手当とが，狭義の賃金とみなされる。労務給付に対する対価以外の目的を有する特別手当は，労務給付ではなく，労働関係に由来する反対給付としての広義の賃金に位置づけられる。

　特別手当がいずれに属するかの区別は，支給条件に関する当事者の合意ないし使用者の裁量に委ねられる。換言すれば，労働契約の当事者双方ないし使用者単独の意思によって，特別手当の支給条件にどの程度まで現実の労務給付を反映させるか，どのような条件で給付するか等を柔軟に決定する余地が認められていると評価することができる[48]。

　したがって狭義の賃金（特に基本給）と広義の賃金の特別手当では，支給条件を合意によってどこまで定め得るのかといった労働契約上の取扱いにつき差異を生じる（この点は本書第Ⅱ編第3章を参照のこと。）。さらに，本章で後述のとおり，両者は，立法規制の対象となるかどうかでも差異を生むこととなっているといえる。

　他方，企業内福利厚生に分類される給付は，労務給付に対する反対給付を目的としない点で，その給付に条件が付されるか否かに関わりなく，広義の賃金に含まれることになる。企業内福利厚生の支給目的は，本来，福祉目的，扶助目的にあるといえるが，多様化していることは述べた。例えば，そうした社会的動

---

48) 同様の分析をするものに，③ S. 600 RdNr. 863 u. S. 602 RdNr. 867.

機を主とするものだけでなく，タイトな労働市場の需給状況の下で人員の移動防止を図ったり，高い失業率の下で従業員の労働態度や出勤態度をコントロールしたりするために会社の給付能力を確保するといった企業経営上の効果の観点からも導入されているとの指摘がある[49]。その意味で，広義の賃金に分類される他の特別手当と目的性の点に共通性が生まれているといえよう。

三　賃金に対する立法規制と企業内福利厚生

では，以上でみた狭義と広義の賃金について，具体的に労働法上の法的取扱いにどのような違いがみられるのであろうか。両者の区別を考える意義は，この点にある。労働法上の法的取扱いとして，大きく立法上の規制と労働契約関係法上の取扱いとが考えられる。このうち，立法上の規制の対象となる賃金の概念についてみると，それぞれの規制ごとに確定する必要があると説明されている[50]。ドイツにおいては，立法上の規制ごとに，その対象となる賃金が，狭義の賃金か広義の賃金かが問題とされることがこれまで少なくない（場合によっては，狭義ないし広義の賃金の区別を前提としつつ，規制対象となる賃金の範囲について，これにさらに追加や限定がなされることになる。）。ドイツ労働法に関するコンメンタール等においても，各立法規制の対象となる賃金の概念については，立法規制ごとに説明されてきた。狭義の賃金と広義の賃金ごとに立法規制をまとめて整理する手法は取られていない。本章では，それら個別の立法規制ごとの説明を可能な限りで集約・整理しつつ，主要な立法規制について，その規制の対象となる賃金の概念についてみてみよう[51]。ドイツにおける賃金に関する立法規制自体は，わが国における労働基準法（労基法）等による規制と類似している点もあるが，異なる点も少なくない。そこで，主要な立法規制における規制対象となる賃金の概念について明らかにするに際して，それぞれの規制内容の概略

---

49) ③ S. 598 RdNr. 859.
50) W. Zöllner, K. G.Loritz, C. W. Hergenröder, a. a. O.（Anm. 3），S. 165f., ① S. 873 RdNr. 1f. ただし，狭義の賃金という場合には，基本給等，継続的に支払われる賃金（laufendes Entgelt）が主として想定され，これに対する適用の有無が問題とされる傾向にある。③ S. 570 RdNr. 748.
51) 賃金についての法的規制の内容については，以下の文献を主として参照している。① S. 1064ff; ② S. 717ff; ③ S. 613ff; ④ S. 1518ff; W. Zöllner, K. G. Loritz, C. W. Hergenröder, a. a. O.（Anm. 3），S. 165ff.

についても併せて言及しておこう。

1 賃金の額，支払方法等に対する立法規制

　ドイツにおいては，賃金設定が，契約の自由[52]（営業法（Gewerbeordnung, GewO）105条）や協約自治（基本法（Grundgesetz, GG）9条3項）の中核をなすとされ，わが国の最低賃金法のような，賃金額そのものに対する立法規制はこれまで回避されてきた。しかし，近時，この点に若干の変化が生まれている。以下，網羅的ではないが，賃金の額や支払方法等に関する規制の概略に言及しつつ，それぞれの規制が対象とする賃金の概念がどう捉えられているか明らかにしよう。

(1) 賃金額に対する立法規制

ア　最低賃金額の設定

　まず，賃金額の規制についてみよう。ドイツにおいては，賃金額も含めて，労働条件の最低水準の維持のための法的規制として5つの方法が用意されている[53]。すなわち，①労働協約の一般的拘束力宣言（労働協約法（Tarifvertragsgesetz, TVG）5条，労働者送出法[54]（Arbeitnehmerentsendegesetz, AEntG）3条以下），②労働者送出法（AEntG）7条による命令，③AEntG 10条以下にいう介護部門に関する命令，④最低労働条件設定法（Mindestarbeitsbedingungengesetz, MiArbG）4条3項による命令，⑤労働者派遣法（Arbeitnehmerüberlassungsgesetz, AÜG）3条aによる命令，の各方法によるものである。これら5つの方法のうち，①〜③，⑤は，労働協約により設定された協約賃金の準用を予定しており，連邦による最低賃金額の設定は，④による場合のみである。その意味で，協約自治の尊重というドイツの伝統的スタンスに大きな変更は加えられていない。

　①〜⑤の方法のうち，①および②の方法は，建設業等8つの業種において，外

---

52) 同条は，立法による留保のない限り，独立事業者と営業労働者との関係設定は，自由な合意による旨を定めている。
53) ②S. 1859RdNr. 1; M. Grobys, A. Panzer (Hrsg.), a. a. O. (Anm. 13), S. 1261ff. この点については，すでに邦文の紹介文献がある。齋藤純子「ドイツの最低賃金規制」レファレンス733号（2012）27頁以下。
54) 正式名称は，「外国から送り出される労働者および通例，国内で就労する労働者に対する強行的労働条件に関する法律」である。

資系の企業と，これがドイツ国内で雇用する労働者との労働関係に，連邦レベルの労働協約を拡張適用するための手法である。①は，いわゆる一般的拘束力宣言による方法で，②が，労使による一般的拘束力宣言の適用申立に基づく命令による拡張適用の方法である。こうしたルールの設定は，1996年12月に施行されたEU指令[55]（Richtlinie）の内容が，指令の制定に先立ちドイツで国内法化されたものである[56]。その後，2009年にAEntGが制定され，新法の形で規制内容の充実，整備がなされている。同法は，外資系企業の関わる労働関係について，まず，ドイツの現行法のうち，一定の労働条件につき定める法令の強行的適用を定める（2条）。そのうえで，その一定の労働条件につき，上述のような労働協約の拡張適用の方法を定める（3条）。そして，労働協約の拡張適用の対象となる労働条件のひとつに最低賃金条項（Mindestentgeltsätze）が挙げられている（同法5条1号）。

また，労働条件の設定を命令で行う点で，②と共通する③の方法については，伝統的にキリスト教会の関与がみられた介護部門での②の特例手続として定められている。介護部門では，労働協約以外の方法で労働条件が決定されてきたことから，労働協約の拡張適用によらない労働条件の設定を命令で行うこととされている[57]。

AEntGにいう最低賃金については，狭義の賃金を予定していると解されている[58]。したがって，狭義の賃金に含まれる特別手当であれば，これに含まれることになる。

そして，④の方法については，すでに1952年制定のMiArbGによって予定されていたところである。しかし，同法は，その制定後一度も適用されることがなく，2009年に改正されている（以下「改正法」という。）[59]。改正法は，1952年の制定法とは異なり，最低賃金のみについて定める法律に改められた[60]。それ以外の労

---

55) 96/71/EG, Abl. Nr. L18 vom 21. 1. 1997.
56) 当時は，「越境による労務給付における強行的労働条件に関する法律」との名称が使用され，建設業のみを適用対象としていた。
57) ② S. 1871 RdNr. 49ff.
58) 第13か月手当やクリスマス手当も単なる贈与ではなく，反対給付性（Entgeltcharakter）があり，何らかの支給条件が付されなければ，「賃金」の概念に含まれるとするものに，② S. 1865f. RdNr. 26; ④ S. 224 RdNr. 3; G. Thüsing (Hrsg.), AEntG, 2010, S. 185ff. RdNr. 14ff.
59) 改正に至るまでの最低賃金の確保は，BGB 138条（公序コントロール）に基づき，専ら裁判所によって一般的な報酬額が設定されていた。Vgl. ① S. 893ff.
60) 改正法の詳細については，齋藤・前掲論文（注53）27頁以下。

働条件については，連邦休暇法（BUrlG）や労働時間法（AZO）等，1951年に同法が制定されて以降に制定された別の立法によってカバーされるようになったからである。

　改正法の概略についてみると，同法は，連邦労働社会省の提案に基づいて，関係産業分野を代表する専門委員会によって設定された最低賃金額を，法令の形式で拘束力あるものとして宣言する権限を連邦政府に与えている。この方法による最低賃金の設定は，当該産業分野において，連邦レベルで労働協約に拘束される使用者が，協約の適用領域に入る労働者の50％未満しか雇用していない場合であれば可能である[61]（同法1条2項）。そして，設定された最低賃金は，これより低レベルの賃金額を定める協約規定に優先する。これまでのところ，最低賃金設定の申請はなされたことがあるが，最低賃金額の設定にまで至った例はないようである[62]。

　同法にいう賃金の概念についても，原則として，労務給付に対する反対給付を意味すると解されており，狭義の賃金が予定されているといえる[63]。

　⑤の方法は，派遣労働者について①②の方法（AEntG所定の方法）をあてはめたものである。派遣事業者もメンバーとなっている使用者団体と労働組合の間で労働者派遣における最低時給につき連邦レベルで合意があり，両当事者から申し立てがあれば，一般的拘束力宣言に準じて，連邦労働社会省の命令の形で，命令の適用領域にある使用者と派遣労働者に，その最低時給の適用を強制できるとされている（AÜG 3条a）。

　同法で問題となる最低時給の範囲については，対象が時給であり，狭義の賃金の中でも継続的給付の賃金が予定されているものと解される。

　なお，以上のうち，②～⑤により設定された最低賃金を使用者が遵守しない場合には，罰則（過料）や公契約からの排除措置等が予定されている。

---

[61] 国家による報酬設定は，この他，労働者類似の者のうち商業代理人や保険代理人（HGB 92条a），家内労働者（HAG 19条），授産施設での障害者（SGB Ⅸ 138条2項），受刑者（StVollzG 200条）について法定されている。

[62] F. Maschmann, R. Sieg, B. Göpfert, a. a. O.（Anm. 30），S. 302 RdNr. 7; M. Grobys, A. Panzer（Hrsg.），a. a. O.（Anm. 13），S. 1263 RdNr. 19.

[63] W. Koberski, G. Asshoff, H. Winkler, G. Eustrup u. a., Arbeitnehmer-Entsendegesetz, 3. Aufl., 2011, S. 243 RdNr.7. ただし，労働者による労務給付に対する反対給付であればよく，基本給の他，祝祭日手当や残業手当のような手当を含む広い概念であると説明されている。

イ　賃金額の平等取扱いの立法規制

　賃金額の規制については，以上の絶対的な最低額の設定とは別に，労働者間の比較による相対的な賃金額の規制が挙げられる。賃金の平等取扱い（均等・均衡処遇）である。この観点からの規制は，当初，男女間の賃金額の平等（欧州共同体設立条約（EGV）旧119条，これを引き継いだ旧141条に基づくBGB旧612条3項）に始まる。その後，2006年制定の一般平等取扱法（Allgemeines Gleichbehandlungsgesetz, AGG）において，性別以外の事由による賃金額の差別も含めて禁止されている。この場合の賃金の概念は，欧州共同体設立条約（EGV）旧141条2項（現行の欧州連合の機能に関する条約（AEUV）157条2項[64]）にいう賃金と同様に広義の賃金として解釈されている[65]。

　さらに，賃金額の平等取扱いの例として，パートタイマーとフルタイマーとの間や，有期雇用労働者と無期雇用労働者との間での平等取扱いの要請（パートタイム有期労働法（Teilzeit-und Befristungsgesetz, TzBfG）4条1項），職場における使用者および事業所従業員会による差別禁止（BetrVG 75条），あるいは派遣労働者に対する賃金の平等取扱い（AÜG 3条，9条，10条）等が挙げられる。

　これらのうち，パートタイム有期労働法（TzBfG）は，「賃金」と「その他の分割可能な給付」について平等取扱いを求めており，狭義と広義の賃金とを区別しつつ，いずれも平等取扱いの要請の対象としている[66]。あるいは，労働者派遣法（AÜG）においても，比較可能な派遣先労働者と派遣労働者の平等取扱いの対象となる基本的労働条件として「賃金」を例示している（同法3条1項3号，9条2号，10条4項，12条）。この「賃金」には広義の賃金も含まれると解されている[67]。

　なお，以上のうち，派遣労働者の平等取扱い原則への違反については，罰則の

---

64) 2009年2月1日に発効した2007年12月制定のリスボン条約により，欧州共同体設立条約（EGV）141条2項がそのままEUの機能に関する条約（AEUV）157条2項に引継がれた。この規定は，労働生活における男女の平等取扱いを定めつつ，「報酬（Entgelt）」の意義を「基本給，最低賃金，最低俸給およびその他，使用者が雇用関係に基づいて労働者に直接，間接に，現金または現物にて支払う報酬すべてをいう」と定めている。⑤ S. 43 RdNr. 8.

65) ① S. 882 RdNr.36;　④ S. 256f. RdNr. 8f.;　⑤ S. 60 RdNr. 6; J. H. Bauer, B. Göpfert, S. Krieger, Allgemeines Gleichbehandlungsgesetz, 3. Aufl., 2011, S. 160 RdNr. 45; A. Schleusener, J. Suckow, B. Voigt, AGG, 3. Aufl., 2011, S. 87 RdNr. 45.　判例にも，例えば，BAG, Urt. v. 2. 8. 2006, APNr. 72 zu § 612 BGB.

66) H. Laux, M. Schachter, Teilzeit- und Befristungsgesetz, 2. Aufl., 2011, S. 69 RdNr. 47.

67) 労働者派遣法における平等取扱いの立法趣旨については，BT-Drs. 15/25, S. 38. vgl. ④ S. 679 RdNr. 14f.; ⑤ S. 489f. RdNr. 29f.; G. Thüsing (Hrsg.), Arbeitnehmerüberlassungsgesetz, 3. Aufl., 2012, S. 247f. RdNr. 69ff.

適用が予定されている。

　以上からすると，職場における平等取扱い原則の適用対象となる賃金については，当該原則に関わる規制立法や解釈原理において，基本的には，広義の賃金を含む賃金が想定されていると解される。

(2) 賃金の支払方法に対する立法規制——現金支払原則

　賃金額に対する立法規制の他に，賃金に対する立法規制として，わが国と同様に，ドイツにおいても，賃金の支払方法に対する規制が存在する。その中心的立法規制として，営業法（Gewerbeordnung, GewO）107条による規制を挙げることができる[68]。

　同条は，労務給付に対する反対給付としての賃金につき現金支払を確保し，商品の掛売り（Kredit = ierung）を防止すること等を定めている[69]。

　具体的には，営業法107条1項が，「賃金（Arbeitsentgelt）」は通貨であるユーロで計算のうえ，ユーロで支払われねばならない旨を定める。生産物で賃金を支払う現物支給方式を意味する，いわゆるトラック・システムの禁止（Truck-Verbot）である[70]。同法の旧規定（旧115条1項）では，現金に代わる現物支給の可否についての定めがなかったため，この点につき議論があった。旧規定適用下の通説は，旧規定は，現金支給で合意された賃金を現物支給により支払うことを禁止するに留まり，賃金の一部を現物支給によることを合意することまで禁止するものではないと解していた[71]。旧規定の趣旨について，労働者と使用者との交渉力の差による賃金の減少を強制されるリスクから，従業員を保護するに留まると説明されてきた[72]。こうした通説の当否を明確化するために，2003年に改正施行された現行営業法では，107条2項で，現物支給を報酬の一部として合意することについて，従業員の利益ないし労働関係の性質に合致する場合に

---

68) H. W. Mölder, Arbeitsrechtliche Rahmenbedingungen für Cafeteria-system, DB1996, S.215; ① S. 1022ff., S.1070ff., S.1952f. u. 724f. RdNr. 29ff.; P. J. Tettinger, R. Wank, J. Ennuschat, GewO, 8. Aufl., 2011, S. 918ff.; ⑤ S. 2131ff. なお，同法107条を含め，一般的労働法原則を定めた現行の同法105〜110条は，営業関係の労働者に留まらず，すべての労働者に適用される旨が定められている（同法6条2項）。
69) 営業法は，労働保護につき定めた部分（第7編第1節105条以下）については，公務員を除いてすべての労働者を適用対象としている（同法6条2項）。
70) Vgl. ① S. 1070f.; ③ S. 619ff. RdNr. 934ff.; Münchener Handbuch zum Arbeitsrecht, Bd. 2, 3. Aufl., 2009, S. 1969f.
71) H. W. Mölder, a. a. O.（Anm. 68），S. 215.
72) H. W. Mölder, a. a. O.（Anm. 68），S. 215.

のみ許されることを明定し，旧規定下の通説を修正した（同項第1文）。ただし，合意による現物支給が許されるのは，法律上の差押可能限度額を超えない範囲であることが併せて定められている（同項第5文）。

　営業法による賃金保護については，さらに，同法107条2項が，使用者による従業員への商品の掛売りを禁止している（同項第2文）。この規定は，商品の代金返済債務を労働者に負わせることで，労働者の従属的状況を増幅させることを回避する趣旨であるとされている。この規定によって，トラック・システムの禁止を定める同条1項の適用回避の防止が図られている[73]。ただし，掛売りの禁止は，明示に別段の合意がなされない限り動産のみに適用があり，不動産販売には及ばないと解されている[74]。また，使用者は，従業員との合意で，商品の平均的原価以下であれば，代金を賃金から控除することを前提に商品を譲渡することも許される（ただし，商品は中程度のレベルの商品である必要がある（同項第3文））。しかも，その額は，現物支給の場合と同様に，法律上の差押可能限度額を超えないことを要する旨が定められている（同項第5文）。なお，以上の規定への違反には，罰則の適用は予定されていない。

　こうした規制の対象となる「賃金（Arbeitsentgelt）」の範囲については，基本給のような継続的給付の他に，1回的に支給される特別手当も含めて，狭義の賃金に限定されると解されている[75]。したがって，企業内福利厚生は，これから除かれることになる。

---

73) H. W. Mölder, a. a. O. (Anm. 68), S. 215.; ① S. 1070f.
74) Vgl. ① S. 1070f.
75) 107条の改正趣旨説明も参照のこと。BT-Drs. 14/8796, S. 25. 現行営業法107条は，2003年に改正されたものであるが，改正前の旧115条の「賃金（Löhne）」についても，同様に狭義の賃金が予定されていたとされている。Vgl. ⑤ S. 2132 RdNr. 7ff. 同旨の判例には，旧115条についてであるが，広義の賃金に含まれる記念日手当につき「賃金」に当たらないとしたBAG, Urt. v. 23. 9. 1992, APNr. 1 zu §611BGB Arbeitnehmerdarlehen. また，賃金の決定に対する規制として，ドイツにおいては，賃金等の労働条件の決定に重要な機能を果たしている労働協約や事業所協定の根拠となっている労働協約法や事業所組織法において，賃金の概念がどのように想定されているかも問題である。この点について，労働協約に法認された特殊な効力（規範的効力等）の対象となる賃金に立法上の限定はない。現実にも，広義の賃金についての協約上の定めが一般になされている。事業所組織法では，事業所従業員会の共同決定権の対象とされている「賃金体系（Lohngestaltung）」（87条1項10号）について，広義の賃金と解されていること等を指摘できる。vgl. ③ S. 570 RdNr. 748.

2 賃金の支払保障に関する立法規制

　労務給付に対する直接の反対給付である狭義の賃金は，基本的には，民法（Bürgerliches Gesetzbuch, BGB）320条以下が定める双務契約関係に関するルールの適用を受ける。したがって，例えば，何らかの事情で労務の提供がなされない場合，狭義の賃金であれば，立法規制や別段の合意等がなければ，賃金債権は失われる。他方，広義の賃金の場合，労務給付との反対給付関係が当然の前提となっておらず，別段の合意のない限り賃金債権は必ずしも失われないといった相違が，狭義の賃金との間で生じる。

　ところで，ドイツでは，一定の事情による労務不提供の期間につき，賃金の支払を保障するいくつかの立法規制が存在している。それらの立法規制が保障を予定する賃金の範囲が，問題となる。

(1) 賃金継続支払の対象となる賃金

　まず，賃金継続支払法（Entgeltfortzahlungsgesetz, EFZG）が，法定休日および疾病時の「労働報酬（Arbeitsentgelt）」の支払を保障する規定を置いている（同法1～4条。ただし，これらの規定違反に対する罰則の適用は予定されていない。）。この「労働報酬」の概念につき定義した規定がなく，同法の趣旨に照らして判断するものとされている[76]。他方，同法は，労働報酬とは別に，「特別報酬（Sondervergütung）」について，「継続的労働報酬に追加して支払われる給付」と定義したうえで，病気欠勤中には平均賃金の4分の1を上限に，そのカットを認める旨を規定している（同法4条a）。この「特別報酬」の定義の曖昧さには批判がある[77]が，これら「労働報酬」や「特別報酬」の概念がどう解釈されているかである。

　まず，「労働報酬」は，現に労働していれば，労働関係に基づく労務給付に対する反対給付として得られたであろう狭義の賃金で，しかも，基本的には継続的に支給されるもの（laufende Bezüge）に限定されると解されている[78]。したがっ

---

76) J. Schmitt, Entgeltfortzahlungsgesetz und. Aufwendungsausgleichsgesetz, 7. Aufl., 2012, S. 159 RdNr. 68.
77) ⑤ S. 2050 RdNr. 2; J. Schmitt, a. a. O（Anm. 76）, S. 185 RdNr. 15ff.; U. Preis, Das arbeitsrechtliche Beschäftigungsförderungsgesetz 1996, S. 3369.
78) J. Schmitt, a. a. O（Anm. 76）, S. 153 RdNr. 69ff.; ⑤ S. 2045 RdNr. 17.

て，狭義の賃金であっても，第13か月給与のような一回的支払の特別手当については，病気欠勤の場合には立法的保障はない[79]。基本的には，労働協約，事業所協定その他で別段の合意がない限り，請求権は生じない[80]。他方，本法にいう「特別報酬」には，広義の賃金に属する給付のみが含まれると解されている[81]。第13か月給与が狭義の賃金とされる場合は，「特別報酬」から除かれる[82]。したがって，以上の解釈からすると，企業内福利厚生については，基本的には，賃金継続支払法の適用対象となる「労働報酬」から除かれるが，「特別報酬」として，合意によるカットに制限が設けられることになると解される。ただし，企業内福利厚生の目的を有すると先に説明した（二1(3)）家族手当や住宅手当等の「社会手当(Sozialzulage)」は，疾病等による不就労を理由にカットが可能な給付として，賃金継続支払法の適用対象となる継続的「労働報酬」に含めて考えられている[83]。

(2) 有給休暇中の賃金の算定基礎としての賃金

次に，連邦休暇法(Bundesurlaubsgesetz, BUrlG)が，労働者に年次有給休暇請求権を保障している（1条。ただし，この規定への違反に対する罰則の適用は予定されていない。）。有給休暇において支払われる休暇手当(Urlaubsentgelt)の算定は，休暇開始直前の13週間に支払われた「労働収入(Arbeitsverdienst)」から，残業手当を除いた額の平均に基づき算定される（同法11条1項）。この「労働収入」の範囲が問題となる。「労働収入」にあたるかどうかは，過去13週間中に，その活動（労務給付）への反対給付として労働者が得た労働報酬構成要素にあたるかどうかによると説明されている。クリスマス手当その他の任意報奨のような広義の賃金は，休暇取得の有無に関係なく給付され得るものであり，これに含まれないと解されている[84]。すなわち，本法にいう「労働収入」については，労務給付に対する直接の反対給付としての性質を持ち，休暇中に労働しないことによっ

---

79) J. Schmitt, a. a. O (Anm. 76), S. 162 RdNr. 85 u. S. 167 RdNr. 122. 判例に，BAG, Urt. v. 21. 3. 2001, APNr. 1 zu §4b EFZG.
80) J. Schmitt, a. a. O (Anm. 76), S. 186 RdNr. 21; ⑤ S. 2051 RdNr. 6.
81) J. Schmitt, a. a. O (Anm. 76), S. 186 RdNr. 21.
82) 判例に，BAG, Urt. v. 21. 3. 2001, APNr. 1 zu §4b EFZG.
83) J. Schmitt, a. a. O (Anm. 76), S. 150f. RdNr. 86ff.
84) ②S. 1203 RdNr. 122 u. 126; ⑤ S. 1938 RdNr. 10 u. 24; D. Neumann, M. Fenski, Bundesurlaubsgesetz, 10. Aufl., 2011, S. 218 RdNr. 33. 判例では，BAG, Urt. v. 23. 1. 2001, APNr. 22 zu §1TVG Tarifverträge.

て失われる賃金がその対象となる[85]。したがって，企業内福利厚生は，休暇手当の算定基礎となる「労働収入」から除かれることになる。ただし，企業内福利厚生の目的を有すると先に説明した（二1(3)）「社会手当」は，休暇取得直前の13週に支給される給付であれば「労働収入」に含められると解されている[86]。

他方，こうして算定された休暇手当自体は，労務給付に対する反対給付そのものではないとされて，狭義の賃金ではなく，広義の賃金に含まれると解されている[87]。

(3) 労働条件の文書明示義務

以上の他，ドイツにおいても，わが国と同様に，労働条件の文書による明示義務を使用者は負っている。すなわち，基本的労働条件明示法（Nachweisungsgesetz, NachwG）が，使用者に，労働関係開始後1か月以内に少なくとも所定の基本的労働条件を文書化し，当該文書に署名のうえ労働者に交付する義務を負わせている（同法2条。ただし，この規定への違反に対する罰則の適用は予定されていない）。明示義務の対象となる基本的労働条件の中に，「賃金（Arbeitsentgelt）」の体系，額，その履行期が挙げられている（同法2条1項6号）。そして，その「賃金」には，各種手当（Zushläge, Zulage），報奨金（Prämien），特別手当その他の賃金構成要素を含むと定めている。これらの定めから，文書によって明示すべき賃金には，広義の賃金も含めて予定されていると解される[88]。したがって，企業内福利厚生も明示義務の対象に含まれることになる。

3　賃金の支払確保に関する立法規制

さらに，ドイツでは，賃金の支払確保のために民法を修正する立法規制が定められ，民法を修正する法解釈が判例によって提示されている。賃金に対する

---

[85]　J. Schmitt, a. a. O（Anm. 76），S. 154 RdNr. 155; ⑤ S. 1938 RdNr. 8ff.
[86]　D. Neumann, M. Fenski, a. a. O.（Anm. 84），S. 218f. RdNr. 35.
[87]　W. Zöllner, K. G. Loritz, C. W. Hergenröder, a. a. O.（Anm. 3），S. 166. なお，法定の休暇報酬額を超えて支払われる休暇手当（Urlaubsgelt）についても，広義の賃金と捉えられ，休暇手当とともに差押が規制される（ZPO 850条a2号）が，BGB 320条以下の適用から外れるとされている。D. Neumann, M. Fenski, a. a. O.（Anm. 84），S. 234 RdNr. 78.
[88]　F. Maschmann, R. Sieg, B. Göpfert, a. a. O.（Anm. 30），S. 90 RdNr. 10; ② S. 224 RdNr. 37.; ⑤ S. 2724 RdNr. 29ff.

差押制限その他，賃金の支払確保に関する立法規制は，わが国における規制（例えば，労基法24条の賃金支払4原則等）とは若干の相違がある。規制の対象となる賃金の概念と併せて，規制内容の概略についても言及しておこう[89]。

(1) 賃金債権に対する相殺（Aufrechnung）制限[90]

賃金の支払確保の意義を持つ立法規制として，まず挙げられるのは，賃金債権との相殺に対する規制である。ドイツ民法典（BGB）によれば，使用者が労働者に対して債権を有する場合，労働者の持つ賃金債権（賃金請求権）との相殺は原則として禁止されていない（BGB 387条[91]）。また，労働者が賃金債権を譲渡した場合，一定の条件の下で使用者は譲受人との間で相殺が可能となる（BGB 406条[92]）。ただしBGBにおいても，相殺が制限・禁止される場合があり，賃金債権についてもその取扱いがそのまま妥当する。

まず，相殺に関するBGB 390条から395条の規定に基づく規制である。とりわけ労働法上は，BGB 394条が重要である。この規定によれば，賃金債権に対する相殺は，(5)で後述する民事訴訟法（Zivilprozeßordnung, ZPO）850条以下の定め[93]に従って，差押可能限度内でしか許されない。差押不能の賃金部分については，賃金債権は消滅しない。この点は，過払賃金の返還請求権と賃金債権との相殺においても同様である[94]。ただし，使用者による労働者への賃金の前貸し（前払い）の場合は，前貸しにより，前貸し部分の賃金債権自体が消滅するとされ，相殺により消滅するのではなくなるので，事後に支払時期が到来する賃金

---

89) 本章で取り上げるもの以外にも，賃金の失効合意，倒産時の賃金に対する規制等が存在している。Vgl. ④ S. 1493 RdNr. 469.

90) 相殺制限については，別段の注記をしない限り，以下の文献によっている。① S. 1069 RdNr. 19; ② S. 720ff. u. 1019ff.; ③ S. 626ff. RdNr. 962ff; ④ S. 1490f. RdNr. 450ff.

91) ただし，相殺対象となる賃金は，所得税等の控除前の税込賃金ではなく，手取賃金と解されている。② S. 720 RdNr. 9 u. S. 730 RdNr. 13. 判例では，すでにBAG, Urt. v. 13. 11. 1980 (5AZR572/78), juris. これは，使用者の側に，労働者が負担すべき所得税や社会保険料の支払義務が残り，相殺の要件である目的上の同種性（Gleichartigkeit）が欠けることになるからと説明される。したがって，税込賃金に基づく相殺は，差押制限部分を一部含む相殺となり，BGB 394条に違反するとされる。ZPO 850条eによると，差押可能な賃金の計算においては，保険料等は算入されない。② S. 730 RdNr. 13.

92) BAG, Urt. v. 6. 12. 1978, APNr. 4 zu GewO §115. ただし，使用者が請求権取得する前に譲渡について知らないか，譲渡請求権の履行期到来後に，請求権の履行期が到来していない必要があることが定められている（BGB 406条）。Vgl. ② S. 721 RdNr. 11.

93) 金銭で支払われるべき労働収入（Arbeitseinkommen）に対する差押可能限度について，具体的に，ZPO 850条a～850条1で定められている。

94) Vgl. LAG Hamm, Urt. v. 20. 9. 2005 (19Sa1014/05), juris.

の差押不能部分も含めて控除できると解されている[95]。

　以上の相殺制限は，使用者の側からの相殺に適用があるが，労働者による相殺には適用がない。また，例外的に，個別の事情を考慮したうえで[96]，労働者が使用者に故意に損害を与えた場合には，ZPO 850条dの定める限度[97]まで相殺規制が緩和されると解されている。労働者の側の責任により使用者に発生した，こうした損害に対する賠償債権の事例では，労働者がZPO 850条以下の差押制限に依拠することは，信義則違反となって許されないとの理由づけがなされる[98]。また，労働者がすでに職場から排除されている場合には，ZPO 850条dの限度を超えた相殺も許されると解されている[99]。

　相殺制限に関するBGB 394条は，以上の他，賃金債権の履行期到来前に締結された相殺契約についても準用される。同条の趣旨から，相殺制限は，通例，賃金債権の譲受人と使用者との相殺契約にも適用になると解されている[100]。また，他方，相殺契約が差押不能とされる賃金債権部分の履行期到来後に締結される場合には，同条違反とならず許されると解されている[101]。

　逆に，労働協約等の集団契約ないし個別の契約により相殺が排除されている場合は，相殺は許されない[102]。また，解釈によって相殺排除の趣旨を含むものと考えられる事例として，将来の年金請求権のように履行期が未到来の請求権が挙げられている[103]。

　さらに，BGB 394条のような債権一般に適用となる立法規制の他に，賃金債権に特化した相殺規制も存在する。既述のとおり（本章三1(2)），営業法（GewO）107条2項2文は掛売りを禁止しており，掛売りから生じる代金請求権と賃金債権とを相殺することは許されない。賃金の現物給付であるトラック・システム

---

95) ③ S. 626 RdNr. 964.
96) BAG, Urt. v. 31. 3. 1960, APNr. 5 zu §394BGB.
97) ZPO 850条dは，法律上の生計費請求権に対するより緩やかな差押制限を定める。Vgl. ② S. 720 RdNr. 8.
98) ただし，使用者に故意に損害を与える場合として，連邦普通裁判所（BGH）は，相殺禁止は，契約違反による損害賠償が問題ではなく，故意の不法行為から生じる損害賠償請求権が問題であるとしている。同旨の判例として，BGH, Urt. v. 22. 4. 1959, APNr. 4 zu §394BGB. ただし，この考え方に対しては，学説，判例上で異論がある。③ S. 626f. RdNr. 965.
99) BAG, Urt. v. 28. 8. 1964, APNr. 9 zu §394BGB.
100) ② S. 720 RdNr. 10.
101) BAG, Urt. v. 18. 8. 1976, APNr. 4 zu §613aBGB.
102) BGH, Urt. v. 20. 12. 1979, ZIP 1980, 110.
103) BAG, Urt. v. 16. 12. 1986, APNr. 1 zu §8BetrAVG.

の禁止の実効性を確保する趣旨である。こうした相殺は無効であり，通貨による賃金債権は消滅しない。他方，労使の間で結ばれた社宅契約において，使用者が，賃料債権で賃金債権を相殺することで賃料相当額を賃金から控除できる旨を定めた場合には，トラック・システムの禁止に反せず，有効な相殺契約となると解されている[104]。

以上述べた点のうち，BGB 394条の下で相殺規制の対象となる賃金債権は，同条が債権一般の相殺につき定めていることからすると，狭義の賃金，広義の賃金の区別はないと解される。ただし，相殺制限に連動する賃金債権の差押可能限度額について，両者で差異が設けられており，相殺可能な賃金債権の範囲については，(5)で後述するZPO 850条以下によることになる。他方，上記の営業法上の相殺制限の対象となる賃金債権は，既述のとおり（本章三2(2)）狭義の賃金ということになると解される。

(2) 賃金債権の譲渡（Abtretung）制限[105]

賃金の支払確保の立法規制として，さらに賃金債権の譲渡制限を挙げることができる。まず，賃金債権の譲渡については，BGB 398条以下に定められた債権一般についての民事上の原則がそのまま適用になる。BGB 398条により，原則として，形式不要で明示，黙示に賃金債権の譲渡は可能である。

しかし，賃金債権を差押可能限度超えて譲渡することは，BGB 400条[106]により無効となる[107]。これに反する労使の合意も無効である（法律上の禁止に違反する法律行為を無効と定めるBGB 134条違反）。したがって，賃金全額を賃金債権の譲受人に支払った使用者は，差押不能部分につき，改めて労働者に支払わねばならない。使用者は，二重払いとなる差押不能部分の賃金につき，譲受人に対して不当利得返還請求権を主張するしかない。また，労働者が，ローン貸付債権者に賃金債権を譲渡するにあたり，賃金の中からローン返済金を振り込むように

---

[104] 賃金債権に特化した相殺制限は，他に社会法上の制限等もある。福祉サービスや現物給付に対する差押を禁止する社会法典（Sozialgesetzbuch, SGB Ⅰ）54条3項の定めがその例である。Vgl. ④ S. 1491 RdNr. 453.
[105] 本文で別段の注記をしない限り，譲渡制限に関する本文の記述は，以下の文献によっている。① S. 1064ff. RdNr. 1ff.; ② S. 717f. RdNr. 1ff.; ③ S. 635f. RdNr. 995ff; ④ S. 1492 RdNr. 460ff.
[106] 同条は，債権は差押できない限り，譲渡できない旨を定めている。
[107] BAG, Urt. v. 21. 11. 2000, APNr. 2 zu §400BGB.

使用者に委託した場合，この委託も，差押不能の賃金部分には及ばないと解されている[108]。

さらに，差押不能部分の賃金債権譲渡を無効とするBGB 400条の保護目的である労働者の生活保障の趣旨に反する場合には，同条の譲渡制限は譲渡そのものではないが，これに類似する別段の措置にも適用になる。例えば，第三者に，その名によりその計算で債権を取り立てることを授権する代金取立権譲渡（Inkassozession）や，取り消し不能の取立権限の付与[109]，第三者との差押不能債権の処分合意[110]等も，賃金債権については同様に制限を受ける。他方，労働者が自身のために賃金債権の取立てを第三者へ委任することは許されるとされている。

なお，賃金債権の譲渡は，BGB 399条により，労働契約当事者の合意だけでなく，労働協約や事業所協定によって差押可能部分を含めて禁止できる[111]。

ただし，賃金債権に関する以上のような譲渡制限には例外がある。譲渡される賃金債権と同額（同価値）の給付を労働者に行った第三者への賃金債権の譲渡の場合である。BGB 400条における労働者の生活保障の趣旨が維持されるからである。例えば，ストライキ中に組合員労働者の生活支援を行った労働組合への賃金債権の譲渡等が挙げられる。また，使用者が賃金を理由なく支払わず，第三者が労働者による賃金債権の譲渡と引き換えに生活必需品を利用させた場合や，賃金債権の差押制限部分に賃料相当部分が含まれることで，差押制限を超えた賃金債権を賃貸人に譲渡した場合も，譲渡制限の適用は否定される[112]。ただし，使用者が賃貸住宅を労働者に引き渡す場合は，同価値給付とはみなされず，差押制限下に入る賃金債権を，賃貸人である使用者に事前譲渡することは許されないとされている[113]。

さらには，将来発生する賃金債権の譲渡を意味する事前譲渡は，譲渡内容の

---

[108] BAG, Urt. v. 23. 11. 1988, APNr. 1 zu §400BGB.
[109] BGH, Beschl. v. 10. 12. 1951, BGHZ 4, 153.
[110] OLG CE OLGZ 1971, 345.
[111] 事業所協定当事者が，事業所協定で譲渡禁止を定めることができるかについては，疑問があるとするものがあり，本文後述の事前の譲渡について特にそう考えられるとするものがある。
[112] BAG, Urt. v. 2. 6. 1966, APNr. 8 zu §399BGB; LG Hagen, Urt. v. 22. 7. 1988, NJW-RR 1988, S. 1232. vgl. ④ S. 1492 RdNr. 462.
[113] BAG, Urt. v. 21. 11. 2000, APNr. 2 zu §400BGB.

明確性の原則と譲渡範囲での過剰補償の禁止の遵守の下で許される[114]。例えば，ローン返済に関する一般的な賃金債権譲渡約款による場合には，譲渡目的と譲渡の範囲および譲渡実施の条件が明確に示されていて初めて，BGB 307条1項による約款の内容コントロールに耐え得る[115]。そのため，事前譲渡約款が，ローン契約だけかその他の法的根拠からの請求権をも保証するのかどうかが不明であれば，当該約款条項は無効となる[116]。

　賃金債権の譲渡に関する以上のルールが適用になる賃金の概念については，相殺における場合と同様に，(5)で後述する差押が許される範囲について，狭義と広義の賃金とで差異が設けられている以外は，特段の区別はなく狭義と広義の賃金が適用対象に含まれると解される。

(3) 賃金拠出合意(Lohnverwendungsabreden) 制限[117]

　ドイツにおいては，労働者が使用者に対して，賃金の全額ないし一部を，特定目的ないし特定人のために拠出することを約する賃金拠出合意がなされている。この合意により，労働者は賃金支出の義務を使用者に対して負う。例えば，社員食堂運営費への賃金の一部提供等である。賃金の支払確保の点からみた場合も，原則として，その種の合意は許される。この合意が労働者を不当に拘束したり，私生活に介入する場合には無効である（公序違反の法律行為の無効を定めたBGB 138条[118]違反となる。）。また，賃金債権の差押不能部分を支出する合意も許されない[119]。

---

114) ② S. 717 Anm. 2.
115) BGB 307条は，約款につき不当な不利益を約款の契約相手方が負う場合や，約款が不明確な場合に，その約款条項の無効を定める。Vgl. ② S. 261 RdNr. 35ff. u. S. 264f. RdNr. 42ff.
116) BGH, Urt. v. 22. 6. 1989, APNr. 5 zu §398BGB.
117) 別段の注記をしない限り，賃金拠出合意に関する本文の記述は，以下の文献によっている。① S. 1071 RdNr. 24; ② S. 724f. RdNr. 28.; ③ S. 633f. RdNr. 989ff.; ④ S. 1493 RdNr. 467.
118) 2002年の改正により削除されるまで，営業法117条が，営業労働者につき，労働者かその家族の状況改善のための措置に関与する目的以外で，賃金の拠出についての合意を無効としていた。Vgl. ③ S. 633 RdNr. 989f.
119) ② S. 742 RdNr. 28.

(4) 賃金債権放棄，賃金支払免除契約 (Erlassvertrag) への制限[120]

ところで，賃金債権の消滅については，債権一般に予定されている消滅原因が原則として適用になる。弁済 (BGB 362条)，供託 (372条)，相殺 (387条)，債務の免除 (397条) 等が消滅原因として挙げられている。労働者による賃金債権放棄は，法的には債務の免除契約を意味する。一定の賃金債権については，個別の立法によってその放棄が禁止されている。例えば，先に述べた (2(1)(2)) 疾病時に保障される賃金 (EFZ 12条) や法定の休暇手当 (BurlG 13条) である[121]。あるいは，協約賃金 (TVG 4条4項[122]) や事業所協定に基づく賃金債権 (BetrVG 77条4項[123]) の放棄も許されない。これらの場合の賃金には，広義の賃金 (債権) も含まれると解される。

以上の強行法規によらなくとも，労働者にとって不適切な不利益を伴う約款上の放棄は，BGB 307条以下の規定により無効となる。また，賃金支払免除約款は，事情によっては，公序違反となると解される (BGB 138条)。例えば，賃金債権の事前放棄の意思表示は，BGB 138条により公序違反で無効とされている。さらに，個々の労働者による賃金債権の黙示の放棄については，明確な放棄意思の存在につき厳格な要件が設定されなければならないとされる。また，学説上で議論があるが，差押が許されない賃金債権の放棄も，BGB 394条，400条の法意から無効である[124]。そして，事業譲渡を理由とする放棄では，厳格な尺度の設定の下で，客観的理由が存在する場合のみ許されるとされる。雇用保障のための賃金放棄についても同様である。使用者が経営難にあっても，労働契約上の誠実義務から労働者に賃金債権放棄義務は生じないと解されている。

以上のルールの適用につき，狭義と広義の賃金の区別は予定されていないと解される。

---

120) 別段の注記をしない限り，賃金放棄および賃金支払免除契約に関する本文の記述は，以下の文献によっている。② S. 718f. RdNr. 3; ③ S. 640f. RdNr. 1014ff.; ④ S. 1493 RdNr. 468.
121) いずれも，放棄不能性 (Unabdingbarkeit) が定められている。
122) 同項は，労働協約の当事者により認められた調整においてのみ，協約上の権利の放棄が許される旨定める。
123) 同項は，事業所協定上の権利の放棄には，事業所従業員会の同意を要する旨定める。
124) ② S. 718f. Anm. 17.

(5) 賃金債権に対する差押制限[125]

　以上の(1)から(4)で述べた賃金の支払確保のための立法規制においては，賃金債権の相殺等の可否につき，賃金の差押制限の対象部分となるかどうかが重要な意味を持っている。そして，賃金の差押制限の対象となる賃金として，そもそも狭義か広義かのいずれが予定されているかが問題となる。賃金債権の差押制限を定めるのは，民事訴訟法（ZPO）850条以下である。ZPO 850条は，差押制限の対象となる賃金を「労働報酬（Arbeitseinkommen）」と呼び，「労働報酬」には，現在または過去の労働関係ないし就業関係に由来して労働者に属し，名称のいかんを問わず，金銭で支払うことのできる広い範囲の報酬を含むものとしている[126]（同条2～4項）。これによると，差押制限の対象となる「労働報酬」は，狭義の賃金だけでなく，企業内福利厚生を含む広義の賃金も予定されているといえる[127]。

　ただし，差押可能限度については，継続的給付の賃金（ZPO 850条a～850条h）と1回的給付の賃金（850条i）とで区別されて，それぞれに差押制限の範囲が定められている[128]。規定の構成からは，差押制限の重点は，継続的給付の賃金にあるとされている[129]。まず，ZPO 850条aにおいて，例えば，クリスマス時の出費増を補う目的で給付されるクリスマス手当につき，差押限度が定められている。具体的には，月給の半分に相当する額までで，最大500ユーロまでとされている（同条4号[130]）。その名称のいかんを問わないが，クリスマス時期の出費増に対応するためという支給目的を持っていれば，狭義の賃金か広義の賃金かは問わないと解されている[131]。したがって，広義の賃金とされる第13か月給与や第14か月給与や年次特別手当等は，クリスマス時期の出費増に対応する実質がなければ，支給目的の点でこれには含まれないことになる。

---

125) 別段の注記をしない限り，賃金の差押制限に関する本文の記述は，以下の文献によっている。① S. 1090ff. RdNr. 71ff.; ② S. 1019ff. RdNr. 1ff.; ③ S. 621ff. RdNr. 938ff.
126) ① S. 1091 RdNr. 77; ③ S. 622 RdNr. 941.
127) Vgl. ① S. 1090ff. RdNr. 77ff.
128) 個々具体的な賃金類型について差押限度を説明する文献に，① S. 1092ff. RdNr. 80ff.; ② S. 1019ff. RdNr. 1ff.
129) ③ S. 622 RdNr. 942.
130) ① S. 1094 RdNr. 103.
131) H. J. Musielak, ZPO, 10. Aufl., 2013, zu 850a RdNr. 6; BAG, Urt. v. 14. 03. 2012, DB 2012, 1157.

あるいは，同条においては，企業内福利厚生に属すると解される慶弔扶助，教育・学習関連扶助等について，差押の禁止が定められている（同条5号，6号）。

ところで，広義の賃金に位置づけられる（三2(2)を参照のこと。）法定の休暇手当については，休暇請求権の一身専属性から，休暇手当も含めて差押不能と解することに，判例・学説にこれまで異論がなかった。しかし，その後，休暇請求権と休暇手当を分けて考えることが可能との立場から，休暇手当については，就業中の賃金と同様に扱うことができ，差押は可能との見解が生まれている[132]。この見解は，法定の休暇手当につき差押え可能な範囲で，譲渡可能性や相殺可能性を肯定する考え方に結びついている[133]。

4 企業内福利厚生の賃金性と立法規制

以上，本章三1〜3において，ドイツにおける賃金に対する様々な立法規制を概観したが，支給目的の点から広義の賃金に位置づけられる企業内福利厚生に対する立法規制については，以下のように要約することが可能であろう。

(1) 企業内福利厚生は，まず，その支払額や支払方法の決定について，均等・均衡処遇の点を除き，狭義の賃金に対して加えられる厳格な立法規制の対象から外れることで，使用者に柔軟な設定や処理が許されることとなっている。
(2) 疾病時等の賃金継続払や有給休暇中の賃金保障といった賃金の支払保障に関する立法規制の点でも，企業内福利厚生はその規制対象から除かれることで，同様に柔軟な設定や処理が使用者に可能とされている。
(3) 他方で，一端，その給付に法的根拠が与えられれば，差押可能限度でしか相殺や譲渡等の処分は許されず，その支払が確保されることになる。ただし，本書第Ⅱ編第3章で言及するとおり，支払の有無や範囲等を労働協約等で定める際には，使用者に広い裁量が与えられるところとなっている。
(4) このように，ドイツにおいて広義の賃金に位置づけられる企業内福利厚生は，支給条件設定の柔軟性の点だけでなく（二2(4)），立法規制の観点からみても，景気変動や労働市場の需給等に合わせて，使用者にとって柔軟な処理が可能な賃金構成部分とされていると分析することができる。

---

132) D. Neumann, M. Fenski, a. a. O. (Anm. 84), S. 40 RdNr. 76ff.
133) D. Neumann, M. Fenski, a. a. O. (Anm. 84), S. 39 RdNr. 72ff.

四　小括

本章の分析内容は以下のようにまとめることができる。

(1)① ドイツにおいては，使用者が労働者に支給する給付は，狭義と広義の賃金に2分類される（より正確には，出張旅費等の実費弁償を加えて3分類）。この2分類によれば，企業内福利厚生は，広義の賃金に含められている。

② ドイツにおいては，狭義の賃金が，労働者による労務給付に対する直接の反対給付として労務給付と双務関係に立つとされる。他方，広義の賃金は，双務関係にはないが，労働契約関係から生じる反対給付として有償性を有し，単なる贈与ではないと説明される。

(2)① ドイツにおいては，狭義と広義の賃金の区別の基準として支給目的が挙げられる。支給目的は，給付の名称ではなく，当事者の合意内容から判断される。支給目的から両者を区別するBAG判決の蓄積がみられる。

② この基準により，BAG判決は，使用者による給付を，①労務給付に対する純粋な反対給付としての目的のみを持つ給付，②それ以外の目的を持つ給付，③ ①と②両方の支給目的を有する混合的性格を有する給付に分類してきた。

③ ドイツにおいて使用者が支給する特別手当は，支給目的を判断する支給条件の有無によって狭義と広義の賃金のどちらにも分類されると解されている。これに対して，企業内福利厚生は，その支給条件の有無に関わりなく，支給目的の点から一律に広義の賃金に分類されている。

(3) ドイツにおいては，労働立法の規制対象となる賃金に広義の賃金が含まれるかどうかは，個別の立法ごとにその立法趣旨に照らして判断されている。

第3章

ドイツにおける企業内福利厚生と労働契約法上の諸問題

一　はじめに

　ドイツにおいては，前章で整理したように，使用者が労働者に給付する金銭や利益等につき狭義と広義の賃金の概念が設定され，企業内福利厚生は広義の賃金に含まれるとされてきた。そして，この両者について労働立法レベルの賃金規制においては，取扱いに差異が設けられている。本章では，この両者の差異が，労使の合意に基づく労働契約関係のレベルにおいてはどう捉えられているのかについて，学説・判例を整理しつつ分析を試みる。

二　労働契約における双務関係の法的取扱いと企業内福利厚生[1]

　前章において述べたとおり，ドイツにおいては，労働契約の視点からみると，狭義の賃金は，労務給付に対する直接の反対給付として労働者による労務給付と双務関係に立つとされる。これに対して，広義の賃金は，労務給付に対する直接の反対給付ではなく，労務給付との間では双務関係にはないが，それでも労働関係より生じる反対給付として有償性を有すると捉えられてきた。このような性格づけによって，広義の賃金は単なる贈与とも区別されている。そして，企業内福利厚生は，狭義の賃金ではなく，この広義の賃金に含められてきた。

　狭義と広義の賃金の労働契約上の位置づけにみられるこうした相違は，まず，ドイツ民法典(Bürgerliches Gesetzbuch, BGB)が定める双務契約に関する諸規定(BGB 320条以下)の適用関係における相違として現れる。BGBの双務契約に関する規定は，労働給付義務と双務関係を構成する賃金支払義務に基づき支払われる狭義の賃金にはそのまま適用される。他方，労務給付義務と双務関係にない広義の賃金には，当然には適用されないことになる。なかでも，このことが端的に現れるのは，双務契約における給付と反対給付の牽連関係(Synallagma)に根ざす法律関係につき定めた規定の適用においてである。

　例えば，履行上の牽連関係に基づく同時履行の抗弁権(同法320～322条)[2]や，存続上の牽連関係に関わる危険負担(同法323～327条)[3]，あるいは，BGB自体に

---

1) 以下に掲げる引用頻度の特に高い文献は，①～⑨の頭書の番号をもって引用する。また，注において引用しているBAG判例は，決定(Beschl.)等と特記しない限り，判決(Urteil)の形式による判断である。
① R. Richardi u. a. (Hrsg.), Münchener Handbuch zum Arbeitsrecht, Bd. 1, 3. Aufl., 2009.
② G. Schaub u. a., Arbeitsrechts-Handbuch, 14. Aufl., 2011.
③ G. Annuß u. a, Staudinger Praxis Edition Arbeitsrecht Kommentar, 2011-2012.
④ R. Müller-Glöge, U. Preis, I. Schmidt (Hrsg.), Erfurter Kommentar zum Arbeitsrecht, 12. Aufl., 2012.
⑤ M. Henssler, H. J. Willemsen, H. J. Kalb (Hrsg.), Arbeitsrecht Kommentar, 5. Aufl., 2012.
⑥ W. Däubler, B. Bonin, O. Deinert, AGB-Kontrolle im Arbeitsrecht, 3. Aufl., 2010.
⑦ U. Preis u. a., Arbeitsvertrag, 4. Aufl., 2011.
⑧ D. Rindone, Arbeitsrechtliche Sonderzahlungen, Dissertation, 2011.
⑨ G. Dornbusch, E. Fischermeier, M. Löwisch (Hrsg.), Fachanwaltskommentar Arbeitsrecht, 6. Aufl., 2014.
2) BGB 320条は同時履行の抗弁権，BGB 321条は不安の抗弁権，BGB 322条は引換給付判決につき，それぞれ定めている。
3) BGB 323～325条は後発的不能の効果につき定め，BGB 326条は履行遅滞の効果，BGB 327条は，BGB 325条およびBGB 326条の法定解除権につき，約定解除権の規定(BGB 346～356条)の準用の旨を定めている。

規定化はされていないが，成立上の牽連関係に基づく法的処理においてである。これらの牽連関係に関わる規定の適用や法的処理が，労務給付請求権との間に牽連関係が肯定される狭義の賃金債権には，基本的に適用となるが，企業内福利厚生を含め，広義の賃金債権においては，別段の合意等がない限りは適用がないことになる。

その最も基本的な例は，現実の労務給付がなされない場合の賃金債権の有無について挙げられる。狭義の賃金の場合は，現実の労務給付がなければ，労務給付のない期間について，労務給付請求権と存続上の牽連関係に立つ狭義の賃金債権は消滅することになる[4]。これに対して，広義の賃金については，労務不提供によって当然に賃金債権が失われるわけではないと解されるところとなる[5]。

さらには，双務関係にあるかないかの違いは，例えば，賃金の支払時期についても生じ得る。BGBは，別段の合意のない限り，「報酬（Vergütung）」は労務給付後に支払われなければならないと定めている（同法614条）。この規定は，労務給付と双務関係にある狭義の賃金には適用になるが，広義の賃金には当然には適用されないと解されている。したがって，広義の賃金については，これを給付すべきか否か，どのような内容でいつ給付すべきかは，基本的には，合意内容および支給目的に従って決まる。労務給付後でなければその支払義務が生じないとは当然にはいえないとする理解が生じ得る[6]。

他方，雇用契約（Dienstvertrag）関係に関し定めるBGB 611条以下の規定では，BGB 320条以下の双務関係につき定めた諸規定を雇用契約（労働者保護）の視点から修正する規定が含まれる。その修正規定の中には，適用対象となる賃金に広義の賃金も含むと解されるものがある。したがって，BGB 611条以下の雇用

---

4) ② S. 768 RdNr. 50; ④ S. 1510 RdNr. 547; BAG, Urt. v. 13. 9. 1974, APNr. 84 u. v. 27. 7. 1994, APNr. 164 zu §611BGB Gratifikation; BAG, Urt. v. 19. 4. 1995, APNr. 173 zu §611BGB Gratifikation; BAG, Urt. v. 10. 5. 1995, APNr. 174 zu §611BGB Gratifikation; ストライキによる就労不能の場合の賃金の扱いについては，ドイツでは，正当なストライキへの参加は，労働関係の停止（Ruhen）と解されており，その間の狭義の賃金請求権は失われ，協約上の特別手当については，協約上の請求要件や手当控除の取扱いに関する個別事情に従って減額することも可能と解するBAG判例がある。BAG, Urt. v. 13. 2. 2007, APNr. 18 zu §1TVG Tarifverträge: Presse. vgl. ② S. 771f. RdNr. 57 u. S. 2214 RdNr. 7ff.

5) BAG, Urt. v. 5. 8. 1992, APNr. 143 zu §611BGB Gratifikation; BAG, Urt. v. 9. 8. 1995, APNr. 181 zu §611BGB Gratifikation. vgl. ③ S. 602f. RdNr. 869.

6) ② S. 768 RdNr. 50; ③ S. 613 RdNr. 907.

契約に関する規定については，規定ごとの解釈により適用対象となる賃金の範囲を画定する必要がある[7]。例えば，労務受領者（使用者）の受領遅滞により労務給付者が労務の給付ができなかった場合には，改めて事後に労務を給付する必要はないが，「報酬（Vergütung）」の請求は可能である旨が定められている（同法615条[8]）。この場合の報酬には，別段の合意のない限り，広義の賃金も含まれると解されている等である[9]。

三　約款規制の展開と約款規制の3ルール

ところで，ドイツにおいては，賃金の給付につき一定の条件を付すことがなされてきた。前章で述べたとおり，その支給条件の内容から判断される支給目的によって，狭義の賃金か広義の賃金かの区別がなされてもいる。とりわけ，基本給以外の特別手当については，その支給条件が労働者の勤続や忠誠心の確保のような，労務給付に対する反対給付としての支給目的以外の支給目的を含む場合には，少なくとも広義の賃金の性格を持つと判断される傾向にある。この点は前章において詳述した。こうした支給条件として付されることが多く，またその法的効果をめぐって法的紛争の多い支給条件については，連邦労働裁判所（Bundesarbeitsgericht, BAG）の判例の蓄積を通じて，その法的処理のあり方につき一定の判断基準が示されてきている。とはいえ，学説上では，法的処理のあり方について議論の残る支給条件も少なくない。

そうした支給条件を定める主要な条項として，①所定日在籍条項，②返還条項，③撤回権留保条項，④任意性留保条項等を挙げることができる。これらの条項の法的効果については，BAG判例，学説において長年にわたり議論されてきたところである。これらの条項の法的効果をめぐる議論においては，狭義の賃

---

7) ただし，BGB 611条以下の雇用契約（Dienstvertrag）に関する規定は，わが国における雇用契約や労働契約より広い概念内容として捉えられており，有償委任や準委任契約も含むものと理解されている点に注意を要する。また，わが国民法と異なって，労働者保護の視点から，本来，労働法に分類され得る規定をも含んでいることを前提とする必要がある。
8) BGB 326条1項が，労働契約関係でいえばノーワークノーペイの原則について定めているが，BGB 615条（受領遅滞）がこの原則を修正して，ノーワークの場合でも賃金請求権を認めている。
9) ③S. 938 RdNr. 136; ⑤S. 1720 RdNr. 79ff. u. S. 1731 RdNr. 121.

金と企業内福利厚生を含む広義の賃金とで結論が異なり得るとされてきた。ドイツにおいて，企業内福利厚生をめぐる労働契約上の主要な問題となってきた。そこで以下において，BAG判例，学説によるこの点についての判断動向を整理・分析していこう[10]。なお，これら①～④の支給条件のうち，①と②は労働者の勤続や忠誠心の確保を支給目的とし，③と④は賃金調整（使用者による労働条件の一方的変更）の支給目的を有するとされ，ひとまず支給条件が有するこれら2つの支給目的に分けて以下では分析を試みよう。

ところで，これら労働契約上の条項の法的効果の判断基準の分析に際しては，2002年にBGBの中に約款規制のための規定を盛り込む改正がなされたことを忘れてはならない。約款規制を目的とする諸規定がBGBに組み込まれる前と後とで，これらの条項の法的効果の判断基準や規制の法的根拠等に差異が生じている。そこで，賃金の支給条件についての法的処理の状況を明らかにする前に，まず，BGBに組み込まれた約款規制について，その概略をみておこう。

1 約款規制（BGB 305条～310条）の展開

ドイツでは，2002年1月に，BGBの債権法部分が大幅に改正のうえ施行された（このときの改正を以下「2002年改正」という[11]）。その主要な改正点のひとつとして，消費者保護を主眼として1976年に制定された普通取引約款法（Gesetz zur Regelung des Rechts der Allgemeinen Geschäftsbedingungen, AGB-Gesetz，以下「1976年約款法」という。）が廃止され，BGBの債権法部分に取り込まれたことが挙げられる。この改正においても，普通契約約款（約款）の概念はそのまま承継されている。すなわち，約款は，当事者間で個別に契約内容の交渉が持たれることなく，一方当事者である約款利用者が事前に作成した契約ひな型の内容のままに契約が成立する場合の契約ひな型を意味するものとして想定されている（「1976年約款法」1条，BGB 305条1項3文）。そして，BGB 305条から310条に約款の解釈原理が集約され，新たな解釈原理としてBGBの中に明文化されたのであ

---

10) ここでの記述は，主として以下の文献を参考にしている。① S. 938ff. RdNr. 1ff.; ② S. 755ff. RdNr. 1ff.; ③ S. 602ff. RDNR. 867ff.; ④ S. 1508ff. RdNr. 538ff.; ⑧ S. 86ff.
11) 改正規定は，2002年1月1日の施行後に締結された契約に適用となるが，改正法に置かれた経過規定によって，それ以前に締結された契約にも，1年の猶予期間を置いて，2003年1月1日から適用となる取り扱いとされた（EGB GBG 229条）。

る[12]。これらの規定は，信義則を約款処理について具体化したものと評価されている[13]。

ところで，「1976年約款法」は，相続法，家族法および会社法と並んで，労働法分野での約款への規制を明文で除外していた[14]（同法23条1項）。この点について，「2002年改正」後のBGBの約款規制もそのままであれば，広義の賃金としての企業内福利厚生の問題についても，BGBの約款規制を取り上げる必要はそもそもない。しかし，この点については，「2002年改正」によって，労働法の領域では，労働契約に限ってであるが，BGBの約款規制の適用対象とすることに改められた[15]。他方，労働協約，事業所協定，公務員版の事業所協定である職務協定（Dienstvereinbarung）のような集団的労働条件約款については，適用除外のままとされた（BGB 310条4項1文）。これは，集団的労働条件約款については，明文の規定で強行的直律的効力が認められていて，労働者保護が十分に保障されているため，約款規制の対象とする必要はなく，むしろ約款規制の対象とすること

---

12) BGB 305条は，「1976年約款法」1条1項，2項に定められた約款の定義をそのまま受け継いでいる。すなわち，「約款とは，契約の一方当事者（約款利用者）が，契約の締結にあたり，他方当事者に提示するもので，多数の契約の事前に定式化された契約条件すべてをいう。規定が，外見上は契約から分離されて規定される契約書の中に定められるか，契約書のどの範囲でか，どのような字体でか，またどのような契約形式でかを問わない。約款は，契約条件が契約当事者間で個別に交渉される限りで存在しない。」と定めている。BGB 305条以下310条までの約款規制に関する規定の邦訳として，高橋弘「約款規制に関するドイツ民法の規定」廣島法學28巻1号（2004）73頁以下等が参考になる。ドイツの債権法改正について，労働法の視点から解説したものに，根本到「ドイツ民法典の改正と労働契約法理」労旬1529号（2002）12頁以下，高橋賢司「ドイツ法における普通取引約款規制と労働法」季労231号（2010）154頁以下他。
13) Vgl. BAG v. 25. 5. 2005, APNr. 1 zu §310BGB.
14) その理由として，除外される法領域では，すでに保護等のための規定が置かれていることが挙げられている。vgl. BT-Drs. 7 3919（1975）S. 14.
15) その理由については，①「1976年約款法」下のBAG判例では，労働契約約款について，「1976年約款法」の基本的考え方を受け入れつつ内容コントロールを行い，適用除外扱いに従わない実態が先行していたこと，②労働法におけるBAG判例によるそれまでの内容コントロールが，民法のそれより後退したものになることを立法者が相当とみなかったこと，が指摘されている。vgl. ⑤ S. 1372 RdNr. 11ff. 14/6857, S. 53f.; 14/7052, S. 189. ただし，BGBの約款規制のうち，約款が労働契約の内容となるための要件（明示及び認識可能性の原則）を定めた305条2項，3項の適用が否定されている（BGB 310条1項）。この点については，労働契約約款について，文書明示義務の適用がすでにあるからとの立法理由が示されている。Bt-Drs. 7/1657, S. 54. こうした除外には学説による批判が強い。R. Richardi, Gestaltung der Arbeitsverträge durch Allgemeine Geschäftsbedingungen nach dem Schuldrechtsmodernisierungsgesetz, NZA 2002, S. 1058f.; ③ S. 466f. RdNr. 383u. a.

で，協約自治等の集団的自治の体系が崩れるからであると説明されている[16]。集団的労働条件約款についての約款法の適用除外の取扱いが「1976年約款法」と同様にそのまま維持されたのである。なお，BGBによる約款規制は，労働契約や労働協約等とは異なり書面化されていない労使慣行にも適用があるとされている[17]。また，約款規制の適用にあたっては，労働法に妥当する特殊性が適切に考慮されなければならないことも定められた（BGB 310条4項2文）。

　では，こうした「2002年改正」は，それまでの労働契約法理にどのような影響を与えているのであろうか。この点については，影響はむしろわずかで，「2002年改正」前のBAG判例により提示されてきた労働契約の解釈原理に大きな変更はないとの評価がある[18]。「2002年改正」前において，BAG判例は，「1976年約款法」による適用除外もあって，同法9条（現行BGB 307条1項，2項に相当する。）による労働契約約款の内容のコントロールには否定的であったとされている。しかし，他方で，BAG判例は，労働契約の当事者である労使の交渉力の非対称性から生じる，労働契約関係における契約自由の機能不全を前提としつつ，「相当性コントロール（Angemessenheitskontrolle）」基準による契約内容のチェックを，約款かそれ以外かを問わず行ってきたとされる[19]。BAG判例におけるこうした処理は，BGB 242条（信義則に基づく履行の要請）ないしBGB 315条（当事者の一方による給付の確定における「公平な裁量原則（billiges Ermessen）」）に基づいていたとされる[20]。しかし，「2002年改正」後，BAG判例は，約款規制の適用のある事例だけでなく，個別の契約交渉による契約締結がなされ約款によらない事例についても，この「相当性コントロール」基準が適用されない旨の判示をしている[21]。これは，「2002年改正」により追加されたBGB 305条以下において，「相当性コントロール」基準の根拠とされる信義則が明文規定で承継されたからとされる（ただし，これでは個別契約に対する法的コントロールが失われることになりかねない

---

16) Bt-Dr. 7/919, S. 41. しかし，その後，労働組合や事業所従業員会が，約款の一般的な対象となる法的領域において，相当といえる利益衡量を保証する状況になく，保証のメカニズムが十分機能していない実情が生まれているとの批判がある。vgl. ⑥ S. 5 RdNr. 5 u. S. 12 RdNr. 24ff.
17) Vgl. ④ S. 1360 RdNr. 22.; BAG, Urt. v. 27. 8. 2008, APNr. 36 zu §307BGB.
18) ③ S. 468 RdNr. 386; A. Junker, Grundlegende Weichenstellung der AGB-Kontrolle von Arbeitsverträgen, Festschrift H. Buchner, 2009, S. 371f.
19) 個別契約に適用した事例として，BAG, Urt. v. 16. 3. 1994, APNr. 18 zu §611BGB Ausbildungsbehilfe u. a.
20) ⑥ S. 11 RdNr. 22f. なお，BGB 315条1項については，後掲（注113）を参照のこと。
21) BAG, Urt. v. 25. 5. 2005, APNr. 1 zu §310BGB.

が,大部分の労働契約は約款タイプであり,個別契約が問題となる事例は限定的で,「2002年改正」の影響は小さいと評価されている[22]。)。

とはいえ,「2002年改正」後も,BGB 134条 (強行規定違反),138条 (公序良俗) による「合意内容」に対する法的規制や,BGB 242条による内容規制に代わる運用規制 (Ausübungskontrolle)(後述する「行使」の視点からの規制)は引き続き行われている。したがって,労働契約約款について,BGBの約款規制が,これらの規定と競合して適用になる場合がある。その場合,適用の効果について,BGBによる約款規制では,無効な約款条項の限定解釈による有効化の禁止が適用になる点で,限定解釈による有効化も可能と解されてきたこれらの規定とは異なる効果を持つと説明されている[23]。

2 約款規制の3ルール

ところで,BGBの約款規制においては,約款としての労働契約に,以下の3つのルールが適用となると解されている。これらのルールの概略についてみておこう。なお,これらのルールも,約款利用者とその契約相手方とが締結する約款一般に適用となるが,本章では,約款利用者となる使用者,その契約相手方である労働者が当事者となる労働契約約款に限定して説明を進める。

① 不明確性のルール (Unklarheitenregel)(BGB 305条c第2項)
② 内容コントロール (Inhaltskontrolle)(BGB 307条1項1文,2項)
③ 透明性のルール (Transparenzgebot)(BGB 307条3項2文の意味での同条1項2文)

(1) 不明確性のルール

まず,第1のルールである「不明確性のルール」については,BGB 305条c第2項が,約款の解釈における疑義は,労働契約約款の利用者である使用者の不利に帰する旨を定めるところに由来する。考えられる解釈方法を尽くしても,いろいろな解釈の可能性が残る曖昧な約款条項につき適用となるルールである。「多義性」を払拭できない約款条項に適用されるルールとされている。

「多義性」のある約款条項に該当するかどうかの判断にあたり,その判断の前

---

22) Vgl. ③ S. 468 RdNr. 386.
23) ⑥ S. 196ff. RdNr. 39ff.

提となる,約款の解釈原則がBAG判例により確立されている。その解釈原則とは,約款解釈として,その客観的内容と文言上の意味に従って,「理性的で誠実な(verständigen und redlichen)」双方当事者が,労使の利害を考慮しつつ理解可能な内容であるかどうか(「理解可能性」の有無),というものである。この「理解可能性」の有無は,当該約款の現実の締結労働者ではなく,平均的な契約相手方としての労働者の理解可能性が基準となるとされる。契約締結に伴う個別の事情は考慮されない。そうした事情の考慮は,第2のルールである「内容コントロール」による「合意内容」の有効性チェックの段階においてなされている。BAGによるこうした解釈原則による解釈によって「多義性」を払拭できない場合には,この「不明確性のルール」が適用になるとされている[24]。

「不明確性のルール」が適用になると,当該約款条項は,約款利用者である使用者に不利な解釈でその効果が生じると定められている。具体的には,条項をできる限り労働者に不利に解釈して無効が根拠づけられないかを検討し,無効が否定されれば,できるだけ労働者に有利に適用するとされている[25]。

このルールは,「1976年約款法」5条を引き継いでいる。「1976年約款法」が労働法領域への適用を除外していたにも拘わらず,「1976年約款法」制定前からすでに判例上ではこのルールの適用が認められていたことが指摘されている[26]。このルールは,第3のルールである「透明性のルール」と同様に,後述するBGB307条3項2文により「内容コントロール」の対象から除外されるすべての約款(後述のとおり,法律の内容をそのまま反映する約款等が挙げられる。)に適用になると解されている[27]。また,既述のとおり,BGB310条4項1文において,労働協約や事業所協定等の集団的労働条件約款には,BGBの約款規制は適用にならない旨定められているが,「労働協約による」と定める労働契約約款にはこのルールは適用されると解されている[28]。

---

24) BAG, Urt. v. 24. 10. 2007, APNr. 32 zu §307BGB; BAG, Urt. v. 6. 9. 2006, NZA 2007, S. 352. vgl. ⑥ S. 132 RdNr. 29; ⑧ S. 88.
25) ③ S. 473RdNr. 406. vgl. BAG, Urt. v. 17. 1. 2006, APNr. 40 zu §1TVG Bezugnahme auf Tarifvertrag.
26) BGH, Urt. v. 12. 12. 1952, BGHZ Bd. 5, S. 111 u. S. 115. vgl. ⑥ S. 130 RdNr. 24.
27) BAG, Urt. v. 18. 8. 1998, NZA 1999, S. 659 u. S. 661; BAG, Urt. v. 17. 11. 1998, APNr. 10 zu §1TVG Bezugnahme auf Tarifvertrag u. a. vgl. ⑥ S. 131 RdNr. 25.
28) ⑥ S. 131 RdNr. 26.

(2) 内容コントロール

次に，BGB 307条は，その1項1文で，約款に含まれる条項は，当該条項が信義誠実の原則に反して，労働契約約款利用者である使用者が，契約相手方となる労働者を「不相当に不利益に取り扱う」ときは，無効とする旨を定める。「2002年改正」前にBAG判例が用いていた「相当性コントロール」基準を約款内容のチェックルールとして承継したものである。

そして，同条2項では，「不相当に不利益に取り扱う」一定の事由を定める。この一定の事由として，法規定の趣旨に反する場合（同項1号）と，契約の性質から生じる本質的な権利義務を著しく制限し，契約目的の達成を困難にする場合（同項2号）とが挙げられている[29]。

そして，同条2項について，実態として，「内容コントロール」により無効となる頻度の高いケースが，具体的にBGB 308条と309条に列挙されている。BGB 308条では，評価次第では無効となる事例，BGB 309条では，評価の余地なく当然に無効となる事例がそれぞれ挙げられている[30]。

以上が，「内容コントロール」に関わるBGBの約款規制の枠組みである。

さらに，BGB 307条3項1文では，こうした「内容コントロール」は，約款において，法律の規定と異なる条項か，法律の規定を補充する規律を合意した条項についてのみ適用となる旨が定められている。すなわち，「法律」の規定をそのまま内容とする条項には適用がないという当然のことを定める[31]。また，約款において補充的に定められていても，支給内容の具体化や対価の設定についての合意は，その性質上，「法律」の規定によってではなく当事者によって確定させ

---

29) 詳細は，V. Lindemann, Flexible Gestaltung von Arbeitsbedingungen nach der Schuldrechtsreform, 2003, S. 165ff. vgl. ⑧ S. 96

30) BGB 308条は，無効かどうかの評価の余地のある場合を1号から8号で列挙し，BGB 309条は，評価するまでもなく無効となる場合を1号から13号において列挙している。特に，本章との関わりで問題となるのはBGB 308条4号であり，約款利用者（使用者）の利益を考慮して当初の合意内容を変更したり，当初の合意内容と異なる給付を予定する権利関係を合意することが，契約相手方（労働者）にとり合理性（zumutbar）がない場合には無効となる旨を定めている。

31) なお，本文後掲のBAG判例(エ)(オ)の判旨の中でも指摘されているように，この「法律」には，立法の他に不文の原則，判例，BGB 157条・242条による補充的解釈や，その都度の債権関係の性質から導かれる権利義務といった公正性の要請に対応する，一般的に認められてきた法原則が含まれると解されていて，かなりの広がりのある概念として予定されている。vgl. BAG, Urt. v. 11. 10. 2006, APNr. 6 zu §308BGB; BAG, Urt. v. 24. 10. 2007, APNr. 32 zu §307BGB.

るべき事項であるとして,「内容コントロール」によるチェックの対象とはならないと解するのが通説とされている[32]。これらの合意は，BGB 138条2項（公序良俗）による規制の対象となるとされる。したがって，例えば，労務給付に対して適正な対価（賃金）が支払われているかどうかの「内容コントロール」はできないとされる[33]。その限りで，企業内福利厚生の約款規定についても，直接にその支給額を定める部分は，「内容コントロール」に服さないことになる[34]。

なお，「内容コントロール」に関する以上のルールの適用にあたり，BGB 310条3項が，約款一般について次の取扱い基準を定めている。これを労働契約約款にあてはめると，労働契約約款は，労働者の意思で組み込まれた部分以外は，使用者が作成したものとみなすこと（1号），「不明確性のルール」や「内容コントロール」等の約款規制ルールは，労働契約約款が一回的な適用しかない場合でも，労働者が予め定式化された契約条件の内容に影響を及ぼすことができなかった場合には適用になること（2号），「内容コントロール」ルールの適用にあたり，BGB 307条1項1文にいう「不相当に不利益に取り扱う」ことになるか否かの判断に際して，当該契約の締結に伴う諸事情も考慮すること（3号）とされている。

(3) 透明性のルール

さらに，BGB 307条1項2文によると，規定が明確かつ平易でないことからも，「不相当に不利益に取り扱う」ことが生じ得る旨を定める[35]。これが第3の約款規制ルールとしての「透明性のルール」である。「明確性の要請（Bestimmtheitsgebot）」といわれる。このルールは，「2002年改正」前にBAG判例が用いていた「相当性コントロール」基準の一形態として明文化された。このルールは，約款条項について，法的にも事実的にも予測可能性の確保のために，契約当事者の権利義務

---

32) ③ S. 472 RdNr. 401.
33) BAG, Urt. v. 31. 8. 2005, APNr. 8. zu §6ArbZG. vgl. ③ S. 472 RdNr. 401. ただし，賃金の額について法定されている場合（業種ごとの最低賃金等）は，「内容コントロール」の対象となると説明されている。vgl. ⑧ S. 92.
34) ⑧ S. 93f.
35) ③ S. 472 RdNr. 402.; ⑧ S. 98f., 139ff., 243ff. このルールが独立したチェック基準として使用されたのは，「1976年約款法」においてではなく，1980年代中頃以降の連邦通常裁判所（BGH）判例においてであるとされている。vgl. BGH, Urt. v. 22. 1. 1986, BGHZ Bd. 97, S. 74. 法文上の明文化は，「2002年改正」によってである。

を可能な限り明確かつ正確に記述することを求めるルールとされる[36]。この「透明性のルール」に違反すると，BGB 307条3項2文により「内容コントロール」の対象となる約款部分だけでなく，第1の「不明確性のルール」と同様にすべての約款に適用がある。また，第1の「不明確性のルール」に違反する約款条項については，使用者に不利な解釈の可能性を残すのとは異なり，「透明性のルール」に違反する約款条項についてはその効力を無効とのみ定める。

四　労働契約に含まれる賃金支給条件と企業内福利厚生

　労働契約関係において以上のような，「2002年改正」前の「相当性コントロール」基準や「2002年改正」後の約款規制の主な対象となってきたのは，先に挙げた①〜④のような条件が付された特別手当を定める条項についてであったとされている[37]。

　そして，BGBの定める約款規制の3ルールの下で，労働契約約款に定める賃金の支給条件の法的効果をめぐる判断は，個別交渉により締結される労働契約における判断とは異なる余地がある。こうした点を意識しつつ，①〜④の賃金支給条件の有効性に関する具体的な処理の状況について，「2002年改正」前と後とに分けてBAG判例，学説の動向を整理していこう[38]。

---

36) ③S. 473 RdNr. 405ff.; M. Coester u. a., Staudinger Sonderedition AGB-Recht Kommentar, 2013, S. 155 RdNr. 105.
37) ⑧S. 100; ① S. 944 RdNr. 15.
38) 約款上の条件については，賃金に関わるもの以外にも種々問題となっている。例えば，協約所定の賃金を超える賃金を定める算入留保（Anrechnungsvorbehalt），除斥期間，協約所定の条項を労働契約に取り込む旨の受容条項，労働契約の変更につき一定の形式を要件と定める要式条項，配転条項等が挙げられている。

1 労働者の勤続確保のための支給条件

(1) 所定日在籍条項 (Stichtagsklausel)[39]

ドイツにおいては，使用者が特別手当を給付するにあたって，追加条件として所定日在籍条項を定めることがしばしば行われている[40]。

所定日在籍条項は，一定期間を支給対象期間とする特別手当について，所定日に使用者との労働契約関係が存続し会社に在籍していること，あるいは所定日までに労使いずれからも解約告知がなされていないことを，特別手当の支給条件（請求権発生の要件）とする労働契約や労働協約等の条項である。実態として，所定日を特別手当の支給対象期間内に設定する条項と，支給対象期間外に設定する条項があるとされる[41]。

所定日在籍条項は，特別手当の支給条件を充たさない労働者を支給対象から除く効果を伴うという意味で，「除外条項（Ausschlußklausel）」と呼ばれる。あるいは，所定日までの勤続を促す効果（吸引効果（Sogwirkung）[42]）を持つという別の点に着目して，後述する「返還条項」とともに，「拘束条項（Bindungsklausel）」とも呼ばれている[43]。BAG判例は，これまでそうした条項の有効性を一般に認めてきた。わが国においては，就業規則等で賞与につき支給日在籍条項を定める事例があり，これに類似している。

こうした条項が定める支給条件を充たさない場合の効果について，特別手当が狭義の賃金か広義の賃金かで取扱いが異なると解されている[44]。これによると，特別手当が狭義の賃金である場合には，使用者は，全額不支給扱いはできず，少なくとも現実の労務給付がなされた期間に対応した按分給付の必要があ

---

39) 以下で別段の引用をしない限り，本文での記述は以下の文献に主としてよっている。① S. 990ff. RdNr. 16ff.; ② S. 768f. RdNr. 50ff.; ③ S. 602f. RdNr. 867ff.; ④ S. 1508f. RdNr. 538ff; ⑤ S. 1467f. RdNr. 110; ⑥ S. 162f. RdNr. 50ff.; ⑧ S. 162ff.
40) ⑦ S. 1270 RdNr. 39.
41) ⑧ S. 170ff.
42) ⑧ S. 170.
43) ⑧ S. 160f.
44) ③ S. 602 RdNr. 868; ④ S. 1508RdNr. 540; ⑤ S. 1467RdNr. 110; ⑧ S. 167. vgl. BAG, Urt. v. 8. 11. 1978, APNr. 100 zu §611BGB Gratifikation.

るとされる[45]。

　他方，特別手当が広義の賃金である場合には，狭義の賃金性と広義の賃金性を併せ持つ混合タイプも含めて，所定日在籍条項は有効とされる[46]。混合タイプについては，支給対象期間に労務給付がなされていても，履行された労務給付に対応する部分の請求は，別段の合意のない限りできないとされる[47]。労務給付の履行と勤続という2つの条件をともに充足して初めて，手当全体の請求権が発生すると解されるからとされている[48]。広義の賃金や混合タイプの賃金では，所定日前に退職していたり，所定日前に解約告知がなされている場合には，明示による別段の合意がない限り，手当全額の請求権が消滅するとされるのである。狭義と広義の賃金のこうした取扱いの相違についての考え方は，「2002年改正」後も維持されているものと解される。

　なお，こうした取扱いの相違につき肯定的立場に立つ場合でも，「2002年改正」後のBAG判例には，後述する返還約款の効力に関するBAG判例に倣うものが生まれている。

　すなわち，特別手当が当該労働者の全報酬の25％を超える場合には，当該手当は，勤続を促す目的が後退し，労働の対償としての狭義の賃金の性格を持つに至ったとみるべきであり，狭義の賃金として処理されるべきであるとの「法創造的手法」を示すものがある[49]。

ア　所定日在籍条項と経営上の理由による解約告知

　ところで，所定日在籍条項については，使用者側からの解約告知による解雇が，労働者側の理由ではなく，会社側の経営状況を理由になされ所定日に在籍

---

45) 例えば，手数料（Provision），利益配当（Tantieme），目標達成度対応のボーナス（Bonus）等が，狭義の賃金として挙げられている。⑦S. 1272；⑧S. 169. vgl. BAG, Urt. v. 8. 11. 1978, APNr. 100 zu §611BGB Gratifikation; BAG, Urt. v. 13. 6. 1991, EzA Nr. 86 zu §611BGB Gratifikation Prämien.
46) BAG, Urt. v. 7. 11. 1991, BB 1992, S. 142. 混合タイプについても肯定するBAG判例として，BAG, Urt. v. 24. 10. 1990, APNr. 2 zu §1TVG Tarifverträge Glasindustrie; BAG, Urt. v. 10. 12. 2008, APNr. 280 zu §611BGB Gratifikation. 具体例として，年次手当，報奨手当，第13月手当，ボーナス（Prämien）等が挙げられる。
47) ③S. 602 RdNr. 868；④S. 1508 RdNr. 540.
48) ⑦S. 1272 RdNr. 43；⑧S. 168. ただし，学説には，支給対象期間経過後に所定日が設定されている事例では，混合タイプの特別手当について，労務給付に対する対価性のある特別手当と同様に，過去の労働相当分の不支給は認められないとする見解がある。⑦S. 1280 RdNr. 61.
49) BAG, Urt. v. 24. 10. 2007, APNr. 32 zu §307BGB, u 3b) aa)（2）der Gründe.

できない場合（betriebsbedingte Kündigung）でも，同条項は有効に適用され，労働者の特別手当請求権が失われるか否かの問題が指摘されている。この問題については，学説，BAG判例には議論がある[50]。わが国でも，同様の問題が賞与の支給日在籍条項をめぐって議論されている。

以下では，この問題について適用を否定した判例（ア）と適用を肯定した判例（イ）とを取り上げて，それぞれの判断の論拠等を明らかにしよう。

（ア）経営状況を理由とする使用者による解約告知の場合に所定日在籍条項の適用を否定した事例——BAG v. 13. 9. 1974 判決[51]

［事実の概要］

Xは，1970年11月17日から1972年の12月31日までパートタイムの部門監督者としてYにて就労した。Yは，経営上の理由で，Xとの労働関係を1972年12月31日付で解消する旨の解約告知をした。Xは，1972年2月に締結された事業所協定に基づいて，1972年対象の年次報奨（Jahresprämie）の支払を請求した。これに対して，Yは，Xの支払請求の棄却を求めた（ただし，XYの主張のうち，Yの抗弁の詳細は判決が認定した事実からは不明である。）。

同事業所協定の2条は，年次報奨は支給対象年（1月1日〜12月31

---

50) この点につき肯定説に立つBAG判例には，例えば，BAG, Urt. v. 27. 10. 1978, APNr. 96; BAG, Urt. v. 4. 9. 1985, APNr. 123 zu §611BGB Gratifikation. 個別契約所定の条項については，BAG, Urt. v. 19. 11. 1992, APNr. 147 zu §611BGB Gratifikation. 2002年改正後のBAG判例で，個別契約所定の返還規定につき肯定したものに，BAG, Urt. v. 28. 3. 2007, APNr. 265 zu §611BGB Gratifikation. 学説では，② S. 768f. RdNr. 50af; ③ S. 602 RdNr. 868f.; ⑧ S. 180ff. これに対して，否定説に立つBAG判例には，例えば，BAG, Urt. v. 13. 9. 1974, APNr. 84 zu §611BGB Gratifikation; BAG, Urt. v. 25. 6. 1975, APNr. 86 zu §611BGB Gratifikation. 個別契約所定の教育訓練費用の返還につき否定説に立つものとして，BAG, Urt. v. 6. 5. 1998, APNr. 28; BAG, Urt. v. 24. 6. 2004, APNr. 34; BAG, Urt. v. 23. 1. 2007, APNr. 38 zu §611BGB Ausbildungsbehilfe. 学説には，⑤ S. 1467f. RdNr. 110; ⑦ S. 1281 RdNr. 63 がある。① S. 999f. RdNr. 39f. も否定的か。
51) APNr. 84 zu §611BGB Gratifikation, zu 3a) der Gründe. 否定説に立つBAG判例は，他に，BAG, Urt. v. 26. 6. 1975, APNr. 86 zu §611BGB Gratifikation, u 3 der Gründe. この事例は，第13か月給与を，対象年の11月分給与と一緒にその半分を，翌年の6月分給与と一緒にもう半分を支払うとする制度の下で，対象年の12月末で解雇する旨を11月14日に告知された労働者が，6月分の支払を求めた事例である。その他，BAG, Urt. v. 27. 10. 1978, APNr. 98 zu §611BGB Gratifikation.

日）の月例固定給相当額とする旨を定め，3条で翌年5月分給与と一緒に支払うこととされ，5条には，年次報奨の支給対象年の翌年5月31日以前に会社を離れたり，この日までに労働関係が解約告知されていたりした場合には，その請求権を失うこと，そして，（使用者の裁量で）場合により既払いとなった年次報奨は，前払給与としてYに弁済するか，給与清算の際に支払いを留保する旨が定められていた。また，同協定の6条では，支給対象年の途中でYを離れた労働者は，年次報奨の12分割のうえ在籍月数分を支払うことになっていた。

（なお，本件は，支給対象期間経過後の所定日（5月31日）までの在籍を「年次報奨」の支給条件としており，所定日在籍条項の所定日が支給対象期間外に設定されるタイプである。実際には，本件の条項（本判決は「除外条項」「拘束条項」と複数名称を用いている。）は，本章で後述する返還条項と同様に，条件の成就が確定する前にひとまず給付がなされ，条件不成就の場合，例外的に年次報奨の返還を定める条項の体裁を取っていた。）。

[判旨] Xの請求認容

原審は，正当にも，本件事業所協定の除外条項を限定し，経営上の理由による解約告知により所定日前に職場から除外されたり，所定日にはすでに労働関係が解約告知されている労働者に対して，年次報奨を給付しないことは許されない旨を判示した。

こうした事例では，XはYにより，会社に忠誠を示すことが妨げられたのである。労働者が当該支給対象年に使用者のために労働し，この支給対象年を越えて会社に残留することに対する対償として年次報奨を給付しつつ，しかし同時に，そうした労働者が所定の全支給対象期間を労働することですでにこの報奨を獲得し，さらにその後も会社に所属する用意をしている場合でも，所定の年次報奨の支払いを拒否することは矛盾する行為であり，そのため権利の濫用である。労働者は，期待された労務給付を完全に履行しているのであり，使用者が反対給付を拒絶することは許されない。

本法廷は，先例において，経営上の理由による解約告知の場合に報

奨の返還を合意する場合には，その旨が明示される必要があるとしていた（APNr72, 73 u §611BGB Gratifikation）。

本法廷は，さらに一歩進んで，本件拘束条項は，濫用的な契約形成であり，無効と判断する。使用者が，こうした解約告知の事例につき，除外条項に依拠することは，権利の濫用であるといえる。

<u>本件解約告知に除外条項を適用することは，給与が労働者の預かり知らぬ外的事情および使用者の意思に依拠した事情に左右されることになる。このことは，解約告知によって不利益を被る労働者が，報奨からの除外によって，追加的に制裁を受けることになって妥当とはいえない。</u>

(イ) 経営状況を理由とする使用者による解約告知の場合にも所定日在籍条項の適用を肯定した事例 —— BAG v. 27. 10. 1978 判決[52]

［事実の概要］

Xは，1968年以来，Yにより月額給与2200マルクで電気技師として雇用されていたが，1975年10月9日に，Yより同年11月30日付で解雇する旨の解約告知を受けた。

Yに適用のある労働協約には，手取額1200マルクの特別手当（年度末報酬）の給付が定められていた。その支給条件として，手当支給確定日に労働関係にあること，手当支給確定日までに継続して6か月の雇用があること，およびこの日までに労働関係が解約告知されていないこと（2条），さらに，手当支給確定日は，事業所協定が定める日とするが，事業所協定に定めがなければ12月1日とすること，ただし，使用者がそれより前に手当を給付することも許されること（3条）が定められていた。

そして，Yの1975年11月の事業所協定は，協約上の手当支給が確定する日を1975年12月1日とすること，1974年度対象の特別手当

---

52) APNr. 96, Urt. zu §611BGB Gratifikation, u 2b)c)d) der Gründe. その他，肯定説に立つBAG判例に，BAG, Urt. v. 4. 9. 1985, APNr. 123; BAG, Urt. v. 25. 4. 1991, APNr. 137 zu §611BGB Gratifikation.

につき，その70％分を10月分給与と一緒に支払い（11月14日），残りの支払を11月分給与にて行うことを定めていた。

YはXに1974年度対象の特別手当を支払わない取り扱いとした。

Xは，10月の分割支払の時点にはまだ労働関係は存在しており，特別手当の70％分が請求可能であるとしてその請求を行った。これに対してYは，特別手当の支給確定日である12月1日には，XはYの労働者ではなかったのであり，特別手当の請求は一切できないとの抗弁を行った。

[判旨] Xの請求を棄却

（本件のように）過去の労務給付の対償として特別手当が給付される場合には，手当請求権は，労働者が全対象期間で労働関係にあるか，対象期間中の一定期間のみ労働関係にあるかどうかに係らしめられている。本件では，協約とこれを受けた事業所協定による。そこでは，1975年12月1日の所定日に労働関係がまだあること，およびこの日まで継続して6か月間，Yに雇用されていることが条件とされている。12月1日を所定日に選ぶことで，労働関係は，11月を超えて年末までの継続が確保されることになる。

<u>労働者は，特別手当請求権の支給条件として労働者によって果たされるべき（労務）給付を，理由はどうであれ履行できない場合には，当該請求権を有しない。</u>

本件では，Xの労働関係は，1975年11月30日，したがって（12月1日である）所定期日前に終了しており，手当の請求はできない。なるほど，労働関係は経営上の理由による解約告知によって終了している。しかし，この点は，労働関係が対象期間途中に終了し，したがって，労務給付が完全に履行されていないのであるから，重要ではない。少なくともこうした経営上の理由による解約告知の場合には，労働者は，期間分割による請求権（12分割）を強行的に得るとの結論を導く判断も考えられる。しかし，こうした判断に現行法上の根拠はない。<u>同様に経営上の理由による解約告知に関して，特別手当の不支給を無効とした先例がある。しかし，先例の事例は，所定の期日まで完全</u>

> に労務の提供をしたが，使用者により解約告知がなされた結果，拘束条項によって労働者に課された将来の勤続ができなかったことのみが問題となった事例である。本件とは事件の区別が必要である。本件協約には，（将来の勤続への）拘束条項は含まれていない。
> 　ただし，使用者が，手当請求権の発生を妨害することを，唯一ないし基本的に目的として解約告知をする場合には，使用者は，請求権を否定する主張はできない。

イ　「2002年改正」前のBAGの判断傾向

　以上，結論を異にする２つのBAG判例を取り上げた。このうち，判例（イ）が経営上の理由による解約告知につき，特別手当の不支給を無効とした先例として挙げたのが判例（ア）である。判例（イ）は，所定日在籍条項のような「除外条項」の効力を，経営上の理由による解雇の場合にも肯定した。そして，これを否定した判例（ア）の事例と事件を区別している。すなわち，判例（ア）の事例は，手当の支給対象年につき労働を完全にこなしつつも，手当対象年終了後で期待されていた将来の勤続が果たせなかった事例であり，所定期日までの労働のみ期待した判例（イ）の事例とは「除外条項」の趣旨が異なるとしている。そして判例（イ）は，所定期日まで所定の労働をこなすことなく解雇された事例につき，「除外条項」の適用を有効と判断した[53]。

　学説には，判例（イ）と同様に，経営上の理由による解雇につき，所定日を支給対象期間内に設定した在籍条項の事例（判例（イ）の事例）と所定日を支給対象期間外に設定した在籍条項（判例（ア）の事例）とを区別して考えるべきであるとの見解がみられる[54]。この見解は，支給対象期間内に設定された所定日の事例でのみ，経営上の理由による解雇にもこの条項の適用を肯定できるとする。この場合，所定日までの勤続要件だけでなく，すでに支給対象期間を通して労働関係の存続（労務給付）が実現されないことが理由とされる。

---

53) 支給対象期間途中になされた経営上の理由による整理解雇についても，期待される将来の勤続が果たされない点で，他の解雇と差異はないことを指摘する近時のBAG判例に，BAG, Urt. v. 28. 3. 2007, APNr. 265 zu §611BGB Gratifikation. 所定日在籍条項につき同様の理解を示す近時のBAG判例に，BAG, Urt. v. 14. 2. 2007, APNr. 264; BAG, Urt. v. 10. 12. 2008, APNr. 280 zu §611BGB Gratifikation.
54) ⑧ S. 175f.

しかし，判例（イ）以後「2002年改正」までの間に，BAG判例は，経営上の理由による解約告知の事例も含めて，所定日在籍条項が手当の支給対象期間の内外のいずれに設定されているかに関わりなく，所定日在籍条項の適用を有効とする適用肯定説を取るようになっていく[55]。その理由として，こうした事例にBGB 162条（条件成就に対する信義則違反の妨害・実行の効果）の適用はなく，労働者は労働関係の存続に関するリスクを負担しなければならないからであるといった判示がなされている[56]。ただし，BAG判例も，特別手当の支給対象から特定の労働者を不当に排除する目的で，労働協約ないし法所定の告知期間より前に解約告知したりすることは，BGB 162条の適用があり，許されないことは肯定する[57]。

なお，「2002年改正」前においては，この処理方法は，事業所協定に置かれた所定日在籍条項にも妥当するとされていた[58]。他方，労働協約上の所定日在籍条項については，経営上の理由による解約告知の場合も含めて，制約は一切ないとされている[59]。実質的に対等な労使により交渉がなされ，ドイツ基本法（GG）9条3項による制度的保障があることから，広く契約の自由が認められると判示されている。

ウ 「2002年改正」後のBAGの判断傾向

これに対し，「2002年改正」後はどうか。それ以前に締結された約款も含めて，所定日在籍条項をはじめ，「除外条項」として付された約款条項が定められている場合には，先に挙げたBGB 305条以下の約款規制の3ルールの適用を受けるとされている。そして，約款に含まれる「除外条項」が無効とされる場合が生まれている。

こうした約款条項の有効性は，まず，経営上の理由による解約告知の事例も含めて，BGB 307条1項1文の「内容コントロール」のレベルで判断される。例えば，特別手当につき，支給対象年度の翌年度4月1日の在籍を支給条件とする約

---

55) BAG, Urt. v. 4. 9. 1985, APNr. 123; BAG, Urt. v. 25. 4. 1991, APNr. 137; BAG, Urt. v. 19. 11. 1992, APNr. 145 zu §611BGB Gratifikation. BAG判例の変遷については，vgl. ⑧ S. 178f.
56) Vgl. ⑧ S. 178ff.
57) Vgl. ② S. 771 RdNr. 54a.
58) BAG, Urt. v. 25. 4. 1991, APNr. 137 zu §611BGB Gratifikation.
59) BAG, Urt. v. 4. 9. 1985, APNr. 123 zu §611BGB Gratifikation. ただし，このBAG判決までは，労働協約上の所定日在籍条項も含めて，経営上の理由による解雇につき適用がないとするBAG判例もみられた。BAG, Urt. v. 27. 10. 1978, APNr. 98 zu §611BGB Gratifikation.

款が含まれている場合，BGB 307条1項1文が定める労働者を「不相当に不利益に取り扱う」場合にあたるとして無効としたBAG判例がある。これによれば，翌年度3月31日までの労働者の拘束を正当化できる額の特別手当の給付が予定されているかどうかで，「不相当に不利益に取り扱う」かどうかを判断する必要があるとした[60]。この考え方は，後述する「返還条項」の有効性につきBAG判例において案出された「法創造的判断手法」が準用されていると評されている[61]。

学説レベルでは，BGBによる約款規制の観点から，約款に対する厳しい規制が必要であるとして，約款の効力を肯定するBAG判例の処理に批判的見解を示すものがある。例えば，まず，狭義と広義の混合タイプの賃金性を持つ特別手当について，「内容コントロール」の観点から，狭義の賃金部分には所定日在籍約款の効力は及ばないというべきであるとして，当該約款の効力を肯定したBAG判例[62]を批判する見解が挙げられる[63]。

また，経営上の理由による解約告知の事例のように労働者の側に責任のない解雇にも手当を不支給とする約款につき，「2002年改正」前と同様に適用肯定説を取り，BAG判例に対して，個別契約上の所定日在籍条項の根拠である「契約の自由」を理由に有効と解することは許されないとする見解もみられる[64]。

そして，約款に所定日在籍条項が含まれていない場合に，「特別手当」という名称表示のみから，所定日在籍条項と同様の効果を導くことは，BGB 307条1項2文の「透明性のルール」に反するとする見解もある[65]。

(2) 返還条項 (Rückzahlungsklausel)[66]

ドイツにおいては，労働者が特別手当の支給後の所定の時点以前に労働関係から退いた場合には，当該労働者に支給された特別手当の返還義務が生じるとする条件を付す場合が少なくない。労働契約の5件に1件にこの条項が含まれ

---

60) BAG, Urt. v. 24. 10. 2007, APNr. 32 zu §307BGB.
61) ② S. 770 RdNr. 52.
62) 毎年，目標を設定しつつ報酬に連動させる目標合意につき，BAG, Urt. v. 6. 5. 2009, APNr. 43 zu §307BGB.
63) ② S. 770f. RdNr. 54f.
64) ⑦ S. 1275f. RdNr. 51f.
65) ⑦ S. 1270 RdNr. 40.
66) 以下で別段の引用をしない限り，本文での記述は以下の文献に主としてよっている。① S. 998ff. RdNr. 35ff.; ② S. 772ff. RdNr. 60ff. u. 280f. RdNr. 77; ③ S. 603ff. 872ff.; ④ S. 1510f. RdNr. 547ff.; ⑤ S. 1468f. RdNr. 111ff.; ⑥ S. 285f. RdNr. 1566f. u. 357RdNr. 66; ⑨ S. 999f. RdNr. 176 u. S. 1008 RdNr. 219.

ているとの分析もある。わが国においては，使用者が労働者に支給した留学・研修補助等の返還請求の可否が，類似の問題として議論されている（本書第Ⅰ編第1章二2，第4章三3を参照のこと。）。こうした支給条件のある特別手当は，過去の労務給付に対してだけでなく，将来の労務給付に対する報奨としての意義を持たせることによって，手当受領後の退職を防ぎ，将来の労務給付の継続を確保する趣旨を含んでいる。第二次世界大戦後に生じた労働市場の需給逼迫下で，労働者の転職防止のために使用者側が案出した支給条件とされる。特別手当としてのクリスマス手当の支給後，翌年の3月31日までは労働関係を終了させないように設定する事例が多いとされる[67]。

　ただし，特別手当の返還義務が生じる，労働関係から退く場合として，どのような場合を想定するかは，当事者の合意によるとされている[68]。解約告知の場合のみか，これに合意解約やその効力につき労使に争いのある解約告知まで含むのかどうかは，返還留保につき定めた条項の文言や，条件設定の趣旨等から判断される合意内容によることになる。こうした条件を定めた契約条項は，使用者が特別手当の返還請求権を留保する法的性質を有する点から，「返還条項」と呼ばれる。労働者の在籍を促し拘束する効果をねらいとする点から，所定日在籍条項と同様に，「拘束条項（Bindungsklausel）」とも称される。

ア　「2002年改正」前のBAGの判断傾向

　返還条項の設定も，所定日在籍条項と同様に，「2002年改正」前から，BAG判例・学説上，個別の事例で別段の判断が必要な場合以外は，法的には原則として許されると解されてきた[69]。経営状況を理由の解約告知の場合であっても有効とされた[70]。ただし，返還留保の旨を個別契約にて合意する場合は，明確で誤解

---

[67]　⑤ S. 1468 RdNr. 111.
[68]　BAG, Urt. v. 8. 12. 1960, APNr. 20; BAG, Urt. v. 10. 5. 1962, APNr. 22 zu §611BGB Gratifikation.
[69]　BAG判例では，すでに早い時期にその有効性が肯定され，その後のBAG判例に引継がれている。BAG, Urt. v. 31. 5. 1960, APNr. 15 zu §611BGB Gratifikation. vgl. ② S. 774 RdNr. 65; ③ S. 603RdNr. 872.
[70]　BAG, Urt. v. 4. 9. 1985, APNr. 123; BAG, Urt. v. 4. 5. 1999, APNr. 214; BAG, Urt. v. 14. 11. 2001, APNr. 235 zu §611BGB Gratifikation. ただし，有期雇用が期間経過で終了する場合については，返還義務は生じないと解するBAG判例がある。BAG, Urt. v. 28. 3. 2007, APNr. 265 zu §611BGB Gratifikation. また，有効説に立つ学説には，⑧ S. 200; K. Reiserer, Ausschluß- und Rückzahlungsklauseln für Gratifikation bei betriebsbedingter Kündigung, NZA1992, S. 436f.; B.Weinrich, C. Weinrich, Gratifikation, Anwesenheits- und Treueprämien, Tantiemem, Sonderzahlungen als Zusätzliche Leistungen im Arbeits-, Steuer- und Sozialversicherungsrecht, 4. Aufl., 1998, S. 50 u. a.

のない合意であることが求められるとされた。また，返還留保の効果は，「報奨」や「クリスマス手当」といった表示や手当の支給目的，あるいは，後述する（2(2)）「任意性留保条項」という文言から生まれないとされた。そして，手当の返還請求権留保の旨の合意，返還事由や労働者の拘束期間等が明示されている必要があると解された[71]。さらには，特別手当の給付を合意して後に，使用者が返還条項を労働者に新たに一方的に追加することは，許されないともされた。

ところで，返還条項については，「2002年改正」前から，労働者の将来の労務給付の継続をどこまで求め得るのかの点で議論がなされてきた。

返還条項は，労使の合意に基づき設定されるが，既述のとおり，使用者側には，この条項の設定によって，過去および将来の勤続に報奨を与えて労働者の勤続や忠誠心を引き出す利益の確保が期待されている。しかし，返還条項は，他方で，将来の一定期間まで労務給付（労働契約関係）が継続することを特別手当支給の条件としていることから，労働者の退職の自由を制約する効果を持つ。そのため，返還条項の効果には，労働者にドイツ基本法（GG）が保障する職業選択の自由（12条1項）を侵害する違約罰としての側面があることが指摘されてきた[72]。返還条項の有効性判断においては，労使双方のこうした利害の調整が求められることになるのである[73]。

BAG判例は，かなり早い時期にすでにこの点の調整を，返還条項の維持が労働者にとりどこまで合理性がある（zumutbar）かどうかで行うべきであるとしてきた。そのうえで，特別手当であるクリスマス手当の返還が問題となった事例において，この合理性を手当の額に結びつけつつ，手当の額が労働者の月額給与を超えない額に留まる一般的事例について，一般的なルールを提示している。こうした事例についてのBAG判例をひとつ取り上げて，その事実関係と判示内容の概略を以下に挙げておこう。

---

71) BAG, Urt. v. 14. 6. 1995, APNr. 176; BAG, Urt. v. 26. 6. 1975, APNr. 86 zu §611BGB Gratifikation. ① S. 998 RdNr. 35.
72) この点について，返還条項が労働者を「金はあるがかごの鳥」に押し込める効果を持つと評する学説がある。E. Bötticher, Wesen und Arten der Vertragsstrafe sowie deren Kontrolle, ZfA 1970, S. 19ff.
73) BAG, Urt. v. 28. 4. 2004, APNr. 255 zu §611BGB Gratifikation.

(ウ) 返還条項に基づくクリスマス手当の返還請求が否定された事例
　　　──BAG v. 10. 5. 1962 判決[74]

[事実の概要]

　原告 X_1 は1958年5月より溶接工として，原告 X_2 は1954年7月より検査係として，Yに雇用された。X_1 は，Yにより，1961年3月18日までで労働契約関係を終了する旨の解約告知をされ，X_2 は，同年1月7日以降，労働不能となったため，同年1月22日にYとの労働契約関係を合意解約した。そして，Yは，X_1 につき79マルク，X_2 につき87マルクの額で，1960年（支払月日は不明）中に既払いされていたクリスマス手当を未払賃金からそれぞれ控除する方法で返還させた。

　クリスマス手当の給付は，1960年12月5日の使用者からのお知らせに基づくものであった。このお知らせでは，手当の支給条件として，1961年3月31日以前に，自己都合で退職した労働者や労働者個人の事情で即時解雇されねばならなかった労働者には，支払済み手当の返還義務があること，返還義務のある手当は，未払給与請求権と相殺すること等が定められていた。

[Xの主張]

　本件返還条項は，X_1 らの退職の自由に対する，許されないしたがって無効となる制限を含んでおり，手当の請求は可能である。

[Yの抗弁]

　本件返還の合意は有効である。

---

74) BAG, Urt. v. 10. 5. 1962, APNr. 22 zu §611BGB Gratifikation, u 2 4a) d) der Gründe. その他，否定説に立つ判例として，BAG, Urt. v. 10. 5. 1962, APNr. 23 zu §611BGB Gratifikation.

［判旨］X₁らの主張を認容

　使用者が任意に給付するクリスマス手当について，翌年の所定の期間前に労働者が退職する事例について，一定の限度で返還義務と結びつけることは，原則として許される。……使用者は，クリスマス手当を給付する義務を当然に負うものではないが，これを任意に労働者に給付する場合に，契約自由の原則に従って，給付に際して本件のような返還留保を合意することも可能である。……ただし，使用者は，そうした返還留保の合意に際して，BGB 134条，138条およびその負っている配慮義務から導かれる限界だけは遵守しなければならない。学説は，この点につきほぼ一致して支持している。

　本法廷はすでに，その種の返還条項は，退職の事例につき，手当受領者を，不特定で不当な長さの期間，返還義務の下に置く可能性を開くものではないとしており，この原則を維持すべきである。

　［使用者の］財政的負担によって，返還留保の下で給付される任意のクリスマス手当によって，労働者を会社に相当強く拘束する使用者の法的利益は，返還留保の遵守を労働者にもはや期待すべきでない場合には，譲歩しなければならない。使用者は，その負う配慮義務によって労働者に過剰な要求をしてはならないのである。……

　この意味で労働者に期待できる期間がどのくらいかは，特に手当の額によって決まると解される。手当額が高くなれば，拘束の期間も長く期待できる。本法廷は，［法的処理の］不統一性および現実の労働生活の不確実性に対処するために，返還条項の有効性の有無についての見解を提示しよう。その際，手当額が月額給与額（税込み）を超える事例は例外的であり，これを超えない額を前提に検討する。

　まず，手当額が月額給与1か月相当額で，労働者が翌年の3月31日までに1種類の解約告知の可能性を持つ場合，労働者にその可能性を放棄することを期待できる。次に，労働者が月額給与1か月相当額の手当を得つつ，翌年3月31日までに複数の解約告知の可能性を有する場合，翌年3月31日経過後の最初に許される解約告知期間経過

267

まで退職を延ばすことを期待できる[75]。

　さらに，手当額が（支払時の）月額給与1か月分を超えないが，100マルクは超えている場合には，契約上の誠実義務の点から，3月31日までの条項の拘束力に問題はない。したがって，事前の解約告知に基づけば，[労働者は] 3月31日の経過後に手当の返還義務を負うことなく退職できる。

　そして，手当額が100マルクを超えない場合で，税法上で給与所得として所定の非課税限度額に留まる場合には，返還条項に拘束力はない。

イ　BAGによる法創造的有効性判断

　BAG判例（ウ）は，手当額と手当支給時の月額給与額（税込）との対比によって，拘束期間（勤続期間）の相当性を判断する基準を提示することで，返還条項の有効性を明確に判断できる手法を採用した。BAG判例のこうした手法は，特に法律上の根拠規定によらずに基準設定を行っていることから，「法創造的手法」と評されている[76]。また，その後のBAG判例は，手当支給対象年の翌年の6月30日（6か月間）を超えて拘束できるのは，手当額が月額給与を相当程度超える場合に限られるとした[77]。

　さらに，給付される手当額の実態にその後，増額傾向が生まれたことから，判断基準に手当額の新たな分類が追加されている。まず，特別手当の額が月額給

---

75) 参考までに，解約告知期間を定めるBGB 622条については，以下のような変遷がある。1993年のBGB 622条改正までは，労働者のうち職員（Angestellte）と労務者（Arbeiter）の類型で，異なる長さの告知期間が定められていた。職員は別段の合意がない限り，労使とも6週間とされ，労務者については，勤続年数の長さに対応して労使とも，2週間，1か月，2か月，3か月の複数の告知期間が定められていた。そのため，3か月の期間中に複数の告知可能性を持つ労働者と，1回のみの労働者が生じることとなっていたと考えられる。BGB 622条の改正によって，いずれの労働者類型も労働者側からの告知期間を4週間とする統一が図られることで，労働者は複数の告知可能性を持つこととなった。

　改正BGB 622条の定めによると，労働契約の当事者からの労働契約の解約は，15日から月末までに，退職の4週間以上前に告知することで可能となるとされている（同条1項）。ただし，使用者側からの解約については，勤続年数が2年以上の労働者については，その長さに応じた告知期間が定められている（同条2項）。例えば，勤続2年で1か月，4年で2か月，20年以上は7か月等である。そして，労働者の退職の場合の告知期間を合意によって定める場合，以上の使用者による解雇の告知期間より，長い期間を定めることができないとされている（同条6項）。

76) ⑧ S. 192.
77) BAG, Urt. v. 12. 12. 1962, APNr. 25 zu §611BGB Gratifikation.

与1か月を超え2か月相当額未満の場合，翌年の6月30日まで（6か月間），また，月額給与の2倍かこれを超える場合には，翌年の9月30日まで（9か月間）拘束することができるとするBAGの判断基準が示されている[78]。

　そして，その後も，この判断基準は，BAG判例において，基準となる手当額を修正しつつ踏襲されている。具体的には，まず，手当の支給対象期間が前年の12月31日で終了する事例で，対象期間終了後3か月間の拘束を可能とする基準となる特別手当の額が100マルクから200マルクに引き上げられている[79]。さらに，2002年にEU（欧州連合）において通貨統合が実現して以降は，100ユーロに置き換えられ[80]，さらに物価上昇を考慮して，150ユーロに引き上げられるべきであるとの学説もある[81]。

　ところで，BAG判例（ウ）では，手当の返還を免除される拘束期間の設定は，以上のように労働者にとり合理性のある拘束期間であること，特に対処可能な（überschaubar）期間でなければならないとのルールが示されている[82]。労働者にとって対処可能性を欠く長い拘束期間を設定することは，使用者がその負う配慮義務に違反するとか，拘束期間を長く定めることで，BGB 622条[83]が定める解約告知期間の適用を回避する実質を有する等として無効とするBAG判例・学説が，1960年代においては多数説とされた[84]。ただし，他方で，こうした場合でも直ちに無効となるのではなく，拘束期間の短縮によって有効な内容に修正

---

78) BAG, Urt. v. 13. 11. 1969, APNr. 69; BAG, Urt. v. 27. 10. 1978, APNr. 99 zu §611BGB Gratifikation. vgl. ②S. 774 RdNr. 66f.; ③S. 604f. RdNr. 873; ④S. 1511, RdNr. 550; ⑧S. 192ff. なお，この判断基準については，所定日在籍条項には適用がないとされている。⑧S. 198.
79) BAG, Urt. v. 17. 3. 1982, APNr. 110 zu §611BGB Gratifikation.
80) BAG, Urt. v. 21. 5. 2003, APNr. 250 zu §611BGB Gratifikation.
81) ②S. 774 RdNr. 66. さらに，月額給与相当額の特別手当につき，6月30日と11月30日にその半額ずつを支払うこととしつつ，翌年の3月31日までに退職した労働者は，手当全額を返還する旨の個別契約がなされる事例もある。この場合の拘束可能期間をどう考えるかである。BAG判例は，11月30日の第2支払日と手当全額を関連づけるのではなく，支払日ごとに返還請求権の発生時期を検討している。すなわち，半月分の手当で6月末から3か月の拘束効果が生じ，11月末の支払で翌年3月31日までの拘束効果が生じる。それぞれの期間内に退職すれば，各手当の返還義務が生じると解している。BAG, Urt. v. 21. 5. 2003, APNr. 250 zu §611BGB Gratifikation.
82) zu 3 der Günde.
83) BGB 622条については，前掲（注75）を参照のこと。
84) この時期の学説，判例については，vgl. BAG, Urt. v. 10. 5. 1962, APNr. 22 zu §611BGB Gratifikation, zu 3 der Günde.

されるとのBAG判例・学説も少なくなかった[85]。

　以上のBAG判例による労使の利害調整ルールは, 手当額が労働者の転職の機会やその可能性を犠牲にすることに対する不釣合いな代償なのかどうかの視点からなされているとの分析がある[86]。

　なお, 手当の「一部」の給付につき翌年までの労働関係の存続を条件としたり, 貸付の形式で給付した金銭につき, 特定の時期より前に退職した場合にのみ返還すべきこととする等の方法によって, 返還留保に関する以上のルールの適用を回避することはできないとされた[87]。また, 以上のルールは, 個別の労働契約上の合意や事業所協定には妥当するが, 労働者利益の代表を前提とする労働協約上の返還条項には適用がないことを確認するBAG判例がある[88]。

　ところで, 以上のルールは, 過去の労務給付に対して得られる狭義の賃金としての特別手当には適用にならない[89]。あくまで広義の賃金としての特別手当に関するルールとされる。そもそも返還留保を伴う手当は, 労働の対価としての目的に加えて, 勤続に対する報奨としての追加的目的を持つことになる。この場合, 特別手当は, もはや狭義の賃金ではなくなるとされる[90]。それは, 広義の賃金の持つ勤続報奨の目的と返還留保の目的とが合致するからと説明される[91]。また, 狭義と広義の賃金の混合タイプについても, 返還条項の設定は許されると解されている。混合タイプの賃金については, 労働の対価としての部分と勤続報奨の部分とを, 分けて考えることはできないからとされる[92]。

　学説には, 狭義の賃金にあたる特別手当かどうかについて, BAG判例は, 全報酬の25%以上を占めていれば, これに当たると判断する傾向にあると分析するものがある。それは, 全報酬に占める割合が高ければ, 将来の勤続への報奨や

---

85) BAG, Urt. v. 3. 10. 1963, APNr. 1 zu §611BGB Urlaub und Gratifikation u. a. vgl. ⑦ S. 1298f. RdNr. 111.
86) ③ S. 605 RdNr. 876.
87) かなり早い時期の下級審であるが, ArbG Hamburg, Urt. v. 24. 9. 1970, DB 1971, S.341; ArbGBerlin, Urt. v. 3. 6. 1975, BB 1975, S. 1304.
88) BAG, Urt. v. 31. 3. 1966, APNr. 54 zu §611BGB Gratifikation u. a. vgl. ③ S. 605 RdNr. 877; ⑦ S. 1245; ⑧ S. 206f.
89) BAG, Urt. v. 7. 12. 1962, APNr. 28 zu §12GG; BAG, Urt. v. 13. 9. 1974, APNr. 84 zu §611BGB Gratifikation. ① S. 999 RdNr. 37.
90) ⑤ S. 1468RdNr. 113.
91) ⑧ S. 189f.
92) BAG, Urt. v. 19. 11. 1992 n. a. v., juris.

積極的な労務給付の動機づけといった目的設定が後退するからであると説明されている[93]。

ウ 「2002年改正」後のBAGの判断傾向

ところで,返還条項が約款条項として設定された場合に,「2002年改正」後は,BGB 305条以下の約款規制の下でどのように規制を受けることになるのであろうか。それまでのルールとの間に違いがあるのであろうか。

「2002年改正」後のBAG判例[94]においては,返還約款は,約款規制の3ルールによる規制を当然に受けるとされている。「内容コントロール」の下では,労働者を「不相当に不利益に取り扱う」返還約款は,BGB 307条1項1文により許されない[95]。返還約款の場合,労働者の不利益は,職業選択の自由(GG 12条1項)の点から量られる。そこでは「2002年改正」前のBAG判例により確立された判断基準(拘束期間と特別手当額の対応関係を量る「法創造的手法」)が,BGB 307条の「内容コントロール」にそのまま取り込まれている。そのため,改正による影響はさほど大きくないと評価する学説がある[96]。

ただし,特別手当の返還条項について,所定日在籍条項と同様に,経営上の理由による解約告知の場合にも適用が肯定されるかについて,「2002年改正」後は,BAG判例の考え方に変遷がみられるとしつつ,これを否定したBAG判例を支持する学説が生まれている[97]。

以上のように,「内容コントロール」により返還約款の効力が否定される場合の他に,「不明確性のルール」(BGB 305条c第2項)や「透明性のルール」(BGB 307条1項2文)によっても,返還約款の効力はチェックされる。つまり,返還約款は,明確な内容で設定され,その透明性が確保されていなければならない。返還義務の生じる条件が,十分に具体的に提示されていなければならないことを意味する。したがって,例えば,後述する単なる任意性留保のみ定めた返還約款か

---

93) ③ S. 604f. RdNr. 875. vgl. BAG, Urt. v. 24. 10. 2007, APNr. 32 zu §307BGB.
94) BAG, Urt. v. 24. 10. 2007, APNr. 32 zu §307BGB.
95) BAG, Urt. v. 24. 10. 2007, APNr. 32 zu §307BGB, zu 24 der Gründe.
96) G. A. Lipke, Handbuch zum Arbeitsrecht, Gratifikation/Sonderzahlung Gruppe3, RdNr. 278/2; ⑤ S. 1468 RdNr. 113. vgl. ⑧ S. 204.
97) 2007年のBAG判例(Urt. v. 24. 10. 2007, APNr. 32 zu §307BGB)が否定的見解を示しているとする学説に,③ S. 604RdNr. 875. このBAG判例に基づきつつ否定説を展開する学説に,⑦ 1298RdNr. 109.

らは，返還約款の効果は生じないとされるのである[98]。

ところで，不相当に長期の拘束を定める返還条項について，解釈によって相当といえる期間まで短縮することで，当該返還条項の効力自体を有効とみなし得るかどうかについて，「2002年改正」前は上述のとおり議論があった。「2002年改正」後のBAG判例においては，「透明性のルール」の下で無効となった返還約款は，有効な内容に修正されるのではなく，原則として無効となるとされている。約款規制の持つ違約罰としての性格から修正が許されないとするBAG判例が多数である[99]。学説にも，無効説の立場から，相当といえる拘束期間まで短縮することが，BGB 306条2項[100]に違反するとする見解がある。

また，既述のとおり，特別手当の返還約款は，手当が狭義の賃金にあたる場合には，許されない。この点は，「2002年改正」後も異論はないとみられる。BAG判例によると，狭義の賃金にあたる手当には，そもそもその給付につき返還留保といった条件が付されていないことが必要である。このことは，BAG判例が，狭義と広義の賃金が混合するタイプの賃金の本質的な徴表が，所定の期間前に労働関係が終了すれば，金額の返還義務が生じるとしている点から導くことができる[101]。したがって，返還約款の場合，「不明確性のルール」の点で，労働契約全体から，返還留保を伴う特別手当がもっぱら労務給付に対する直接の対償に留まるものでないことが，一義的な明確性をもって導き出せて初めて有効とされることになる。

---

98) LAG Rheinland-Pfalz, Urt. v. 19. 4. 1996, BB 1996, S. 2521.
99) BAG, Urt. v. 4. 3. 2004, APNr. 3; BAG, Urt. v. 28. 9. 2005, APNr. 7 zu §307BGB, zu b) der Gründe. vgl. ⑦ S. 1292f. RdNr. 92ff.
100) BGB 306条2項は，無効となった約款規定は，法律の基準による旨を定める。この法律には，個別の立法規定の他に，BGB133条，137条といった意思解釈に関する一般規定の適用もあると解されている。そのため，無効規定の補充的解釈も例外的に可能と解されている。ただし，補充的解釈が許されるのは限定的と説明されている。④S. 1385f. RdNr. 104. 返還約款については，こうした補充的解釈によって，約款利用者（使用者）が，自己の利益の実現のために拘束期間をひとまず長期に設定しておいて，可能な限界期間まで無効のリスクなく進めることになるのは妥当でないことが，否定説の根拠とされている。④S. 1510 RdNr. 547. vgl. ② S. 774 RdNr. 65; ⑧ S. 205.
　これに対して，肯定説には，教育訓練費用についての返還約款について，長い拘束期間を定めた場合は，無効である。この場合，返還請求権は生じない。ただし，事情によっては，適切な拘束期間の設定が使用者に難しい場合には，明らかに長すぎる場合でない限り，契約の補充的解釈によって，長い拘束期間は適切な拘束期間に短縮され得ると解する学説もある。②S. 280RdNr. 77.
101) BAG, Urt. v. 28. 3. 2007, APNr. 265 zu §611BGB Gratifikation. vgl. ② S. 757 RdNr. 8.

2 賃金調整のための支給条件（労働契約の一方的変更の手法）

賃金の支給条件として労働者の勤続確保を目的とする，以上に述べた所定日在籍条項と返還条項とは別に，ドイツにおいては賃金調整のために付される支給条件があることはすでに述べた。使用者が賃金調整（賃金規制に対する柔軟性確保）のために特別手当について用いてきた主要な支給条件として，撤回権留保（Widerrufsvorbehalt）条項と任意性留保（Freiwilligkeitsvorbehalt）条項を挙げることができる[102]。それらの有効性の判断は,「2002年改正」前のBAG判例においては，これらの条項が個別合意によるか約款によるかに関わりなく,「相当性コントロール」基準の下で，解雇制限法（KschG）やパートタイム有期労働法（TzBfG）の適用回避の防止の点からチェックされた[103]。「2002年改正」後は，これらの支給条件が約款の形式で定められた場合には，やはりBGB 305条以下の約款規制の3ルールによるチェックを受ける。まず,「内容コントロール」についてみると，BGB 308条4号による労働者にとっての合理性チェックとBGB 307条1項1号における利益衡量により，その有効性がチェックされている。ただし，BAG判例による判断の結論については,「2002年改正」前と改正後のチェック基準の変遷によっても違いは生まれていないとの分析もある[104]。

以下では，賃金調整のために使用者が利用してきた，2つの支給条件の有効性判断の変遷についてみていこう。

(1) 撤回権留保条項（Widerrufsvorbehaltsklausel）[105]

撤回権留保条項とは，労働契約に根拠のある労働者の請求権を，将来に向かって取り消す権利を使用者に与える条項である。撤回権留保は，継続的な労働関係において，経済情勢等による労働関係の不確実な展開に対応するため

---

102) この点を意識した記述を行っている文献として，特に，① S. 938ff. RdNr. 1 ff.
103) その意味で,「2002年改正」前のこの時期のBAG判例を「回避判例」と呼ぶ学説がある。① S. 939RdNr. 5.
104) ⑤ S. 1568 RdNr. 502; G. Annuß AGB-Kontrolle im Arbeitsrecht, BB 2002, S. 462.
105) この点の本文記述については，特に注記しない限り，主として以下の文献を参照している。① S. 943ffRdNr. 14ff.; ② S. 673f. RdNr. 26f.; ③ S. 480ff. RdNr. 437ff.; ④ S. 1372f. RdNr. 57ff. ⑤ S. 1569f. RdNr. 508ff.; ⑥ S. 374ffRdNr. 21ff. 撤回の効果として，通常考えられている遡及効は否定されている。BAG, Urt. v. 27. 7. 1972, APNr. 75 zu § 611BGB Gratifikation.

に，使用者の側に予定された対応手段である等と説明されている[106]。賃金調整の手段としても用いられてきた。わが国において，使用者による就業規則における労働条件の一方的不利益変更の効力が問題となっているが，この点とも関連しているといえる。同じ賃金調整の手法として後述する「任意性留保条項」との違いは，撤回権留保では，使用者により撤回権が行使されない限り，労働者の請求権の発生が継続する点にある。これに対し，任意性留保条項では，その都度の使用者の意思表示があって初めて，労働者に請求権が発生するのである。したがって，ある特別手当につき両者を併せて規定する約款等は，矛盾を含むものとして無効と解されている[107]。

　撤回権留保は，実態としては，手数料（Provision）や月額手当（Zulage）のように労働協約所定の賃金に上乗せしたり，労働協約所定外で継続性のある賃金を給付する際に，特に利用があるとされている[108]。労働者の活動領域の変更（配置換え等）に関する条項に盛られる場合も稀にあるとされる。そして，撤回権の行使があっても遡及効はないとされてきた[109]。

ア 「2002年改正」前のBAGの判断傾向

　それではまず，「2002年改正」前は，撤回権留保条項の有効性については，どのように判断されてきたのか。その有効性判断は，「相当性コントロール」基準の下で「合意内容」と「行使」の2つの視点からのチェックが考えられていた。

　そして，当該条項の有効性は，「合意内容」の観点からは，BGB 134条の強行規定違反の有無や，BGB 138条の公序良俗違反の有無の点でチェックがなされた[110]。他方，撤回権の「行使」の視点からの有効性判断においては，既述した（本

[106) BAG, Urt. v. 13. 4. 2010, APNr. 8 zu §308BGB, zu 3a) der Gründe. 撤回（Widerfurf）の法律概念については，ひとまず，椿寿夫・右近健男編『ドイツ債権法総論』（日本評論社，1988）264-265頁を参照のこと。
107) BAG, Urt. v. 30. 7. 2008, APNr. 274 zu §611BGB Gratifikation.
108) ⑦ S. 1592 RdNr. 16.
109) BAG, Urt. v. 27. 7. 1972, APNr. 75 zu §611BGB Gratifikation.
110)「2002年改正」前に，撤回権留保の許容性につき強行規定違反にあたるとして否定したBAG判例は，特別手当ではないが，給付すべき音楽時間数の削減権を留保した事例で，変更解約告知における解雇制限の回避にあたり，BGB134条違反としたものが1件あるのみである。BAG, Urt. v. 12. 12. 1984, APNr. 6 zu §2KschG 1969. この判断は，その後，2001年制定施行のパートタイム・有期保護法（T BfG）11条に明文化されている。

章1)BGB 315条(「公平な裁量原則」[111])によるコントロールに,多くのBAG判例は重点を置いていたと分析されている(「行使」の視点については,「2002年改正」後の分析の中で言及する。)[112]。

このうち,「2002年改正」前における撤回権留保条項の「合意内容」からの有効性判断においては,労使の利益考量が重視された。この利益考量について,BAG判例は,解雇制限法(KSchG)2条(変更解約告知制度)に基づく契約内容保護に関する従前の判例法理に基づいていたと評価されている[113]。早い時期のBAG判例では,撤回権行使によって使用者の経済的負担が軽減され,解雇規制の適用回避の効果を持つ場合には,「合意内容」の点からBGB 134条違反として無効とする厳格な判断がなされていた[114]。これに対して,学説には,こうした判例法理は,解雇規制が使用者による解雇という一方的な介入からの労働者の保護を目的としており,この法理を撤回権留保という合意からの保護に適用することに批判があった[115]。

こうした批判もあり,その後,BAG判例は,賃金領域における撤回権留保条項の有効性を,かなり緩やかに判断するようになっていく。例えば,撤回権留保は,協約賃金に上乗せされる給付については許されるとするものがあった[116]。また,撤回権留保条項の有効性は,撤回権留保が労働関係の中核部分に関わるものかどうかで決まるとするものもあった[117]。具体的には,労働契約の本質的要素である,給付と反対給付のバランスを崩す変更を,撤回権行使がもたらす

---

111) BGB315条1項は,契約当事者の一方が給付を確定すべきときは,疑わしければ,「公平な裁量」によって確定を行うべきことを定める。そして,同条3項は,「公平な裁量」によって給付を確定すべき場合は,確定が公平であるときに限り相手方を拘束するが,公平でなければ,判決によって約款内容を確定するとしている。ここにいう「公平な裁量」とは,客観的公平を意味し,その成否は,取引慣習の他,諸般の事情(両当事者の関係,取引目的,給付の対価関係等)を考慮して判断されると説明されている。この規定については,ひとまず,椿寿夫・右近健男編・前掲書(注108)200頁を参照のこと。
112) Vgl. ① S. 943 RdNr. 14.; BAG, Urt. v. 7. 10. 1982, APNr. 5 zu §620BGB Teilkündigung; BAG, Urt. v. 13. 5. 1987, APNr. 4 zu §305BGB Billigkeitskontrolle.
113) ① S. 945 RdNr. 18.
114) BAG, Urt. v. 9. 6. 1965, APNr. 10 zu §315BGB; BAG, Urt. v. 16. 10. 1965, APNr. 20 zu §611BGB Direktionsrecht; BAG, Urt. v. 7. 10. 1982, APNr. 5 zu §620BGB Teilkündigung; BAG, Urt. v. 12. 12. 1984, APNr. 6 zu §2KschG 1969.
115) ① S. 945 RdNr. 18.
116) 税込みの協約賃金の20%の割合で,いつでも撤回し得る成果手当制度を有効としたBAG判例に,BAG, Urt. v. 7. 1. 1971, APNr. 12 zu §315BGB.
117) BAG, Urt. v. 7. 10. 1982, APNr. 5 zu §620BGB Teilkündigung.

かどうかである[118]。そして，この点についてBAG判例は，賃金領域においてかなり進行してきていた，撤回権留保による賃金決定の柔軟化の実態を，労働関係の中核部分への浸潤とまではみていない[119]。あるいはまた「法創造的手法」を用いて，協約賃金の20％に及ぶ額の成果手当請求権の撤回も有効としたりしている[120]。

なお，「2002年改正」前のBAG判例においてすでに，撤回権留保は，契約上で明示に留保されなければならず，特別手当が月例賃金の追加的給付という支給形態であること自体から撤回権留保が導かれることはないとして，「合意内容」の明確性を求めていた[121]。

イ 「2002年改正」後のBAGの判断傾向

(ア) 内容コントロール

これに対し，「2002年改正」後はどうか。撤回権留保条項が約款として設定されていれば，それらの有効性は，BGB 305条以下の約款規制の3ルールによるチェックを受けることとなる。同約款は，307条の「内容コントロール」の適用をまず受ける。同約款の適用は，労働契約に根拠のある請求権を将来に向かってではあっても取り消すことになるとされ，「契約は遵守されなければならない」という一般原則から逸脱することになる。したがって，BGB 307条3項により，「法律の規定を逸脱した規律」として，同条1項，2項，さらには，307条の特別規定であるBGB 308条，309条の適用を受けることとなる。

そして，撤回権留保約款は，この「内容コントロール」による規制の対象となる具体的事例を定めたBGB 308条4号の「約束した給付を変更したり，これを怠

---

118) BAG, Urt. v. 9. 6. 1967, APNr. 5 zu §611BGB Lohnzuschläge.
119) BAG, Urt. v. 13. 5. 1987, APNr.4 zu §305BGB Billigkeitskontrolle; BAG, Urt. v. 4. 5. 1983, APNr. 12 zu §611BGB Arzt-Krankenhaus-Vertrag; BAG, Urt., v. 15. 11. 1995, APNr. 20 zu §1TVG Tarifverträge Lufthansa.
120) 古くは，BAG v. 7. 1. 1971, APNr. 12 zu §315BGB．さらに，協約所定の時間給額の25％ないし31％にあたる手当の撤回権留保について有効とするものもある。BAG, Urt. v. 13. 5. 1987, APNr.4 zu §305BGB Billigkeitskontrolle．こうしたBAG判例の傾向には，学説による批判がみられた。vgl. W. Hromadka, Änderung von Arbeitsbedingungen, RdA 1992, S. 240．近時のBAG判例では，社用自動車の私的使用につき，総収入の15％相当までであれば，撤回権の行使による使用中止が正当化されるとするものがある。BAG, Urt. v. 12. 1. 2005, APNr. 1 zu §308BGB; BAG, Urt. v. 19. 12. 2006, APNr. 21 zu §611BGB Sachbezüge.
121) BAG, Urt. v. 16. 7. 1976, APNr. 7 zu §611BGB Lohnzuschläge; BAG, Urt. v. 14. 6. 1995, APNr. 1 zu §611BGB Personalrabatt; BAG, Urt. v. 11. 4. 2000, APNr. 227 zu §611BGB Gratifikation.

る権利を付与する合意」にあたる可能性があり，撤回権の行使が労働者にとって合理性があるかどうかがチェックされる。この点について，「2002年改正」後においても，BAG判例において「合意内容」と「行使」の2つの視点からチェックがなされるべきことが判示されている[122]。

そこで，「2002年改正」後におけるBAG判例の判断傾向の分析により，「合意内容」と，「行使」とに分けて，撤回権留保約款の有効性判断の手法を明らかにしよう。

（イ）「合意内容」の具体的判断

「内容コントロール」による「合意内容」のチェックは，撤回権留保約款の内容が有効な合意内容として定められているかどうかである。この点については，労使の利害調整の視点からチェックするとされている[123]。使用者の利害としては，撤回権留保が，労働関係の不確定な展開に対応するための手段として必要であることである。この点の判断が可能であるためには，できるだけ具体的な撤回理由が約款の中で明らかにされていなければならない。他方，労働者の利害の点からは，約款条項の内容が相当で，撤回について労働者にとり合理性が認められることである。これらの視点からの労使の利害調整は，具体的には，撤回される給付の種類と額，撤回後の報酬額，労働者の会社での地位等から，労使の利益考量によって判断される。

（ウ）「行使」の具体的判断

撤回権留保が「合意内容」の点で問題がない場合でも，撤回権の行使が「公平な裁量原則」（BGB 315条1項[124]）に合致し，かつ撤回権留保約款に定められた撤回理由に基づいている必要がある[125]。撤回権の行使は，これらの視点による「行使」チェック（Ausübungskontrolle）の下に置かれる。「行使」チェックについては，「2002年改正」前のBAG判例の手法が引き継がれていると評価されている。

その具体的判断においては，個別事例ごとにすべての事情を考慮すべきで，

---

[122] BAG, Urt. v. 12. 1. 2005, APNr. 1 zu §308BGB; BAG, Urt. v. 11. 10. 2006, APNr. 6 zu §308BGB. vgl. ⑦ S. 1593ff. RdNr. 18ff.
[123] BAG, Urt. v. 12. 1. 2005, APNr. 1 zu §308BGB; BAG, Urt. v. 11. 10. 2006, APNr. 6 zu §308BGB. vgl. ⑥ S. 337ff. RdNr. 30ff. BAG判例が採用するこうした判断基準は，BGH判例に由来するとされている。BGH, Urt. v. 19. 10. 1999, NJW 2000, S. 651.
[124] BGB 315条1項については，前掲（注111）を参照のこと。
[125] BAG, Urt. v. 12. 12. 1984, APNr. 6 zu §2KschG 1969; BAG, Urt. v. 12. 1. 2005, APNr. 1 zu §308BGB; BAG, Urt. v. 11. 2. 2009, NZA 2009, S. 428.

確定的な判断類型はないとされる[126]。しかし他方で，撤回権の行使が「公平な裁量原則」に合致していると認められるのは，事例の本質的事情が考慮され，労使双方の利益が適切に考量されている必要があるとする学説がある[127]。あるいは，労働者に変更を覚悟させるのに十分な撤回権行使の時期であったかどうかが決定的とする学説もある[128]。さらに，撤回権の行使は，広義の賃金から狭義の賃金の順でなされるべきとする学説もある[129]。

なお，撤回権の「行使」の点から無効になる主要な事例は，平等原則違反事例であることが指摘されている[130]。

以上に述べた（ア）（イ）の観点からの判断手法について，「2002年改正」後に出されたBAG判例で，先例を挙げつつ比較的詳細に判示している判例を，判旨の引用が少々長くなるが，以下にひとつ取り上げておこう。

（エ）労働協約所定の賃金に上乗せ支給される賃金および手当を定める労働契約約款の撤回権留保条項の効力を否定した事例
—— BAG. v. 11. 10. 2006 判決[131]

［事実の概要］

Xは，2000年1月よりエネルギー施設技術者としてAに雇用されたが，Aは，経営難を理由に2005年3月に破産手続に入り，Yが破産管財人となった。Yは，1999年10月策定の労働契約約款に従って，2003年4月11日に経営悪化を理由に労働協約外の手当（Zulage）と2003年5月1日までの通勤手当の支払いを取りやめる旨の文書を全

---

126) BAG, Urt. v. 13. 5. 1987, APNr. 4 zu §305BGB Billigkeitskontrolle.
127) ⑦ S. 1597f. RdNr. 27.
128) ⑥ S. 385 RdNr. 46. BAG判例は，撤回権がまだ発生していないが，予測可能な展開を前提にしている場合には，その種の時期の設定が必要として，有効な場合を時期的に限定している。BAG, Urt. v. 12. 1. 2005, APNr. 1 zu §308BGB.
129) ⑦ S. 1598 RdNr. 28.
130) BAG, Urt. v. 22. 8. 1979, APNr. 11 zu §4TVG Übertariflicher Lohn und Tariflohnerhöhung; BAG, Urt. v. 11. 5. 1988, NZA 1989, S. 854. vgl. ⑤ S. 1571 RdNr. 513.
131) APNr. 6 zu §308BGB. なお，本事例は，「2002年改正」前に締結された約款の有効性が問題となっているが，こうした事例にも，遡って「2002年改正」が適用になることは本章（注11）を参照のこと。

従業員に配布し，これらを取りやめた。

　労働契約約款2条では，協約賃金を超える賃金部分その他の手当につき，いつでも無制限に撤回し得ること，手当には法的請求権が発生しないこと等を定めていた。

　Xは，破産管財人Yに対して，2003年5月1日から同年12月31日までの128労働日に対応する通勤手当の支払い等を求めたのに対して，Yは経営損失を理由とする通勤手当の不払いは有効である旨を主張した。1審，2審はXが敗訴し，Xが上告した。

［判旨］Xの請求棄却
Ⅰ．合意された撤回権留保は，BGB 308条4号による内容コントロールに耐え得ず無効である。しかし，実行された撤回は無効とはならない。契約上の欠陥は，補完的契約解釈によって埋められる。当事者は，本件の経済上の損失事例につき撤回権を合意していたとみるのが常識的である。

……

1d) 実態面では，撤回につき経済的理由が存在する場合には，争いとなっている賃金構成部分につき撤回し得るようにすることを法律は禁止していない。

aa) 撤回権留保は，BGB 307条3項1文により「法規定とは異なる規制」にあたる。この規定よれば，約款によって法規定とは異なるか，これを補完する規制を合意する場合には，その約款は，無制限の内容コントロール下に置かれる。同条の意味の法規定とは，立法規定だけでなく，正義の要請に対応する一般的な法原則，すなわち，すべての不文の法原則，あるいは BGB 157条［信義則に基づく契約解釈の要請］や242条［信義則に基づく履行の要請］による補完的解釈に基づくか，その都度の債権債務関係の性質から引き出される権利義務も含む。

　約款利用者［使用者］にその主たる債務を限定し，変更し，形成し，修正する権利を与える一方的な給付決定権［撤回権留保］は，内容コントロールの適用を受ける。契約は守られなければならないとの

一般原則から外れるからである。契約とそこから発生する義務は当事者双方に拘束力があるのである。一方当事者は，法所定の要件を充たして初めて，原則として契約の拘束から解放される。

bb）撤回権の有効性［に関する内容コントロール］は，BGB 307 条の特別規定である BGB 308 条 4 号による。同条は，BGB 307 条を具体化するものであり，307 条の評価も引き継いでいる。その他，BGB 310 条 4 項 2 文により，労働法に妥当する特殊性が適切に考慮されなければならない。

cc）撤回権合意は，BGB 308 条 4 号により，撤回権が根拠なく行使されるのではなく，契約関係の不確定な展開を理由に，これへの対応手段として必要である。

(1)［BGB 308 条 4 号によれば，］労働関係においても，この意味で，撤回理由が生じなければならない。その理由が現実にあり，十分で重大ないし主要であるかどうかに関わりなく，労働者にとって条項が合理性があるために必要な利益衡量がなされねばならない。BGB 307 条に倣って，特に，取り消される給付の種類と額，撤回後に残る給付の額，労働者の事業上の地位が勘案されなければならない。すべての視点を考慮して，撤回理由が撤回を類型的に正当化しなければならない。

(2) 原則として，使用者は，事後の経済的展開や労働関係の一般的な展開の不確実性のために，特定の給付，特に「付加給付」を柔軟に設定する点に利益を有する。このことによって，事業者の経済リスクが労働者に転化されることが許される。［しかしながら，］労働契約の中心領域への介入は，BGB 307 条 2 項［2 号］により許されない。その点で，撤回権の許容性についてのこれまでの［先例の］判断は維持されなければならない。解雇制限法 2 条による契約内容の保護は，その際の尺度として使える。もちろん，変更解約告知からの保護の具体的な回避は問題とならない。

(3) したがって，撤回権留保合意は，全報酬のうち対価関係に立つ撤回部分が 25％ 未満で，協約賃金を下回らない限りで許される。他方，労務給付に対する直接の対価ではなく，労働者が本来，負担すべき

費用の補填についての撤回権留保は，撤回部分が 30％ まで許される。この場合は，労働者には，その利益になるように，通常の賃金に追加して給付されているのである。使用者には，自由意思の限度まで，請求権の要件を自由に設定し，これに併せて，撤回権を設定する自由を有するのである。……

dd）本件はその要請を充たしている。……

e）当事者の契約規制は，BGB 308 条 4 号，307 条の形式要件も充足しなければならない。

aa）契約内容が問題だけでなく，契約規定が明確で理解できるものでなければならない。規定には，相当性と合理性が認められなければならない。……

bb）留保される変更の要件と範囲は，可能な限り具体化されなければならない。取り消される給付の種類と額が明示されることである。この要請は，労働法の特殊性にかんがみて充足されなければならない。撤回理由については，少なくとも，撤回が可能となる方向（Richtung）が示されることである。経済的諸理由，労働者の成績ないし態度である。使用者がこれに依拠しようとしているが，変更留保の範囲や契約規定に従って，経済的展開や労働者の成績・態度に関わる理由が十分でない場合には，障害の程度（事業の経済的緊急状況，事業部門の業績不振，利益不振，期待された経済的展開の後退や不達成，労働者の成績不振，重大な義務違反）が具体化されなければならない。……

Ⅱ．［以上の］内容コントロールと並んで，さらに BGB 315 条による行使コントロールが存在する。撤回の意思表示は，BGB 315 条 1 項に従った使用者による給付の決定である。撤回は，個別に公正な裁量に対応しなければならない。撤回権の範囲は客観的な判断基準で尽くされるわけではない。この点も本件においては問題ない旨，1 審は判断している。

(エ) BAG による「内容コントロール」の適用

　上述のBAG判例(エ)に示されているとおり，撤回権留保が約款化された場合の規制においても，「2002年改正」前のBAG判例の緩やかな判断傾向がそのまま承継されているとの評価が，一般的である[132]。

　例えば，BAG判例(エ)(判旨Ⅰ.1d) cc) (3))が判示するように，「2002年改正」前に用いられた「法創造的手法」を引き継いで，撤回対象となる手当部分が狭義の賃金であれば，全報酬の25％を超えず，撤回権行使後の基本給部分が協約賃金を下回らなければ，労働者にとって合理性（BGB 308条4号）があるとして，撤回留保約款は「内容コントロール」をクリアし有効としている[133]。また，BAG判例(エ)が，狭義の賃金にあたらない特別手当で，本来は労働者が負担すべき費用（例えば，交通費）の補填であるような事例では，先の割合を30％まで引き上げることができる，としたことも緩やかな判断傾向を示している[134]。

　学説においても，判例(エ)が，撤回後の基本給部分は協約賃金を下回れないとしている点について，協約賃金の適用がない事例には，一般的な報酬（賃金が約定されていない場合に拠り所として，BGB 612条2項が定める「法定額ないし相場の額」）が，最低の固定給として保証されているかどうかが決定的となると緩やかに解する学説がある[135]。あるいは，撤回による変更の開始とその範囲の決定にあたり，労働者がこの決定に影響力を持つ場合や，変更が経営上の理由による解約告知を正当化できる事情による場合には，変更の範囲も柔軟に考えられるとの学説もある[136]。

　しかし他方で，撤回権留保約款の有効性を厳格に判断したBAG判例も存在する。例えば，労務給付に対する反対給付として社用車の私的使用が許されていた事例が挙げられる。社用車の私的使用は金銭的利益であり，狭義の賃金を構成すると考えられている。この場合，社用車の私的使用権を，相当な理由なく

---

[132] ⑦ S. 1594 RdNr. 19.
[133] 同様の判断を示すものに，BAG, Urt. v. 7. 12. 2005, APNr. 4 zu §12TzBfG.
[134] 同様の判断を示すものに，BAG, Urt. v. 12. 1. 2005, APNr. 1 zu §308BGB. BAG判例のこうした判断傾向について，学説には，中核部分にあたる報酬額の決定にあたっては，企業内福利厚生等を含む報酬構成部分全体の中での中核領域の意味と捉えるべきで，労働者の全収入を考慮する必要が生じるとの見解と，これを否定する見解がある。vgl. ⑤ S. 1382RdNr. 33.
[135] Münchner Kommentar zum BGB, 6. Aufl., 2012, §611（Müller Gröge）RdNr. 443. なお，612条2項の条文については，本書第Ⅱ編第1章（注22）を参照のこと。
[136] ④ S. 1373RdNr. 61; vgl. ⑥ S. 165ff. RdNr. 19ff.

いつでも撤回できるとの合意は広範にすぎ，BGB 308条4号が要請する労働者にとって合理性に欠け，BGB 307条の「不相当に不利益に取り扱う」ことに該当し，許されないとするBAG判例もある[137]。このように，BAG判例の判断傾向が十分に確定しているわけではないようである。

(オ) BAGによる「透明性のルール」の適用

ところで，「2002年改正」後は，有効な撤回権留保約款かどうかについて，「内容コントロール」に加えて，いうまでもなく「不明確性のルール」や「透明性のルール」の適用の有無も問題とされている。BGB 307条1項2文は，この「透明性のルール」として約款条項の内容が，明確かつ平易であることを求めている。BAG判例では，撤回権留保約款の適用によって「労働者に何が起こるのか」を，当該条項から労働者が認識できなければならないとされている[138]。そのためには，このルールの下では，「内容コントロール」のルールが求める実態として，単に合理性のある変更内容であるということ(BGB 308条4号)だけでは足りず，撤回権留保約款の中に，撤回に関わる給付であること，撤回条件，その理由が明示されている必要がある。

とはいえ，使用者にとって何年も先に起こり得る撤回理由を予想して約款に盛り込むことはなかなか困難ではある。そこで，上述のBAG判例(エ)(判旨Ⅰ．e) bb))のように，取り消しを可能とする観点(Richtung)(経済的理由，労働者個々の成績や態度)および撤回を要する支障の程度(経済的苦境，企業の部課のマイナスの成果，不十分な利益，期待された経済発展の後退ないし未達成，労働者の平均以下の成績，重大な義務違反等)をできるだけ具体的に定めることを求めるBAG判例がある[139]。これらの観点に，手当の支給目的の消滅を追加する学説もある[140]。

---

137) BAG, Urt. v. 19. 12. 2006, APNr. 21 zu §611BGB Sachbezüge.
138) BAG, Urt. v. 12. 1. 2005, APNr. 1 zu §308BGB.
139) 例えば，BAG, Urt. v. 12. 1. 2005, APNr. 1 zu §308BGB, zu der BI5a der Gründe; BAG, Urt. v. 20. 4. 2011, APNr. 9 zu §308BGB, zu der 10 der Gründe. 近時は，さらに，そうした事由の明示だけではなく，そうした事由は，労働者にとってどういう条件の下で撤回を覚悟しなければならないかが，明確に認識できるよう具体化されなければならないとして，より厳しい要件を課すBAG判例もみられる。BAG, Urt. v. 13. 4. 2010, APNr. 8 §308BGB, III3 b) der Gründe. 撤回を要する支障の程度について，解雇制限法1条，2条に準じる撤回理由として，原則として，経営上の理由による解雇をも正当化する重大な程度でなければならないとする学説がある。⑦ S. 1595 RdNr. 22.
140) ⑦ S. 1594 RdNr. 21.

そして，求められる透明性の程度は，給付の性質（種類）により異なり得るとされている。例えば，求められる撤回理由の軽重は，そもそも撤回が許されない賃金の中核領域（例えば，基本給）かどうか，また，中核領域ではなく，その周辺領域の賃金の場合（例えば，特別手当）でも，狭義の賃金と広義の賃金とで異なるべきであるとの学説がある[141]。

特別手当が労務給付と対価の関係にある給付（狭義の賃金）である場合については，厳格な要件の下で詳細な具体化が求められると解されている[142]。ただし，厳格な要件については，解雇理由ないし変更解約告知を正当化する理由となり得る程度の理由が必要となるとする学説[143]と，そこまでの必要はないとする学説[144]との対立がある。

これに対して，特別手当が広義の賃金であれば，厳格な事実チェックはなく，恣意性のない具体的理由で足りるとされる[145]。さらには，特別手当の約束が単年度に限られ，労使慣行の発生の余地がない事例等，約束が明らかに限定的であれば，明示の撤回留保は不要ですらあるとの学説もある[146]。

ところで，要件を充たさない撤回権留保約款について，有効性確保のための限定解釈が可能かどうかについては，上述のBAG判例（ニ）（判旨Ⅰ．）のように肯定する見解に対して，BGB 306条2項から許されないとする批判的学説がある[147]。

---

141) ① S. 947f. RdNr. 22.
142) ⑥ S. 382f. RdNr. 41ff.
143) ⑦ S. 1594 RdNr. 21. vgl. ⑥ S. 383 RdNr. 42.
144) この否定説においては，先の必要説が撤回権留保の行使と変更解約告知との区別をほとんど無意味にするが，こうしたことは約款法の要請でもないし，労働法上の特殊性を考慮しても，撤回権留保に広い制限を加えることになるとして，恣意性のない客観的な理由があれば足りると批判する学説がある。F. Bayreuther, Widerrufs-, Freiwilligkeits- und Anrechnungsvorbehalte-geklärt und ungeklärte Fragen der aktuellen Rechtsprechung des BAG zu arbeitsvertraglichen Vorbehalten, ZIP 2007, 2009, S. 211; G. Thüsing, AGB-Kontrolle im Arbeitsrecht, 2007, RdNr. 275. vgl. ⑥ S. 383 RdNr. 42.
145) ⑥ S. 384 RdNr. 45; ⑦ S. 1594RdNr. 21.
146) ① S. 944f. RdNr. 17.
147) ⑦ S. 1597 RdNr. 26. 限定解釈の可否に関する「2002年改正」前のBAG判例として，vgl. BAG, Urt. v. 12. 12. 1984, APNr. 6 zu §2KschG 1969 u. a. なお，BGB 306条2項は，約款規定が無効の場合，限定解釈ではなく，実定法上の規定や一般条項あるいは，補充的契約解釈原則，法創造的判例，解釈例規等があれば，これらが補充的機能を果たす旨を定めている。この点の詳細は，本章前掲（注99）を参照のこと。

(2) 任意性留保 (Freiwilligkeitsvorbehalt) 条項[148]

　賃金調整のために付される主たる支給条件として，撤回権留保の他に，さらに任意性留保を挙げておく必要がある。任意性留保条項とは，文字どおりに労使双方の自由意思（任意性）を留保するという広い意味を有する条項ではない。現実には，使用者による労働契約上の給付について，使用者が給付を義務化する意思を持たず，将来にわたり労働者の給付請求権を否定することを明示する労働契約等の条項を特に指すとされている。

　ドイツにおいては，使用者は，任意性留保条項によって，将来に向けての給付義務が根拠づけられることなく，1回的にのみ特別手当を給付できるとされている。当初は，クリスマス手当のような特別手当について，その反復支給の事実を根拠に労使慣行上の特別手当請求権を認める判例法理に対応する手法として案出されたといわれる[149]。任意性留保条項はこの点にのみ存在意義があるとの指摘すらある[150]。その後は，広く賃金調整（賃金制度の柔軟化）の手段として用いられるようになったとされる。わが国においても使用者が支給する任意的恩恵的給付につき問題となり得よう。

ア　「2002年改正」前のBAGの判断傾向

　BAG判例は，「2002年改正」前においては，例えば，クリスマス手当や休暇手当で広義の賃金にあたる特別手当の請求権について，使用者による手当の個別の承認により初めて根拠づけ得るとして，任意性留保条項を繰り返し有効としてきた[151]。クリスマス手当のように，個別のケースで付与されることで請求権

---

148) 以下で別段の引用をしない限り，本文の記述は以下の文献に主としてよっている。① S. 940ff. RdNr. 6ff.; ② S. 764f. RdNr. 35ff. u. S. 277ff. RdNr. 67ff; ③ S. 476 RdNR. 419ff.; ④ S.1375ff. RdNr. 68ff.; ⑤ S. 1569ff. RdNr. 508ff.; ⑦ S. 1601ff. RdNr. 41; ⑨ S. 943f. RdNr. 5f.; Münchner Kommentar zum BGB, 6. Aufl., 2012, §611 (R. Müller-Glöge) RdNr. 447.

149) Vgl. ④ S. 1375 RdNr. 68; ⑥ S. 283f. RdNr. 196. ドイツにおいては，手当の支給が慣行的に3回行われば，それ以降，手当支給慣行に法的拘束力が生じ，手当請求権が発生するとの判例法理が確立している。

150) Vgl. ④ S. 1375 RdNr. 68.

151) BAG, Urt. v. 2. 9. 1992, EzA §611BGB Gratifikation, Nr. 95, Prämien; BAG, Urt. v. 26. 10. 1994, APNr. 167 zu §611BGB Gratifikation u.a. 任意性留保を明示に否定したのは，事業内老齢扶助についての複数のBAG判例で，任意性留保より要件の厳しい撤回権留保に読み替えている。BAG, Urt. v. 17. 5. 1973, 28. 4. 1977, 5. 7. 1979, APNr. 6, 7, 9 zu §242BGB Ruhegeld-Unterstützungskassen u. a.

が生じるタイプで,広義の賃金にあたる特別手当に限って有効な支給条件となると判示するBAG判例も,この立場に立つと解される[152]。任意性留保は,特別手当の給付の都度に繰り返し請求権の除外を明示する必要なく,最初の合意時に定められていれば足りるとされた[153]。

任意性留保付給付は,クリスマス手当や休暇手当,ボーナス支給にみられるように,具体的に任意性が表示されて法的義務の合意なしに給付されることで,将来的に請求権が根拠づけられていない給付である。反復して給付されていても,それ以降の請求に対する使用者による抗弁が可能となる。したがって,任意性留保条項に基づいて,使用者は,毎年新たに特別手当を給付するかどうか,どのような条件によるかを決定できる。そして,任意性留保条項は,給付が反復して労使慣行となって給付請求権を根拠づけ得る場合でも,これを否定する効果を持つと理解されている[154]。

ただし,「2002年改正」前においては,任意性留保を支給条件とすることが,労働協約,事業所協定,さらには,公序良俗原則(BGB 138条)や強行法規への違反(BGB 134条)となる場合には,その設定は許されないとされた[155]。BAG判例では,強行法規違反の例として,賃金の一方的調整を可能にすることで強行的な解雇制限法理(変更解約告知)の適用を回避する目的を持つ場合を特に挙げている。あるいはまた,労働契約の本質的要素が一方的変更の対象とされ,給付と反対給付のバランスを基本的に崩す場合がこれに当たるとされる[156]。

他方では,狭義の賃金に対する任意性留保について,BAG判例には,継続的給付に対する任意性留保は無効としつつ撤回権留保に読み替えるものがあった[157]。あるいは,業績手当について,使用者が明示に任意のものとしつつ,撤回権を留保すると定めても,「公平な裁量原則」(BGB 315条1項)に従ってのみ撤回は認められるとして,特別手当が総収入に占める割合を考慮する等して制限的

---

[152] BAG, Urt. v. 12. 1. 2000, APNr. 223 zu §611BGB Gratifikation. vgl. ⑤ S. 1383 RdNr. 36: ① S. 941 RdNr. 9.
[153] BAG, Urt. v. 2. 9. 1992, EzA §611BGB Gratifikation, Nr. 95 Prämien.
[154] ⑤ S. 1569 RdNr. 509.
[155] Vgl. ⑦ S. 1601f. RdNr. 41.
[156] BAG, Urt. v. 13. 5. 1987, APNr. 4 zu §305BGB Billigkeitskontrolle.
[157] BAG, Urt. v. 19. 10. 1984 APNr. 2 §1 BetrAVG Unterstützungskassen.

に解釈するBAG判例がみられた[158]。

　しかし，任意性留保については，撤回権留保とは異なり，使用者が特別手当等給付の意思表示をするまでは給付請求権が確定的に発生しないので，給付請求権の確定的存在を前提に適用される「公平な裁量原則」の適用はないと解されている。したがって，BAG判例のように，この原則に基づいて，無効の任意性留保条項を有効な撤回権留保条項に読み替えることは許されないと厳格に解する学説があった[159]。

　これに対して，他の学説には，任意性留保と撤回権留保とのこうした異なる取扱いには，部分的に評価矛盾（Wertungswiderspruch）があるとする学説もある。あるいは，任意留保付で認めた手当の継続的給付を中止するには合理的理由があればよいとしたり[160]，任意性留保条項が無効でも，撤回権留保の合法性の要件を緩和する方向で，使用者が任意性留保条項を利用しなくて済むように対応すべきであるとする学説[161]等があった。学説・判例においては種々の議論があり，[162]「2002年改正」前において，任意性留保条項の有効性判断は確定していたとはいえなかった。

　ところで，任意性留保条項の明確性もこの時期すでに求められていた。例えば，BAG判例では，労働契約の中で「任意の社会的給付」といった表現を用いただけでは，法的請求権は失われないとするものがあった[163]。あるいは，単に「留保」の語を含む条項も，任意性留保とまではみなされないとされた[164]。「任意で法的義務の付与なく」とか「法的請求権なしに」という規定形式があって初めて明確といえるとされていた[165]。

---

158) BAG, Urt. v. 13. 5. 1987, APNr. 4 zu §305BGB Billigkeitskontrolle; BAG, Urt. v. 15. 11. 1995, APNr. 20 zu §1TAG. Tarifverträge: Lufthansa. vgl. ① S. 941f. RdNr. 9ff.
159) ① S. 940 RdNr. 7.
160) U. Preis, Grundfragen der Vertragsgestaltung im Arbeitsrecht, 1993, S. 421.
161) ① S. 941 RdNr. 9f.
162) ⑤ S. 1570 RdNr. 509.
163) BAG, Urt. v. 11. 4. 2000, APNr. 227 zu §611BGB Gratifikation; BAG, Urt. v. 4. 5. 1999, APNr. 55 zu §242BGB Betriebliche Übung u. a.
164) LAG Hamm, Urt. v. 5. 6. 1998, NZA-RR 1999, S. 318.
165) BAG, Urt. v. 6. 12. 1995, APNr. 187; BAG, Urt. v. 28. 2. 1996, APNr. 192 zu §611BGB Gratifikation.

イ 「2002年改正」後のBAGの判断傾向

「2002年改正」後においてはどうか。BGB 305条以下の約款規制の3ルールが,任意性留保約款にどのように適用になるのかが問題となる。等しく賃金調整機能を期待される撤回権留保約款の取扱いと異なるのかどうかも問題である。

「2002年改正」後においては,任意性留保約款がBGB 305条以下の約款規制の適用を受けるかどうかについて,撤回権留保約款とは異なり,「2002年改正」前と同様にBAG判例,学説に対立があり,確定的な判断が確立されているとまではいえない状況のようである。

例えば,「2002年改正」後のBAG判例には,BGB 305条以下の約款規制の基準を発展させて,任意性留保約款の可能性をより明確に制限するものがみられるとの分析がある[166]。そのひとつに位置づけられているBAG判例を取り上げて,任意性留保約款の有効性判断の手法をみておこう。

(オ) 業績手当を定める労働契約約款の任意性留保条項を無効とした事例
―― BAG v. 25. 4. 2007[167]

[事実の概要]

Xは,1997年2月1日から2005年3月31日まで,Yの団体で勤務した。2002年以降,Yは,社内掲示のうえXにも業績手当を給付していた。掲示には,月給と一緒に毎月,業績手当を給付するが,任意の給付であり,その給付には法的義務はなく,将来にも請求権はない旨が書かれていた。Yは,2004年7月に何の理由もなく,その給付を停止した。Xは,任意性留保は無効として,その支払を請求した。Yは,請求権は当初より発生していないとして,Yには,手当を撤回する権利があると抗弁した。また,Yは,手当は特別手当を根拠に認められてきたが,Xの成績が2002年と2003年には上がらなかったので,手当の給付理由も2004年には消滅しているとした。

---

166) ⑥ S. 284f. RdNr. 196.
167) APNr. 7 zu §308BGB.

1審はXの請求を認容し，2審はYの控訴を棄却したため，Yが上告した。

［判旨］Yの上告を棄却
1，2（略）
3　事前作成の労働契約で，毎月の業績手当を，請求権すべてを排除しつつ約定する場合，契約のこの部分は無効である。この条項は，一般取引約款として，BGB 307条1項および2項による内容コントロールに耐えられない。
(a) 基本給とともに毎月支払われ得る業績手当につき，すべての法的請求権を排除することは，法律規定から逸脱するのであるから，BGB 307条3項1文により，BGB 307条1項および2項による内容コントロールを受ける。BGB 307条3項1文の意味での法律規定とは，立法規定だけでなく，正義の要請（Gerechtigkeitsgebot）に対応するものとして，不文の法原則すべて，あるいはBGB 157条［信義則に基づく契約解釈の要請］による契約解釈の要請，242条［信義則に基づく履行の要請］による補完的解釈に基づいたり，その都度の債権債務関係の性質から導かれる権利義務といった一般的に認められる法原則である。
(b) 約款利用者［使用者］に権利を与え，主要な給付義務を制限し，変更し，形成し，あるいは修正する一方的給付決定権は，BGB 305条以下によって，裁判上のコントロールを受ける。……そうした条項は，契約とそこから生じる義務は両当事者を拘束する，との一般原則に反する［からである］。……労働関係は，BGB 611条1項に基づき，通例，当事者双方に主たる給付義務を生む。しかし，使用者に手当の給付について毎月繰り返される決定を委ねる契約上の留保は，本件とは異なる。BGB 611条の下で使用者は，合意された報酬の支払い義務を負う。労働者は，継続的債権関係として形成される労働関係においては，特別の条件が付されていない，月々に約束された報酬支払を信用することができる。労働者は，これに基づいて，労務を給付し，その生活もこれに委ねる。使用者が，月々に新たに報酬を決定できることを留保することは，BGB 611条に示された労働契約の本質から

289

は外れる。このことは，基本給だけでなく，労働報酬の一部として，従って，労働者による労務給付への直接的対価として合意された追加的な定期的手当にも妥当する。
……
(d)［狭義の］賃金に関する「任意性留保」は，客観的に確認できる労働法の特殊性に照らして，正当化されない。BAG は，過去に，「任意性留保」の効力を，(クリスマス手当のような［広義の賃金に該当する］)特別報酬に関して肯定してきた。……継続給付の［狭義の］賃金に関しては，請求権の契約上の排除を撤回権留保と解釈した。……［約款規制についての］BGB 305 条以下の導入以前にすでに，当法廷は，たとえ使用者が明示に留保していたとしても，業績手当の撤回は，自由裁量ではなく，合理的裁量に従ってのみ許されるとしてきた。……2002 年 1 月 1 日以降，任意給付を「いつでも無制限に」取り消され得るとする労働契約上の撤回権留保は，BGB 308 条 4 号［労働者に対する合理性基準］により，無効なのである。

　本件で約束された業績手当は，継続給付の賃金である。X は，その労務給付に対応した業績手当を月給に追加して得ることを求めることができるのである。

（ア）BAG による「内容コントロール」の適用
a 適用肯定説
　BAG 判例（オ）（判旨 3 (b)）は，任意性留保約款にも BGB 305 条以下の適用を肯定し，BGB 307 条 1 項・2 頁による「内容コントロール」を受けるとする。「内容コントロール」は，同条 3 項 1 文により，法規定を逸脱した規律や，これを補充する規律を合意した約款規定のみに適用が限定されるが，任意性留保約款は，BGB 611 条ないし「契約は守られなければならない」との一般原則に反する点で法規定を逸脱しているとした。すなわち，判例（オ）のように適用肯定説に立つ BAG 判例では，任意性留保は，労働契約締結時に生じた法律行為上の拘束に反して給付の双務関係性を失わせ，労働者を「不適切に不利益に取り扱う」こと

になると解することになる[168]。そのため，BGB 307条の「内容コントロール」を受けるのである。そして，この立場では，BGB 307条1項1文の「内容コントロール」によって，毎月支給の業績手当のような「継続給付の賃金」（狭義の賃金を意味すると解される。）の請求権の除外を含む約款は，BGB308条4号が定める事由に該当し，労働者を「不相当に不利益に取り扱う」として無効となる[169]。特に，狭義の賃金であれば，基本給のように毎月払いの賃金であれ，手当という形式で継続的に支払われる追加的賃金であれ，BGB 307条2項1号の適用により任意性留保は合意できないと解している[170]。また，BGB 310条4項2文が定める労働法の特殊性考慮の要請の点からも，狭義の賃金につき任意性留保約款の効力を肯定することはできないとの学説もある[171]。

そして，「内容コントロール」ルールの下で，任意性留保条項が無効と判断されると，BGB 306条1項により，任意性留保の部分のみ無効と判断されることになり，手当の給付義務は残るとされる[172]。

適用肯定説によるこうした判断に対しては，任意性留保では，守るべき契約（規律）自体がそもそも存在していないとして，BGB 307条1項1文がそのまま任意性留保に適用されるか否かにつき判例（オ）とは結論を異にし適用否定説に立つ判例があり，BAG判例も確定していない[173]。

また，上述した判例（オ）（判旨3(b)）は，労務給付と反対給付関係に立つ狭義の賃金にあたる業績手当について，任意性留保の対象となることはない旨を判示している。この点についても，BAG判例においてこれまで対立がある[174]。

168) ③ S. 476 RdNr. 420; ⑤ S. 1383 RdNr. 37; ⑥ S. 287f. RdNr. 199a.
169) BAG, Urt. v. 25. 4. 2007, APNr. 7 zu §308BGB; BAG, Urt. v. 8. 12. 2010, APNr. 91 zu §242BGB Betriebliche Übung.
170) BAG, Urt. v. 7. 12. 2005, APNr. 4 zu §12TzBfG; BAG, Urt. v. 12. 1. 2005, APNr. 1 zu §308BGB.
171) ⑥ S. 288 RdNr. 199a.
172) BAG v. 24. 10. 2007, APNr. 32 zu §307BGB. vgl. ⑥ S. 165ff., 19ff.; ⑦ S. 137ff. RdNr. 116ff.
173) 適用肯定説を取る第5法廷判決には，BAG, Urt. v. 25. 4. 2007, APNr. 7 zu §308BGB. 適用否定説を取る第10法廷判決には，BAG, Urt. v. 30. 7. 2008, APNr. 274 zu §611BGB Gratifikation u.a. ただし，否定説を取るBAG判例もBGB 307条1項2文の「透明性のルール」の適用は認めている。BAG, Urt. v. 30. 7. 2008, APNr. 274 zu §611BGB Gratifikation u. a.
174) ⑥ S. 288 RdNr. 199b. この分析によれば，第5法廷と第10法廷（注173）とで，狭義の賃金の捉え方につき異なる判断がなされていると評価される。すなわち，任意性留保条項が無効とされる狭義の賃金について，第5法廷は，業績手当も含めて労務給付への直接の対価である継続的給付と広く捉えるのに対して，第10法廷は，直接的対価であっても，継続的給付ではない追加的特別手当は，業績給付も含めてこれから除かれると解しているというものである。vgl. ⑤ S. 1383 RdNr. 36f; ⑦ S. 1612RdNr. 63.

b 適用否定説

適用否定説には,「内容コントロール」ルールの適用について,狭義の賃金としての特別手当を任意性留保の条件付で給付しても,労働者を「不適切に不利益に取り扱う」ものではないとして,約款規制を否定するBAG判例が複数生まれている[175]。

この適用否定説に立つBAG判例は,任意性留保約款では,使用者は手当の給付につき法律上の拘束を意図していないのであり,守るべき契約(拘束力ある契約)がそもそも存在しないと理解する。適用否定説は,この理解に立ちつつ,任意性留保約款は,BGB 305条にいう拘束力のある契約条件に当たらず,同条の適用はないとする。また,307条3項1文にいう「法規定」(本章2(2))と異なる規制も,そもそも存在しないと解する。あるいは,使用者の利益を考慮してなされた,給付の変更や異なる給付の合意が,労働者にとり合理性がない場合に「内容コントロール」によりこれを無効と定めるBGB 308条4号(本章(注30)を参照のこと。)の適用は任意性留保約款にはないと判示するものもある[176]。同号は,当初に約束された給付の変更権の有無に関する規定であるが,任意性留保約款は,そもそも当初から契約上の給付義務に欠けるからとされている。このように適用否定説は,任意性留保約款は,約款規制の対象とすべき拘束力ある約款ではないとみるのである。この適用否定説を支持する学説もみられる[177]。

しかし,この適用否定説に立つBAG判例については,狭義の賃金についての任意性留保約款を一般的に有効と認めたものではないと理解されている。適用否定説に立つBAG判例が,判示の中で,一方で特別手当の給付の旨を定めつつ,他方で任意性留保を条件として定めることは矛盾しており,約款の内容が不明確でBGB 307条1項2文の「透明性のルール」に反すると判断しているからである。そこで,適用否定説に立つ判例によるこうした判示に対する解釈として,学説には,適用否定説に立つBAG判例では,使用者が給付につき約束をせずに労使慣行上給付してきた事例で,将来にわたる請求権はない旨を明確にし

---

[175] BAG, Urt. v. 30. 7. 2008, APNr. 274 zu §611BGB Gratifikation; BAG, Urt. v. 18. 3. 2009, APNr. 282 zu §611BGB Gratifikation; BAG, Urt. v. 10. 12. 2008, APNr. 40 zu §307BGB.

[176] BAG, Urt. v. 18. 3. 2009, APNr. 282 zu §11BGB Gratifikation.

[177] G. Thüsing T.Leder, Gestaltungsspielräume bei der Verwendung vorformulierter Arbeitsvertragsbedingungen-Besondere Klauseln, BB 2005, S. 1567; P. Hanau, W. Hromadka, Richterliche Kontrolle flexibler Entgeltregelungen in Allgemeinen Arbeitsbedingungen, NZA 2005, S. 75.

ている場合に限定して，約款規制を否定していると理解する見解がある[178]。あるいは，狭義の賃金にあたる給付についての任意性留保を有効とするには，当該給付を中断する具体的理由が定められ，その理由が十分に重大なもので，留保を正当化するものである必要があるとする学説もある[179]。

さらに，「2002年改正」後のBAG判例は，任意性留保約款の有効性判断では，特別手当が総収入に占める割合の上限を定めて「内容コントロール」の適用の有無を決する「法創造的手法」を，先に述べた撤回権留保約款の場合とは異なり用いていない。これは，1度発生した請求権が，撤回権行使の場合のように継続的に除外されることがないからであると説明されている。

とはいえ，いずれの説においても，広義の賃金および混合タイプについては，任意性留保約款は有効とされている。

(イ) BAGによるその他の約款ルールの適用

ところで，上述のとおり，任意性留保約款に「内容コントロール」の適用を否定する見解においても「不明確性のルール」(305条c第2項) から明確な内容で，かつ「透明性のルール」(307条1項2文) から理解可能に定められることが有効要件となる点は否定されていない[180]。すなわち，労働者が約款内容を適正に判断でき，将来の給付について法的請求権を持たないことを認識できるように定められている必要があるとされている。

多義性のある約款の効力を否定する「不明確性のルール」の下では，例えば，「任意に」の語の付加だけでは，任意性留保約款としては足りないとされる[181]。それは，これだけでは，給付は使用者の任意によるもので，労働契約や労働協

---

178) ③ S. 476 RdNr. 421; U. Preis, Der langsame Tod der Freiwilligkeitsvorbehalte und die Grenzen betrieblichen Übung, NZA 2009, S. 281ff. 同旨の下級審に LAG Hamm v. 24. 1. 2008 -8Sa180507.

179) ⑥ 292f. RdNr. 200bf. また，任意性留保約款が有効となる場合として，任意性留保付で提供される給付が専ら労働者の利益にあたる場合に限られるとして，限定的に解する学説もある。これによれば，労働者にとり専ら利益にあたる場合として，給付につき労働者に負担を生じないとか，その給付につき，そもそも信用するに値しないといえる場合が例示されている。あるいは，結婚祝いや記念日手当のように，給付された労働に対して明らかに支給されるのではない給付が挙げられる。こうした事情は，狭義，広義の賃金に任意性留保を支給条件として，有効に付し得るかどうかの判断基準となるとしている。④ S. 1376f. RdNr. 72; ⑦ S. 1603f. RdNr. 44 u. S. 1613RdNr. 66.

180) BAG, Urt. v. 30. 7. 2008, APNr. 274 zu §611BGB Gratifikation. 任意性留保は約款規制の対象とならないとの一般的説明は，相当でないとの指摘が妥当する。vgl. ③ S. 476 RdNr. 421; ④ S. 1376 RdNr. 71; ⑦ S. 1607 RdNr. 50ff.

181) BAG, Urt. v. 23. 10. 2002, APNr. 243 zu §611BGB Gratifikation; BAG, Urt. v. 8. 12. 2010, APNr. 91 zu §242BGB Betriebliche Übung. vgl. ③ S. 476RdNr. 421.

約，法律等，給付義務の法的根拠がない点のみを示すものとしてしか解釈されないからとされる[182]。「2002年改正」前のBAG判例と同様に，使用者は，将来に向けて何らの契約上の拘束力も生じないことを，併せて明示する必要があるとされている[183]。例えば，特別手当はすべて法的請求権の生じない任意の手当であることを定めつつ，カッコ書きでクリスマス手当や休暇手当はこれに従うと定めた約款条項について，この約款条項は不明確性があり，任意性留保はクリスマス手当等に適用はないとするBAG判例がある[184]。さらに，「労働者はクリスマス手当を受領する。しかし，その法的請求権はない。」との規定は，矛盾を含んでおり，「透明性のルール」の点で問題があるとされる[185]。

ところで，契約実務上は，任意性留保と撤回権留保とを同じ約款に定める事例がたびたびみられる。両者は，その効果の違いから同時には両立しない。そのため，「不明確性のルール」にいう多義的であるだけでなく矛盾があって，不透明でもあり，全体として無効であると解されている[186]。既述のとおり（2(2)ア），「2002年改正」前のBAG判例には，特別手当が任意給付であることと並んで，その具体的請求条件と支給額が定められた条項について，使用者による撤回権留保として，その行使により請求権の発生が除外されることを認めるものがあった[187]。しかし，「2002年改正」後は，文書ないし口頭で特別手当が合意されていると，この合意と並存する任意性留保約款の適用は否定されている[188]。「2002年改正」による転換といえる。

---

182) BAG, Urt. v. 1. 3. 2006, APNr. 3 zu §308BGB.
183) この点を判示した「2002年改正」前のBAG判例として，BAG, Urt. v. 12. 1. 2000, APNr. 223 zu §611BGB Gratifikation.
184) BAG, Urt. v. 20. 1. 2010, APNr. 12 zu §305cBGB.
185) あるいは，すべての将来の給付を対象とする包括的任意性留保約款は，通例，労働者を「不適切に不利益に取り扱う」ものであり，BGB 305条bの定める「個別合意の優位」に反する等として，無効であるとするBAG判例もある。BAG, Urt. v. 14. 9. 2011, APNr. 56 §307BGB, zu 3. d cc) der Gründe. vgl. ⑨ S. 943f. RdNr. 5f. なお，BGB305条bは，個別の契約上の取り決めは，約款に優先する旨を定める。
186) BAG, Urt. v. 30. 7. 2008, APNr. 274 zu §611BGB Gratifikation. vgl. ⑥ S. 374f. RdNr. 22. BAG判例はかつて，こうした条項を，撤回権留保を定めた規定と読み替えていた時期がある。
187) 本章（注157）掲記のBAG判例に加えて，BGBの「2002年改正」時に近い時期のBAG判例として，BAG, Urt. v. 12. 1. 2000, APNr. 223 zu §611BGB Gratifikation.
188) ④ S. 1375f. RdNr. 69 u. RdNr. 71.

五　小括

　以上において，ドイツにおける狭義の賃金，企業内福利厚生を含む広義の賃金のいずれかの賃金につき設定されてきた，主要な給付条件をめぐる労働契約関係法上の取扱いの変遷の分析を主として試みた。分析の概略は，以下のようにまとめることができよう。

(1) 狭義の賃金と企業内福利厚生を含む広義の賃金との差異は，労働立法規制においてだけでなく，労働契約関係法上の取扱いにおいても生じる。それは，まず，ドイツ民法典（BGB）が定める双務契約関係に関する諸規定（BGB 320条以下）の適用において現れる。双務契約関係に関する規定は，労務給付の直接の反対給付としての対償性のある狭義の賃金を前提としており，労務給付に対する直接の反対給付ではなく，労働関係より生じる対償性のある広義の賃金には当然には適用にならない。ただし，BGB 611条以下の雇用契約につき労働者保護の視点から定めた規定については，適用の余地があるとされている（BGB 615条等）。

(2) ドイツにおいては，労働契約において，賃金の給付につき一定の支給条件を定める手法が行われてきた。主たる支給条件には，①労働者の勤続や忠誠心の確保を目的とする所定日在籍条項や返還条項と，②賃金調整を目的とする撤回権留保条項や任意性留保条項を挙げることができる。

(3) これらの支給条件の有効性等に関するBAG判例の判断においては，2002年のBGB改正により追加されたBGB 305条以下の約款規制の適用の前後で，差異がみられる。BGB 305条以下の約款規制では，「不明確性のルール」「内容コントロール」「透明性のルール」の3ルールが，労働契約約款としての支給条件にも適用となる。

(4) 所定日の在籍を手当の支給条件とする所定日在籍条項は，BAG判例においては一般に有効とされてきた。ただし，経営上の理由で解約告知されたために労働者が所定日に在籍できなかった事例については，BAG判例に変遷があったが，これを有効とするBAG判例が支配的となっている。わが国においても，同様の問題の発生と類似の処理基準の採用がみられる。

(5) 手当支給後の所定日までに労働者が退職等した場合に，使用者が手当返還

を請求できる旨を定める返還条項も，一般に有効とされてきた。わが国での留学費用等の返還請求の可否をめぐる問題とも関連している（本書第Ⅰ編第1章三，第4章三を参照のこと。）。労働者の職業選択の自由との関係で，BAG判例は，早い時期から「2002年改正」後も，労働者にとっての「合理性」の点から，拘束期間と手当額のバランスに配慮しつつ，その有効性を判断している。

(6) 賃金調整を目的として，使用者に手当給付（請求権）の撤回権を与える撤回権留保条項について，BAG判例は，その有効性を緩やかに判断する傾向にある。わが国における労働条件の不利益変更の問題とも関連する（本書第Ⅰ編第1章四2を参照のこと。）。「2002年改正」後は，撤回権留保約款の有効性は，「合意内容」と「行使」の2つの視点から吟味されている。

(7) 賃金調整を目的とする条項として，使用者の給付の意思表示があって初めて，給付請求権が労働者に生じるとする任意性留保条項については，一般的に有効とされてきた。わが国においても，任意的恩恵的給付の法的処理のあり方につき問題となり得る（本書第Ⅰ編第2章を参照のこと。）。「2002年改正」後の任意性留保約款の有効性については，BGB 305条以下の約款規制自体の適用を含めて，BAG判例，学説に対立がある。

(8) 以上の4つの支給条件のうち，労働者の勤続確保を目的とする支給条件の効力は，狭義の賃金については，そうした条件を付すこと自体が狭義の賃金性を失わせる等として，無効ないし限定的に有効とされる。広義の賃金については，BAG判例が創造的に設定した数的有効基準を充たせば有効とされている。他方，賃金調整目的の支給条件の効力は，広義の賃金については有効となり得るが，狭義の賃金については，BGBの約款規制の適用後は無効とするのがBAG判例の処理方法である。学説上は議論がある。

以上のとおり，本章では，前章とともに，ドイツにおける賃金規制と企業内福利厚生の法的取扱いをテーマに分析を試みた。この分析を通じて明らかにした，ドイツにおける賃金概念の捉え方，労働契約約款への規制を含めた労働立法による規制の状況，賃金の支給条件の法的効力をめぐるBAG判例・学説における議論等は，わが国において約款の一種とされる就業規則等への約款規制のあり方を含めて，賃金規制に関わる諸問題の処理のあり方を検討するうえで，重要な示唆を与える。

第4章

ドイツにおけるカフェテリアプランと労働法上の諸問題

一　はじめに

　本章では，企業内福利厚生の新たな形態として，わが国においても導入が進んでいるカフェテリアプランについて，ドイツにおいては，企業内福利厚生制度としてどのような実態があり，どのような労働法上の問題が生じ，どのような処理手法が取られているのかといった点についての分析を試みる。

　カフェテリアプランは，アメリカにおいて1960年代にその導入につき議論が始まっている。アメリカのカフェテリアプランは，1970年代の早い時期に民間企業において最初の導入があり，1980年代に入って以降，導入が大きく進んだとされる[1]。他方，ドイツにおいては，1980年代に入りカフェテリアプランについての議論が開始されている[2]。またドイツにおいては，2011年頃をみると，アメリカにおけるほどにカフェテリアプランの導入は進んでいない。これは，アメリカとドイツにおける雇用関係をめぐる企業内外の状況の違いや，市場経済

---

[1]　M. Neu, Entwicklung eines Cafeteria-Systems der Sozialleistung, 1995, S. 29. なお，アメリカでの最初の導入企業は，1973年のETS（Educational Testing Service）あるいはTRW株式会社といわれる。しかし，その後，1986年には，すでに300企業が導入済みとなっていたとされる。vgl. U. Lichius, Cafeteria-Modelle, 1996 Anm. 43, 45. また，1977年の段階で，アメリカでの厳格な意味でのカフェテリアプラン導入企業は2社のみであったともいわれている。M. Neu, a. a. O. S. 29 Anm. 120.

[2]　U. Lichius, a. a. O.（Anm. 1），S. 1.

の捉え方の違い等によるとされている[3]。雇用関係をめぐる企業内外の状況の違いとして,例えば,アメリカにおいては,労働組合や使用者団体が種々のレベルで組織され,労働協約(協約)が産業レベルで統一的に締結されていない点等が,ドイツとの相違点として挙げられている[4]。しかし,決定的であるのは,カフェテリアプランを取り巻く法的規整の状況の違いである。アメリカにおいては,カフェテリアプランに配慮した税制改正が,その導入の促進に大きく寄与したとされている[5]。他方,ドイツにおいては,後述のとおり,労働法や税法,社会保険法が逆にカフェテリアプラン導入の制約要因となってきたことが指摘されている[6]。

ところで,わが国においては,1990年代に入ってカフェテリアプランについて本格的な議論が始まり,2000年以降,カフェテリアプランの導入が徐々にではあるが進行している。カフェテリアプランが比較的新しい制度であること等もあって,カフェテリアプラン自体についての労働法上のトラブルは,訴訟等の形では今のところみられない。そのため,労働法の視点からの検討がほとんどない状況にある[7]。他方,ドイツにおいては,既述のとおり,カフェテリアプランの導入が大きく進んではいないものの,1980年代に入って以降,経営学や人的資源管理論等の視点からだけでなく,労働法の視点からの検討も試みられてきている。わが国とドイツとの間には,労働法による労働関係規整の枠組みに違いはあるが,カフェテリアプランをめぐり検討されている労働法上の問題には,類似性が認められる。また,わが国の福利厚生制度は,公的な社会保険制度を中心に法定の福利厚生が充実し,法定外の福利厚生(企業内福利厚生)がこれを補完してきた実態がある。こうした実態は,国民皆保険制度の導入に後ろ向きで,法定の福利厚生が脆弱なために,企業による企業内福利厚生の充実が求められてきたアメリカよりも,むしろドイツの実態に近い[8]。わが国においては,カフェテリアプラン発祥の地とされるアメリカでの実態等についての紹介

---

[3] N.Korb, Cafeteria-System, 2008, S. 80.
[4] N.Korb, a. a. O. (Anm. 3), 2008, S. 83; U. Lichius, a. a. O. (Anm. 1), S. 3.
[5] N.Korb, a. a. O. (Anm. 3), 2008, S. 83.
[6] N.Korb, a. a. O. (Anm. 3), 2008, S. 83; U. Lichius, a. a. O. (Anm. 1), S. 1.
[7] 新カフェテリアプラン研究会『実践カフェテリアプラン』(ぎょうせい,2005) 33頁以下。わが国のカフェテリアプランの実態や労働法上の諸問題については,本書第Ⅰ編第5章を参照のこと。
[8] U. Lichius, a. a. O. (Anm. 1), S. 7

や研究がなされ[9]，その影響を受けてきたとはいえ，カフェテリアプランの導入の背景や展開状況は，むしろドイツに類似しているといえる[10]。

　以上の事情から，法定の福利厚生についての今後のあるべき国の政策的方向との関係で，企業内福利厚生のあり方をどのように考えるかという視点も含めて，ドイツでのカフェテリアプランについての議論の状況や，労働法上の諸問題についての処理手法を，分析する意義は十分にあるといえる。

　既述のとおり，ドイツにおいては，労働法等の法的規整のレベルで，カフェテリアプランの導入に対する制約要因が存在する等，わが国の事情とは異なる特徴がいくつかある。これらの点も含めて，ドイツにおけるカフェテリアプランの労働法上の諸問題について分析，検討を以下において試みる[11]。

二　カフェテリアプランの概念とその制度的特徴

1　カフェテリアプランの概念

　カフェテリアプランは，一般には，企業内福利厚生に属する複数の給付を選択可能なメニューとして用意し，労働者にメニューの中からの自由な選択を保障する，企業内福利厚生の比較的新しい運営管理制度と理解されているところ

---

9) アメリカのカフェテリアプランについての邦文の紹介文献として，例えば，企業厚生研究会『ヒューマンな企業厚生』(1993，ぎょうせい) 122頁以下，石田英夫「米国の選択的福利厚生制度」日本労働研究雑誌429号 (1995，日本労働協会) 2頁以下，岡田義晴『スーパー・カフェテリア・プランのすすめ』(1999，労務研究所) 10頁以下，桐木逸朗「こうすれば成功する日本型カフェテリアプラン」第1回・労働事情964号 (2000) 44頁以下，第6回・労働事情973号 (2000) 36頁以下その他を参照のこと。

10) J. Felix, W. Mache, Einführung und Anwendung von Cafeteria-System, AiB 2001, S. 338f. アメリカでは，法定の強制的な社会保険や労働協約上の社会給付が，ドイツほど発展していないことから，老齢扶助や健康リスク等をカバーする給付の提供が，企業内福利厚生において重要な位置を占めてきた。他方，ドイツでは，社会保障制度が社会立法や労働協約によって確立されており，カフェテリアプランの導入拡大を阻害してきた。しかし，国家レベルの社会保障制度の破綻の危険性や給付破綻が予想され，他方では，労働協約の適用のない企業の創設等によって，使用者が協約制度を抑制する施策を営む傾向がみられる。これらの状況の下では，カフェテリアプランの導入準備が相当進行するとの専門家の予測も提示されている。

11) ドイツのカフェテリアプランについての研究は，1980年代から1990年代において盛んに行われており，労働法上の問題の検討につき有益な論考もこの時期ものもが多い。本章では，この時期の論考によりつつ，労働立法や判例については，可能な限り新しい情報を加えることとした。

である。

　カフェテリアプランの発祥の地とされるアメリカにおいて，その最初の定義とされるものは，1978年に改正された内国歳入法（Internal Revenue Code）に見出される[12]。これによれば，カフェテリアプランは「カフェテリア形式の付加給付プラン」と定められ[13]，その定義として，「従業員に給付か現金のいずれかの選択権を与える」制度とされていた[14]。この定義にもあるとおり，カフェテリアプランは，当初は，現金支払を選択メニューのひとつとして用意する場合が想定されていた。その後，1986年の税制改正で定義が改められ，1989年以降，現金支払を含まない選択メニューを提供する場合もカフェテリアプランとみなされるに至っている[15]。

　他方，ドイツにおいては，カフェテリアプランについて，その定義を置く法規定はないようであり，統一的な表記もなく，複数の名称があてられている。カフェテリアシステムという表記が比較的多用されているようであるが，カフェテリアモデル，カフェテリア手続，カフェテリアオプション，カフェテリア勘定（Ansatz）あるいは，カフェテリアプランといった多様な表記が用いられてきた[16]（以下では，わが国での用語法に従って，ドイツにおける同様の制度についても「カフェテリアプラン」という表記をあてておく。）。

　ドイツにおいては，カフェテリアプランのような，企業内福利厚生として多様な選択肢を提供する制度について，経営学や人的資源管理論等の分野において，1980年代初めに議論が始まった。当時は，カフェテリアプランについて，従業員の入社や就労への動機づけ効果の有無といった観点からの議論が中心であった。そして，カフェテリアプランの概念については，企業において柔軟な賃金形成を可能にする概念のひとつと捉えつつ，従業員に，所定の選択メニューの中から，自己のニーズや好みに合わせて，社会的給付ないし労働協約水準に上乗せされた給付を選択できる可能性を与える制度，というのが，当時からの

---

[12] C. Wolf, Variable Vergütung in Form eines Cafeteria-Plans, 1993, S. 929. なお，内国歳入法は，所得税をはじめとする各種の連邦税の徴収や手続等につき定めた連邦法である。

[13] 同法125条は，関係従業員のための，フレキシブルあるいは，カフェテリア形式の付加給付プランに適用があると定めていた。U. Lichius, a. a. O.（Anm. 1），S.12 Anm. 80.

[14] C. Wolf, a. a. O.（Anm. 12），S. 929.

[15] C. Wolf, a. a. O.（Anm. 12），S. 929.

[16] N. Korb, a. a. O.（Anm. 3），S. 39; C. Wolf, a. a. O.（Anm. 12），S. 929.

第4章　ドイツにおけるカフェテリアプランと労働法上の諸問題

一般的な説明である[17)]。

ドイツでは，1990年前後に導入企業が生まれている[18)]。1989年の終わりから1990年の初めにかけて，管理職向けカフェテリアプランを導入していた28企業を対象とした調査[19)]がすでに実施されている。その調査結果によると，カフェテリアプランは，その実態として，提供されている選択メニューには，従前からある企業内福利厚生があてられていて新規のものはないものの，従前からの給付の単なる組み合わせでもないと分析されている。すなわち，カフェテリアプランの下で企業内福利厚生の選択方式を採用することによって，企業独自の人事管理・報酬施策，税法等の法律上の新たな可能性，そして，とりわけ個々の従業員の利益（ニーズ）に対応できる報酬システムの実現に道が開かれたと，その意義が分析されている[20)]。

2　カフェテリアプランの制度的特徴

ドイツのカフェテリアプランは，労働力確保のための誘引や従業員の就労の動機づけ等を目的とした制度とされるが，広い意味の「報酬（賃金）システム（Entlohnungsystem）」の中に位置づけられている[21)]。この位置づけは，わが国のカフェテリアプランとの対比で特徴的な点であるが，ドイツでは従前の企業内福利厚生の位置づけと異なるところはない。ドイツにおいて従前の企業内福利厚生との対比で，カフェテリアプランの特徴（制度的特徴）とされるのは，先の概

---

17) C. Wolf, a. a. O. (Anm. 12), S. 929; U. Lichius, a. a. O. (Anm. 1), S. 12ff.
18) H. W. Mölder, Arbeitsrechtliche Rahmenbedingungen für Cafeteria-Systeme, DB 1996, S. 213. ヨーロッパドイツ語圏では，時期が不明であるが，オーストリアのVoest-Alpaine-Stahl株式会社が最初であったとされている。M. Neu, a. a. O. (Anm. 1), S. 29 Anm. 119. 別の調査では，1989年から1990年にかけて，12のドイツ企業でカフェテリアプランが確認されている。D. Wagner, A. Grawert, Erfahrungen mit Cafeteria-Modellen, Personalwirtschaft, 1990, S. 27; D. Wagner, Cafeteria-Modelle in der Unternehmenspraxis, Personalführung 1991, S. 44. 同時期の282企業に対する調査でも，その約5％だけがカフェテリアプランを導入し，そのうちの13％が管理職について，カフェテリアプランを含めて少なくも企業内福利厚生の「個別化概念（Individualisierungskonzept）」を採用しているとの結果が示されている。U. Lichius, a. a. O. (Anm. 1), S. 10 Anm. 73. さらに，1993年の調査では，カフェテリアモデルのような個別化された報酬制度の実施経験のある企業は，256企業のうち37社に留まっている。N. Korb, a. a. O. (Anm. 3), S. 85.
19) ハンブルク防衛大学による。C. Wolf, a. a. O. (Anm. 12), S. 929. ただし，調査結果の詳細は不明である。
20) C. Wolf, a. a. O. (Anm. 12), S. 928f.
21) N. Korb, a. a. O. (Anm. 3), S. 41.

念説明からもわかるとおり,基本的には,次の2点である[22]。

(1) まず,従業員が,個々の生活状況に基づいて必要なものをメニューから選択できることである。選択メニューの点でいえば,ドイツにおいては,労働協約で定められた給付水準に上乗せされた (übertariflich) 給付か,使用者による「任意の社会的給付」(freiwillige Sozialleistung) に限定されると理解されている点や,賃金構成部分や労働時間関係の給付を選択メニューとして取り込める制度とされている点が特に特徴的である[23]。

(2) さらに,メニュー選択が,個々の従業員ごとに事前に確定され周知されている予算の枠内に限定され,したがって支出額に限度があることである。

これらの特徴は,企業内福利厚生を,より個別化 (Individualisierung) し,より柔軟化 (Flexibilisierung) する機能を果たしていると分析されている[24]。個別化とは,生活上の必要や雇用形態の多様化等によって個別化する従業員ニーズに対応できるように給付内容を多様化することである。また,柔軟化とは,給付の額,構成,支給時期を多様に設定することを意味している[25]。

3 カフェテリアプランの制度的態様

カフェテリアプランは,以上のような2点の特徴を共通に持つとされるが,個々の制度は,選択メニューの複雑さ,その範囲,選択の自由度の違いから,大きく3つの制度態様に分類できると考えられている[26]。

(1) 柔軟な給付 (benefits) 制度[27]

まず,選択メニューの範囲を,カフェテリアプラン用に設定された給付,すなわち,使用者によって任意に賃金に付加して制度化された給付(任意の社会的給付)[28]に限定するタイプである。

---

[22] J. Felix, W. Mache, a. a. O. (Anm. 10), S. 338.
[23] 例えば,長期時間口座がカフェテリアプランの選択メニューとなる場合を指摘したものとして,K. H. Böker, Flexible Arbeitszeit-Langzeitkonten, 2007, S. 41f.
[24] N. Korb, a. a. O. (Anm. 3), S. 39f.; U. Lichius, a. a. O. (Anm. 1), S. 68.
[25] N. Korb, a. a. O. (Anm. 3), S. 42f.
[26] 広く欧米における分類である。N. Korb, a. a. O. (Anm. 3), S. 39.
[27] N. Korb, a. a. O. (Anm. 3), S. 39.
[28] N. Korb, a. a. O. (Anm. 3), S. 39.

(2) 柔軟な代償 (compensation) 制度[29]

次に, 本来の社会的給付の他に, 場合により, 賃金構成部分についても選択ができるタイプである。例えば, 賃金支給時期の変更, 有給休暇の買い上げといった選択メニューを加えたり, 賃金構成部分と代替することが可能な措置を用意する事例等である。代替可能な措置として, 例えば, 営業車の貸与, 従業員持株, 法律ないし税務相談サービス, 会社貸付制度等が挙げられる[30]。

(3) 柔軟な人材 (human-resources) 制度[31]

以上 (1) (2) のタイプで提供される選択メニューに, さらに職業訓練・教育訓練や生涯労働時間に関するメニュー等が追加されるタイプである。賃金政策と能力開発とを連携させる事例といえる。カフェテリアプランの中でも, この制度が最も多様なメニュー提供の態様である。ただし, この態様については, カフェテリアプランの趣旨が曖昧になるとの指摘がなされてきた。

アメリカでは, (1) のタイプが最も多いといわれる[32]。カフェテリアプラン導入初期のドイツでもこのタイプが支配的であったとされている[33]。ドイツでは, その後, (2) や (3) への広がりがみられる。また, アメリカでは, 社会保険に関わる給付制度が, 選択メニューの主要な内容であるが, ドイツでは, 社会保険制度等のいわゆる法定の福利厚生が充実していることもあって, 社会保険に関わる給付制度のニーズは低く, 現物給付と労働時間メニューが中心となってきたことが指摘されている[34]。

---

29) N. Korb, a. a. O. (Anm. 3), S. 39.
30) N. Korb, a. a. O. (Anm. 3), S. 39.
31) N. Korb, a. a. O. (Anm. 3), S. 39.
32) U. Lichius, a. a. O. (Anm. 1), S. 6.
33) U. Lichius, a. a. O. (Anm. 1), S. 9.
34) U. Lichius, a. a. O. (Anm. 1), S. 10.

三 カフェテリアプランの導入契機とその功罪

1 カフェテリアプランの導入契機

　ところで，ドイツにおいては，カフェテリアプランの導入について，どのような事情の変化が要因となっていると捉えられているのであろうか。この点については，ドイツにおいてカフェテリアプランの導入が始まる1990年前後以降に，労働関係を取り巻く複数の事情の変化が，関係していることが指摘されている[35]。これら複数の事情の変化は，国レベルの法定の福利厚生政策や企業内福利厚生のあり方，それらの中でのカフェテリアプランの位置づけ等とも深く関わっている。

　第1の要因として挙げられるのが，人口減少と企業内福利厚生ニーズの多様化である。企業内福利厚生ニーズの多様化との関係では，まず，人口の多い世代が就労期を迎えたことを反映して，企業における若い労働者の数の上昇が挙げられる。特に，ドイツでは，この時期以降，高学歴で職業上の質の高い労働者の飛躍的増加がみられる。このことによって同質的な労働人口に変化が生じ，労働者側に様々なニーズが生まれた。例えば，企業内福利厚生に対するニーズとして，高年齢者層は，高齢者扶助や追加的疾病保険補助等を求めるのに対して，若年層は，賃金と休暇日数を優先する傾向があり，労働者の世代間でのニーズの違いが生まれた[36]。

　さらに，夫婦共稼ぎの増加が挙げられる。夫婦で同じ伝統的な追加的給付を受給することは，企業内福利厚生の重複を生むことから，夫婦で異なる給付へのニーズが生まれる。あるいは，単身者の増加が，結婚世帯のニーズとの間に相違を生んでいる。単身者は，生命保険や遺族保険，事業内託児所等へのニーズは小さい。こうした事情からも，企業内福利厚生ニーズの多様化が生まれている[37]。こうしたニーズの多様化現象の下で，ドイツにおける長期的な人口減少によって，企業の側は，人材確保の観点から，こうした多様化したニーズに応える必要が生じたということである。

---

35) N. Korb, a. a. O. (Anm. 3), S. 44ff.; C. Wolf, a. a. O. (Anm. 12), S. 928ff.
36) N. Korb, a. a. O. (Anm. 3), S. 44.
37) N. Korb, a. a. O. (Anm. 3), S. 44.

第2の要因に挙げられているのが，1980年代半ばに旧西ドイツで議論が始まった「価値観の転換」である[38]。従業員の価値観は，仕事の動機づけや満足度に直結する。そのため，企業の側もこれを賃金政策や企業内福利厚生管理に反映せざるを得なくなる。この価値観について，年齢の異なる従業員間での価値観の転換がみられるのである。管理的地位にある古参従業員は，キャリア重視であるのに対して，若い従業員は労働時間重視の傾向が生まれている。その他にも，特に中間管理職や上級管理職についていえることであるが，実収入の上昇や福利の増進をもたらす多様な報酬制度を求める傾向のあることが挙げられる。また，上位者は節税効果のあるカフェテリアモデルに関心を持つ傾向がある[39]。

　これらの要因の他に，1992年のEUの市場統合や，市場のグローバル化による質の高い労働力の流出や，技術革新やIT化による質の高い労働力への需要の高まりといった事情の変化も，カフェテリアプランの導入要因として指摘されている。

2　カフェテリアプランの功罪

　カフェテリアプランの導入については，以上のような導入目的からも判断できるように，その実施により企業や従業員に利益を生むことが期待されているが，他方で不利益を伴う場合がある。不利益が労使間の法的紛争の原因となる場合もある。労働法上の問題発生の背景との関連で，カフェテリアプランについて指摘されてきたメリットとデメリットを，企業，従業員それぞれの視点から整理しておこう[40]。

(1) 企業にとってのメリットとデメリット

　企業側のメリットとして，次の諸点が指摘されている。労働市場での当該企業の魅力の向上，企業イメージの改善，労働者の就労モチベーションの向上，労働者の満足度の向上，患者数や配置換え（Fluktuation）の抑制，労働者のコスト意

---

[38] N. Korb, a. a. O.（Anm. 3），S. 45.
[39] N. Korb, a. a. O.（Anm. 3），S. 45.
[40] C. Wolf, a. a. O.（Anm. 12），S. 930; N. Korb, a. a. O.（Anm. 3），S. 54ff.

識の促進，労働者の企業への定着，人件費構造の再編（人件費につき従前の額を変更せずに，効率的に活用），税金等の引き下げ効果等，多岐に及ぶ。

他方，デメリットとして，従前の給付のスクラップによる企業内紛争の発生，カフェテリア制度の整備と導入に相当の時間や手間が必要となること，カフェテリアプランに関する税法，労働法，社会保障法，労働協約に関する多くの問題点の事前解決の手間，導入後の運営管理に手間と経費がかかること等が挙げられている[41]。

(2) 労働者にとってのメリットとデメリット

他方，労働者側のメリットとしては，従業員ごとに個別化された予算の枠内での自由な給付の選択が可能となること，時間の経過とともに変化するニーズにも対応できること，税法上の優遇や税免除といったメリットが得られる給付をメニューにできること，一定の給付では，大口利用者割引の利用（例えば，個別に保険加入する場合より低い保険料の適用）が可能となること等が指摘されている[42]。この他にも，多様なメニューの設定等による職場での共同決定事項の拡大，周期的に反復利用が可能な選択肢（periodisch wiederkehrende Wahlmöglichkeiten）が含まれ得ること，主として割引や税優遇により，単なる賃金引き上げより大きい利益が見込まれること等が挙げられる。

これに対して，デメリットとしては，カフェテリアプランの導入により，従前の企業内福利厚生予算が減額される場合のあることが指摘されている。ただし，こうしたデメリットは，使用者がカフェテリアプランの導入によって，単に企業内福利厚生経費のカットを企図している場合に生じるが，企業内福利厚生制度を再構築しようとしている事例ではみられない。

---

41) 大企業においてカフェテリアプランの導入が進まない理由として，この点が挙げられている。費用対効果の点で問題があるとの認識が強い。N. Korb, a. a. O. (Anm. 3), S. 85; U. Lichius, a. a. O. (Anm. 1), S. 11.

42) N. Korb, a. a. O. (Anm. 3), S. 82.

四　カフェテリアプランの実態

　ドイツのカフェテリアプランの運用実態については，1990年代に複数の小規模な調査がなされているが，近時の状況については，これまでのところ調査，分析が十分なされていないようである[43]。これは，ドイツにおいては，カフェテリアプランの導入に労働法制上の制約があり，対象となる従業員や職位も限定されるとの評価によっているとみられる。

1　カフェテリアプラン導入企業と適用対象

　まず，カフェテリアプランの産業別の導入状況はどうか。

　ドイツにおいてカフェテリアプランの導入が始まった1990年前後の時期に，連邦防衛大学が実施した調査によれば，産業別のカフェテリアプランの導入は，自動車やコンピューターの業界で頻度が高く，その他，銀行，保険，コンサルティング業界でもみられたとされている[44]。

　また，企業規模の点でみると，賃金モデルの選択や組み換えについて，大企業より中小企業の方が柔軟であるところから，中小企業で多く導入されている。特に，中規模の企業では，それまで従業員に広範な企業内福利厚生を提供していなかったとの理由で，従業員個々の希望を考慮して，企業内福利厚生の柔軟性を確保することが必要となったとされている[45]。他方，大企業では，カフェテリアプランを費用対効果の点で懐疑的にみる例が少なくないといわれる[46]。

　さらに，カフェテリアプランの適用対象となる従業員の範囲については，管理職に限定する事例が多い[47]。そうした傾向を支持する学説も少なくない[48]。そ

---

43) 導入企業や適用対象従業員に対する個別の調査やアンケート調査が散見される程度であり，実施時期も 1990 年代に集中しており，データがかなり古い。M. Neu, a. a. O. (Anm. 1), S. 53ff; D. Wagner, A. Grawert, Erfahrungen mit Cafeteria-Modellen, Personalwirtschaft, 1990, 23ff.; D. Wagner, Cafeteria-Modelle in der Unternehmenspraxis, Personalwirtschaft, 1993, S. 53ff.; N. Korb, a. a. O. (Anm. 3), 2008, S. 153ff. (164). N. Korb による調査は，8つの異なる産業の8人の従業員に対するインタビュー調査である。
44) D. Wagner, Personalführung, 1991, S. 45.
45) C. Wolf, a. a. O. (Anm. 12), S. 934.
46) N. Korb, a. a. O. (Anm. 3), S. 85; U. Lichius, a. a. O. (Anm. 1), S.97.
47) H. W. Mölder, a. a. O. (Anm. 18), S. 218.
48) N. Korb, a. a. O. (Anm. 3), S. 75; U. Lichius, a. a. O. (Anm. 1), S.86.

の理由として，対象が限定されて，カフェテリアプランの管理の手間や経費の負担が軽いことが挙げられる。また，管理職には高額の収入があり，税の累進性が高いために，カフェテリアプランの適用に伴う税制上のメリットが大きい点も挙げられる。しかし，何よりも，カフェテリアプランの導入につき必要となる契約変更において，上級管理職については労働協約の適用範囲外とされたり，事業所従業員会の関与が除外されるために（事業所組織法5条3項），その賃金構造の変更が比較的容易である点が重要である[49]。

2　選択メニューの種類と規模

次に，ドイツにおいて，カフェテリアプランの選択メニューとして，どのような給付が設定されているかであるが，詳細な実態調査は今のところない。ただ

図表4-1　カフェテリアプランの選択メニュー

①時間関連	・上乗せ休暇　　　　　　　　　　・職業訓練／教育訓練休暇 ・長期休暇　　　　　　　　　　　・週／年間／生涯労働時間の短縮 ・長期労働時間口座（超過労働時間の累積に対応して有給休暇等を付与する制度） ・労働時間と報酬の代替
②金銭給付	・有給休暇手当，クリスマス手当等の形式による特別手当 ・保養補助　　　　　　　　　　　・利益参加（Gewinnbeteiligung） ・貯蓄基金（Sparfonds）　　　　　・財産性のある給付 ・使用者貸付　　　　　　　　　　・株式購入，株式貯蓄企画，ストックオプション ・レストラン利用券，食事券　　　・ベビーシッター補助
③リスク扶助	・老齢追加扶助，上乗せ退職金，老齢扶助の追加企画 ・廃失保険　　　　　　　　　　　・追加加入の民間疾病保険（日額，病院） ・生命保険　　　　　　　　　　　・災害扶助 ・賠償責任保険（Haftpflicht）　　・家屋／家財保険
④移動関連	・ジョブチケット（定期券）　　　　・民間／公共交通機関の利用料補助 ・社用車の私的利用　　　　　　　・自動車車体保険 ・私用目的のレンタカー　・カーシェアリング　　　　・駐車場利用
⑤現物給付	・健康関連サービス　　・社員食堂，レストラン　　　・社宅，保養所 ・文化施設（劇場等），スポーツジム　　　　　　　　・テニス場回数券 ・社員価格販売　　　　・携帯電話　　　　　　　　　・ノートブック ・ソフトウエア　　　　・買い物用ボックス（shopping box）・クリーニング

出所：（注51）に挙げた複数専門家による分類をもとに筆者が作成

---

49) H. W. Mölder, a. a. O.（Anm. 18），S. 218.

し，先に挙げた連邦防衛大学による調査では，選択メニュー自体については，従前の企業内福利厚生の種類[50]と大差なく，その再構成に留まるとされている。

これまで学説においてカフェテリアプランの選択メニューの候補として提案されている制度は，**図表4-1**に示すとおりである[51]。ここに挙げられている選択メニューが，実態としてもほぼ利用されていると考えられる。

図表4-1によると，ドイツのカフェテリアプランの選択メニューの範囲は，アメリカやわが国に比べて相当に広いといえる。また，メニューの種類という点では，アメリカでは，医療給付や損害保険等の社会保険に関わる保険料分その他の給付，老齢介護扶助が主要なメニューとなっている。これに対して，ドイツでは，これらに加えて，柔軟な労働時間ルールの適用を可能にするメニューや，賃金構成要素と等価値の労働時間に転換するメニュー（**図表4-1**①）等も用意されている[52]。

労働時間や賃金関連の事項で，わが国では重要な労働条件として企業内福利厚生とは区別される労働条件も，選択メニューに取り込まれたりしている。

五　カフェテリアプランに対する労働法規整

ドイツのカフェテリアプランについて，労働法規範との間でどのような規整関係に立っているのかを概観しておこう。ドイツの労働法規範という場合，各種労働立法，労働協約，事業所協定，個別合意等を挙げることができる。これら規範による規整関係について，わが国への示唆との関係で，主として次の5つの視点からその状況を明らかにしておこう。(1)賃金性と労働立法規整，(2)給付請求の根拠としての労働法規範の態様，(3)集団的労働法規範による制限的規整，(4)平等取扱原則による規整，(5)情報提供・周知義務による規整である。

---

50) 従前の企業内福利厚生の内容については，本書第Ⅱ編第1章を参照のこと。
51) J. Felix, W. Mache, a. a. O. (Anm. 10), S. 341; N. Korb, a. a. O. (Anm. 3), S. 48; M. Neu, a. a. O. (Anm. 1), S. 36. この分類とは異なる分類で，選択メニューを想定する論考もある。C. Wolf, a. a. O. (Anm. 12), S. 931.
52) N. Korb, a. a. O. (Anm. 3), S. 165.

1 賃金性と労働立法規整

(1) 選択メニューの賃金性

わが国においては、賃金と企業内福利厚生とは概念的には区別されているが、現実の取り扱いにおいては、その区別はむしろ曖昧なものとなっている。賞与等、本来は企業内福利厚生である給付が賃金として労基法等の規制の対象とされている[53]。本来の概念上の区別と立法政策的な区別が、必ずしも一致していない状況がある。

ドイツにおいては、人的資源管理論等や労働法の分野の学説においては、カフェテリアプランの選択メニューとなる給付は、「変動報酬[54] (variable Vergütung)」、「付加給付[55]」、あるいは「賃金構成要素ないし企業内社会的給付[56]」にあたると説明されてきた。これらの説明は、カフェテリアプランの選択メニューには、労働の対価として賃金性の認められる給付と、企業内福利厚生としての給付とが混在し得るとの理解が前提となっている。わが国においては、カフェテリアプランの下で提供される給付は、賃金とは区別される企業内福利厚生（ドイツでいわれる企業内社会的給付[57]）に限定されている[58]。ドイツのカフェテリアプランは、選択メニューに賃金性の認められる給付を含む、より広い給付の集合体として捉えられている点で特徴的であるといえる。

(2) 選択メニューに対する賃金規整

では、カフェテリアプランの選択メニューに賃金性のある給付が含まれる場合、賃金に関する規整を定めた労働立法による規整関係はどのように説明されることになるのかが問題となる。

先の選択メニュー一覧（図表4-1）からもわかるように、ドイツのカフェテリアプランでも、わが国と同様に、選択メニューに現物給付が含まれることが稀ではない。社員食堂や社宅の提供等がその例である。現物給付に関しては、賃金

[53) この点については、本書第Ⅰ編第4章を参照のこと。
[54) J. Felix, W. Mache, a. a. O. (Anm. 10), S. 342; C. Wolf, a. a. O. (Anm. 12), S. 928ff.
[55) J. Felix, W. Mache, a. a. O. (Anm. 10), S. 342., S. 53ff.
[56) J. Felix, W. Mache, a. a. O. (Anm. 10), S. 342; RKW-Handbuch, Personalplanung, 2. Aufl. 1990, S. 416.
[57) ドイツの企業内福利厚生一般の実態については、本書第Ⅱ編第1章を参照のこと。
[58) わが国のカフェテリアプランの実態については、本書第Ⅰ編第5章を参照のこと。

保護を趣旨として制定された営業法(Gewerbeordung)の規定の適用の有無が問題となる[59]。同法は,就労に対する対価としての賃金につき現金支払を確保し,商品の掛売り(Kreditierung)を防止すること等を定めている[60]。

具体的には,営業法107条1項が,賃金は通貨であるユーロで計算のうえ,ユーロで支払われねばならない旨を定める。生産物で賃金を支払う現物支給方式を意味する,いわゆるトラックシステムの禁止(Truck-Verbot)である[61]。同法の旧規定(旧115条1項)では,現金に代わる現物支給の可否についての定めがなかったため,この点につき議論があった。旧規定当時の通説は,旧規定は,合意された賃金の支払を現物支給によることを禁止するに留まり,賃金の一部を現物支給によることの合意まで禁止するものではないと解していた[62]。旧規定の趣旨について,通説は,労働者と使用者との交渉力の差によって賃金の減少を強制されるリスクから,従業員を保護するに留まると説明してきた[63]。こうした通説の当否を明確化するために,2003年に改正された営業法では,107条2項で,現物支給を報酬の一部として合意することについて,従業員の利益ないし労働関係の性質に合致する場合に限り許されることを明定した(同項第1文)。ただし,合意による現物支給が許されるのは,手取報酬額の3分の1(差押可能相当額)を超えてはならないことが併せて定められている(同項第5文)。

営業法による賃金保護については,さらに,同法107条2項が,使用者による従業員への商品の掛売りを禁止している(同項第2文)。この規定は,商品の代金返済債務を労働者に負わせることで,労働者の従属的状況を増強させることを回避する趣旨であるとされている。この規定によって,トラックシステムの禁止を定める同条1項の適用回避の防止が図られている[64]。ただし,掛売りの禁止は,明示に別段の合意がなされない限り動産のみに適用があるとされ,不動産販売には及ばないと解されている[65]。また,使用者は,従業員との合意で,商品

---

59) H. W. Mölder, a. a. O. (Anm. 18), S. 215; Münchener Handbuch zum Arbeitsrecht, Bd. 1 (3. Aufl.), 2009, S. 1022ff., 1070ff. ドイツにおける賃金への各立法規整の射程と企業内福利厚生の関係については,本書第Ⅱ編第2章三を参照のこと。
60) 営業法は,労働保護につき定めた部分(第7編第1節105条以下)については,公務員を除いてすべての労働者を適用対象としている(同法6条2項)。
61) Vgl. Münchener Handbuch zum Arbeitsrecht, Bd. 2 (3. Aufl.), 2009, S. 1969f.
62) H. W. Mölder, a. a. O. (Anm. 18), S. 215.
63) H. W. Mölder, a. a. O. (Anm. 18), S. 215.
64) H. W. Mölder, a. a. O. (Anm. 18), S. 215.; Münchener Handbuch, a. a. O. (Anm. 59), S. 1070f.
65) Vgl. Münchener Handbuch, a. a. O. (Anm. 59), S. 1070f.

の平均的原価以下であれば，代金を賃金から控除することを前提に商品を譲渡することも許される（ただし，商品は中程度のレベルの商品である必要がある（同項第3文））。しかも，その額は，現物支給の場合と同様に，手取報酬額の3分の1を超えないことを要する旨定められている（同項第5文）。

カフェテリアプランにおいては，賃金の一部を現物給付に代える選択メニューの設定がなされる（図表4-1⑤）。この設定は，賃金転換（Lohnverwendung）合意に基づくことになるとされている。こうした合意自体の効力が，営業法107条2項との関係でどう判断されるかが問題となる。この点について，そうした合意自体は，原則的に107条2項が定める限度で許されると解されている[66]。ただし，そうした合意は，ただちに賃金請求権の一部を他の給付に転換させるのではなく，従業員が他の給付を選択した場合には，賃金請求をしない旨の債務を負うに留まると解する学説もある。同条により許される賃金転換合意には，賃金の一部を企業内老齢扶助や私的な追加的疾病保険のための給付等に，転換する場合も含まれると解されている[67]。

2　請求根拠としての労働法規範[68]

従業員がカフェテリアプランを利用するためには，選択メニューに対する法的な請求根拠の存在が前提となる。その請求根拠として，まず，労働協約および事業所協定での定めが挙げられる。また，労働法上の平等取扱原則も請求根拠となり得る。個別の労働契約に根拠がある場合については，採用時の合意や採用後の変更合意等がなされる場合が挙げられる。

その他，使用者によって一方的に設定された一般的取引（労働）条件（Allgemeine Geschäfts（Arbeits）bedingungen）や一般的約束（Gesamtzusage），労使慣行も請求根拠となり得る。さらに，使用者と事業所従業員会とが事業所協定の締結までには至らなかったが，双方が合意に達したことで認められる規律合意（Regelungsabrede）も請求根拠となる[69]。以上の一般的取引条件等については，

---

66) H. W. Mölder, a. a. O. (Anm. 18), S. 215; vgl. Münchener Handbuch, a. a. O. (Anm. 59), S. 1071.
67) H. W. Mölder, a. a. O. (Anm. 18), S. 215.
68) この点については，本書第Ⅱ編第1章を参照のこと。
69) 規律合意の概念や効力については，ひとまず，G. Schaub, Arbeitsrechts-Handbuch, 13. Aufl., 2009, S. 2234f.

使用者と個々の従業員との労働契約関係に転化して初めて，拘束力を持つことになると解されている[70]。

3　集団的労働法規範と制限的規整

周知のとおり，ドイツの集団的労働法規整は，労働協約と事業所協定の二重構造に特徴がある。この特徴による影響が，カフェテリアプランにおいては明確となる。本章の「一　はじめに」においても述べたとおり，ドイツにおいては，これらの集団的労働法規範が，カフェテリアプランの法的枠組みを大枠の部分で規定している[71]。それが，カフェテリアプランの導入に決定的な影響を与えている[72]。端的には，カフェテリアプランの導入にとり制約的に作用している点が重要である[73]。その主要な制約は，労働協約法理および事業所組織法によるものである[74]。

(1) 労働協約法理による制限的規整

ドイツにおいても，わが国と同様，労働協約（協約）は，協約当事者の労働関係に直律的，強行的に効力を及ぼす（労働協約法（Tarifvertragsgesetz, TVG）4条）。通常，労働協約に定められるものとされ，そうした効力を及ぼす協約事項のうち，賃金，付加給付（Zulagen），労働時間，休暇等は，カフェテリアプランの選択メニューとなり得る。これらの協約事項がカフェテリアプランの選択メニューとなった場合，場合によっては，選択利用がなされないままに終わることもあり得る。あるいは，例えば，労働協約所定の賃金の一部が，カフェテリアプラン導入によって，現物支給や追加的休息時間といったメニューに転換されることもあり得る。これらの場合には，協約所定の内容が履行されないことになる。このことは，協約適用従業員が協約所定の権利（請求権）を放棄することを意味する。この場合，労働協約法4条4項1号によって，協約当事者の合意があれば

---

70) J. Felix, W. Mache, a. a. O. (Anm. 10), S. 343.
71) N. Korb, a. a. O. (Anm. 3), S. 66.
72) N. Korb, a. a. O. (Anm. 3), S. 66.
73) H. W. Mölder, a. a. O. (Anm. 18), S. 213f.; N. Korb, a. a. O. (Anm. 3), S. 84f., Abb. 9; J. Felix, W. Mache, a. a. O. (Anm. 10), S. 341.
74) N. Korb, a. a. O. (Anm. 3), S. 66; U. Lichius, a. a. O. (Anm. 1), S. 81ff.

許される。しかし，合意がない場合には，労働協約法4条3項が定める「開放条項（Öffnungsklauseln）」が協約中に存在するか，「有利性原則（Günstichkeitsprinzip）」の適用がなされなければ許されない[75]。ドイツのこうした労働協約法理が，カフェテリアプランの導入や運用にあたり大きな制約となっている。

こうした制約の存在で，ドイツでは，協約の適用を受ける労働者のために，協約上の給付を選択メニューに含めることは，限定的にしか可能ではないと理解されている[76]。

協約に「開放条項」を定めることは，現実には，旧東ドイツ地域でみられるが，旧西ドイツ地域では稀である。これは，企業横断的な労働組合団体が，賃金形成に関して労働協約による独占的な決定権を保持しようとしてきたことによる。それでも，労働組合団体レベルでも開放の方向につき検討が試みられてきたが，「開放条項」を拡大する方向での進展がない状況である[77]。

他方，「有利性原則」は，協約適用のある従業員にとってより有利な内容であれば，協約とは異なる内容の個別合意が可能となるとする原則である。この原則の適用について，ひとつの協約の中の複数の協約規定が相互に関連する場合には，関連する協約規定の相互関係が考慮されなければならないとされている[78]。また，協約所定の賃金構成部分をカフェテリアプランの選択メニューに転換する際の有利性比較については，個別事例ごとの比較が必要となる（個別比較原則（Grundsatz des Individualvergleich））。比較にあたっては，選択メニューへの転換が引き起こす経済的なプラスとマイナスのすべてが，考慮されなければならないとされている[79]。有利か不利かの判断は容易ではない。

例えば，協約上の賃金構成部分を税金のかかる現物給付に転換する場合，従

---

75) H. W. Mölder, a. a. O. (Anm. 18), S. 217.
76) N. Korb, a. a. O. (Anm. 3), S. 72.
77) 例えば，ドイツ職員労働組合（DAG）が，1993年にカフェテリアプランに対応するべく協約政策につき検討を行っている。ただし，一般的開放は歓迎していない。ドイツ労働組合総同盟（DGB）も，同時期，商業・銀行・保険業労働組合（HBV）協約につき選択可能性の実現を求めて労働時間と賃金についてのメニューを議論している。また，開放条項を立法上で明文化せよとの要請は，1994年に初めて，政府のいわゆる独占委員会（Monopolkommission）の専門家意見の中に盛られた。ただし，こうした要請は，政府に受け入れられるところとなっていない。協約上の開放についての，こうしたこれまでの動向が，今後，協約上の給付がフレキシブルに形成される方向に向かうかどうかは不確かである。U. Lichius, a. a. O. (Anm. 1), S. 83; N. Korb, a. a. O. (Anm. 3), S. 72.
78) H. W. Mölder, a. a. O. (Anm. 18), S. 217; G. Schaub, a. a. O. (Anm. 69), S. 2010f.
79) H. W. Mölder, a. a. O. (Anm. 18), S. 217.

業員がこの給付を割安に受け取れる場合にのみ有利と判断される。さらに，労働時間と報酬とを転換する事例では，例えば，協約上の賃金構成部分，特に一回的な手当に代えて労働時間の短縮を選択できるのかについて，協約上の労働時間規制との関係で，有利性の有無の判断につき議論が多い[80]。肯定学説は，カフェテリアプランの下で，報酬請求権に代えて労働時間の短縮を選択できるとすることは，「週労働時間の短縮」という労組の協約政策上の目的に反しないから有利とみるべきであるとしている。この見解による場合でも，カフェテリアプランに限らず，「有利性原則」の下で革新的な労働時間モデルを導入することに，ほとんど実現可能性はないとみられている[81]。そのため，カフェテリアプランの選択メニューの中に，協約上の給付を取り込むためには，「開放条項」によることの方がより適切であるとの指摘すらある[82]。

(2) 事業所組織法による制限的規整

企業内福利厚生は，事業所ごとの特殊性に対応すべく設定されるのが通例である。そのためドイツでは，企業内福利厚生は，産業別や職業別の労働協約よりも，事業所協定による規制に適している。しかし，労働協約の適用のある事業所にあっては，①協約当事者が，協約に定めがあるか協約で定めることが通例である事項について，協約を補完する事業所協定の締結を認める決定条項（事業所組織法77条3項2文）ないし先に述べた「開放条項」を協約の中に置く場合か，②事業所組織法87条1項が定める事項か協約で定めることが通例でない事項で協約に定めがない場合のいずれかでなければ，事業所独自の柔軟な共同決定は許されない（事業所協定は無効となる。）[83]。①②のいずれかに該当し協約による縛りがなく，使用者に処分の委ねられた資産の範囲内でのみ，事業所独自の企業内福利厚生を事業所協定に定めることが可能になるにすぎない[84]。こうした理解は，BAG判決によると，企業内手当（betriebliche Zulagen）すべてに原則として妥当する[85]。ただし，例えば，協約が労働時間対応の賃金のみを規制する場合に

---

80) H. W. Mölder, a. a. O.（Anm. 18），S. 217; N. Korb, a. a O.（Anm. 3），2008, S. 73.
81) H. W. Mölder, a. a. O.（Anm. 18），S. 218.
82) N. Korb, a. a. O.（Anm. 3），S. 73.
83) G. Schaub, a. a. O.（Anm. 69），S. 2221ff.
84) H. W. Mölder, a. a. O.（Anm. 18），S. 218; G. Schaub, a. a. O.（Anm. 69），S. 2299.
85) BAG, Urt. v. 9. 12. 1997, BB1998, S. 904.

は，企業内の手当（Leistungszulagen）や従業員の特別な苦境に対する企業独自の手当（Lärmzulage）に協約の適用はない。事業所協定による独自の規制が可能となる。

なお，以上のことは，事業所協定だけでなく，「規律合意」や「労働契約上の統一的規制」にも妥当するか否かについて，学説・判例に見解の対立がある[86]。

こうした法的規整関係の下で，事業所協定による規制が許される事項について，事業所従業員会がその決定過程にどこまで関与が可能かは，2つの観点から判断される。すなわち，①カフェテリアプランが「社会的措置（Sozialeinrichten）」（事業所組織法87条1項8号）として導入されるのか，それ以外（同10号）かという点と，②提供される個別選択メニューの性質がどうかの点とである。

まず，①の点であるが，事業所組織法87条1項8号にいう「社会的措置」とは，一定の社会的目的のために，物的・金銭的財産を継続的に独立させ，そのために特別の管理運営が必要な場合をいうとされている[87]。社員食堂，社宅，託児所，老人ホーム，保養所，年金基金等が例示されている。

カフェテリアプランが「社会的措置」として制度化される場合には，事業所従業員会の共同決定権は，その「形式，設置，管理運営」の確定に限定される。それ以外の，例えば，カフェテリアプランの対象となる従業員の範囲や選択メニューの種類等についての共同決定の可能性は否定される。使用者が一方的に，カフェテリアプランの目的，人的適用範囲，制度の改廃について決定できることになる。「社会的措置」としてのカフェテリアプランについては，事業所従業員会には主導権がないということである。そして，事業所従業員会は，こうした制約的規整によってカフェテリアプランの設計・変更への関与を，将来にわたって部分的ないし完全に否定されることになる。

ただし，カフェテリアプランを「社会的措置」として創設する考え方は，学説の提案としてはある[88]が，カフェテリア制度の形式には適合しにくく，現実に

---

86) 肯定的な連邦労働裁判所（BAG）判例として，BAG, Urt. v. 9. 12. 1997, NZA 1998, S. 661. 肯定的学説として，Münchener Handbuch, a. a. O.（Anm. 61），S. 900, RdN. 69. これに対して，否定的見解を示すBAG判例として，BAG, Urt. v. 21. 1. 2003, NZA2003, S. 1097. 学説として，G. Schaub, a. a. O.（Anm. 69），S. 2224f.

87) J. Felix, W. Mache, a. a. O.（Anm. 10），S. 346; Münchener Handbuch, a. a. O.（Anm. 59），S. 991f.; G. Schaub, a. a. O.（Anm. 69），S. 2292ff.

88) G. Popp, Mitbestimmung bei Ausgestaltung und Einführung von Cafeteria-Systemen, BB 1994, 1141f.

はその事例はほとんどないとされている[89]。

これに対して，カフェテリアプランを「社会的措置」としてではなく導入する場合についてはどうか。事業所組織法87条1項10号が，使用者に共同決定義務が生じると定める賃金（Lohn）には，使用者による金銭ないし金銭価値のある給付すべてが含まれると解されている[90]。使用者による任意の社会的給付も含まれる[91]。カフェテリアプランの導入は，同号にいう「新しい賃金支払方法の導入・適用」に該当し，その変更も含めて使用者に事業所従業員会との共同決定義務が生じる[92]。BAG判決[93]によると，同号が定める事項を対象とした共同決定義務は，賃金の構造形式，賃金算定の基礎，その都度の賃金支払制度の整備，賃金支払制度を構成する要素の確定が対象となるとされる。あるいは，給付請求，個々の従業員への配分および給付額の差別化のための各基準についても，共同決定義務が生じる。ただし，支配的学説では，共同決定権は賃金額自体には及ばないとされている[94]。また，出来高払制度もその例外である（法87条1項11号）。ただし，出来高払制度は，カフェテリアプランにおいては通例みられない[95]。

ところで，事業所協定によって定められた部分は，事業所組織法77条4項1文によって，個々の労働契約に対して，原則として強行的直律的効力を有する。また，労働協約と同様に，「開放条項」に関するルールと「有利性原則」の適用もある[96]。

以上のとおり，ドイツのカフェテリアプランは，労働協約法理による先のような制約的規制の下にあることから，今日まで，事業所協定によるよりも使用者による任意の社会的給付に主として限定されてきたとの指摘がある[97]。任意の社会的給付であっても，追加的な賃金構成部分となる場合も含めて，上述の

---

89) J. Felix, W. Mache, a. a. O.（Anm. 10），S.346.
90) H. W. Mölder, a. a. O.（Anm. 18），S. 218; G. Schaub, a. a. O.（Anm. 69），S. 2296 f.; Münchener Handbuch, a. a. O.（Anm. 61），S. 1007; BAG, Urt. v. 10. 6. 1986, NZA1987, S. 30.
91) Münchener Handbuch, a. a. O.（Anm. 59），S. 1009, RdNr. 15ff.
92) Münchener Handbuch, a. a. O.（Anm. 61），S. 1008, RdNr. 9.
93) J. Felix, W. Mache, a. a. O.（Anm. 10），S. 346.
94) Münchener Handbuch, a. a. O.（Anm. 61），S. 1006, RdNr. 4. ただし，出来高払制度はその例外である（法87条1項11号）。とはいえ，出来高払制度関連のメニューは，カフェテリアプランにおいては通例みられない。J. Felix, W. Mache, a. a. O.（Anm. 10），S. 346.
95) J. Felix, W. Mache, a. a. O.（Anm. 10），S. 346.
96) Münchener Handbuch, a. a. O.（Anm. 61），S. 910, RdNr. 24ff.
97) N. Korb, a. a. O.（Anm. 3），S. 73.

ルールの下で事業所レベルの共同決定に服する[98]。それでも、その「任意性」の故に、その財源、目的、対象従業員の範囲については、事業所従業員会は共同決定権を持たない[99]。使用者がこれらを決定するのである。結果として、事業所従業員会の共同決定権の対象は、使用者により決定されたこれらの事項の枠内での配分ルールに限定される。したがって、事業所協定では、カフェテリアプランの選択メニューの選択方法についても、細則策定レベルでの関与が可能になるに留まるとされている[100]。上述②の個別選択メニューの性質が労働協約、事業所協定、任意のいずれによるかにより、事業所従業員会の関与の程度や範囲が左右されることを示している。

ところで、法定および法定外を含む企業内福利厚生一般の利用根拠は、時期によって多少の変動があるものの、概ね、事業所協定によるものが全体の25％、法規定によるものが30％、労働協約によるものが35％、残りの10％は使用者の自由裁量による任意のものとされている。そのため、協約適用のある従業員にとっても、カフェテリアプランの活用範囲が、既存の事業所協定と関連づけることで拡大することが指摘されている[101]。他方、使用者による任意の社会的給付を通じて、カフェテリアプランの中で賃金や労働時間の構成部分を形成する余地が十分にあるのかどうかについての評価は様々である[102]。むしろ、任意の社会的給付の活用については、後退傾向すらあることが指摘されている[103]。

4 平等取扱原則による規整

(1) 合理的理由の有無の判断

ドイツ労働法においても、募集・採用の場面や職場において、平等取扱原則の適用が定められている。人事政策の個別化傾向の下では、平等取扱いの考え方が、特別に重要な意味を持ち得ることが指摘されている[104]。カフェテリアプラ

---

98) N. Korb, a. a. O. (Anm. 3), S. 76f.
99) G. Schaub, a. a. O. (Anm. 69), S. 2299, RdNr. 101.
100) H. W. Mölder, a. a. O. (Anm. 18), S. 218.
101) N. Korb, a. a. O. (Anm. 3), S. 73.
102) Vgl. N. Korb, a. a. O. (Anm. 3), S. 85.
103) N Korb, a. a. O. (Anm. 3), S. 305.
104) H. W. Mölder, a. a. O. (Anm. 18), S. 216.

ンの特徴が，企業内福利厚生の個別化にあることはすでに述べた（本章二2）。その意味で，カフェテリアプランに対する平等原則による規整は，その重要性の指摘が一層妥当するということができる。

さらに，既述のとおり（本章五3(2)），使用者による任意の社会的給付については，労働者の利益を守る事業所従業員会の共同決定権が限定されると解されている。その点からも，労働法上の平等取扱原則が特別の意味を持ってくるといえる[105]。このことは，この原則の適用が，これまでドイツでは，任意ないし付加的な事業場内の社会的給付から始まったことからもうかがえる[106]。今では，平等取扱原則が，ドイツのカフェテリアプランの導入・運用についても中心的役割を果たしてきている。また，個別の立法が定める不利益取扱いの禁止も適用になる。例えば，事業所内での不利益取扱いの禁止（事業所組織法75条1項），パート労働者や有期雇用労働者に対する不利益取扱いの禁止（パート・有期雇用法（TzBfG）4条），比較的最近では，職場における一般的な不利益取扱いの禁止（一般平等法（allgemeines Gleichbehandlungsgesetz（AGG））2条）等が挙げられる。

平等取扱原則については，いうまでもなく，結果の絶対的な平等を要請するものではない。従業員ごとに格差のある給付についても，支給目的に合理的理由ありとされれば，この原則に反しない[107]。どのような事情があれば，従業員間の同一でない取扱いでも平等取扱要請に反しないのかが，重要な意味を持つ。

合理的理由のある格差とされる例には，企業にとり重要な従業員集団として企業に繋ぎとめるために，幹部職員を優遇する事例[108]，企業内老齢扶助について管理職を優遇する事例が挙げられる。ドイツのカフェテリアプランは，適用対象を幹部職員に限定して制度設計がされる傾向があるので，この点は重要な意味を持っている。その他，カフェテリアプランの選択メニューの選択幅を賃金額の多寡を基準に決定する事例，企業への帰属性を高めるために，企業にとって特に重要な従業員集団向けに，より高額なクリスマス手当を支給する事例等が挙げられる。

---

[105] H. W. Mölder, a. a. O.（Anm. 18），S. 216.
[106] N. Korb, a. a. O.（Anm. 3），S. 67f.; Münchener Handbuch, a. a. O.（Anm. 59），S. 88, RdNr. 15.
[107] H. W. Mölder, a. a. O.（Anm. 18），S. 216; G. Schaub, a. a. O.（Anm. 69），S. 1157ff.
[108] 本文で挙げた例については，vgl. N. Korb, a. a. O.（Anm. 3），S. 69 Abb. 4; H. W. Mölder, a. a. O.（Anm. 18），S. 216.

他方，合理的理由がないとされる例としては，長期の病気休職期間を理由に特別手当額に格差を設ける事例[109]，ブルーカラーとホワイトカラーとで異なる支給率による特別手当を支給する事例[110]，ブルーカラーとホワイトカラーの違いのみを理由としてクリスマス賞与について格差を設ける事例，パート従業員を排除するために，事業内老齢扶助の対象となるパート従業員を限定する事例等が挙げられてきた。また，フルタイム従業員とパート従業員間の格差について，BAG判決では，支給目的が，就業時間の長さを反映した比例支給をも排除して支給の有無まで定めることを正当化できる場合にのみ許されるとされている[111]。したがって，カフェテリアプランでは，例えば，年収の一定割合をカフェテリアプランの給付にあてるとしたり，職階に従ってグループ分けすることで，カフェテリアプランの給付分を報酬に連動したものにすることができると解されている。これに対して，就業時間の長さだけに依拠したグループ分けは，許されないとされている[112]。

(2) 間接差別禁止の法理

ところで，ドイツにおいては，平等取扱原則は，直接差別に対してだけでなく，間接差別にも広く適用がある[113]。この間接差別禁止の法理は，女性パートタイム従業員に対する企業内老齢扶助等についての不利益取扱い問題に関して，欧州裁判所とBAGの判決によって1980年代に確立された[114]。その後，差別禁止理由は性別以外の事由に拡大され，差別禁止事項も，他の賃金構成部分や契約条件等に拡大され，2006年には，一般平等取扱法において明文による禁止の対

---

109) ただし，この判断は，賃金性のある給付についてのものと解される。賃金性のない任意の給付については，賃金継続払法4条a第1文が定めるとおり，休職中の者につき一定の限度で給付の減額が許される。Münchener Handbuch, a. a. O.（Anm. 59），S. 94 RdNr. 46.
110) Vgl. N. Korb, a. a. O.（Anm. 3），S. 69 Abb. 4.
111) H. W. Mölder, a. a. O.（Anm. 18），S. 216.
112) パート従業員に対する差別を禁止した旧就業促進法（Beschäftigungs-förderungsG）2条1項の解釈に基づく判断であるが，同規定を継承したパート・有期雇用法4条の下でも同様の判断がなされるものと考えられる。H. W. Mölder, a. a. O.（Anm. 18），S. 216.
113) Vgl. N. Korb, a. a. O.（Anm. 3），S. 69; Müller-Glöge, U. Preis, I. Schmidt, Erfuhrter Kommentar zum Arbeitsrecht, 10. Aufl, 2010，S. 193ff.; G.Schaub, a. a. O.（Anm.69），S. 237, 1675f.
114) EuGH, Urt. v. 13. 5. 1986, AP Nr. 10 zu Art. 119 EWG-Vertrag; BAG, Urt. v. 14. 10. 1986, AP Nr. 11 zu Art. 119 EWG-Vertrag; vgl. H. W. Mölder, a. a. O.（Anm. 18），S. 216.

象とされている (同法3条2項, 7条)¹¹⁵⁾。

間接差別の法理に反するかどうかについては, 異別の取扱いに客観的理由 (sachlicher Grund) が認められるかどうかによる¹¹⁶⁾。例えば, カフェテリアプラン用の資金設定¹¹⁷⁾に関してみると, 上級管理職員にカフェテリアプランの適用対象を限定し, このグループに資金を特別に設定する処理も, 上級管理職員に女性が少ないとしても許される。また, カフェテリアプランの選択メニューの配分額を月収を基準に設定する場合, 女性の多いパート従業員に, 労務給付の範囲に対応してカフェテリアプランの予算を配分することも許される。

さらに, カフェテリアプランの特定の選択メニューについてみると, パート従業員が選択可能性を持たないか利用が限定されている場合には, その選択メニューの特殊性からそうした取扱いの正当性が根拠づけられなければならない。例えば, 私的利用のためのレンタカー補助は一定額以上で意味があるところから, パート従業員については, 配分予算が一定額以上にならない場合には利用可能性は制限されることになるので, 選択メニューから外す客観的理由が認められる。また, 労働時間設定に関する自由裁量も, パート従業員には限定的となる。例えば, 労働時間の短縮は, パート従業員についてはカフェテリアプランの選択メニューから排除することも許される。あるいは, カフェテリアプランの選択メニューを特定の従業員 (例えば, 管理職) グループに限定することは, 女性従業員数がこのグループでは少数であっても許されると解されている等である¹¹⁸⁾。

5 情報提供・周知義務による規整

カフェテリアプランの導入にあたっては, 使用者の側に情報提供・周知の義務が生じると解されている。労働者は, 使用者に対して, 賃金の計算と構成部分についての説明を求めることができることを定めた事業所組織法82条2項が,

---

115) Vgl. u. Rust, J. Falke, AGG, 2007, S. 305ff.; U. W. Schröder, A. Stein, Allgemeines Gleichbehandlungsgesetz, 2008, S. 121ff.
116) 客観的な理由には, 正当な目的と, これを実現するために適切で必要な手段の存在が求められる。U. W. Schröder, A. Stein, a. a. O. (Anm. 115), S. 121.
117) BAG, Urt. v. 11. 11. 1986, DB1987, S. 994.
118) N. Korb, a. a. O. (Anm. 3), S. 70 Abb. 5; H. W. Mölder, a. a. O. (Anm. 18), S. 216.

その根拠として挙げられる[119]。そして，カフェテリアプランの導入に関しては，使用者は，この定めよりも広範な事項についての情報提供義務および周知義務の履行を求められると解されている[120]。カフェテリアプランのような複雑な制度については，適用対象となる従業員の理解が進まないことが多く，これらの義務は十分に果たされる必要がある。

　例えば，BAG判例[121]にも，使用者は，公勤務における追加扶助の場合のような特別の報酬形態について，労働関係の開始時，場合によっては，その後一定の期間（Ausschlussfrist）経過前に，情報提供義務を果たさなければならないとするものがある。ただし，この義務の履行にあたっては，使用者は，労働者からの質問に自ら返答する必要はなく，権限ある情報提供者を示せばよい。ただし，一端回答すれば，その回答内容には当然，責任を負うことになるとされている。

六　カフェテリアプラン制度の導入・改定等をめぐる労働法上の諸問題

　ドイツにおけるカフェテリアプランをめぐる労働法上の諸問題については，大きく分けて，(1)カフェテリアプラン制度の導入，改定をめぐる問題と，(2)個別の選択メニューをめぐる問題とからなる。個別の選択メニューをめぐる問題は，企業内福利厚生制度における個々の給付をめぐる問題と共通する点が多い。企業内福利厚生の個々の給付をめぐる問題については，法解釈や解決手法が確立されているものもある。個別選択メニューをめぐる問題は，こうした法解釈や解決手法を参考に解決策を考えることとなっている。その場合でも，カフェテリアプランの特殊性が適切に考慮されなければならないとされている。

---

119) J. Felix, W. Mache, a. a. O.（Anm. 10），S. 346; vgl. Müller-Glöge, U. Preis, I. Schmidt, a. a. O.（Anm. 113），S. 1142f.; G. Schaub, a. a. O.（Anm. 69），S. 2259f.; Münchener Handbuch, a. a. O.（Anm. 59），S. 879ff. RdNr. 5ff.
120) N. Korb, a. a. O.（Anm. 3），S. 70.
121) Vgl. H. W. Mölder, a. a. O.（Anm. 18），S. 217.

1 カフェテリアプラン制度の導入,改定をめぐる問題

(1) カフェテリアプラン制度導入による報酬構成部分の廃止と給付請求権

カフェテリアプラン制度の導入に際しては，従前の賃金構成部分を選択メニューの中に取り込んだり，財源確保等の目的で，これを廃止することが通例となっている。

労働協約や事業所協定によって導入された給付を，カフェテリアプラン制度の導入にあたり，選択メニューに組み込んだり廃止したりすることは，労働協約や事業所協定の改定をすれば，いうまでもなく可能である[122]。

これに対して，労働協約の適用のない企業で，事業所協定ではなく，個別の労働契約や企業内の一般的約束や規律合意等によって設定されている給付を廃止，削減することが可能か否かが問題となる[123]。例えば，個別の労働契約や企業内の一般的約束等によって設定されてきた年間ボーナスが半額カットされ，カット分がカフェテリアプランの財源に用いられる事例につき，どのように考えるかである。BAG判決は，「社会的給付」であればこれを可能としている[124]。BAGが挙げる「社会的給付」の概念は必ずしも明確ではないが，使用者が任意に設定し本来的な労働報酬（労務給付に対する直接の対価である「狭義の賃金」）に当たらない給付（「広義の賃金」としての企業内福利厚生）を意味していると解される。その例として，BAGは，労働契約上の統一規定に基づくクリスマス手当等を挙げている。ただし，BAGは，「社会的給付」に当たる場合でも，当該給付の廃止によって，新たな給付への移行やその創設で「集団的な有利性比較」によって全体として従業員に不利にならないことが必要としている[125]。

他方で，年間ボーナスは，「狭義の賃金」と解されており[126]，「社会的給付」に当たらないことになる。「社会的給付」に当たらない以上，個別の労働契約等で設

---

122) J. Felix, W. Mache, a. a. O. (Anm. 10), S. 344.
123) J. Felix, W. Mache, a. a. O. (Anm. 10), S. 348. 任意の企業内福利厚生については，使用者が法的請求権の根拠を与えるものではないことを明示していた場合（任意性留保（Freiwilligkeitsvorbehalt））には，廃止や変更が許されると解されている。vgl. Münchener Handbuch, a. a. O. (Anm. 59), S. 1450 RdNr. 3.
124) BAG GS, Beschl. v 16. 9. 1986, APNr. 17 zu §77 BetrVG; v. 21. 9. 1989, APNr. 43 zu §77 BetrVG 1972.
125) BAG GS, Beschl. v. 16. 9. 1986, APNr. 17 zu §77 BetrVG 1972. vgl. J. Felix, W. Mache, a. a. O. (Anm. 10), S.348; G. Schaub, a. a. O. (Anm. 69), S. 2227f. RdNr. 37.
126) BAG, Urt. v. 21. 9. 1989, AiB 1995, 180.

定された年間ボーナスを，カフェテリアプラン導入の目的で，例えば事業所協定によりカットすることはできない[127]。「狭義の賃金」のような請求権や労働時間の長さ，解約告知期間等の労働関係の内容に関わる事項は，事業所協定による不利益変更が認められないとされている。

(2) カフェテリアプラン制度の改定と給付請求権

カフェテリアプランの改定においては，従業員に利益をもたらす改定と，不利益な改定とがある。前者については，特に問題は生じない。後者の場合に検討すべき問題が種々生じ得る。

不利益改定の例としては，例えば，労働者個々のカフェテリアプランの予算が，労働者個々の月額給与の一定割合で定められている場合に，その割合を引き下げたり，選択メニューを縮小する等である。これらの場合について，カフェテリアプランの利用根拠が労働協約や事業所協定にある場合には，不利益改定はこれらを改定することによって可能となる。ただし，事業所協定の改定につき事業所従業員会が反対している場合には，手続上，仲裁委員会の決定によってのみ可能となる（事業所組織法76条）。

他方，カフェテリアプランが労働契約上の個別合意によって導入されている場合の不利益改定は，導入時におけると同様に問題となる。まず，特定の不利益改定について変更解約告知（解雇制限法（KschG）2条）によることの可否が問題となる。カフェテリアプランの改定は適用従業員すべてに関わるので，それらすべての労働関係に対して，大量変更解約告知が必要となる。そのうえ，こうした場合，BAGは，変更解約告知を実施しないと解雇が避けられないことの証明を使用者に求めている[128]。そうすると，変更解約告知が許される場合は，かなり限定されることになる。そのため，通例は，変更解約告知による不利益改定の実効性は乏しいと分析されている。そこで，不利益改定については，撤回権（Widerrufsrecht）や変更留保（Änderungsvorbehalt）が，一般的労働条件や規律合

---

127) BAG, Urt. v. 28. 3. 2000, APNr. 83 zu §77 BetrVG 1972.
128) BAG, Urt. v. 16. 5. 2002, EzA Nr. 46 zu §2KschG 1969; vgl. J. Felix, W. Mache, a. a. O.（Anm. 10），S. 344; G. Schaub, a. a. O.（Anm. 69），S. 1490f. RdNr. 36.

意等で事前に設定されていれば問題ないとされている[129]（撤回権留保等については，本書第Ⅱ編第3章4(b)を参照のこと。）。

2　個別の選択メニューをめぐる問題[130]

(1) 個別の選択メニュー一般に関わる問題

ア　メニュー選択権の法的性質

カフェテリアプランでは，従業員にメニュー選択権が与えられている。その適用を受ける従業員は，選択メニューの中から自己のニーズに合ったメニューを選択することになる。ドイツでは，この選択権の法的性質について，次のような説明が試みられている。

この選択権を，選択債務（Wahlschuld）を定めるドイツ民法典（BGB）262条にいう，真正の選択権とする学説である[131]。この学説が通説となっているかは不明である。この学説が選択権の根拠とみるBGB 262条によれば，選択権は，本来，債務者である使用者が行使することになる。しかし，BGB 262条が任意規定であるところから，カフェテリアプランのメニュー選択権については，労使の合意によって，債権者である従業員が行使することに変更されているとみることになる。また，カフェテリアプランでは，使用者は，複数のメニューの履行義務を負うが，BGB 262条によれば，個々の従業員に対しては，従業員が複数のメニューから選択（特定）したメニューを1つだけ履行すべき債務を負うことになる。カフェテリアプランでも，そもそもは現金報酬が本来の債務として義

---

129) BAGは，撤回権留保については「社会的給付」に限定して認めている。BAG, GS, Beschl. v. 16. 9. 1986, APNr. 17 zu §77 BetrVG; BAG, Urt. v. 21. 9. 1989, AiB 1995, S. 180. そして正当な裁量（billiges Ermessen）かどうかがチェックされる。また，「一般的労働条件（allgemeinen Arbeitsbedingungen）」の中に定められた場合については，一般的取引条件につき「内容コントロール（Inhaltskontrolle）」によるチェックを定めたBGB 305条以下の適用がある。vgl. Münchener Handbuch, a. a. O. (Anm. 59), S. 1450, RdNr. 4ff. 撤回権留保や変更留保とは別に，メニューが使用者の全くの自由意思により設定されていて，メニュー利用につき何らの法的根拠がないことを明示している場合には，自由意思の留保（Freiwilligkeitsvorbehalt）として，使用者による一方的なメニューの廃止や削減が可能とされている。Vgl. Münchener Handbuch, a. a. O. (Anm. 59), S. 940 RdNr. 6ff.; S. 1450 RdNr. 3.

130) ここでの記述は，特に注記しない場合は，主として，N. Korb, a. a. O. (Anm. 3), S. 66ff.; H. W. Mölder, Cafeteria-System, 1993, S. 14ff.; U. Lichius, a. a. O. (Anm. 1), S. 77ff. によっている。

131) BGB 262条については，ひとまず，椿寿夫・右近健男編『ドイツ債権法総論』（日本評論社，1988）80頁以下を参照のこと。

務づけられる。そこで，従業員が現金報酬に代えて他のメニューの選択をする行為について，従業員が，所定の期限までに，現金報酬に代えて他の事前に設定された選択メニュー（代用給付）の履行を請求できる代用権（Ersatzungsbefugnis）を，行使するという法律構成により説明されている。

イ　現金報酬から個別の選択メニューへの変更についての法律構成

ドイツのカフェテリアプランにおいては，その導入にあたり，従前の現金報酬の一部をカットして新たな選択メニューの財源にあてる場合や，ある選択メニューの利用にあたり，現金報酬との等価変換が条件となっている場合等が考えられている。これらの場合について，どのような法律構成が考えられているのであろうか。いくつかの法律構成の可能性が指摘されている。どの説が通説となっているかは不明である。

まず，契約自由の原則の根拠規定とされるBGB 305条に基づく報酬転換（Vergütungsumwandlung）合意によるとする法律構成である。この合意により，当初の賃金合意の変更は可能である。現金報酬請求権の一部を別の報酬形式（例えば，現物支給や企業老齢扶助）に報酬転換できる。この場合，使用者は，BGB 611条による現金報酬ではなく，新たに合意された給付を義務づけられることになる。ただし，報酬合意が労働協約，事業所協定，法律，個別労働契約等のどの法形式によりなされたかで，この転換に対する制約の度合いが異なる。この点は，すでに述べたところである（本章五3）。

この報酬転換合意構成に対して，報酬利用合意（Verwendungsabrede）によるとする法律構成も挙げられる。報酬利用合意は，従業員が特定人や特定の目的のために労働報酬の一部を利用する義務を，使用者に対して負うとする労使の合意である。先に述べた報酬転換合意は，現金報酬請求権を別の給付に変更するということであるから，報酬額に直接に影響する[132]。他方，この報酬利用合意では，報酬請求権自体の縮減を伴わない。

さらに，BGB 364条1項が定める代物弁済の規定によるとの法律構成もあり得るとされる。従業員が，本来の給付である現金報酬に代わって他の給付を受領することで，現金報酬請求権は消滅するとの法律構成である。

---

[132] P. Hanau, U. Becker, Die Gehaltsumwandlung zur Finanzierung von Gruppenkrankenversicherung Versicherungsrecht, Heft 41. (1988), S. 1098.

第4章　ドイツにおけるカフェテリアプランと労働法上の諸問題

労使で，現金支給に換えて現物支給をメニューとして設定する合意をするような場合には，報酬利用合意以外の法律構成によると，既述した（本章五1）営業法の報酬保護規定による制限の適用が問題となることが，指摘されている。

(2) 個別の選択メニューに関わる問題

個々の選択メニューについては，カフェテリアプランの導入以前からある企業内福利厚生につき問題となってきたものが少なくない。重要な選択メニューである老齢扶助制度についての議論等は，すでに従前の企業内福利厚生について活発に行われてきた。本章では，それらのうち，カフェテリアプランとの関係で特に問題とされているメニューを取り上げてみよう。既述のとおり（図表4-1），ドイツのカフェテリアプランの選択メニューも，従前の企業内福利厚生と同様にその対象事項の範囲は相当に広い。わが国では，福利厚生とは，性質上異なる労働条件として位置づけられる賃金や労働時間等も含むことも想定されている[133]。選択メニューとして，現金報酬や金銭価値のある給付の他に，特別な労働時間形成やその他の労働条件について議論されている[134]。

ア　労働時間に関わるメニュー

まず，労働時間に関わる選択メニューでは，広い意味の労働時間がメニュー化されている。例えば，フルタイム労働からパートタイム労働への転換や，現金報酬に代わる長期休暇や労働時間の短縮である。

その場合，1日，1週，年間の労働時間の短縮をメニューとして提供することが考えられる。こうしたメニューでは，報酬構成部分に代えてパートタイム労働という特別の形式の選択メニューの提供もあり得ることになる。

ただし，現実には，こうしたメニューよりも，長期休暇メニューが重視される実態がある[135]。また，選択メニューとして有給の長期休暇（サバティカル）が設定される場合が考えられるが，労働契約関係の存続中ないし退職前に認められるべき制度といえる。あるいは，経済的補償のある早期退職は，こうした長期休暇

---

133) 企業内福利厚生と賃金や労働時間の位置づけの相違については，本書第Ⅰ編第5章五1(1)。
134) H. W. Mölder, a. a. O. (Anm. 18), S. 215.
135) H. W. Mölder, a. a. O. (Anm. 18), S. 215.; D. Wagner, H. Langemeyer, Cafeteria-Modelle in der Unternehmenspraxis, Personalwirtschaft, 1993, S. 53ff.

の特別版と位置づけられている。

　他方，現金報酬に代えて，追加的な休暇（Freizeit）や労働時間の短縮をメニューとして提供するような場合，労働協約に根拠のある現金報酬請求権の転換の場合には，既述したとおり（本章五2(1)）労働協約法理による制約の問題が生じることになる。

イ　その他のメニュー

　有料の事務設備の利用といった労働条件や，特別の研修制度への参加のような便宜は，カフェテリアプランに組み込まれることで現物給付となる。これらについては，企業内福利厚生というよりも事業経費として評価すべきかどうかが問題となる。従業員が，選択権行使によりそれらの利用を回避できる限りは，企業内福利厚生メニューということになる。

　その他，学説には，選択的メニューとして，解約告知期間の延長も認められるとするものがある[136]が，現実にはあまり導入されていない。むしろ，労働市場での位置や状況によっては，より長い解約告知期間は労働者にとり不利益となることもあるとされるからである。それでも，解約告知期間の延長は，労働関係終了時の経済的補償，特に税務上で有利な補償金が得られる場合には，意味があると評価されている[137]。そこで，個々の従業員と個別に他の選択メニューに代えて，こうした契約条件について合意することはあり得るとされている。

---

136) H. W. Mölder, a. a. O.（Anm. 18），S. 215.
137) H. W. Mölder, a. a. O.（Anm. 18），S. 215.

七　小括

　ドイツのカフェテリアプランについて，その概念，導入の背景，功罪，労働法規範による規整の状況，導入・運用や個別選択メニューをめぐる労働法上の問題等について整理，分析を試みた。その概略は以下の諸点にまとめることができる。

(1) ドイツにおいては，カフェテリアプランについて，アメリカより10年から15年程度遅く，わが国より10年程度早い1980年代の初めに，経営学や人的資源管理論等の分野で議論が始まり，1980年代後半から，民間企業での導入が始まっている。法律上の福利厚生と区別されてきた企業内福利厚生における新たな管理運営制度として案出された制度である。

(2) ドイツにおけるカフェテリアプランの概念理解や導入の背景は，日本やアメリカにおけるそれらと大差がない。その概念は，複数の企業内福利厚生を選択メニューとして用意し，従業員が選択メニューからの選択を，事前に従業員ごとに確定される予算の枠内で行うことが予定された制度と説明されている。従前の固定的で従業員一律の制度から，従業員個々のニーズに対応できるように個別化と柔軟化がなされた企業内福利厚生制度であることが，各国共通の特徴として指摘されている。

(3) そもそもドイツにおいては，カフェテリアプラン導入以前から，企業内福利厚生を広義の賃金に含めて捉えてきている。この点と関わって，ドイツのカフェテリアプランの制度的特徴として，選択メニューに各種手当や労働時間の短縮，休暇日数の上乗せ等が含まれ，わが国では賃金や労働時間といった，通例，企業内福利厚生とは性質上区別される労働条件まで含む相当広い範囲に，選択メニューが及んでいる点がドイツに特徴的な点として挙げられる。

(4) ドイツのカフェテリアプランは，労働協約や事業所協定といった集団的労働規範による制約が最大のネックとなって，日米におけるほど導入が進んでいない点が，実態上の特徴である。特に，ドイツの労働条件決定システムの根幹を形成してきた産業別労働協約による規定事項（賃金，労働時間等）を個別の選択メニュー化することが困難な状況にある。そのため，個別の選択メ

ニューの多くは，使用者による任意の「社会的給付」を主体に構成されている。また，集団的労働規範による制約を受けにくい管理職に適用対象を限定して導入される傾向が，初期の段階からみられる。
(5) カフェテリアプランに関する労働法規範による規整関係として，選択メニューに対する賃金保護規制の適用の有無，選択メニューの利用（請求）根拠としての労働規範の態様，集団的労働規範による制約的規整の実情，平等取扱原則の適用の有無，情報提供・周知義務の内容等が問題とされている。
(6) さらに，カフェテリアプランの導入・改定をめぐる法的問題として，制度導入時の既存企業内福利厚生のカットや，制度導入後の選択メニューのカットの効力をめぐる問題や，個々の選択メニューをめぐる問題等が検討されている。

　ドイツにおいて，カフェテリアプランの導入が今後進んでいくためには，特に，労働組合による労働条件決定権の独占という伝統的スタンスの転換が不可欠と評されている。その方向に向かうかどうかは現時点では必ずしも明確になっていない[138]。

---

138) N. Korb, a. a. O.（Anm. 3), S. 85.

第 III 編

企業内福利厚生に関する日独労働法の比較分析

本書は，わが国とドイツの企業内福利厚生について第Ⅰ編と第Ⅱ編とに分けてそれぞれの基礎的知見を整理し，可能な限り類似の労働法上の課題を取り上げて分析を行っている。本編では，第Ⅰ編と第Ⅱ編でのわが国とドイツの分析結果を比較検討しておこう。各編には，やや古い時期の学説，判例その他の情報に基づく記述があり，現状の比較という点ではやや不十分な部分がある。とはいえ，わが国の企業内福利厚生をめぐり生じている諸課題についてどのような解決が可能かを，どの時期のものであれ，ドイツの知見を得て探るという本書の目的にとっては有意味ということができる。

一　企業内福利厚生の意義・目的と実態
　　（第Ⅰ編第1章，第Ⅱ編第1章）

1　企業内福利厚生の意義・目的

(1) 企業内福利厚生の意義

　企業内福利厚生は，使用者が労働者の福利厚生のために、基本的に使用者の裁量に基づき任意に提供する便宜（経費）である。その意義・目的について，わが国とドイツでは類似点が多い。
　まず，わが国においては，使用者が労働者に提供する福利厚生は，統計上で，社会保険の保険料等のように法律上の義務に基づいて使用者が負担する法定福利費（法律上の福利厚生）と，使用者が任意に労働者に給付する法定外福利費（企業内福利厚生）に明確に区別されている。ドイツにおいては，法律上の福利厚生と企業内福利厚生の両方を含む「企業内社会給付」や「従業員付加給付」と，企業内福利厚生のみを指す「任意給付」や「特別手当」の用語とが用いられている。ただし，統計上は，企業内福利厚生に属する諸経費を，わが国でいう法定外福利費のように，独立した費目としてひとまとめにして計上する手法は取られていない点で異なっている。
　他方，法律上の福利厚生が，基本的に法律の定めによりその内容が定まるのに対し，企業内福利厚生は，本来は使用者の裁量で任意に定めることができ，使用者ごとにその内容が異なり得るとされる点で両国とも共通する。また，その

実態において多種多様な広がりがみられる点も同様である。そのため、企業内福利厚生にどのような給付や制度を含ませるかについて論者によって多様な理解がある。そのこともあり、企業内福利厚生の研究が活発に行われてきた経営学や人的資源管理論等の研究分野においても、その具体的定義を試みる論者は多くない。わが国において最も詳細な定義づけを試みた例としては、「企業が主体となり、従業員およびその家族の経済的生活の安定、心身の健康の維持・増進等のために、中核的労働条件である賃金・労働時間以外の金銭、現物、サービスを給付する施策の総称」といった説明を挙げることができる。ドイツにおいては、最大公約数的な説明として、「使用者が、その労働者や退職者ないしそれらの家族に対して、通常の賃金に付加して給付するすべてのもの」と説明される程度である。

(2) 企業内福利厚生の目的

企業内福利厚生の目的についてみてもその内容と多様性の点で、両国では類似性がある。

わが国では、以下のような多様な目的を挙げる論者がみられる。①従業員の経済的生活の安定と向上、②心身の健康を維持・増進する（労働力の維持・培養）、③労働能力の向上、④職場の人間関係やコミュニケーションを良好にし、一体感を醸成する、⑤企業に対する信頼感や安心感の醸成、⑥企業帰属意識、企業に対する一体感の醸成、⑦人材の定着率の高まり、⑧モチベーションやモラール（士気）の向上、⑨生産性と企業業績の向上、⑩企業イメージ向上による人材の採用・確保における優位性、⑪労使関係の安定といった諸点である。

わが国の企業内福利厚生の特徴は、第二次世界大戦後からしばらくは、低賃金や住宅不足に対応した社宅・寮等の提供にみられるような「衣食住」支援による「生活保障～低賃金の補完」を目的とする上記①が重視された。その後、健康支援や仕事と家庭の両立支援といった「生活リスクの予防・回避」や、「安心・安全な労働環境の充実と労働生産性向上」として②〜⑤あたりに重点が移行していく。近時は、それまでの「社会保障を補完する福祉」から、企業戦略や人材戦略といった経営戦略の下で⑥〜⑩あたりが重視され、企業内福利厚生を「二次的労働条件・報酬」としての位置づける「戦略的福利厚生」への移行が予想されている。

他方、ドイツにおいても、企業内福利厚生には多様な目的があるとされてい

る。その目的について，①従業員に対する配慮と扶助（生活保障），②従業員の規律と従業員教育，③従業員の労働意欲の維持・向上，④従業員の定着，⑤従業員と管理職の関係の良好化，⑥授業員募集の成果の向上や企業へのマイナスの影響の排除，⑦使用者としてのステータスの確保等の目的が挙げられている。また，ドイツにおいても，19世紀における産業化当初は，わが国と同様に，①を目的とするパターナリスティックな配慮が重視されたが，その後は②〜⑦の企業経営上の利益の観点からみた従業員行動の誘導策としての比重が高まり，重点の移動が指摘されている。

2　企業内福利厚生の実態

わが国とドイツにおける企業内福利厚生にはどのような実態があるのか。両国においてその種類や労働費用に占める割合，その果たす役割等に違いがあるのであろうか。

まず，その種類については両国とも多種多様である。わが国についてみると，厚生労働省（旧労働省も含む。）や経団連による統計調査では，7〜8の費目に分けて，普及度の高い20項目程度に絞り長期にわたり調査が行われている。経団連による1955年から2019年までほぼ毎年行われる調査の対象とされてきた主要な企業内福利厚生は，図表1のとおりである。

図表1　法定外福利厚生費の内訳〈再掲〉

費目	内訳
住宅関連費用	住宅，持家補助
医療・健康費用	医療・保健衛生施設運営，ヘルスケアサポート
ライフサポート費用	給食，購買・ショッピング，被服，保険，介護，育児関連，ファミリーサポート，財産形成，通勤バス・駐車場，その他のライフサポート費用
慶弔関係費用	慶弔金，法定超付加給付
文化・体育・レクリエーション費用	施設・運営，活動への補助
共済会費用	
福利厚生管理・運営費用	福利厚生代行サービス費，カフェテリアプラン消化ポイント費用総額
その他	

出所：2019年度経団連調査報告2-3頁をもとに筆者作成

他方，ドイツにおいては，企業内福利厚生の種類は250〜300に及ぶとしたり，1000を超え概観すら難しいとする論者まである。とはいえ，普及度が高く労働者の評価が高いものとして，以下のとおり25種類程度が挙げられている。
　老齢扶助（Alterversorgung）制度の設定，クリスマス手当ないし第13月手当の支給，労働者財産形成制度の整備，従業員持株制等による会社資本への参加（Kapitalbeteiligung, Mitarbeiterbeteiligung）や業績報償（Gewinnbeteiligung, Tantime），有給休暇付与・休暇手当支給，上積み保険（災害保険，危険生命保険等）加入，事業所疾病金庫整備，疾病時の上積み賃金継続支払，健康診断の実施，使用者による貸付制度整備，社有自動車の使用許可，社員割引・社員販売の実施，通勤手当支給・交通費補助（定期券交付），無料・格安駐車場の確保，住居確保助成，食堂整備・食費補助，記念日手当支給，緊急時補助，身内の不幸時の，相談・援助サービスの提供や提供担当部署の設置，育児・介護休暇や子育て環境への上積み措置，フィットネス・クラブやスポーツ施設の利用補助（健康増進，健康管理），高齢者ないし長期勤続者への解約告知に対する規制強化等である。
　企業内福利厚生の具体例内容は，両国で多くのものは類似しているが，ドイツでは，社有自動車の利用とか，高齢者・長期勤続者の解雇をより厳格化するといった制度も含まれる点で，わが国と異なっている。わが国に比してドイツの企業内福利厚生の種類の方が多く，多様といえ参考になる。
　また，ドイツの企業内福利厚生の具体的内容は，わが国と同様に時代とともに変遷してきている。その重要度は別にして，新たなタイプの企業内福利厚生も続々と生み出されている。例えば，携帯電話やパソコンの貸与，インターネットの私的利用許可，クレジットカード契約，健康チェック，クラブ会員権の提供等である。また，企業内福利厚生を，複数の企業が共同で提供する形態もある。例えば，企業内疾病保険制度，全日制託児所やスポーツジムの整備，あるいは一般的ないし特定の職業を対象とした外国語コースや専門講座等の教育訓練プログラムの提供，マイホーム建設プログラム，祝日・休日の宿泊所の提供等が挙げられている。さらに，ドイツの中小規模の企業では，ソーシャルワーカーの派遣，セラピー制度あるいはリハビリテーションプログラム等を提供する専門機関と協力することで企業内福利厚生を実現する事例もみられる。
　では，使用者が労働者に給付する経費（労働費用）の中で，企業内福利厚生の占める割合はどの程度であろうか。

わが国の場合，経団連による先に挙げた調査報告によると，1か月の現金給与総額に占める福利厚生費全体の割合は逓増（1955：13.5%→2019：19.8%）している。他方で，福利厚生費のうち，法定外福利費（企業内福利厚生）の割合は逓減（1955：7.3%→2019：4.4%）している。これは，福利厚生費に占める法定福利費（法律上の福利厚生）の割合が逓増したことによる。1970年を境に両福利費の割合が逆転している。

これに対してドイツはどうか。既述のとおり，ドイツにおいては，企業内福利厚生について，統計上，わが国における法定外福利費のような独立した費目として計上されておらず，必ずしも明確ではない。2004年のかなり古いデータになるが，ドイツ連邦統計局による労働費用調査によると，福利厚生費全体が労働費用全体に占める割合は，労働費用全体（100%）から「実労働時間に対する報酬」の割合（56.7%）を除いた「付加的人件費」の割合（43.3%）にあたり，この割合から「法律上の付加的人件費」（23.3%）を除いた割合あたりが企業内福利厚生の経費の割合（20.0%）にあたると推測される。

わが国との単純な比較は難しいが，ドイツでは，労働報酬に占める企業内福利厚生の割合は，法定外福利費と同様にかなり高く，労働者にとって賃金と並ぶ重要な待遇となっているといえよう。わが国は，逆に現金給与の比重が大きく，企業内福利厚生は，法律上の法定福利厚生とともに，あくまで現金給与の補完的役割を果たしてきていると解される。

二　企業内福利厚生の労働法上の概念と法的規整の態様

1　企業内福利厚生の労働法上の概念（第Ⅰ編第2章，第Ⅱ編第2章）

続く論点は，企業内福利厚生が，両国の労働法においてどのような法的概念として捉えられ，また，労働法上でどのように規整されているかである。

両国とも企業内福利厚生について，法文上で包括的な定義がなく，法解釈論上でその概念の明確化が図られてきた。その明確化の内容に相違が存在している。両国においては，ともに重要な労働条件とされる賃金に対する労働立法や労働契約法による規整にあたり，使用者が労働者に給付する点で賃金と共通す

る企業内福利厚生との区別が問題となってきた。

(1) わが国の「4分類」とドイツの「3分類」の手法

　まずわが国においては、賃金は労働時間とともに最重要の労働条件とされ、労働法上の主要な規整対象とされてきた。そのため、労働基準法（労基法）には、規整対象となる賃金について定義規定（11条）が置かれている（「この法律で賃金とは、……名称の如何を問わず、労働の対償として使用者が労働者に支払うすべてのものをいう。」）。労基法による賃金の定義は、その他の労働立法に定める賃金に共通する定義と解されてきた。わが国においては、賃金の範囲を確定するにあたり、「使用者が労働者に支払う」点で、賃金と共通する他の金銭・利益等としてどのようなものがあるのかが法解釈論上で問題となった。この点について、まず労基法による賃金規制の実務を所管する旧労働省が、行政解釈として提示した。「使用者が労働者に支払う」金銭・利益等として、賃金の他に企業内福利厚生、任意的恩恵給付、実費弁償があると捉える「4分類」の考え方である。この考え方は、学説、判例においては第二次世界大戦後しばらくはその当否につき議論がなされたが、昭和40年代以降、定着している。

　他方、ドイツにおいては、わが国におけるような「4分類」の手法は取られていない。賃金を狭義の賃金と広義の賃金に分ける手法が採用されている。使用者により給付される点で共通するが、これらのどちらにも属さないとされる出張旅費のような実費弁償の類型を加えると、使用者が労働者に給付する金銭・利益等について、ドイツでは「3分類」の手法が取られていると解される。狭義の賃金は、労働者による労務給付に対する直接の反対給付（Gegenleistung）として、労務給付と双務関係（Gegenseitigkeitsverhältnis）にある有償性のある給付と解されている。他方、広義の賃金は、狭義の賃金とは異なり、労務給付に対する直接の反対給付ではなく労務給付とは双務関係に立たないが、使用者が労働関係の存続を前提に給付する点で、狭義の賃金と同様に労働契約関係から生じる反対給付として有償性（Entgeltcharakter）を有するとされる。この点で、広義の賃金は単なる贈与ではなく、労働契約関係に法的根拠がある給付と説明されている。

　ドイツにおいては、両概念の重要な差異として、狭義の賃金は労務給付に対して労働契約上の直接的な双務関係にあることから、その給付について明示の合意がなくとも、黙示に合意されたものとみなされる（BGB 612条1項）。そし

て，賃金額が不明な場合，その額は法定額か相場で決まるとされている（同条2項）。他方，広義の賃金は，使用者に当然に給付義務が生じず，何らかの法的根拠に基づく明示の合意が必要と解されている。さらに，両概念は，労働法において異なる労働立法規制や労働契約法上の取扱いを受ける異なる種類の賃金と評価されている。狭義の賃金の方が，広義の賃金に比してより厳格な保護規定や労働契約法上の取扱いの下に置かれるとされる。このことは，広義の賃金に属する給付については，厳格な保護規定の適用等から外れることで，使用者にとっては柔軟な体系の形成が可能となる点に意義があると指摘されている。

わが国の「4分類」の手法における賃金の概念は，ドイツにおける狭義の賃金の概念と重なり，賃金以外の3つの給付のうち，実費弁償以外の任意的恩恵的給付と企業内福利厚生が，ドイツにおける広義の賃金に分類されることになると解される。わが国と異なり，ドイツにおいては，任意的恩恵的給付と企業内福利厚生とは法概念上区別がないということになる。

(2) 区別の基準

では，使用者による給付についてのこうした分類は，どのような区別の基準で行われてきたのか。

わが国における4分類による区別の基準は，労基法等による立法規制の対象として労基法11条の「賃金」に該当するかどうかの視点から，行政解釈によって示されてきた。賃金と任意的恩恵的給付との区別についてみると，任意的恩恵的給付は，本来であれば労基法11条にいう「労働の対償」としての性質を持たないはずであるが，労働契約等でその給付が使用者に義務づけられていれば賃金とみなすとする解釈（「債務即賃金説」）が示されてきた。個別の労働契約や就業規則，労働協約等での給付の定めの有無が，区別の基準とされた（「形式」判断の手法）。少なくともこの点は，学説・判例の支持を得ている。他方で，賃金と企業内福利厚生の区別については，労働契約等で使用者に給付が義務づけられても，企業内福利厚生の性質を持つ給付は，賃金とはみなされてこなかった。賃金と企業内福利厚生との区別の基準として，①実物給与に関する基準，②利益の帰属先の基準，③給付内容の明確性の基準，④必然的支出補充の基準の4つの「区別基準」が，行政解釈により提示されてきた（「実質」判断の手法）。さらに，賃金と実費弁償との区別の基準については，行政解釈において実費弁償の一般的

定義が示されているのみで、賃金との具体的な区別の基準は示されてきていない。この点について判例においては、実費弁償が業務遂行に必要な経費を支弁する目的の給付であり、法的に使用者が負担すべきかどうかという「実質」判断による区別の手法が採用されている。

他方、ドイツにおける狭義と広義の賃金を区別する基準はどうか。ドイツにおいては、連邦労働裁判所（BAG）の判例において、支給目的により判断される傾向がある。具体的には、労務給付に対する反対給付として使用者が定期的、継続的に行う給付以外の特別手当についてみると、①労務給付に対する直接の反対給付としての支給目的のみ持つ特別手当（狭義の賃金）、②労務給付に対する反対給付以外の支給目的（過去ないし将来の勤続への報償等）（広義の賃金）、③①と②の両方の支給目的を併せ持つ混合的性格の特別手当（広義の賃金。多くは労働協約に規定されている。）に分類する手法が提示されている（実態としては②はほとんどないとされている。）。そして、支給目的が①～③のどれにあたるかの判断においては、労働契約等における労使合意の内容が重視され、とりわけ「支給条件」の有無や内容が考慮されている。

ドイツでは、後述のとおり、労働立法規制や労働契約上の取扱いにおいて3分類の手法によりつつ、賃金とそれ以外の給付との区別について一律に支給目的から判断する「実質」判断の手法が取られているといえる。

ドイツとの比較で、わが国における上述した区別の基準については、3点の疑問がある。

まず、(1)任意的恩恵的給付と賃金との区別にのみ「形式」判断の手法を用いることの妥当性である。企業内福利厚生も、本来は任意的恩恵的給付というべきであるが、「実質」判断の手法が取られている。任意的恩恵的給付と企業内福利厚生とで異なる取扱いがなされていることについての合理的な説明が不明である。任意的恩恵的給付は本来、労務給付に対する対価とはいえないのであり、ドイツと同様に企業内福利厚生と賃金との区別の基準と同様に、「実質」判断の手法によるべきである。

次に、(2)賃金と企業内福利厚生の①～④の「区別基準」は、労基法上の賃金との区別のために案出されたものである。その点で、区別の基準が労働立法その他の企業内福利厚生に共通したものかどうかについては、さらに検討を要する。その際には、企業内福利厚生かどうかは、ドイツにおける狭義と広義の賃金

の区別にみられるように,その支給目的が何かを出発点に判断を行うべきではないかと考えられる。

　そして,(3)わが国においては,後述の労働法規整にみられるとおり,法文上,企業内福利厚生が「福利厚生」や「福利厚生施設」として,独立した規整対象として定められている。そうした独立の規整対象とされていないドイツとは異なる点である。わが国においては,企業内福利厚生を独立した概念として定立する意義が認められる。したがって,企業内福利厚生と任意的恩恵的給付の区別を前提とした4分類の手法を維持するとしても,それぞれの区別について,ドイツにおけるように支給目的による「実質」判断の手法を取ることが,より適切ではないかと考える。とはいえ,任意的恩恵的給付の大半は,企業内福利厚生に含まれることになるものと解される。

(3) 企業内福利厚生の「賃金」化

　ところで,わが国とドイツにおいて,本来は企業内福利厚生の性質を持ちながら「賃金」とみなされる給付が存在する。企業内福利厚生の「賃金」化といえる取扱いである。わが国では,家族手当や住宅手当等がこれにあたる。労基法37条および同法施行規則21条では,これらを規定上「賃金」と明示している。これは,これらの規定が制定された第二次世界大戦直後の時期にみられた,労働者の生活苦の実態への対応に由来する。使用者が賞与等に反映される基本給を引き上げる代わりに,賞与等に反映されないこれらの手当の支給で対応した経緯が考慮されたとされている。企業内福利厚生の当初の目的である「生活保障〜低賃金の補完」が,企業内福利厚生の性質を持つ手当の「賃金」化を生んだともいえる。

　他方,ドイツにおいても,学説・判例において同様の解釈がみられることは,非常に興味深い。配偶者手当,子供手当,住宅手当,老齢扶助,地域手当等の「社会手当(Sozialzulage)」がこれにあたる。これらは,基本給のような労務給付(Arbeitsleistung)に対する直接の反対給付としての狭義の賃金ではなく広義の賃金であるが,「基本給に付加されて継続的に支給」され,労働者の労働(Dienst)に対する反対給付として,狭義の賃金と評価されている。

　ドイツでのこうした解釈上の取扱いの基準は,わが国において労基法上の賃金の範囲を考える場合に参考になろう。「基本給に付加されて継続的に支給」さ

341

れているかどうかを，賃金性の「実質」判断の事情のひとつに加えられないかという論点である。労務不提供の際の賃金等カットの範囲を考える場合にも参考となろう。

2　企業内福利厚生に対する労働法規整の態様
　　（第Ⅰ編第1章・第4章，第Ⅱ編第2章）

(1) 企業内福利厚生の定義規定

　では，労働立法による規制や労働契約法上の取扱いにおいて，企業内福利厚生はどのように規整されているのか。この点については，企業内福利厚生が，使用者による任意の給付として多種多様な実態があることや，社会経済情勢や法制度の状況等の影響を受けた展開可能性が高いことが反映してか，既述のとおり，両国とも労働立法上で企業内福利厚生の定義は存在していない。

　まず，わが国の労働立法において，企業内福利厚生について，賃金に関する労基法11条のような定義規定は存在しない。それでも，1980年代に入り，法文上で「福利厚生」や「福利厚生施設」の語を使用する立法例が増加し，厚生労働省所管の法律，命令，指針等は近時，70を超えている。それらの法律等での規整の態様としては，①各立法等による規制対象となる企業内福利厚生を特定するために定義的説明を法文上で付記したり，その具体例の②限定列挙や，③例示列挙の方式が取られている。

　例えば，短時間有期雇用労働法12条は，短時間ないし有期雇用労働者と「通常の労働者」との利用機会の格差の解消を事業主に義務づける「福利厚生施設」について，「健康の保持又は業務の円滑な遂行に資するものとして厚生労働省で定めるもの」との定義的説明を付記している。この規定を受けて，同法施行規則5条が「福利厚生施設」として「一　給食施設，二　休憩室，三　更衣室」を限定列挙している。さらにまた，例示列挙の例としては，同法関連の指針において，同法8条が定める均衡待遇の対象となる企業内福利厚生として，「転勤者用住宅，慶弔休暇・健康診断に伴う勤務免除・給与の保障，病気休暇，法定外有給休暇その他の法定外休暇」を例示している等である。

　他方，ドイツにおいては，わが国のように企業内福利厚生を意味する用語を用いる労働立法等はないようである。ただし，クリスマス手当や第13月給付等

のような企業内福利厚生に含まれる特定の給付(「特別手当」)について,労働法典や労働契約法の草案において法文上の定義が試みられたことがあるが,実現していない。労働法典等の草案を受けて,一部の立法において「特別手当」について「継続的な労働報酬に付加して使用者が行う給付」(賃金継続支払法4条a項)といった定義があるが,定義としては不十分なものに留まっている。

わが国における,企業内福利厚生に対する上記の労働法上の規整については,本編一1(2)で述べたように企業内福利厚生の目的にみられる重点の移行に併せて,定義的内容や具体的限定列挙・例示列挙の内容の見直しが必要となっていると考える。

(2) 企業内福利厚生の法的根拠の類似性と異質性

ア 法的根拠の類似性

わが国やドイツにおいては,企業内福利厚生の導入等が,基本的には使用者の裁量に委ねられており,労働者がその給付を請求するためには,何らかの法的根拠が求められると解されている。この点が賃金との相違といえる。具体的な法的根拠についても,両国に類似性が認められる。ただし,同じ法的根拠であっても,両国の制度的な相違が,企業内福利厚生の展開に異なる影響を与えていることに注意を要する。

わが国においては,企業内福利厚生の具体的な法的根拠として,労働立法,均等・均衡待遇原則,労働協約,就業規則,個別労働契約,労使慣行等の態様を挙げることができる。そうした法的根拠がなければ,労働者には企業内福利厚生についての請求権はなく,任意的恩恵的給付として専ら使用者の裁量に委ねられる法的取扱いに留まることになる。この点は,労働の対償として,賃金が労働契約等にその支払いや支払額が明定されていない場合であっても,請求権が発生すると考えられるのとは異なる。

他方,ドイツにおいては,第二次世界大戦後しばらくは,企業内福利厚生の主たる支給目的が「従業員に対する配慮と扶助」(生活保障)にあると捉えられ,その法的根拠を使用者が負う労働契約上の配慮義務に求める学説・判例が有力であった。これによれば,別段の法的根拠は不要ということになる。しかし,その後は,企業内福利厚生の支給目的が多様化したこともあり,明示の法的根拠が別に必要と解されている。労働立法,明文・不文の平等取扱原則,労働協約,事

業所協定，個別労働契約，労使慣行等が，法的根拠として挙げられてきた。想定されている法的根拠の態様は，わが国と類似しているといえる。

ただし，わが国においては，労基法11条が定義する「賃金」の概念が，他の労働立法等が定める「賃金」と共通する概念として概ね捉えられ，法文上だけでなく法解釈上も，企業内福利厚生と賃金とは明確に区別されている。そのため，賃金か企業内福利厚生かの法解釈上の問題が生じることは多くないといえる。これに対し，ドイツにおいては，わが国におけるように労働立法等に定める「賃金」の概念についての統一的理解がなく，個別の労働立法等ごとで個別に解釈することが必要と解されている。そして，既述のとおり，ドイツにおいてはわが国とは異なり，企業内福利厚生一般を意味する用語を用いて規整の対象と定めている立法はないようである。そのため，各立法が規整の対象として「賃金」を定める場合，それが本来の賃金である「狭義の賃金」か企業内福利厚生を含む「広義の賃金」かを，法解釈によって確定する必要があるとされている。しかも，こうした法解釈を要する立法の範囲が，ドイツではドイツ民法典（BGB）を含め広い。また，法解釈にあたり各立法の立法趣旨を考慮することになるが，その際に考慮されるのは，「賃金」に企業内福利厚生を含めて規整することが，労働者保護に資するかという点だけではない。「賃金」を狭義の賃金に限定して解釈することで企業内福利厚生が規整の対象から除かれることで，使用者による企業内福利厚生の柔軟な設定・処理を可能とし，結果として労働者利益につながるといった点も，併せて考慮すべきことが指摘されている点は注目される。

具体的には，賃金の額や支払方法等に関する立法である最低賃金規制や賃金継続払法等の立法については，そこで規定されている「賃金」は狭義の賃金と解され，広義の賃金とされる企業内福利厚生は除かれると解されている。これに対して，均等・均衡取扱い原則適用の点では，企業内福利厚生を含む広義の賃金も規整の対象となるとされている。また，その給付に労働契約等の法的根拠がある場合には，差押可能限度での相殺制限や賃金債権の譲渡制限の規定等が定める「賃金」についても，広義の賃金を含むと解されている等である。

また，狭義の賃金は，労働契約上は労務給付と双務関係に立つと理解されていることから，BGBに定める双務契約に関する諸規定の適用がある。適用のない企業内福利厚生との間で法的取扱いに相違が生じる。例えば，双務契約における給付と反対給付の牽連関係（Synallagma）から派生する法的関係が挙げられ

る。履行上の牽連関係に基づく同時履行の抗弁権や，存続上の牽連関係に基づく危険負担法理の適用の有無，あるいは成立上の牽連関係に基づく法的処理でも相違が生じる。これらの相違によって，具体的には，現実の労務給付がない場合でも，労働者の企業内福利厚生請求権は当然には消滅しないといった解釈が可能となる。あるいは，BGBで雇用契約（Dienstvertrag）について定める諸規定（BGB 611条以下）の適用の有無も問題となる。例えば，使用者の給付義務の発生について労働契約等の明示の根拠は不要で，支給額が定められていない場合でも，支給額について法定の額か相場で合意されたとみなされる旨が，BGBに明定されている（同法612条）。この規定は，狭義の賃金のみに適用となると解されている。したがって，企業内福利厚生の請求には明示の根拠が必要となる。また，請求権の発生時期につき，企業内福利厚生については，狭義の賃金のように当然に労務給付後である必要がないといった解釈が可能となる。他方で，使用者の受領遅滞により労務給付が不能となった場合では，狭義の賃金の給付請求だけでなく，企業内福利厚生の給付請求も可能となると解される事例もある。雇用契約について定めるBGBの規定は，BGB 320条以下の双務契約につき定めた規定を雇用契約（労働者保護）の視点から修正する規定が含まれていることによる。

　これらドイツにおける労働契約上の取扱いについては，わが国民法における「報酬」（623条以下）や労働契約法の「賃金」（6条）等，労働契約上の賃金が企業内福利厚生を含むかどうかの検討にあたり，参考になるといえよう。

イ　法的根拠の異質性

　ところで，企業内福利厚生について，立法以外の法的根拠に関して，両国でいくつかの相違点がある。この相違点が企業内福利厚生の導入促進に果たす役割に違いを生んでいる。

　わが国と同様にドイツでも，労働協約に法的根拠のある企業内福利厚生が定められる場合がある。先に挙げた企業内福利厚生の具体例のうち，企業内老齢扶助，家族扶助，第13月手当等の特別手当，有給休暇日数・休暇手当，労働者財産形成給付等が挙げられる。種類としては多くない。その理由は，わが国と異なり，ドイツの労働組合が企業内福利厚生の拡大・充実に積極的ではなかったことにあると説明されている。企業内福利厚生の有する多様な目的には、労働

者利益に資するもの以外に，使用者の経営上の要請に対応する目的も含まれている。企業内福利厚生のどの目的を実現する企業内福利厚生を整備するかについて，労使間で対立があったとされる。また，景気に左右されやすい点にも組合が批判的であったことも指摘されている。

さらに，事業所協定による場合にも複数の制約がある。①労働協約に定めがある企業内福利厚生について，労働協約より有利な内容を事業者協定で定めるには，協約に「開放条項（Öffnungsklausel）」が定められる必要があること，あるいは，②企業内福利厚生については，事業所組織法上，労働者にその導入自体の請求権がなく，使用者の裁量に委ねられる事項として定められていること等の，制約的要因があることが指摘されている。

ドイツにおいて労働協約等が企業内福利厚生の発展・展開の制約要因となってきた点が示すとおり，ドイツには，わが国とは異質な制度的条件があることに注意を要しよう。

三　企業内福利厚生の個別問題への対応
　　（第Ⅰ編第1章・第3章・第4章，第Ⅱ編第3章）

企業内福利厚生に関して，わが国においてこれまで訴訟で争われた主要な個別問題は，(1)社宅・寮の使用関係，(2)団体定期保険の保険金の帰属先，(3)留学・研修補助の返還請求である。近時は，企業内福利厚生に関する(4)同一労働同一賃金を含む均等・均衡待遇の原則の適用や，(5)就業規則の不利益変更の効力をめぐる問題が生まれている。

(1)については，企業内福利厚生の目的が労働者の「生活保障～低賃金の補完」に重点があり，特に住宅難による社宅・寮の確保が重視された時期に生じた紛争である。最も紛争の多かった事案では，労働契約関係の終了に伴う，使用者による社宅・寮の明渡請求の可否が争われた。その後，住宅難が徐々に解消され，企業内福利厚生の重点が「生活リスクの予防・回避」や「安心・安全な労働環境の充実と労働生産性向上」に移ったこともあり，近時は，労働契約の終了に伴い社宅・寮の使用関係は当然に終了するとの処理が一般化し，同種の紛争はほぼなくなっている。

(2) および (3) については，企業内福利厚生の重点が「生活リスク予防・回避支援」等に移り始めた1990年代に入って生じた紛争といえる。(2)の団体定期保険は，遺族の生活保障を付保目的に，使用者が従業員の死亡に備えて保険料を支払うタイプの生命保険で，死亡労働者の死亡保険金の帰属先が，使用者か遺族かが多く争われた。死亡保険金を使用者に帰属させる旨の別段の合意が労使間にある場合には，遺族への死亡保険金の帰属を否定した最高裁判決や，こうした紛争の防止目的で新たな保険制度（総合福祉団体定期保険）が整備されたこと等により，近時，この種の紛争はほぼなくなっている。(3)は，使用者の費用負担で労働者の留学・研修を支援する制度について，留学・研修終了後に短期間で退社した労働者に対する使用者による費用相当分の返金請求の可否が争われた。下級審レベルで処理基準が示されてきたが，近時まで紛争が続発している。

　ドイツにおいても，わが国と同様に企業内福利厚生に関する個別問題が争われている。紛争の多くは，労働者による「特別手当」の支給請求の可否をめぐる問題である。第13月手当やクリスマス手当等，月例ではなく年次で支払われる特別手当が問題となってきた。これらの手当は，既述のとおり，その支給目的が労務給付に対する直接の反対給付かどうかで，狭義の賃金か，企業内福利厚生が属する広義の賃金かが決まるとされてきた。BAGは，「特別手当」の支給目的から，「特別手当」を，①労務給付に対する直接の反対給付としての支給目的のみを持つ狭義の賃金としての手当，②そうした目的以外の目的を持つ企業内福利厚生としての手当，③①と②の両方を併せ持つ手当に類型化している。②の手当は現実にはほとんどないとされ，①か③かにより広義の賃金かどうかの結論を導いている。そして，支給目的について労働契約等から判断される当事者の合意内容が重視されてきた。合意内容の判断のポイントは，手当支給に付される支給条件の有無にあるとされている。支給条件に示される合意内容から支給目的を判断する手法である。

　その支給条件についてみると，これまで使用者の裁量の下で実際に様々な条件が付されてきた。それでも条件を付ける目的として，(1)労働者の勤続や忠誠心の確保と，(2)賃金調整（使用者による労働条件の一方的変更）とに大きく分類されている。具体的には，(1)に分類される①「所定日在籍条項」（特別手当の支給条件として，所定日に労働契約関係が存続するか，所定日までに解約告知がなされていないことを条件とする条項），②「返還条項」（「特別手当」受給後の所定時点以前に労

働関係から退いた場合,労働者に手当の返還義務が生じるとする条項)と,(2)に分類される③「撤回権留保条項」(使用者が労働者の「特別手当」請求権を将来に向かって撤回できるとする条項),④「任意性留保条項」(特別手当の支給はあくまで使用者の任意のもので,使用者はそもそも給付義務を負わない旨を定めて労働者の給付請求権を否定する条項)が主たる条件として挙げられている。

以上の支給条件は,わが国の企業内福利厚生に関し,先に挙げた個別問題等とも対応関係にあることがわかる。例えば,わが国では,①は賞与の支給日在籍条項の効力問題,②は留学・研修費用の返還条項の効力問題,③は就業規則や労働契約の不利益変更の効力問題,④は「4分類」のひとつである「任意的恩恵的給付」の法的処理のあり方の問題と対応しているといえよう。

まず,①の「所定日在籍条項」について,BAGの判断は,変遷があるものの,労働者自らの責任ではなく経営上の理由で解約告知(解雇)され特別手当の支給日に在籍できなかった事例も含めて,その有効性を肯定する判断を示すに至っている。ただし,支給額との見合いで拘束期間の有効性を量る判断も示している。わが国においても,この条項が整理解雇労働者にも適用があるかについて学説・判例上で議論があり参考になる。

②の「返還条項」について,BAGは,労働者への職業選択の自由との関係で,労働者にとっての合理性の点から,拘束期間と手当額のバランスを考慮してその有効性を判断している。わが国における留学・研修支援の問題について,下級審判例が示す処理基準(拘束期間の長さ・返還額の多寡・返済方法の難易等)と判断基準が類似しており参考になる。

③の「撤回権留保条項」について,BAGは,撤回条項の有効性を「合意内容」と撤回権「行使」の2点から検討しつつ,有効性を緩やかに認める解釈を示している。わが国ではまだこの種の事例はあまりなく議論されていないが,就業規則や労働契約に「撤回権留保条項」ないし「変更可能条項」を置いた場合,その効力いかんの問題として,使用者による就業規則や労働契約の一方的不利益変更の問題を処理するに際してドイツでの処理方法が参考になると考えられる。

④の「任意性留保条項」については,「特別手当」の給付が一定回数反復することで,労使慣行として法的効力を認め労働者の請求権を肯定してきたBAG判例への対応策として案出されたとされている。ドイツにおいてその有効性については学説・判例に対立があり議論に深まりがある。わが国においては,労使慣

行に法的拘束力を認めるためには，慣行として反復継続されるだけでは足りず，労使双方に慣行を規範として認める認識が必要と解されている[1]。この点で，ドイツのような「任意性留保条項」の必要性は小さい。この問題は，「任意性留保条項」が付された任意的恩恵的給付が，労基法11条の賃金に関する現行の取扱い（「債務即賃金説」）の下で，賃金性が認められる任意的恩恵的給付なのかどうか問題となると解される。

ところで，ドイツにおいては，2002年にBGBが改正され，1976年の制定以来独立の立法としてあった普通取引約款法が廃止され，BGBに取り込まれた（BGB 305～310条）。この改正では，約款の解釈原理がBGBに集約され明文化されている。信義則を約款処理について具体化したものと分析されている。また，この2002年の改正は，それまでの普通取引約款法では適用除外とされていた労働法領域について，労働契約約款に限定して適用対象に含められている（労働協約や事業所協定等の集団的労働条件約款は除かれる。）。このBGBの約款規制においては，①不明確性のルール，②内容コントロール，③透明性のルールが明定されたことが指摘されている。特別手当に支給条件として付される先の4種類の約款条項の効力を検討する際にも，労働者利益の観点から重要な役割を与えられたとされる。わが国において約款の一種とされる就業規則の問題を検討する際に，大いに参考になると考えられる。

四　カフェテリアプランの実態と労働法上の諸問題
　（第Ⅰ編第5章，第Ⅱ編第4章）

わが国とドイツの企業内福利厚生において類似の展開を生んでいるのが，カフェテリアプランの導入である。カフェテリアプランは，労働者個々に配分された福利厚生費（クレジットないしポイント）の枠内で，複数用意されたメニューの中から，労働者個々が自由に選択して利用できる新たなタイプの企業内福利厚生制度である。企業内福利厚生に適用のある2つの原則（「公平性の原則」「必要性の原則」）が形を変えて維持されたとされている。わが国でのカフェテリアプ

---

[1]　近時も，日本空調衛生工業業協会事件・東京地判令5.5.16労経速2546号27頁。

ランの導入や運用にあたり生じる労働法上の諸問題の処理において，ドイツの事例を参考できると考えられる。

1 カフェテリアプランの導入時期と実態

(1) 導入時期

カフェテリアプランは，アメリカにおいて始まった制度である。アメリカのカフェテリアプランは，1960年代にこれに配慮した税制改正がなされたことが民間企業による導入の契機となり，1980年代以降に導入が進んだとされる。わが国やドイツにおいてはそうした税制改正を含むカフェテリアプラン関連の法改正の事情はないが，企業内福利厚生への労働者ニーズの多様化等に対応するために導入がみられる。わが国においては，1990年代半ばから導入が始まり遽増し，現在は，導入企業の割合が17％程度の普及率となっている。ドイツでは，わが国より少し早い1990年前後に導入が始まったが，導入はなかなか進んでいないとされる。これは，ドイツでは，わが国やアメリカとは逆に，労働法や税法，社会保障法が導入の制約要因となっていることによると分析されている。労働法上の制約要因としては，本編ですでに述べたとおり，労働協約の適用や事業所従業員会の関与の制限が挙げられる。その適用や関与を受ける労働者については，これらを法的に遵守する必要があり，使用者が自由にメニューを決定することに制約があることが指摘されている。そのため，ドイツにおいては，これらの制約が及びにくい上級管理職を中心に制度の導入がみられる。また，賃金モデルの選択や組み換えを柔軟にできる中小企業で多く導入されているとされる。

(2) 実態

カフェテリアプランを構成するメニューは，わが国よりドイツの方が広範囲である。わが国のカフェテリアプランのメニューは，例えば，経団連調査報告では，メニューとして図表2のものが挙げられてきた。

図表2　わが国のカフェテリアプランの選択メニュー

①住宅メニュー	・寮／社宅, 賃貸物件入居補助, 持家補助	
②医療・健康メニュー		
③ライフサポートメニュー	・食事手当／給食補助 ・被服保険　・保険　・介護 ・財産形成	・購買／ショッピング費用 ・育児関連　・ファミリーサポート ・通勤費用補助等
④文化・体育・レクリエーションメニュー	・活動	・自己啓発
⑤その他メニュー		

出所：2019年度経団連調査報告13頁をもとに筆者作成

他方，ドイツでは，専門家によって挙げられるメニューではあるが，図表3のとおり，わが国より種類が多く，その性格も多様であることがわかる。特に，本来は企業内福利厚生とは区別される賃金や労働時間に関連したメニューも加え

図表3　ドイツのカフェテリアプランの選択メニュー〈再掲〉

①時間関連	・上乗せ休暇　　　　　　　　　　・職業訓練／教育訓練休暇 ・長期休暇　　　　　　　　　　　・週／年間／生涯労働時間の短縮 ・長期労働時間口座（超過労働時間の累積に対応して有給休暇等を付与する制度） ・労働時間と報酬の代替
②金銭給付	・有給休暇手当, クリスマス手当等の形式による特別手当 ・保養補助　　　　　　　　　　　・利益参加（Gewinnbeteiligung） ・貯蓄基金（Sparfonds）　　　　　・財産性のある給付 ・使用者貸付　　　　　　　　　　・株式購入, 株式貯蓄企画, ストックオプション ・レストラン利用券, 食事券　　　・ベビーシッター補助
③リスク扶助	・老齢追加扶助, 上乗せ退職金, 老齢扶助の追加企画 ・廃失保険　　　　　　　　　　　・追加加入の民間疾病保険（日額, 病院） ・生命保険　　　　　　　　　　　・災害扶助 ・賠償責任保険（Haftpflicht）　　・家屋／家財保険
④移動関連	・ジョブチケット（定期券）　　　・民間／公共交通機関の利用料補助 ・社用車の私的利用　　　　　　　・自動車車体保険 ・私用目的のレンタカー　　・カーシェアリング　　　・駐車場利用
⑤現物給付	・健康関連サービス　　・社員食堂, レストラン　　・社宅, 保養所 ・文化施設（劇場等）, スポーツジム　　　　　　　　・テニス場回数券 ・社員価格販売　　　　・携帯電話　　　　　　　　・ノートブック ・ソフトウエア　　　　・買い物用ボックス（shopping box）　・クリーニング

出所：第Ⅱ編第4章 図表4-1を再掲

られている。労働時間の短縮や長期労働時間口座（超過労働時間の累積分を有給休暇等に変換できる制度）、労働時間と報酬の交換といったメニューが含まれている。そのため、メニューに適用となる労働法の範囲も広い。

わが国において、カフェテリアプランの今後の展開として、ドイツのようなメニューの拡大が可能かについて検討の余地があろう。

2　カフェテリアプランの労働法上の諸問題

わが国においては、カフェテリアプランをめぐる労働法上の紛争事例はまだないようである。想定される問題として、①制度導入時の就業規則や労働協約の不利益変更の効力問題、②制度導入後の制度改定による個別選択メニューのスクラップアンドビルドによるメニューの廃止や配分額の減額といった問題が挙げられる。ドイツにおいても、わが国と同様の問題の発生の他、個別選択メニュー選択権の法的性質をどう捉えるかといった問題が議論されている。

①の問題についてみると、ドイツにおいては、企業内福利厚生を廃止・削減してカフェテリアプランを導入する場合について、BAG判決には可能とするものがある。ただし、その場合も全体として従業員の不利にならない配慮が必要とされている。また、②についても、制度を改定して不利益に変更する場合についても、撤回権留保条項や変更権留保条項が事前に設定されていれば問題ないと解されている。既述した企業内福利厚生に関する個別問題の応用場面として処理されている。

ところで、カフェテリアプランに関するドイツに特有の問題としては、先に指摘した労働協約等による制約に関わる問題である。カフェテリアプランでは、労働協約に定めのある賃金、付加給付（特別手当）、労働時間、休暇等が個別選択メニューとなることが考えられる。労働者が労働協約所定の個別選択メニューを選択利用しない場合や、これらが現物給与や追加的休息時間といった個別選択メニューに転換される場合もあり得る。この場合、協約所定の内容が履行されず、協約所定の請求権が行使されないことになる。こうした場合をどう評価するかの問題が生じる。企業内福利厚生の導入・展開を制約した原因がカフェエリアプランについても同様に存在するということである。この問題については、協約当事者がこれを認める旨を合意しておくか、開放条項が協約に

定められているか，有利性原則の適用が可能でなければならないとされている。しかし，これらの対応策の利用は容易ではないとされている。

　また，事業所従業員会の関与が認められる事項が法制度上で限定されており，カフェテリアプラン全体に及ばないとの問題もある。そのため，カフェテリアプランは，ドイツでは，使用者による任意の給付に主として限定されてきたとも指摘されている。カフェテリアプランの内容の適切性の確保については，平等取扱原則が重要な役割を果たしてきたともされている。わが国とは異なるドイツの特徴といえよう。

五　総括

　わが国とドイツの企業内福利厚生は，賃金との関係をはじめ，その意義・目的、法的根拠等で類似点が多い。そのため，ドイツにおける知見は，単に欧米先進諸国を構成するドイツでの状況を明らかにするというだけでなく，わが国の企業内福利厚生に関わる問題の検討にあたり有益な示唆を与える点が多い。

　企業内福利厚生は，わが国とドイツにおいてともに賃金や労働時間等の主要な労働条件に対して副次的な労働条件として位置づけられ，個別問題を内包しながらも，今後も存続していくものと考えられる。ただし，両国ともにその役割は，生活保障から経営戦略の手段のひとつとしての意義を強めていくことが予想される。少子化が進行する状況下にあって，中高年齢労働者に比べて20〜30歳代の若年労働者が企業内福利厚生を重視する傾向が強まってきていることを示す調査資料[2]もある。経営戦略の中でも，とりわけ人材確保・定着の促進にあたり重視すべき事項として，企業内福利厚生の重要性は高まっていくものと考えられる。それだけ労使紛争の発生に結びついていくことが予想される。企業内福利厚生の労働法上の意義の明確化と個別問題の適切な処理基準が，今後一層求められることになるといえよう。

---

[2]　労働政策研究・研修機構『企業における福利厚生施策の実態に関する調査』（JILPT 調査シリーズ No.203）（2020）50-52 頁。

事 項 索 引

注）ドイツに関連する用語には（ドイツ）ないし（ド）の括弧書きを付してあり，特に括弧書きのない用語はわが国関連の用語である。

あ 行

アメリカのカフェテリアプラン　127, 297, 350

か 行

カフェテリアプラン
　——改定　142, 352／（ド）324
　——概念　129／（ド）299
　——実態　18, 135, 349／（ド）309
　——選択メニュー　17, 139／（ド）308, 325, 352
　——導入　142, 323, 352
企業内社会給付（ドイツ）　161, 168, 208, 335
　——従業員付加給付（ドイツ）　161, 335
企業内福利厚生
　——概念　5, 53, 337／（ド）**160**
　——共同決定事項（ドイツ）　169
　——限定列挙・例示列挙　27
　——現物給付　98／（ド）206, 234, 303, 308, 310, 351
　——実態　9／（ド）175
　——社会化　15
　——生活保障　11, 38, 65／（ド）164
　——定義　27／（ド）161
　——法的根拠　343／（ド）160, **165**, 207
　——目的・機能　8／（ド）164
　——労働法規整　26, 342
均等・均衡待遇　35, 108, 151, 343, 346

さ 行

「債務即賃金」論　60, 66, 67, **71**
実費弁償　49, 53, 59, 71, 122, 338
実物給与　51, 72
社会的給付（ドイツ）　323

社宅・寮
　——旧借家法・借地借家法　88, 93, 99
　——業務社宅・通常の社宅　81, 95
　——使用関係　12, 87, **113**
　——使用実態　81
戦略的福利厚生　25, 45, 334

た 行

団体定期保険　19, 117, 346
　——総合福祉団体定期保険　120
賃金
　——概念　48, 53, 107, 344／（ド）**204**, 222
　——狭義の賃金・広義の賃金（ドイツ）　**204**, 244, 338
　——区別基準（賃金の）　54, 57, 59, 72
　——支給目的　38, 63, 108／（ド）210, 222, 245, 347
手当
　——家族手当・住宅手当　39, 58, 62, 68, 341／（ド）209
　——クリスマス手当・第13月手当（ドイツ）　163, 192
　——継続的に支給される手当（給付）（ドイツ）　206
　——支給条件（ドイツ）　246, 255, 273, 347
　——社会手当　209
　——所定日在籍条項（ドイツ）　255, 347
　——撤回権留保条項（ドイツ）　273, 348
　——特別手当（ドイツ）　161, 206, 212, 217, 219, 347
　——任意性留保条項（ドイツ）　285, 348
　——返還条項（ドイツ）　263, 347

な 行

任意的恩恵的給付　47, 49, 70, 111, 340

は 行

配慮義務（ドイツ）　208, 343
ハコもの　14
働き方改革　22
平等取扱原則（ドイツ）　171, 227, 318, 343
福利厚生費
　　——法定外福利費　7, 10, 104, 333
　　——法定福利費　7, 10, 104, 333

や 行

約款規制（ドイツ）　247
　　——集団的労働条件約款　249
　　——透明性のルール　253
　　——内容コントロール　252
　　——不明確性のルール　250
4分類　53, 70, 338

ら 行

留学・研修補助　20, **121**, 346／（ド）264
労働協約（ドイツ）
　　——開放条項　167, 314, 346
　　——有利性原則　314
労働の対償　48, 107, 338
労働費用（ドイツ）　162, 176, 181, 337
　　——付加的人件費（ドイツ）　162

わ 行

割増賃金　58

著者紹介

柳屋 孝安（やなぎや・たかやす）

1956 年 8 月	山口県に生まれる。
1979 年 3 月	同志社大学法学部卒業
1983 年 3 月	大阪大学大学院法学研究科公法学専攻博士課程前期課程終了（法学修士）
1987 年 3 月	神戸大学大学院法学研究科博士課程後期課程単位取得満期退学
2006 年 3 月	博士（法学）神戸大学
現在	関西学院大学法学部教授

【主要著書】

『現代労働法』（現代法学双書 17）（共著，八千代出版，2000 年）

『現代労働法と労働者概念』（単著，信山社，2005 年）

『休憩・休日・変形労働時間制』（労働法判例総合解説 20）（単著，信山社，2007 年）』

関西学院大学研究叢書　第270編

企業内福利厚生をめぐる労働法上の課題
　　日独比較法研究

2025 年 1 月 1 日 初版第一刷発行

著　者	柳屋孝安
発行者	田村和彦
発行所	関西学院大学出版会
所在地	〒 662-0891
	兵庫県西宮市上ケ原一番町 1-155
電　話	0798-53-7002
印　刷	協和印刷株式会社

©2025 Takayasu YANAGIYA
Printed in Japan by Kwansei Gakuin University Press
ISBN 978-4-86283-384-6
乱丁・落丁本はお取り替えいたします。
本書の全部または一部を無断で複写・複製することを禁じます。